国家社会科学基金青年项目"德国城市社会福利住房研究(1845-1960)"

(项目号:17CSS026)。

国家出版基金项目

跨国主义
与德国城市

TRANSNTIONALISM

AND

THE GERMAN CITY

Jeffry M. Diefendorf

[美]杰弗里·M.迪芬多夫 主编

Janet Ward

[美]珍妮特·沃德 主编

上海三联书店

王琼颖 译

FOREWORD ｜ 总

序

第二次世界大战后,科技革命引起了整个社会从生产方式到生活方式乃至思维方式等各个层面的深刻变革,而战后经济复苏又推动了西方世界城市化进程进一步向纵深发展,城市学随之兴起并走向繁荣。之所以如此,正如法国《年鉴》杂志 1970 年"历史学与城市化"专号里所说,"近年来城市的发展让所有的人文科学都行动了起来,这不仅仅是为了设计城市开发方案,构思城市特殊病理之救治药方,还为了在更深层次上有意识地、科学地探究看上去对我们社会至关紧要的物和事"。

在这种"普罗米修斯式"的大合唱中,历史学当然不能缺位。20 世纪 60 年代,美国和英国先后召开两次城市史会议,会后出版的两本会议论文集《历史学家与城市》和《城市史研究》为现代城市史研究奠定了重要基础。也是在这一时期,美国爆发了城市发展危机,随后兴起的"新城市史"力图从社会的维度廓清城市化进程带来的变革与挑战。一批年轻的史学家聚集在史蒂芬·瑟恩斯托姆周围,采用计量方法研究城市的社会流动、少数群体政治、市中心贫民窟,以及工作与休闲之间严峻对立等问题。与此同时,以马克思主义理论为指导的"新马克思主义城市学"也开始应运而生,其代表人物主要有亨利·勒费弗尔、大卫·哈维、曼纽埃尔·卡斯特尔等。他们主张在资本主义生产方式理论框架下去考察城市问题,着重分析资本主义城市空间生产和集体消费,以及与此相关的城市社会阶级斗争和社会运动。

总的说来,西方城市史学的发展基本上与各个国家和地区的城市发展历程相适应。作为一门基础学科,历史学之于城市发展的功用不容轻忽。首先在现实层面,城市发展规划和城市问题的解决,能够通过反思城市发展的历史找到合理的方案或正确的办法。就宏观的城市化进程而言,西方发达国家业已经历的城市化历史,能够为尚处于城市化初级阶段或高速发展阶段的国家和地区提供有益的经验或教训;就微观的城市建设而言,一个城市在发展历史上表现出的特性能够为该城市的特色发展提供有益的指导,某一城市的发展历程也能为其他城市的多样化发展提供有益的借鉴。其次在精神层面,了解城市的历史能够帮助我们更好地理解和适应一个城市。不同的城市在风俗、观念、饮食、语言乃至建筑风格方面都会有差异,其原因只有回溯这个城市的历史才能给出解答;生活在城市里的人们需要了解他们所生活的城市的历史,唯有如此,他们才能与城市更好地融为一体,在感知城市过去的心理历程中展望城市的未来。

当下之中国,城市化进程正如火如荼地进行着,传统农村社会正向城市社会急剧转型,这对城市的快速、健康发展发起了挑战,也对国内学界的城市研究提出了要求。在此背景下,国内城市史研究逐步兴起,并呈蓬勃发展之势。有鉴于此,我们不揣浅陋,怀"他山之石,可以攻玉"之初衷,策划译介一批西方学界城市史研究方面的代表性作品,希冀在增益国人有关城市知识的同时,能在理论模式建构、研究方法综合和研究面向选择等各个方面为国内学界的城市学研究提供些许借鉴或启迪。

陈恒、洪庆明
2017 年 5 月 25 日

CONTENTS | 目

录

插　图

（页码为原书页码）

导论：跨国主义与德国城市[*]

1

杰弗里·M.迪芬多夫和珍妮特·沃德

　　毫无疑问,跨国主义是一种强有力的工具,它突破了受民族国家观和强烈自我束缚的地方视野限制的观念(和现实)。在某些研究领域,强调两个或多个国家在发展进程、事件或地点间的转移、联系、互动和空间流动,显然挑战着此前对该学科的期望。[①] 此外,超越民族国家界限也具有鼓励跨学科、比较与协作研究的实践潜力,并为从事此项工作的新读者打开了一扇窗。

　　以德国为例,最明显的一点是,鉴于这个国家在 20 世纪中叶所犯下的滔天罪行,其民族性往往成为最基本的框架研究。我们必须牢牢记住,某类民族意识直到 19 世纪才出现,而德国作为民族国家则迟至 1871 年才形成。不过德国的边界和它的自我意识并未在很大程度上促成稳定,况且它还存在数量庞大的内外部迁移。[②] 在经历了两次世界大战之后,德国的国界线本身发生

---

[*] 本书的构想始于德国研究协会 2010 年会议的分组讨论：我们诚挚感谢德国研究协会(GSA)对跨学科研究的支持,并对帕尔格雷夫·麦克米伦出版社合作的《欧洲文化与历史研究》系列的编辑埃里克·D.魏茨(Eric D. Weitz)和杰克·齐普斯(Jack Zipes)致以谢意,他们在本书编纂的各个阶段给予了鼓励。我们还要感谢帕尔格雷夫·麦克米伦的匿名评审过程及帕尔格雷夫的编辑克里斯·查普尔(Chris Chappell)、杰夫·拉萨拉(Jeff LaSala),以及萨拉·韦伦(Sarah Whalen)为本书贡献他们高度专业的统筹管理经验。另外,我们也要感谢新罕布什尔大学的罗伯·韦尔奇(Rob Welch),他负责完成了本书的索引部分。

[①] 参见史蒂文·韦尔托韦茨(Steven Vertovec)的综合性研究,《跨国主义》(*Transnationalism*),纽约和伦敦：劳特利齐 2009 年版。

[②] 德国的民族国家边界不包括奥匈帝国及瑞士境内说德语并共享德意志文化特性的人口；同时,这一边界又包括了不同的族群,例如波兰人及阿尔萨斯和洛林地区说法语的人口。但德国的民族国家边界也不涉及大量从德国东北部迁移到美国的人口,在 1880—1893 年的第三次,也是规模最大的一次移民浪潮中,德意志人口占外国出生人口的 30%。东北部大量德国人口的外流所导致的劳动力短缺造成了包括波兰人、犹太人和白俄罗斯人在内的东欧移民,即如萨斯基(转下页)

了重大变化。作为相对晚近出现的后来者,德意志民族国家相对于多数其他以国家形式建构的"想象共同体"更具"想象力",但这一点从一开始就是高度可变的。①

移民专家菲利普·特尔(Philipp Ther)呼吁重视德国历史上被搁置一边的跨国化进程,最显而易见的理由是德国边界曾不断来回移动,而环绕它的国家比任何一个欧洲国家都多。但是,德国的这种"关联特征"在冷战时期被学者有策略地忽略了,因此更要说清楚这一点。按照特尔的说法,尤其要厘清德国"与其东部邻居的关系"。② 这种让犹太人、波兰人以及其他目标群体成为德国历史的"主体"而非客体的呼吁,在某种程度上与当前要求更好地理解土耳其人在战后西德与重新统一后的德国中所扮演的角色并无太大差异。这些群体过去曾是、当然现在也是德国城市生活的组成部分,尤其对德国研究学者来说,跨国路径作为一类新的研究框架已经引发越来越高涨的研究热情,它超越了国家界限,试图反映当代德国现实,这个国家现在每三个孩子中就有一个人的父母并非德国人。③

2

(接上页)亚·萨森(Saskia Sassen)所称的"客工之前的'客工'"——"从东向西挺进"德国部分,仅 1914 年就达到 50 万人。除此之外,德国人长期以来也忙于向东迁移:至第一次世界大战结束时,多达 850 万的德意志族人生活在德国边界以外的广大东欧地区。参见萨斯基亚·萨森,《客人与异族》(Guests and Aliens),初版为德语,纽约,新出版社 1999 年版,第 56、57 页;以及丹尼斯·格克图尔克(Denis Göktürk)、大卫·格林姆林(David Graqmling)和安东·克斯(Anton Kaes),《德国转运中:国家与移民(1955—2005 年)》(Germany in Transit:Nation and Migration,1955 - 2005)引言,格克图尔克、格林姆林和克斯编,加利福尼亚的伯克利:伯克利大学出版社 2007 年版,第 7 页。

① 本尼迪克特·安德森(Benedict Anderson),《想象的共同体:民族主义的起源与散布》(Imagined Communities:Reflections on the Origin and Spread of Nationalism)修订版,伦敦和纽约:沃索出版社 2006 年版。

② 菲利普·特尔,《超越民族国家:德国与欧洲比较历史的关系基础》("Beyond the Nation:The Relational Basis of a Comparative History of Germany and Europa"),《中欧历史》(Central European History)2003 年第 36 卷第 1 期,45—74 页,第 61—62、71 页。

③ 格克图尔克、格林姆林和克斯,《德国转运中》引言,格克图尔克、格林姆林和克斯编,第 xvii 页;亦可参见蒂莫西·S.布朗(Timothy S. Brown),《'1968'东与西:作为跨国史研究案例的分裂德国》("'1968' East and West:Divided Germany as a Case Study in Transnational Hsitory"),《美国历史评论》(American Historical Review)2009 年 2 月第 114 卷第 1 期,第 69—96 页;鲁特·曼德尔(Ruth Mandel),《大都会焦虑:土耳其人对德国公民及归属感的挑战》(Cosmopolitan Anxieties:Turkish Challenges to Citizenship and Belonging in Germany),北卡罗来纳的达勒姆:杜克大学出版社 2008 年版;艾汉·卡亚(Ayhan Kaya),《德国—土耳其的跨国空间:自我的独立空间》("German-Turkish Transnational Space:A Separate Space of Their Own"),《德国研究评论》(German Studies Review)2007 年第 30 卷第 3 期,第 483—502 页;乌特·弗雷弗特(Ute Frevert),《20 世纪欧洲化的德国》("Europeanizing Germany's Twentieth Century"),《历(转下页)

然而,我们也不能被这一跨国主义转向冲昏头脑。在最近一本有关德国殖民主义著作的一个章节中,现任现代语言协会的主席拉塞尔·伯曼(Russell Berman)指出,德国历史学家由于太过胆怯而不愿放弃"不合时宜的民族国家范式"。他提出,传统学术研究在"知识上已经穷其所能"并"达到认识论的终点"。① 虽然伯曼要求重启此类完全被搁置的范式转换是正确的,而城市环境也提供了一些值得仔细推敲的复杂性。在我们所倡导的跨国转型中,应该避免模糊地方、区域,以及国家在塑造城市历史过程中的真正重要性,特别是在城市公共领域,现代设计与规划,城市位置及其文化生产活动,以及遗产和战后重建的争论(其实,这也是本书的主题)。许多德国人长期以来对自己家乡或地区(例如巴伐利亚)的认同远超对德意志民族国家的认同。

同时,跨国主义也并非在任何情况下都是万灵丹,因此,即便是德国研究转向迟到的跨国主义,我们仍应停下来考虑这一点。尽管消除民族国家边界的优点显而易见,但我们知道,跨国主义也无法摆脱依然突出存在的不对称、后帝国主义的"权力几何"。② 当然,我们没必要为了理解这一点,而把跨国活动说成是纳粹种族主义的阴魂不散。我们也明白,例如"新欧洲"是拥有新边界的欧洲,它试图将包括在内的欧盟国家与不包括在内的东部,尤其是属于南半球的部分区分开来。企业界人士和知识分子拥有跨国经历与阅历,并从中

(接上页)史与记忆》(*History and Memory*)2005 年第 17 卷第 1/2 期,第 87—116 页;艾谢·恰拉尔(Ayse Çaglar),《约束的隐喻与柏林空间的跨国化》("Constraining Metaphors and the Transnationalisation of Spaces in Berlin"),《民族与移民研究期刊》(*Journal of Ethnic and Migration Studies*)2001 年 10 月第 27 卷第 4 期,第 601—613 页;以及迈克尔·盖尔(Michael Geyer),《有关自治的历史虚伪与民族历史的欧洲化》("Historical Fictions of Autonomy and the Europeanization of National History"),《中欧历史》1989 年第 22 卷第 3/4 期,第 316—342 页。

① 拉塞尔·伯曼,《殖民主义,没有终点:其他连续性的论点》(*Colonialism, and No End: The Other Continuity Theses*),《德国的殖民主义:种族、大屠杀与战后德国》(*German Colonialism. Race, the Holocaust, and Postwar Germany*),福尔克尔·朗贝恩(Volker Langbehn)、穆罕默德·萨拉马(Muhammad Salama)编,纽约:哥伦比亚大学出版社 2011 年版,第 164—190 页。

② 参见多琳·梅西(Doreen Massey),《空间、地点与性别》(*Space, Place and Gender*),剑桥:政治体 1994 年版;迈克尔·麦克格里(Michael McGerr),《"新跨国史"的代价》("The Price of the 'New Transnational History'"),AHR 论坛,《美国历史评论》1991 年,第 1056—1067 页;以及彼得·杰克逊(Peter Jackson)、菲利普·克朗(Philip Crang)和克莱尔·德怀尔(Claire Dwyer),《导论:跨国性的空间》("Introduction: The Spaces of Transnationality"),《跨国空间》(*Transnational Spaces*),杰克逊、克朗和德怀尔编,纽约和伦敦:劳特利奇 2004 年版,第 1—23 页。

获益匪浅;但同样客观经历这一切的移民劳工阶级却因处境不佳,而无法以同样优越的方式诠释自己的经历。① 作为"全球化理论之父"之一的阿尔君·阿帕杜莱(Arjun Appadurai)已经认识到,跨国主义的另一面并非单纯地包含在过去那些有关移民现代性的警示寓言当中。我们这个不完整的、渗透着跨国主义,最终还混合着不确定身份认同的全球化世界,只会进一步加剧纯净种族和文化的反动尝试:"这一从民族天赋到神圣国家的整体宇宙观,再到进一步的种族纯洁与净化,是相对直接的……血统与民族主义似乎在全世界得到了更全面和广泛的拥护。"正如阿帕杜莱所发现的那样,"愤怒地理学"正在影响我们的当代环境,虽然并非偶然,却是全球化影响中的关键部分。②

因此,对国家、地区和城市地方的忠诚依然顽固存在,它不必被理解为一种反对的回应。③ 以世界大同为理想目标的全球化学术研究往往倾向于假设地方性会伴随民族国家和传统的消亡而急剧退化。但太过草率地强调跨国性的价值,可能不仅意味着拒绝立足民族国家的学术研究,还拒绝了比较的历史,这种方法旨在指明,虽然提示地点的特殊性和差异性很难,但接受它是有

---

① 参见皮埃尔·哈马尔(Pierre Hamel)、亨利·卢斯蒂格-塔勒尔(Henri Lustiger-Thaler)和玛吉特·迈尔(Margit Mayer),《导论:城市社会运动——地方性的主题,全球性的空间》("Introduction:Urban Social Movements-Local Thematics, Global Spaces"),《全球化世界中的城市运动》(*Urban Movements in a Globalising World*),哈马尔、卢斯蒂格-塔勒尔和迈尔编,伦敦和纽约:劳特利奇2000年版,第7页。例如可以参考凯蒂·加德纳(Katy Gardner)的《"Desh-Bidesh":塞海蒂语中的家园与出走想象》("Desh-Bidesh:Sylheti Images of Home and Away"),《人类》(*Man*)1993年第28卷第1期,第1—15页。他解释了英国和孟加拉国的塞海蒂语中两个相反概念"desh"(移民过去的家园,与贫困和共同体身份相连)和"bidesh"(移民的新家园,渴望获得经济成功)间的相互作用。韦尔托韦茨在《跨国主义》第67—68页中进行了探讨。

② 阿尔君·阿帕杜莱,《恐惧少数人:一篇关于愤怒地理学的论文》("Fear of Small Numbers:An Essay on the Geography of Anger"),《布莱克威尔城市读者》(*The Blackwell City Reader*),格雷·布里奇特(Grey Bridge)和苏菲·沃森(Sophie Watson)编,第二版,马萨诸塞的莫尔登和英国牛津:布莱克威尔2010年版,第138—143页。

③ 工业现代性的许多过程都可以被理解为(全球)技术统一与(地方、地区和国家)文化独特性之间的一种斗争。举例来说,欧洲帝国的港口与首都城市成为现代化进程中兼具全球化与国家化发展的场所。在某些层面,这种斗争依然持续。参见米卡埃尔·霍德(Mikael Hård)和托马斯·J.米沙(Thomas J. Misa),《欧洲城市现代化:技术统一性与文化独特性》(Modernizing European Cities:Technological Uniformity and Cultural Distinction),《城市机器:现代欧洲城市的内部》(*Urban Machinery:Inside Modern European Cities*),霍德和米沙编,马萨诸塞的剑桥:麻省理工学院出版社2008年版,第1—20页。

益的。① 许多学者已经注意到的好消息是跨国性与比较研究事实上可以互
补。② 如今前者往往成为后者的一种"维度"，而非相形见绌。③ 这种认识在很
大程度上归因于这样一个事实：地方文化的多样性在面对全球化时并未减
弱。**"世界性并不会消弭地方性"**，亨利·列斐伏尔（Henri Lefebvre）在 1974
年就已认识到这一点：人与他们所处的位置、种族血统、宗教和/或者阶级的
亲缘感将持续不减反增，并且这些活动首先体现在地方这一较小的尺度上，然
后再扩展到区域和国家。④ 我们还要注意到，当我们在培养研究生时，与其期
待他们在掌握多门语言和多个国家档案情况后立足跨国层面进行充分研究，
要求他们掌握至少一门英语以外的语言，然后再掌握地方、地区和国家档案的
复杂性，则更为实用。

　　本书旨在证明城市——尤其是德国城市——中的跨国主义是何其幸运
地没有成为一场区别地方、地区和国家属性以支撑全球化身份认同的零和
博弈。如果一定要说有什么的话，那么就是，全球化最终将达成地方的复
兴；况且德国是这样一个地方：它被烙印上的地方与区域身份认同的连续
性要远超其反复被打断的国家认同。城市环境一直是"跨地方的"主宰：重新

---

① 麦克格里，《"新跨国史"的代价》，第 1064 页。有关这些问题，麦克格里与伊恩·泰瑞尔（Ian
　Tyrrel）有过争论：参见泰瑞尔，《美国在国际史时代的例外主义》（"American Exceptionalism in
　an Age of International History"）及《伊恩·泰瑞尔的回应》（"Ian TyerrellResponds"），AHR 论
　坛，《美国历史评论》1991 年 10 月第 96 期，第 1031—1055 页和第 1068—1072 页。
② 参见伊恩·泰瑞尔对帕特里夏·格里姆肖（Patricia Grimshaw）的民族性别史实践的赞扬，《比较
　与跨国历史》（"Comparative and transnaitonal History"），《澳大利亚女性主义研究》（*Austrialian
　Feminist Studies*）2007 年第 22 卷第 52 期，第 49—54 页；以及于尔根·科卡（Jürgen Kocka）和海
　因茨-格哈德·豪普特（Heinz-Gerhard Haupt）在《比较与超越：比较史的传统、范围与视角》
　（Comparison and Beyond：Traditions，Scope，and Perspectives of Comparative History）中有关
　正走向融合的比较史与跨国（"纠缠"）史的讨论，《比较史与跨国史：中欧路径与新视角》
　（*Comparative and Transnational History：Central European Approaches and New
　Perspective*），豪普特和科卡编，纽约与英国牛津：贝格汉 2009 年版。
③ 马修·普拉特·古特（Matthew Pratt Guterl），《评论：跨国史的未来》（"Comment：The Futures
　of Transnational History"），AHR 论坛，《美国历史评论》2013 年 2 月，第 130—139 页，第 132 页。
④ 亨利·列斐伏尔，《空间的生产》（*The Production of Space*），初版：1974 年，唐纳德·尼科尔森-
　史密斯（Donald Nicolson-Smith）译，马萨诸塞的莫尔登和英国牛津：布莱克威尔 1991 年版，第
　86 页（原文有强调）。参见罗伯·威尔逊（Rob Wilson）和维马尔·迪萨纳亚克（Wimal
　Dissanayaka），《导论：最终全球/地方》（"Introduction：Tracking the Global/Local"），《全球与地
　方：文化生产与跨国意象》（*Global/Local：Cultural Production and the Transnational
　Imaginary*），威尔逊和迪萨纳亚克编，北卡罗来纳的达勒姆和英国伦敦：杜克大学出版社 1996
　年版，第 3—4 页。

界定领地的经验迹象——不是对抗性地固守,而是辩证地适应——已经变得越来越明显。① 实际上,不仅仅是移民,还有媒体、文化、符号、信息、商品和资本(换言之,所有城市的流动参与者),都极易受情感的吸引和"地方权力"的影响。②

因此,德国城市中的跨国主义始终忙于重新诠释其城市空间中突出的"德国性"。而本书收录的论文无一例外都对跨国主义与德国城市间看似亲密无间的"契合性"提出质疑,事实上,在地方和区域层面往往客观存在着相当多的"反作用力"。③ 我们的作者就德国跨国城市生活中的难题展开了一系列跨学科研究,探讨再度引发广泛争议的隔离与融合,同时也开启了城市跨国主义的研究,包括文化实践、身份认同与"家乡"(Heimat)的创造与再生产,以及地方在建筑与制度形式中所发挥的作用。跨国主义对城市的重要性由人类充满活力的移入/迁出之旅所创造,但远不止于此。故此,本书专注于跨国进程对城市空间本身的影响:跨国主义具有"特殊且独特的空间性",并"随时间和空间而变化"。④ 这些城市中的跨国空间不仅各色人等相杂——新移民和其他人,

① 参见迈克尔·彼得·史密斯,"跨地方性:一种批判性反应"("Translocality:A Critical Reflection"),《跨地方性地理:空间、地点、联系》(Translocal Geographies:Spaces,Places,Connections),凯瑟琳·布里克尔(Katherine Brickell)和阿永娜·达塔(Ayona Datta)编,佛蒙特的伯灵顿:阿什盖特出版社 2010 年版,第 181—198 页;迈克尔·J. 瓦特(Michael J. Watts),《标记身份:一座非洲城市中的地点、空间和共同体》("Mapping Identities:Place,Space,and Community in an African City"),《身份地理学》(The Geography of Identity),帕特里夏·耶格(Patricia Jaeger)编,密歇根的安阿伯:密歇根大学出版社 1996 年版,第 63—65 页;以及阿尔君·阿帕杜莱,《普遍现代性:全球化的文化维度》(Modernity at Large:Cultural Dimensions of Globalization),明尼苏达的明尼阿波里斯:明尼苏达大学出版社 1996 年版,第 192 页。
② 有关城市中本地人的地点与少数族裔社区的公共历史建构,参见多洛雷斯·海登(Dolores Hayden),《地点的力量:作为公共历史的城市景观》(The Power of Plac:Urban Landscpaes as Public History),马萨诸塞的剑桥:麻省理工学院出版社 1997 年版。
③ 为了说明"地方与区域史是如何纳入偶有分歧产生的地方政治与宗教身份协商",参见豪克·多施(Hauke Dorsch),《融入什么? 德国拜罗伊特市的跨文化周、心理边界和多重身份》("Integration into What? The Intercultural Week,Mental Borders and Multiple Identities in the German Town of Bayreuth"),《协调欧洲多元文化:边界、网络、邻里》(Negotiating Multicultural Europe:Borders,Networks,Neighbourhoods),海蒂·安布鲁斯特(Heidi Armbruster)和乌里克·汉娜·迈霍夫(Ulrike Hanna Meinhof)编,纽约和英国贝斯斯托克:帕尔格雷夫·麦克米伦 2011 年版,第 119—140 页,第 129 页。亦可参考迈肯·乌姆巴赫(Maiken Umbach)和伯恩德·许佩尔夫(Bernd Hüppauf)编,《本地现代主义:家园、全球化与建成区环境》(Vernacular Modernism:Heimat,Globalization,and the Built Environment),加利福尼亚的斯坦福:斯坦福大学出版社 2005 年版。
④ 杰克逊、克朗和德怀尔,《导论:跨国性的空间》,《跨国空间》,杰克逊、克朗和德怀尔编,第 1 页。

同时也充满了对抗性的城市想象与文化期待，在德国尤其如此。

　　考虑到城市跨国主义视野所存在的这些细微差别，本书集合了来自人类学、建筑学、文化研究、历史和规划学领域的学者，他们汇聚实践经验与理论研究的论文有助于消除一些有关迁徙与交际实践的迷思，这些迷思与全球化时代城市环境多重特性消解的假设相关。本书的作者们一起重新建构了德国城市环境，以证明这样一种"（跨）民族国家主义"：它是一系列的跨国主义进程，与地方、区域和国家认同并存，而非取代或消灭它们。《跨国主义与德国城市》所收录的 14 篇原创论文，每一篇都表明，作为理解 20 世纪及当前 21 世纪资本主义城市基础的跨国城市主义，事实上都倾向于以一种混合的方式发挥作用。它有助于思考所有城市的"双重变化"，即如迈克尔·彼得·史密斯（Michael Peter Smith）所言：流动和固定，本地化的场所与机构和全球化的进程与网络。①

　　第一部分"相互竞争的德国城市公众"中的四篇文章，考察了从 18 世纪到后柏林墙时代德国公共领域中所处的不同城市背景。作者们的论题涉及资本主义经济、殖民化、住房和移民的城市空间表达。在第一篇《欧洲城市中的启蒙运动：对德国城市主义与公共领域的再思考》中，德国文化研究学者丹尼尔·珀迪要求我们重新审视对城邦，"欧洲城市"相互沟通的方法与世系融合，以及民主的城市交流的理解。通过拓展于尔根·哈贝马斯（Jürgen Habermas）的论点，并运用诸如克里斯蒂安·弗里德里希·施密特（Christian Friedrich Schmidt）的《市民建筑工匠》（*Der bürgerliche Baumeister*，1790—1799）这样的例子，珀迪考察了德国城市公共领域的诞生。它不只源于启蒙思想和面向全球的商业与贸易，颇具讽刺意味的是，它也经受了同时发生的室内空间日趋私密化，且不断分化的趋势的锻造。历史学家伊丽莎白·A. 德拉蒙德则在《波森或波兹南、"Rathaus"或"Ratusz"：德波边境城市空间的民族国家化》（第二篇）中发现，19 世纪至 20 世纪初普鲁士波兹南省的首府城市，是德国与波兰民族主义者对抗与敌视日益激烈的场所。虽然德拉蒙德并未意识到波森/波兹南的城市空间可能在 1871 年德国建立帝国这一转折点之前就已具备成为文化和民族实现跨国联系与交流场所的潜力，但她仍利用地名、邮政

---

① 迈克尔·彼得·史密斯，《跨国城市主义：立足全球化》（*Transnational Urbanism：Locating Globalization*），马萨诸塞的莫尔登：布莱克威尔 2001 年版，第 183 页。

系统、明信片和地图阐明，（优良）波森/波兹南的城市空间是如何日益激进地
倒向各民族主义阵营，最终付出了牺牲犹太少数族裔的代价。

　　第一部分的后两篇文章，则转向柏林的多样性，探讨了如何尝试控制城市
景观中的阶级与种族空间分布。在第三篇《柏林的包容与隔离——"社会城
市"》中，城市学家斯特凡·兰茨提纲挈领地指出柏林城市发展计划影响移民
和穷人的政治化历史。兰茨展现了城市更新，乃至城市社会福利工程是如何
构成柏林"综合社会福利之城"的技术官僚目标。这一目标出现于 19 世纪，度
过了两战之间的岁月和纳粹时代，经历过冷战时期的城市分裂和今天成为重
新统一的首都。但正是这个**"社会城市"**（Soziale Stadt），它本身既包含了混合
进步、开放的潜力，也包含了不公平的社会两极分化，原因在于居民不得不根
据自己的社会经济背景或种族迁移至特定区域。人类学家贝蒂娜·施特策在
《"野生烧烤"：柏林蒂尔加滕公园里的城市公民与跨国政治》（第四篇）中将土
耳其野餐者在城市露天场所烧烤的争议场面作为柏林和伊斯坦布尔的一项社
会与物质实践进行考察。施特策对移民烧烤活动大肆侵扰公共空间的媒体反
应的评价，一方面突显出德国单一文化在面对穆斯林时的焦虑正不断扩大，另
一方面也展现了土耳其首都对城市贫民展示户外饮食的蔑视。尽管如此，从
柏林烧烤移民的私人际遇及其代表管理来看，施特策认为，伴随着烧烤对城市
空间中被更规则编码的移民身份和阶级构成不稳定的影响，一种全新的世界
公民身份已经出现。

　　第二部分"跨越现代德国规划的边界"着重介绍了两战期间及战后现代主
义设计和规划为何较普遍认知更具因地制宜性（即地方性）和跨国性（因此鲜
受国家影响）。现代建筑表现形式确实造就了一股全球与地方影响力并存的
潮流。身兼建筑师和历史学家的德博拉·阿舍·巴恩斯通在她的文章《德国
"反现代"现代主义的跨国维度：恩斯特·迈在布雷斯劳》（第五篇）中以一个
案例引发对这一领域的关注。两战之间互相传承的建筑现代主义很容易跨越
诸如德国、瑞典与荷兰等国家的边界，但阿舍·巴恩斯通却展示了乡村现代风
格是如何同样跨国传播的现象。这种实际兼具地方背景与跨国现代性的建筑
风格成为阿舍·巴恩斯通对恩斯特·迈（Ernst May）为西里西亚城市布雷斯
劳及其周边地区设计公共住房的分析重点。

　　在《理想的社会主义城市？——作为现代梦境的城市新城》（第六篇）中，
历史学家罗斯玛丽·韦克曼探讨了战后建筑与规划在多大程度上沦为一种关

乎城市形态可能性的浪漫乌托邦主义的跨国形式。韦克曼提出的关键问题并不仅限于影响东德和整个东欧社会主义新城规划的现代主义规划思想；她还研究了战后受技术驱动的住宅规划乌托邦——如今它也在西方得到肯定；只不过在整个东欧阵营的新城规划中表现得更为明显。这些新城规划首先日益倾向于一种未来主义的卫星城模式，并且是由网络理论进行控制的系统，它们展现出社会主义与城市工业力量的梦幻融合。

建筑史学家格雷格·卡斯蒂略的《作为冷战柏林跨国挑衅的住房建设》（第七篇）为本书第二部分所作的贡献是，他揭示出铁幕仅造成冷战时期东西方建筑和规划之间虚幻分裂，并将关注的重点放在虚幻分裂的程度。卡斯蒂略检视两个超级大国以为取得在德支配地位互相叫板为名，尤其是在微缩了城市分裂与东西方规划对立的地点柏林，彼此轮番竞争，同时又互有交叉的居住规划路径。因此，从德国城市规划来看，冷战的边界看上去远谈不上密不透风，而是具有可渗透性：媒体需要将西柏林的社会福利住房与它的社会主义对标物加以比较，从而揭示出苏联式的住房模式也是衡量西方福利保障条款的基准之一。在第八篇《跨越大西洋的规划理想：美国、英国和德国的邻里单位》中，规划学家兼历史学家迪尔克·舒伯特描绘了一项 20 世纪社会改革的重要创新手段：具体来说，是在间战期、战时及后来战后大西洋两岸的大众住房项目中逐步形成的邻里社区重组原则。作为一种意识形态多样化的机制，它摆脱了高密度工业城市贫民窟，为曾经历轰炸而无家可归的公民提供全新的优质生活，并创造出更优良的社区参与感。按照舒伯特的描绘，具有跨国属性的邻里单位之所以在英国、美国、德国相继取得最佳效果，原因在于它对国家和地方的需求和观点做出回应；但与此同时，当它变得过于强调特定地点，或屈服于技术上的组织规范，那么便会失败。

《跨国主义与德国城市》的核心逻辑在本书第三部分"城市文化与德国的跨国想象"中得以强调，它旨在研究介于城市文化生产与更广泛的地方认同可能之间的创造性张力。城市共同体如何在文化上融入地方感（无论是地方的，还是区域的，抑或是国家的，或是跨国的）的挑战在这一部分的三篇文章中得以阐述，这些文章聚焦于狂欢节庆典、（第一次世界）大战纪念活动，以及电影对德国城市和美国西部空间的呈现。在第九篇《王子和愚人，游行和村妇：塑造、展现与维护城市认同的科隆、巴塞尔狂欢节》中，历史学家杰弗里·M. 迪芬多夫剖析了瑞士和德国城市狂欢节不同的地方特征，借此研究什么是城市生活中的独特之处，什么又是为城市、地区和国家所共享的东西。显然，自基督降生以来，狂欢节就始终参与丰富的跨文化转换。但正如迪芬多夫所强调的那样，尽管受前现代和后现代的全球化影响，但狂欢节仍保留着它作为巴塞尔和科隆当地城市身份认同主要来源的功能。得益于活动组织、参与和表演中所涉及的复杂的有组织地方自治，即使庆祝仪式本身具有跨国流动性，狂欢节仍被当成这两座城市独特性再生的源泉。

　　本书围绕城市文化展开的第三部分第十篇文章以《地方、国家与跨国？——魏玛共和国汉堡一战纪念的空间维度》为题：历史学家雅尼娜·富格在文中考察了20世纪20年代城市这一地方层面纪念大战的方式。通过将镜头对准纪念第一次世界大战"阵亡战士"的各种仪式和媒体对汉堡此类活动的报道，富格得以明确一点：当时的德国人实际上并未形成一种有关宽恕的创伤后跨国记忆。由汉堡大多数公民所发起的战争记忆纪念与仪式化的活动都并未过多停留在跨越边境的和解上，相反更倾向于迅速转变为一种明显被利用的民族主义宗教情绪。而第二次世界大战的战争创伤则是维姆·文德斯（Wim Wenders）电影的主要推动力，而这也是出自建筑师尼科拉·胡贝尔与拉尔夫·施特恩之手的第十一篇文章《从美国西部到西柏林：维姆·文德斯、穿越边界与跨国想象》所考察的重点。在文德斯的全部作品中，他儿时经历的轰炸与废墟般的德国城市景观，以及长期作为导演跨越大陆找寻失落的（战后、德意志）身份认同，都被美国西部苍茫的土地所取代，并且无论是在德国还是别国拍摄的影片中，都由一系列流浪者扮演主要角色。每一部文德斯电影因此都成为这位导演献身奥德修斯式追寻不可逆转的城市—国家非凡之所的重新展示。胡贝尔与施特恩认为，德国人对于战后地点的感知永远不可能停歇；萦绕在文德斯心头的过渡空间与跨国空间，最终成为形塑德国身份认同神话的影像地图。

　　在本书的第四部分，也是最后一部分"跨国时代的德国城市遗产"中，我们的作者考察了20世纪70年代德国战后现代主义的终结，以及随后的铁幕崩塌与德国重新统一是如何为历史保护创造新的条件。我们正在见证一场对迄今为止德国遭空袭城市重建成果的重新评估：一项持续公开热情支持的设计正在展开。无论我们是否乐见其成，德国城市的"国家"设计如今正在全球化的舞台上被重新定义。规划学者格里莎·F.贝尔特拉姆和弗里德黑尔姆·费舍尔在他们的文章《德国话语与实践视角下的后战后时代"重建"被摧毁的家乡》(第十二篇)中对这一发展进行了说明。贝尔特拉姆和费舍尔描绘了战后从现代主义的一片空白中立即重建到后现代主义重建失落的象征性建筑的转变。他们提出，当前重启德国城市遗产重建——证据显示全国有超过一百个这样的项目，并在重新统一后由公民组织进行运作——是否已经超越了打造全球标志性城市舞台的表面尝试？以及这或许是为了实现"**家乡（Heimat）**"复兴和去污名化。

在《柏林博物馆岛：在全球化时代营销德意志民族的过去》(第十三篇)中，德国研究学者特蕾西·格雷夫斯认为，当前**博物馆岛**(Museumsinsel)正在进行的重修工作展示了营销德国民族文化背后的诸多约束。所有这些以重新包装柏林国家博物馆为名，意图实现世界遗产共享的总体规划，其目标直指国际公众的消费。格雷夫斯让我们对包括正在进行的重修工作在内的建筑与管理策略充满期待，这个项目可能是为了保护公众免受博物馆岛（因此也是德国的）全面公开的遗产缺少跨国性的影响。最后，在第十四篇《历史保护的谬误？——柏林与德累斯顿的跨国文化、城市认同与纪念建筑》中，艺术与建筑史学家约翰·V. 马丘基卡继续贝尔特拉姆和费舍尔的话题。通过详细解读德累斯顿圣母教堂以及正在进行的柏林城市宫重建活动，马丘基卡明确指出当代德国（及其他国家）在多大程度上中断了 1964 年《威尼斯纪念碑和遗址保护与修复宪章》(*Venice Charter for the Conservation and Restoration of Monuments and Sites*)中的跨国适用原则。德累斯顿和柏林的一些突出案例说明了城市是如何尝试突破公认的建筑保护规范界限，取而代之以完全恢复不复存在的城市遗址，最终达成找回失落的文化记忆的目标。尽管建筑学和古迹保护方面的专业人士联合反对诸如此类的目标，但马丘基卡警告说，不必反对这一趋势，因为它或许能被证明是 21 世纪初德国城市后现代性的一个复杂组成部分。

最后让我们再次重申，本书收录的文章已经指明，跨国主义并非必然导致德国城市地方特性消失的载体。相反，跨国主义的城市观可以用来描绘哪些现象是真正本土的或（超）国家的，同时始终需要强调和比较的是他们为支配地位所展开的斗争。德国城市史研究开启了借由跨国转向对国家提出挑战的机会。这一点当然至关重要。但同样重要的是，一味抵制这种转变会让我们忽视地方、区域与国家文化的传统与制度对城市形态与结构连续性及变化的影响。

第一部分

相互竞争的德国城市公众

1. 欧洲城市中的启蒙运动：对德国城市主义与公共领域的再思考

13

丹尼尔·珀迪

　　在今天的德国,对经济发展全球化的抵制不仅表现在街头示威游行和左翼政治观点中,还在城市规划人员和市政官员的办公室里流传开来,后者有时会以防止出现地方身份认同和传统消解的世界性潮流为名制定意义深远的政策。城市规划与建筑是两个表现较为明显的领域,在这两个领域,"地方"和"全球"被并列用来证明政府政策的合理性。而在德国城市生活中,友好的地方身份认同与不祥的全球趋势的反差,呈现广泛的空间分布特性。有时,规划者声称要捍卫的"地方性"极为庞杂,例如它可以是一座城市、一个国家或是整个欧洲。实际上这两个层次往往还相互融合,例如地方性的竞争常因其欧洲影响力而被讨论不休。但这种修辞上的细微差别,往往只有当它的空间尺度需要依靠更大范围的"全球"语境的映衬时,才会变得显而易见。

　　在德国有关建筑和城市规划的讨论中,一颗特殊的地方性星辰日益受到重视：即"欧洲城市"。这个术语通过暗示欧洲是某种城市秩序的前提,且某种特定类型的城市又是欧洲身份认同的体现或表达,以此尝试引入城市和大陆两个不同的空间尺度。在讨论这个术语的历史时,我要强调的是当前启用"欧洲城市"所反映出的保守德国人在面对资本主义向前共产主义国家传播的矛盾态度。同时,渴望恢复城市中的欧洲传统也代表了第二次世界大战后德国重建的最新潮流,即以较少采用功能主义设计传统取代 20 世纪 50—60 年代的现代主义。

　　欧洲城市将制图学和城市社会学相结合,仅仅表明空间尺度是如何互相依存的。因为事实证明,同时谈论一座城市和一块大陆,早已不是什么稀罕

14　事。我在本文中所要论证的是政治思想中最基本的空间区分之一，即公私之
别是许多欧洲城市所共有的矛盾特质。欧洲城市的概念建立在悠久的公共和
私人历史的基础之上，作为政治和商业交流地点的公共集会场所与由财产和
个人私密性构成的私人领域形成对比。但前提是私人空间是一个隔绝公众的
容器，就像城市本身是一个围合起来的实体，它直截了当地反映出与周围景观
的差异。① 我坚持认为，与其从两极分化的角度思考空间，不如说是随着历史
上商业城市的发展，私人空间因为长距离贸易网络的不断扩大而变得日益隔
绝。商业企业影响范围越广，它对市场和其他可以公开造访的集会场所的依
赖就越少。随着时间的推移，商业和行政人员相互隔绝的空间就成为公共话
语和全球贸易中最富生产力的场所。最终，私人商会在促进城市经济和政治
活力方面发挥着和城市广场及议事厅同等重要的作用。在一个大众旅游的时
代，已很难再去歌颂一张位于内室的狭小桌子了，但它恰恰是阅读、撰写、批评
和处理大量最重要公开声明的所在。正因为如此，在思考欧洲城市的历史时，
我们必须像铭记熙熙攘攘的广场和拥挤不堪的俱乐部那样，铭记那些狭窄、安
静的角落。

　　欧洲城市的概念与全球化有着两重关系：一方面，将城市引入欧洲市场
体系的大量经济、政治和文化关系构成了全球经济的大尺度网络之一，这一点
历史学家们可以追溯至中世纪的鼎盛时期；另一方面，今天使用这一术语却是
为了划清界线，并坚决捍卫那些被认为是欧洲最本质特性的区别。这一显而
易见的城市特性与促进民主机制的公共领域有关。但自中世纪以降，始终
争论不休的问题在于规划欧洲城市时是否已经留有促进民主政治和资本交
换的开放集会场所。

　　保障欧洲民主往往与维护此类城市场所有关。全球经济与媒体网络被认
为对这些独特的地方性民主场所构成威胁。因此有必要重新审视这些野心勃
勃主张的历史。我的目的并不仅限于是批评某些与欧洲城市概念相关的意识
形态，而且要挑战民主与公共领域的关系，这种关系正在当前的德国城市政治
中发挥着举足轻重的作用。在本文的后半部分，我将论证近代早期公共领域
和首个资本主义长距离贸易网络的出现，是与国内空间的日益分离和专门化

① 瓦尔特·泽贝尔，《欧洲城市》(Die europäische Stadt)导论，法兰克福：苏尔坎普 2004 年版，第
14 页。泽贝尔是这一概念最坚定的支持者。他在这本书的导论中明确定义了这一术语，随后阐
述了当代所有对该术语存续发起挑战的观点。

相匹配的。随着公共讨论和商业渐趋复杂，参与这两种交换系统的资产阶级从业人员逐渐退隐至诸如书房、家庭图书馆和私人沙龙这样的僻静场所。我们必须意识到，即便到了今天，最引人注目的想法和观点往往仍旧是孤立产生的。我在文章第二部分对近代早期建筑文献的研究将表明，**市民阶层**（*Bürgertum*）是如何在城市环境中意识到对隐私的需求的。

革命性的游行示威和集会可能需要开阔的空间，但诚如格奥尔格·齐美尔（Georg Simmel）所指出的那样："大都市人对待彼此的这种内心态度，或许可以被视为一种保留。"①这一在城市空间中日趋克制的趋势意味着许多公共政治言论首先是在那些人们感到最不受监视的地方被制定出来的。为使城市公共领域实现自己的政治和经济目的，人们往往需要专属的私有空间。没有什么比在**公共领域**（*Öffentlichkeit*）的启蒙机制中出现这种并存性更为重要的了。构成城市的空间，并不总是公共的，甚至它本质上都不具备城市性。实际上，城市内部的一些最重要场所就是为逃离别人的物质存在而设立的。最后，个人化的空间对于建立支持民主政治和市场交换媒体网络而言同样重要。这部隐私的历史也成为全球化的重要组成部分。

如果回顾一番 20 世纪 90 年代围绕重建柏林米特区动辄吵嚷不休的争论，我们可以看到德国地方性的城市争论是如何呈现出欧洲维度的。② 为回应对柏林市政府③严格限制在历史街区新建建筑的建筑指导方针的批评，官方政策的支持者坚称这是为新首都树立榜样，它不仅涵盖德国其他城市，还将大部分的欧盟城市纳入其中。关于如何在柏林营造建筑的问题因此转变为一

15

---

① 格奥尔格·齐美尔，《大城市的精神生活》（"The Metropolis and Mental Life"），齐美尔，《个人与社会形态》（*On Individuality and Social Forms*），唐纳德·N. 莱文编，芝加哥：芝加哥大学出版社 1971 年版，第 331 页。

② 近期围绕柏林的辩论及其对欧洲城市诉求的全面综述，参见维拉格·莫尔纳（Virag Molnar），《地方文化生产：在后柏林墙时代的柏林重塑"欧洲城市"》（"The Cultural Production of Locality: Reclaiming the 'European City' in Post-Wall Berlin"），《国际城市与区域研究》（*International Journal of Urban and Regional Research*）第 34 卷第 2 期（2010 年 6 月），第 281—309 页。在格尔特·凯勒尔（Gert Kähler）主编的《困难重重：德国建筑学论辩选集（1993—1995年）》[*Einfach schwierig：Eine deutsche Architekturdebatte, Ausgewählte Beiträge*（1993 - 1995）]中重印了多篇最重要的论文，不伦瑞克：韦尔维格 1995 年版。亦可参见安德烈亚斯·海森（Andreas Huyssen），《柏林空虚》（"The Voids of Berlin"），《批判调查》（*Critical Inquiry*）1997 年第 24 卷第 1 期，第 57—81 页。

③ 这里的"柏林市政府"德语为"Berlin Senat"。德国一般城市市政府称"Magistrat"，仅有三座城市州（柏林、汉堡、不来梅）的州（市）政府的正式称呼为"Senat"，特此说明。——译者注

场针对欧洲城市的讨论。① 在 20 世纪 90 年代,柏林最强势的建设主管汉斯·施廷曼(Hans Stimmann)提出:"我们要在这里创造一种欧洲建筑文化。"②这话经常被当作他扬言要让柏林重返 19 世纪欧洲传统而被大肆引用。直到施廷曼于 2006 年退休时,《纽约时报》还引用本尊的话来总结他的分区政策:"柏林是一座汇集了自 1945 年以来每一次城市规划失败的博物馆……我想要回到一种我称之为欧洲城市的城市结构中。我想让柏林再次变得值得一读。"③柏林"批判性重建"(Berlin's Critical Reconstruction)设计大纲背后的发起人,建筑师约瑟夫·保罗·克莱胡斯(Josef Paul Kleinhues)也重申了这一点:"在柏林所取得的成就,就是重新发现欧洲城市。在这里,我们拥有城市批判性重建的最佳例子。这或许也是城市特性再次成为主题的首个案例。在柏林,我们正在建设明日之城。"④这种纯良无害的德式说法已经引发城市规划人员、建筑师和社会学家的广泛关注,因为欧洲城市一直被描述为处于各种力量的包围之中:全球化;市政资金减少导致的公共领域被忽视或商业化;明星建筑师鲜明风格对地方特性的忽视;来自欧洲以外的移民;当然还有互联网。理想化的德国城市体验正面临危胁,它与欧洲文明的历史,自由民主、个人自由的出现,以及作为地方性交换场所而可能受国家监督的市场经济紧密相连。

尽管拥有了这些相对更现代的内涵,此类欧洲城市依然起源于中世纪,那里保存完好的历史建筑沿着不规则的道路排列,仅可步行通过。在今天的欧洲城市中,被认为具备典型城市性的城市类型的出现要早于启蒙运动,而且毫

---

① "柏林就市政府涉及城市发展、环境保护和技术的行政策略的讨论是探讨欧洲维度的一个例子。"《欧洲城市:行动模式还是发展潜力?》(*Europäische Stadt:Auslaufmodell oder Entwicklungspotential?*)1997 年 9 月 26 日召开的柏林城市论坛第 65 次会议,柏林:城市论坛协作协调办公室 1997 年版,第 3 页。

② 汉斯·施廷曼发表在 1994 年 7 月 21 日的《周报》(*Die Woche*)上,引自维尔纳·杜尔特(Werner Durth)和君特·贝尼施(Günter Behnisch),《柏林巴黎广场:艺术大学的新建筑》(*Berlin Pariser Platz:Neubau der Akademie der Künste*),柏林:约维斯 2005 年版,第 154 页。

③ 安德烈亚斯·楚策斯(Andreas Tzortzis),《后(柏林)墙时代柏林建筑大师退休》("Berlin's Post-Wall Master Builder Retires"),《纽约时报》2006 年 9 月 27 日,http://www.nytimes.com/2006/09/27/arts/design/27stim.html(2012 年 11 月 10 日访问)。

④ 《理性主义:丹克瓦尔特·古拉奇特访谈约瑟夫·保罗·克莱胡斯》("Der Rationalismus:Dankwart Guratzsch im Gespräch mit Josef Paul Kleihues"),《20 世纪德国建筑》(*Deutsche Architekturim 20. Jahrhundert*),维托里·马尼亚戈·兰普尼亚尼(Vittorio Magnago Lampugnani)和沃尔夫冈·内格尔(Wolfgang Nagel)编,柏林:约维斯 2000 年版,第 143 页。

无疑问和工业化没什么关系。商业城市网络建立于 11 至 13 世纪,首先出现在意大利北部,然后是佛兰德斯、德意志南部,并沿波罗的海和内河水系发展,这些地方构成了这一传统的起点。但是否保留这一悠久历史遗产的问题在城市规划中持续引发公开论战。例如纽伦堡、弗莱堡和明斯特在战后几十年中就因为忠实重建它们始建于中世纪的建筑外立面和街道而备受耻笑。① 但如今这些城市保存历史遗迹的尺度、屋顶线和建材的决定——杰弗里·M.迪芬多夫称之为"坚决保护主义"("determined preservationism")的政策——被视为战后重建的典范。② 由于在 20 世纪的空袭和功能主义设计下幸免于难,古老的中世纪城市确实在当下饱受赞扬,这也暗示了被归入现代公共领域的民主政治与其所处的城市空间之间存在明显区别。1958 年,现代主义建筑师汉斯·沙龙(Hans Scharoun)曾这样抱怨柏林的中世纪布局和建于 18 世纪的街区:"我们生拉硬拽地把这种街道体系当成遗产继承下来,却没有真正理解它对当下的意义和它的变化。"汉斯·施廷曼则在 2009 年写道,汉萨街区(Hansaviertel)③的自由布局是继第二次世界大战轰炸之后对这座城市的二次破坏。④ 战后明斯特的父母官们显然已经预见到施廷曼后来的观点,尽管他们只是从修辞上对当地的**市民**(bürgerliche)传统和法兰克福或柏林的"大城市狂妄"进行了区分。⑤

　　自由民主的出现或许需要推翻君主制,消灭中世纪的行会,推动社会关系

---

① 汉斯·约瑟夫·策西林(Hans Josef Zechlin)将明斯特的普林策帕市场称为"巨大的化妆舞会",《新建筑世界》(Neue Bauwelt)1947 年第 49 期,第 280 页。

② 杰弗里·M.迪芬多夫,《战争之后:第二次世界大战后的德国城市重建》(In the Wake of War: The Reconstruction of German Cities after World War II),纽约和英国牛津:牛津大学出版社 1993 年版,第 83—90 页。

③ 汉萨街区指位于德国柏林蒂尔加滕和城铁线之间的一个居住区,建于 20 世纪 50 年代中期,在当时被认为是联邦德国现代主义城市规划和建筑的示范项目。——译者注

④ 哈拉德·博登沙茨(Harald Bodenschatz)、约安·迪韦尔(Jörn Düwel)、尼尔斯·古乔(Niels Gutschow)和汉斯·施廷曼编,《柏林和它的建筑:第一部分——市政建设》(Berlin und seine Bauten, Teil I — Städtebau),柏林:DOM 2009 年版,第 227、381 页。

⑤ 明斯特建筑委员会中的基民盟代表汉斯·奥斯特曼(Hans Ostermann)在 1945 年 7 月这样写道:"如果这样的一座城市以一种过去传承下来价值观构建起来的统一精神,以谦逊而和谐的方式加以重建,那么这座新的城市以后或许能带给人最美好的资产阶级城市的印象。除了这种城市,任何自夸的大城市精神都应当被禁止。"引自维尔纳·杜尔特和尼尔斯·古乔,《梦想与废墟:1940—1950 年西德被摧毁城市重建规划》(Träume und Trümmern: Planungen zum Wiederaufbau zerstörter Städte im Westen Deutschlands, 1940-1950),不伦瑞克:韦尔维格 1988 年版,第 952 页。

的世俗化;然而,前民主机构的建筑物——宫殿、工场、商店、教堂和旧秩序下的**市政厅**(*Rathäuser*)——如今却被当成欧洲传统的代表。欧洲城市将许多试图将革命和工业设计融合在一起的现代主义建筑的乌托邦理想排除在外,①瓦尔特·格罗皮乌斯(Walter Gropius)、密斯·凡德罗(Mies van der Rohe)和勒·柯布西耶(Le Corbusier)留下的大型住宅项目和办公楼被看作是无视地方市政传统的破坏性入侵。以摩天大楼为例,它常常被看作是一种美国城市规划形式,现在则越来越被视为亚洲式的。然而,许多负责打造摩天大楼并使之成为二战后资本主义组成部分的建筑师,不仅是在欧洲接受的训练,还是在欧洲政治史的语境下形成自己的乌托邦目标。

这种倾向于将欧洲城市与前现代建筑形式联系起来的真正问题在于,它威胁要维护一种正统的立场,坚决将传统建筑形式与欧洲政治制度如自由民主、人权以及公共领域的公开辩论对应起来。虽然想要避免现代主义建筑的功能主义专制可能是一条普遍公认的信念,但最好的解决办法并不是坚持对一切新建建筑设计方案进行评估,考察它们是否具备融入中世纪城镇和现代早期集市的能力。

欧洲城市的概念在它的术语中隐含着地理的和历史的假设。由于围绕这一概念的讨论不再仅限于将传统建筑物与邻里街区融入消费资本主义的建筑学问题,这个术语成为一种定义欧洲认同的手段,在德国尤其如此。而当文化历史学家下场辩论,这一术语的政治内涵就变得越发独特。一旦将这个术语理解为理想类型(不必局限于特定的建筑物和街道规划),它便具备了目的论的特性。举例来说,赫尔穆特·伯梅(Helmut Böhme)以一套近乎黑格尔式的系谱将欧洲城市追溯至希腊城邦,从雅典迅速转进罗马帝国,再到 10 世纪的欧洲,之后便是法国大革命。②

而作为一种社会学概念,欧洲城市史又或许可以追溯至马克斯·韦伯

---

① 有关现代德国道路规划的历史,参见卡斯滕·约纳斯(Carsten Jonas),《城市及其平面规划:拆除要塞和建立铁路连接后德国城市形态与历史》(*Die Stadt und ihr Grundriss: Zu Form und Geschichte der deutschen Stadt nach Entfestigung und Eisenbahnanschluss*),图宾根:瓦斯穆特 2009 年版,第 13 页。

② 赫尔穆特·伯梅,《历史视角下的"欧洲城市"理论》("Thesen zur 'europäischen Stadt' aus historischer Sicht"),《欧洲城市——神话与现实》(*Die europäische Stadt — Mythos und Wirklichkeit*),迪特·哈森普夫鲁格(Dieter Hassenpflug)编,明斯特:LIT 出版社 2000 版,第 49—101 页。

（Max Weber）有关西方城市与其他两种大城市类型——古代城市和亚洲城市——差异的论述。韦伯认为，中世纪位于阿尔卑斯山北麓的西方城市，是从一种设防的集市场所发展而来，它坚决维护自身的政治独立，而且公民依据自己所拥有的财产享有权利。[①] 韦伯还认为，在欧洲历史进程中，发展出许多不同的复杂城市政府与经济形式，但总的来说，它们具有许多相同的品质，而"亚洲国家，除了极个别的案例，据我们所知根本不适合这种分类"[②]。

尽管韦伯做了明确区分，但在整个二十世纪的大部分时间里，学术著作都将西方城市视为一个概念，故意回避东方主义规划并转向亚洲的"他者"，尽管这一概念恰恰是利用这些区别来定义自己。虽然马克斯·韦伯孜孜不倦于社会比较研究，但许多后来的欧洲城市拥护者却只专注于中世纪的西方，也并未就类型展开任何实质性对比。在 19 世纪东方主义席卷之下，有关西方城市的历史书写本身有意识地脱离亚洲，重返欧洲的过去。在定义西方城市时，韦伯并不关心如何建构管理和控制遥远领土的知识。今天的西方城市则被认为是使欧洲合法且孤立的手段。有关西方城市的社会学观点，与其说是声称对东方了如指掌并向外部施加影响力，不如说是利用亚洲和古代知识，将欧洲与世界其他地区区分开来。于是如今的欧洲城市在很大程度上被塑造成防止全球化进程，遏制移民活动的形象。因此，围绕这一术语的讨论力求避免韦伯式的比较，即便这些比较被认为是出于保存所谓显而易见的"欧洲"的理由。21 世纪的讨论并不十分关注如何定义亚洲或伊斯兰城市的某些古代特质，因为如今似乎由中国城市所代表的威胁本身就是欧洲现代化的产物：匿名的、工业化生产的建筑以压倒性的传播速度抹除着地方历史。正因为如此，亚洲和伊斯兰城市的类型已经在建筑史学家那里名誉扫地，而这一点更让人警醒的是，现在应该引入韦伯的术语，以此作为尝试重塑理想化欧洲城市特性讨论的一

[①] 韦伯在描述西方城市时写道："要发展成为城市—公社，聚落必须成为非农业—商业类型……而且必须具备以下特征：1. 一座要塞；2. 一处市场；3. 一座自己的法院至少具有一定自主性的法律；4. 一个联合体结构以及与此相关的；5. 至少一定程度上的自治和独立，这包括当局的行政管理，且市民能够参与……它的任命。"马克斯·韦伯，《经济与社会》(Economy and Society)，君特·罗特 (Günter Roth) 和克劳斯 (Claus Wittich) 编，第二卷，伯克利：加利福尼亚大学出版社 1978 年版，第 1226 页。[此处中译参考阎克文译《经济与社会 (第二卷下册)》，上海：上海人民出版社 2019 年版，第 1672 页。——译者注]

[②] 韦伯，《经济与社会》(第二卷)，第 1227 页。

部分。①

西方城市史研究非常重视中世纪集市城市的内部政治组织及其与遥远国度的贸易联系。两者在不放弃与更广阔世界相连的蓬勃经济关系的前提下，坚持以独特的（欧洲）特性来处理城墙内的关系。对政治组织的重视，即重视拥有财富的市民的权利，强调的乃是一种并非源于欧洲之外的独特品质。欧洲城市社会理论家在中世纪市民所拥有的财产权和政治特权基础上建立起他们希望与当下联系起来的历史脉络。但假设欧洲城市生活的历史存在连续性，所要面临的一个问题便是：随着现代工业城市的出现，中世纪和现代早期的共同体认同概念被彻底打破。20世纪上半叶曾有过关于现代性的广泛讨论，强调工业城市与早期地方共同体生活的社会规范之间的关系已彻底破裂，但研究西方或欧洲城市的学者仍坚决维护一种大城市社会共识，坚持认为大城市政治传统未曾间断。这是一种根植于欧洲城市信念的幻想，即当代城市居民的政治意识存在不间断的连续性，而这种连续性也存在于中世纪从事国际贸易的阶层之中。有时要追溯更长时段的历史就要到雅典和罗马时代了。但就欧洲资本主义和民主制度兴起而言，中世纪的城市才是其最重要的前身。

欧洲城市概念在公民权、财产权、民主治理和建筑之间建立起真正的历史联系，而这些术语在整个20世纪拥有截然不同的价态。举例来说，或许有人会问，在有关移民和同化的激烈争论中，城市的历史如何被当成看似中性的话语进行处理。欧洲城市传统的概念又是否隐含着其他的意识形态？而诸如城市规划、建筑和城市史之类的领域是否作为显而易见的非意识形态参照物，引发更多有关欧洲身份、城市空间构成、城市人口及政治决策运作的争议性话题？如果有人肯定"传统"在欧洲城市规划和建筑中的重要性，那么是否也同意采取一种传统的方式来解决公民权和城市政治问题？

从西方城市类型发展而来的意识形态内涵在1920年韦伯逝世之后变得

---

① 有关中国历史学家对韦伯诸多评论文章的书评，参见徐亚敏（音译），《城市社区、国家、空间秩序与现代性：从帝制和共和时代北京的视角出发》（"Urban Communities, State, Spatial Order, and Modernity: Studies of Imperial and Republican Beijing in Perspective"），《中国研究书评》（*China Review International*）2008年第15卷第1期，第1—38页。对"伊斯兰"城市理论的反驳，参见雷沙特·凯沙巴（Resat Kesaba）为埃德海姆·艾德姆（Edhem Eldem）、丹尼尔·高夫曼（Daniel Goffman）和布鲁斯·马斯特斯（Bruce Masters）编的《东西方之间的奥斯曼城市》（*The Ottoman City between East and West*）所撰写的书评，《中东国际研究》（*International Journal of Middle East Studies*）2001年第33卷第3期，第461—463页。

更加明确。出于意识形态目的塑造城市类型,体现在中世纪史学者弗里茨·罗里希(Fritz Rörig)的作品中。① 罗里希大量有关汉萨同盟与中世纪城市贸易的研究,跨越数个政权,长达 30 余年。这项研究起始于 1923 年,当时他是基尔大学的教授,1935 年之后受纳粹领导在柏林工作,随后他在东德重建的洪堡大学工作至 1952 年。罗里希城市研究的第一阶段的成果便是他的宏大研究:欧洲城市。② 他通过证明这些商人城市已经融入中世纪的国际贸易网络,在很大程度上重新定义了学界在 20 世纪 20 年代和 30 年代初对早期汉萨的理解。他的论点与比利时中世纪城市史家亨利·皮朗(Henri Pirenne)的研究在许多方面有重要的共通之处,并构成了费尔南·布罗代尔(Fernand Braudel)的理论来源。但到了 20 世纪 30 年代中期,罗里希将他的汉萨研究应用于纳粹东扩计划。③ 汉萨同盟的"欧洲城市"摇身一变为民族主义的族民项目,以至于罗里希将汉萨同盟描绘成为传播德意志精神而在波罗的海沿岸建立城市。④ 但即使是在他最露骨表达民族社会主义的理论中,罗里希也从未

19

① 有关罗里希观念与纳粹意识形态的调和,参见彼得·兰伯特(Peter Lambert),《从反法西斯分子到民族史学家:弗里茨·罗里希政治思想中的示威者和民族,1921—1945 年》("From antifascist to Volkshistoriker: Demos and ethnos in the political thought of Fritz Rörig, 1921 - 1945"),《书写民族历史:1800 年以来的西欧》(*Writing National Histories: Western Europe since 1800*),斯特凡·贝格尔(Stefan Berger)、马克·多诺凡(Mark Donovan)和凯文·珀斯莫尔(Kevin Passmore)编,纽约和英国伦敦:劳特利奇 1999 年版,第 137—149 页。

② 弗里茨·罗里希,《欧洲城市》("Die europäische Stadt"),《柱廊版世界史(第四卷):哥特和文艺复兴时代》(*Propyläen-Weltgeschichte*, vol. 4. , *Das Zeitalter der Götik und Renaissance 1250 - 1500*),柏林:柱廊出版社 1933 年,第 279—392 页。

③ 弗里茨·罗里希,《"民族问题"与东部殖民》("'Nationale Frage' und Ostkolonisation"),《历史杂志》(*Historische Zeitschrift*)1936 年第 154 期,第 96—103 页。

④ 弗里茨·罗里希,《德意志汉萨同盟、普鲁士科学学院中的民族、空间和政治秩序》("Volk, Raum und politische Ordnung in der deutschen Hanse, Preußische Akademie der Wissenschaften"),《报告与论文》(*Vorträge und Schrift*)第 19 期,柏林:瓦尔特·德·格鲁伊特 1944 年版,第 3—24 页,这里引述第 12 页:"西方的德意志城市当时在波罗的海地区所取得的成就,都是从这样一种精神状态和民族立场中形成的:出于自身存在与价值的意识而远渡重洋去那里开拓殖民地,建立定居点,而在那里形成交融民族的团结一致多少是不言而喻的。"有关中世纪德意志人沿波罗的海建立定居点的较新阐述,参见罗伯特·巴特利特(Robert Bartlett),《创造欧洲:政府、殖民与文化变革(950—1350 年)》(*The Making of Europe: Conquest, Colonization and Cultural Change 950 -1350*),新泽西的普林斯顿:普林斯顿大学出版社 1993 年版。巴尔利特的表述显然要比罗里希温和:"当德意志人来到波罗的海东岸时,他们发现了一片城市发展有限的土地。他们在这里沿着贸易线路培育城市,这些城市的地形和结构都以他们熟悉的吕贝克或苏斯特为蓝本——殖民城市,即'殖民地'一词在中世纪的含义,指的是新的定居点,而不是政治意义上的属地。"(第 194 页)

放弃坚持这样的观点：中世纪在斯拉夫地区开展的殖民活动是一项欧洲事业。他声称，波罗的海沿岸的汉萨城市具有鲜明的欧洲特色，这种特色超越了神圣罗马帝国的边界。① 战后罗里希的研究则重回他在纳粹上台前的主张，即汉萨同盟的向东传播是一种市场导向的"欧洲城市"，这一点可以追溯至中世纪晚期佛兰德斯的纺织业。② 最终，从一种意识形态转向另一种意识形态，却从未实现彻底突破。罗里希的战后研究仍继续重申着城市市民种族构成与汉萨同盟作为一个成功的贸易协会之间存在着联系。③

　　20 世纪晚期有关西方或欧洲城市研究忽略了德国殖民东欧那段令人不安的最新历史，取而代之以全神贯注于韦伯的论点，即中世纪的贸易城市在发展出广阔出口市场的同时，民主制度也得以发酵，而这两点正是西德战后**"经济奇迹"**（*Wirtschaftswunder*）的目标。1991 年，历史学家恩斯特·皮茨（Ernst Pitz）将贸易和制造业的兴起与启蒙运动的普遍主张联系起来，开启他的中世纪城市研究："自 18 世纪以来，欧洲资产阶级所获得的自由是欧洲哲学家和政治家想要保障所有人的核心，这也是我们今天所理解的政治意义上的自由。"④克里斯蒂安·冯·克罗科夫伯爵（Christian Graf von Krockow）则在 1993 年断言，中世纪市民所享有的权利和自由为法国大革命推翻封建法创造了潜在环境，他声称这一传统一直延伸至基辅；但他也坚持认为，该传统从未在莫斯科出现过。⑤ 就在不久前，瓦尔特·泽贝尔（Walter Siebel）认为自中世纪以来的欧洲精英阶层就把控着城市空间的发展，并以此区分欧洲城市与美洲的集市点。泽贝尔认为，时至今日，欧洲城市仍拥有着深具影响力的社会精

---

① 弗里茨·罗里希，《民族、空间》，第 24 页："通过将之理解为一项需要达成的德意志任务，他们（汉萨同盟）为欧洲取得了真正的建设性成就。"

② 弗里茨·罗里希，《欧洲城市与中世纪的市民阶层文化》（*Die europäische Stadt und die Kultur des Bürgertumsim Mittelalter*），路易斯·罗里希（Luise Rörig）编，哥廷根：范登霍克 & 鲁布莱希特 1955 年版。

③ A. 冯·布兰德（A. von Brand），《汉萨同盟史研究的最新趋势》（"Recent Trends in Research on Hanseatic History"），《历史》（*History*）第 41 卷第 141—143 期（1956 年 2 月），第 25—37 页。

④ 恩斯特·皮茨，《欧洲城市与市民阶层：从古典时代晚期到中世纪盛期》（*Europäisches Städtewesen und Bürgertum：von der Spätantike bis zum hohen Mittelalter*），达姆施塔特：学术图书公司 1991 年版，第 1 页。

⑤ 克里斯蒂安·冯·克罗科夫伯爵，《作为欧洲城市生活方式的都市风格》（"Urbanität als europäische Lebensform"），《18 世纪的城市与市民》（*Stadt und Bürgerim 18. Jahrhundert*），戈特哈特·弗吕佐格（Gotthardt Frühsorge）、哈姆·克吕廷（Harm Klueting）、富兰克林·科皮奇（Franklin Kopitsch）编，马堡：赫策罗特 1993 年版，第 9—16 页，这里引述第 9 页。

英,这些人致力于维护本地社区的历史特征。① 泽贝尔还看到了存在欧洲城市中的城市规划与政治参与的双重传统。对他而言,由这些城市共同体记忆衍生出的政治承诺,避免了新自由主义城市政策的空间和阶级分化。

　　然而,围绕欧洲城市的讨论不仅仅是一种将建筑与理想化的民主历史相结合的手段,它往往还界定了各大洲之间的差距,以至于欧洲城市被描述为具有不同于其他地方的系谱差异。但这些历史或地理目的论,忽略了对中国或印度大城市漫长历史的考察。不过围绕欧洲城市的问题并不在于谁的城市更大,而在于如何组织其中的人口。与全球其他城市相比,欧洲城市的规模很小,而这一点恰恰为当代作者所重视,小尺度的社会稳定和与之相伴的富裕生活,将欧洲与当前中国正在建设的大型城市区分开来。欧洲城市专家坚持认为,欧洲已经经历过亚洲目前正在经历的现代化动荡。为迁往城市找寻工业领域就业机会的农业人口建造廉价住房,将中产阶级分散到远离城市行政和经济中心的社区,高速建设城市基础设施和交通系统,实现从农业贫困向城市工业化的巨大飞跃。所有这一切欧洲乐于思考的变化就隐藏在背后。欧洲城市概念假设,工业现代化基本上只存在一条路径,这条路欧洲已经走完,而中国才刚起步。因此,人们担心欧洲可能不得不继续进行现代化改造,或是继续接纳新的移民和技术,并且可以在如下表述中找到这样的忧虑:担心我们所熟知的欧洲城市可能不复存在;或担心新人口的到来或将迫使城市向现有边界之外扩展,成为庞大的城市人口聚集区,但又缺乏(诸如)尼德兰这样的历史魅力。

　　新技术可能会使得集中生活在城市中变得不切实际,也无必要,这是 20 世纪的现代主义已经探讨过的话题。但当前在柏林被热议的这种焦虑版本则聚焦于自柏林墙被拆除后所产生的大规模郊区化。当然柏林迟迟未能解决的这个问题,西德、法国、英国和美国城市都曾苦苦挣扎于此——二战后的各国富裕浪潮使其城市居民能够在城市周边的乡村地带修建更大的房屋。再加上时值柏林向勃兰登堡延伸的早期阶段,人们普遍担心,媒体技术会让柏林不再需要将(理想的)城市人口集中在特定市中心地区,市中心将再次被中产阶级

20

---

① 瓦尔特·泽贝尔,《欧洲城市》(Die europäische Stadt)导论,法兰克福:苏尔坎普 2004 年版,第 11—47 页;玛蒂娜·克尔-施雷岑迈尔(Matina Koll-Schretzenmayr)、弗兰克·里特尔霍夫(Frank Ritterhoff)和瓦尔特·泽贝尔,《全球性如何成为国际大都市假说?》("Wie global ist die Weltstadthypothese?"),《视划评论》(disP-The Planning Review)2005 年第 4 期,第 50—73 页,69 页。

所抛弃,只能任凭初来乍到(且不受欢迎)、尚未找到定居郊区的新移民接管。为了避免诸如此类的城市瓦解,城市规划人员和社会学家非常重视历史悠久的城市中心区内公共领域的独特价值。① 老集市广场和教堂广场,剧院和(柏林)爱乐乐团,博物馆和公园都与尚未被定义的新媒体技术空间构成对立。因此,保护欧洲城市的尝试着眼于恢复和保持公共集会场所的活力。这些中心被誉为民主的发源地,被认为是通往政治自由的舞台;当然对规划人员而言,挑战在于如何在没有政治动荡提振公共领域的情况下以经济的方式对其加以维护。

民主与资本主义之所以能在欧洲城市中发展起来,有人认为是源于城市政治与私有财产的同步发展壮大:这是一种通常被描述为欧洲独有,而亚洲、中东和美洲城市缺乏的另一极端反对力量。但为了表明不应以二元对立的方式来理解城市空间,这种原本人们耳熟能详的并存性就值得重新推敲。一个经常被忽略的关键因素是,随着媒体的出现,私人空间对长距离的贸易和政治解放所具有的至关重要的作用。学者有时会更多地关注开放且一目了然的城市空间,但对这些建立媒体网络的私人商会缺乏重视。通过阅读于尔根·哈贝马斯(Jürgem Habermas)的《公共领域的社会转型》(*Structural Transformations of the Public Sphere*)以及费尔南·布罗代尔在有关现代早期城市贸易的多卷本历史著作《15—18世纪的文明与资本主义》(*Civilization and Capitalism 15th-18th Century*)中的侧面描述就可以发现,在私人空间日益分化的过程中,出现了像更为排外的商会与实实在在的全球网络扩张这样相反的发展。强调这一发展的方式之一是分析18世纪后期出现的建筑变革及其对公共领域的影响,这一点在欧洲城市的当代叙述中经常被提到。理论层面的启蒙形式往往很难实现本土化,且仅仅是作为特定场所(咖啡馆、沙龙、集市广场、证券交易所)而被提及。这些场所本身是暂时的,缺乏政府机构的稳定性和持久性。有关公共领域更为宏大的后继者,即全球性的世界主义,具有相同的空间模糊性的讨论,已远远不是一个历史问题。今天,徘徊于互联网和城市之间的国际化地区到底在哪里?

挑战当代有关欧洲城市结论的途径之一,是重新审视启蒙运动中建筑与

---

① 托马斯·西韦茨(Thomas Sieverts),《"培植郊区"》("Die Kultivierung von Suburbia"),《欧洲城市》(*Die europäische Stadt*),瓦尔特·泽贝尔编,美因河畔法兰克福:苏尔坎普2004年版,第85—91页。

媒体的相互依存关系。哈贝马斯和布罗代尔均认为，媒体在贸易中心崛起的过程中扮演了关键性角色。乍看之下，哈贝马斯所描述的长途贸易似乎和布罗代尔笔下世界贸易中的城市历史相重合。但哈贝马斯似乎并不知晓布罗代尔的文本，他简要介绍了为布罗代尔所详细描述的有关城市如何发展出从意大利北部到佛兰德斯的贸易线路的历史，以便给 18 世纪公共领域的兴起提供历史背景。布鲁日、伦敦、安特卫普和汉堡（仅选取少数城市）商人的特殊需求衍生出广泛的社会关系，然后，通过想要掌握有关远在天边的战争、风暴与海上航行消息的需求转变为以报纸和定期出版的杂志为形式的更为广泛的交流网络。

　　虽然布罗代尔、他的前辈亨利·皮朗，还有他们的同侪均致力于利用城市间的网络关系来描述城市的历史，这些学术著作也让读者对城市中那些做交易的场所兴味盎然。最近研究佛兰德斯城市的历史学家越发强调这些城市地区的独特性。在这些新的历史研究中，集市广场的空间特征不再仅仅是被系统性的经济分析所掩盖的次要信息，而是构成了进行经济和政治谈判的框架。[1] 这一全新的空间特性通过强调因存在系统冲突需要而进行谈判的独特地理环境，这是对过去经济史研究专注于城市在资本主义市场关系发展中作用的有力补充。[2] 过去中世纪城市史编纂（以韦伯的术语为基准）将城市描述为一处由城墙包围的坚固定居点内的集市，周围分布着与城市工匠们作买卖

----

[1] 多纳泰拉·卡拉比（Donatella Calabi），《集市与城市：欧洲近代早期的广场、街道和建筑》（*The Market and the City: Square, Street and Architecture in Early Modern Europe*），玛莱娜·克莱恩（Marlene Klein），英国奥尔德肖特：阿什盖特 2004 年；彼得·阿纳德（Peter Arnade），《乞丐、破坏圣像者和平民爱国者：荷兰革命的政治文化》（*Beggars, Iconoclasts and Civic Patriots: The Political Culture of the Dutch Revolt*），纽约伊萨卡：康奈尔大学出版社 2008 年版；彼得·斯塔贝尔（Peter Stabel），《中世纪晚期佛兰德斯的集市广场与市民身份》（"The Market-Place and Civic Identity in Late Medieval Flanders"）和玛莎·豪威尔（Matha Howell），《中世纪晚期的城市空间》（"The Space of Late Medieval Urbanity"），均载于马克·布恩和彼得·斯塔贝尔编《中世纪晚期欧洲城市认同的塑造》（*Shaping Urban Identity in Late Medieval Europe*），荷兰鲁汶：加兰特 2000 年版，第 43—64 页、第 3—24 页。

[2] 马克·布恩，《中世纪晚期佛兰德斯的城市空间与政治冲突》（"Urban Space and Political Conflict in Late Medieval Flanders"），《跨学科历史杂志》（*Journal of Interdisciplinary History*）2002 年版第 32 卷第 4 期，第 621—640 页；以及马克·布恩和海伦妮·波尔菲瑞（Heleni Porfiyriou），《集市、广场、街道——城市空间：文化交流的工具》（"Markets, Squares, Streets: Urban Space, a Tool for Cultural Exchange"），《欧洲近代早期的文化交流》（*Cultural Exchange in Early Modern Europe*），多纳泰拉·卡拉比和史蒂夫·图尔克·克里斯蒂森（Stephen Turk Christensen）编，纽约和英国剑桥：剑桥大学出版社 2007 年版，第 227—253 页。

的农民。城市被看作是由邻近的农业地区支撑起来的独特经济单位。但正如历史学家马克·布恩(Marc Boone)所言,集市广场不光是进行经济交换的场所,还是城市各个派别聚集在一起发表自己主张的地方。布恩援引亨利·列斐伏尔的观点,即集市广场能够产生出独立于严格经济交换关系的政治力量。他坚持认为,我们不应只从贸易的角度思考中世纪的集市,而应当视之为代表各种身份的场合。中世纪晚期的集市广场允许城市维护自己的独立,和它为封建统治者提供了一处彰显其主权的场所是一样的。布恩的文章在未提及哈贝马斯的情况下,将集市广场作为公共领域的早期场所,佛兰德斯城市在这里直面勃艮第和哈布斯堡家族的霸权主张,为争取自治而斗争。集市中的地方性冲突作为政治派别相互竞争的表演舞台,也在媒体中引发回响,这种回响甚至超越了直接对抗的范畴。低地国家市民社会中流传的小册子、书信和**传单**(*Flugblätter*)向欧洲观众展示了一台政治活报剧。这些代表空间政治的印刷品对日后启蒙时代公共领域的形成起到至关重要的作用,例如约翰·沃尔夫冈·歌德(Johann Wolfgang Goethe)、弗里德里希·席勒(Friedrich Schiller),抑或是美国历史学家约翰·洛斯罗普·莫特利(John Lothrop Motley)这些作家在叙述荷兰革命的自由主义时都会回溯过去,将这场 16 世纪的斗争作为日后政治解放尝试的典范。① 然后,在讨论城市政治对抗的空间维度时,我们还需要考虑媒体表征是如何从当下实体空间中的对抗向包含更广阔、由媒体所定义的公共领域扩展的。我们不应将公共领域限定于政治对抗所在的特定场所,而是应该根据媒体分布的广阔地理范围对其进行建构,即使新闻内容与特定事件和地点相连。

　　欧洲北部转口港之间商品流通的增长取决于大城市之间的沟通网络。之

---

① "荷兰共和国的崛起必须被视为近代主要事件之一。没有这个伟大联邦的诞生,16 世纪及其后几个世纪的各种历史现象要么必然不存在,要么呈现出截然不同的样貌。"莫特利用这段话开启自己的三卷本荷兰共和国史。《荷兰共和国的崛起:一部历史》(*The Rise of the Dutch Republic: A History*),费城:大卫·坎凯 1856 年版,引言第 3 页。而要探究史料编纂则可参考休·邓索恩(Hugh Dunthorne)《改编荷兰革命:浪漫主义的历史及其在 16 世纪的前身》("Dramatizing the Dutch Revolt: Romantic History and Its Sixteenth-Century Antecedents"),《近代早期荷兰的公共舆论与认同转变》(*Public Opinion and Changing Identities in the Early Modern Netherlands*),J. 普尔曼(J. Pollmann)和 A. 斯派塞(A. Spicer)编,荷兰莱顿:布利尔 2007 年版,第 11—31 页。有关比利时的文学接受史,参见马克·卡热伯尔(Marc Quaghebeur),《16 世纪:关键性的神话》("The Sixteenth Century: A Decisive Myth"),《耶鲁法国研究》(*Yale French Studies*)2002 年第 102 期,第 115—141 页。

所以能在布鲁日、根特、安特卫普、纽伦堡、伦敦、汉堡、吕贝克和阿姆斯特丹市场上买到商品，不仅仅是因为这些城市拥有长途贸易所需的物质和金融基础设施，还因为它们已经融入了允许彼此距离遥远的贸易伙伴进行协商的交流网络。中世纪晚期与近代早期城市中的公共领域不仅被用来展示商品或主权，它们也成为不同的媒体网络融合的所在。① 毕竟我们有关商品流通和市场权力呈现的历史知识源于将这一过程刊印出来的印刷品。信息涌入市场，随后又再次流出。但有一个问题依然存在：这种流动如何影响城市空间？城市广场上所发生的事件在多大程度上引发全欧洲的共鸣？

布恩提出，历史上的领土国家征服独立贸易城市。这一发展方向，无论是哈贝马斯，还是布罗代尔，均未在他们有关城市贸易路线的历史著作中强调过。但不管理论家如何看待中世纪晚期的贸易中心和启蒙时代的公共领域，重要的是牢记一点：至 18 世纪前后，大型贸易城市已不再扮演独立的政治角色，因为它们已被更大的领土国家所兼并或压制，后者能够更轻而易举地出兵或动用经济力量反对前者。② 汉斯·保罗·巴尔特（Hans Paul Bahrdt）根据德国的公共领域理论指出，巨大的政治鸿沟将意大利北部、佛兰德斯和汉萨同盟的贸易城市与启蒙时代的城市文化区隔开："我们不应忽视这个事实，即在公众公开讨论政治和保障公民隐私权成为指导原则之前，现代领土国家业已取代城市成为主要的政治形式。传统的自由城市并非主张反对绝对主义国家的政治单位，（因为）城市在那时就已经衰弱了……"③我们从巴尔特那里得到的教训是，无论是在德意志，还是在其他地方，都不应自动将资产阶级公共领域与城市空间联系起来。

① 克里斯托弗·R. 弗里德里希（Christopher R. Friedrichs），《欧洲视野下作为交流空间的城市市政厅》（"Das städtische Rathaus als kommunikativer Raum in europäischer Perspektive"），《历史杂志》（Historische Zeitschrift）增刊第 41 期《近代早期的交流与媒介》（Kommunikation und Medien in der Frühen Neuzeit），约翰内斯·布克哈特（Johannes Burkhardt）和克里斯蒂娜·韦克施泰特尔（Christine Werkstetter）编，慕尼黑：奥登堡 2005 年版，第 159—174 页。

② 海因茨·席林（Heinz Schilling）讨论了将中世纪城市"宪法"（Verfassung）与日后建立在领土基础上的国家宪法联系起来的不同史学编纂尝试，"在中世纪晚期和近代初期，德国是否存在一种城市'共和主义'？从而建构起传统欧洲城市市民阶层的政治文化"，《欧洲近代早期的共和国与共和主义》（Republiken und Republikanismusim Europa der Frühen Neuzeit），赫尔穆特·柯尼希斯贝格尔（Helmut Koenigsberger）及伊丽莎白·穆勒-卢克纳（Elisabeth Müler-Luckner）编，慕尼黑：奥登堡 1988 年版，第 101—143 页。

③ 汉斯·保罗·巴尔特，《现代大城市：有关市政建设的社会学思考》（Die moderne Großstadt. Soziologische Überlegungen zum Städtebau），汉堡：克里斯蒂安·魏格纳 1969 年版，第 112 页。

23

　　17 和 18 世纪早期的德国建筑论著起初对布罗代尔和哈贝马斯所描绘的贸易城市满怀热情。贸易网络的系谱甚至将证券交易所的建筑表现形式引申为一种建筑类型。每个交易所规划方案都要提到它的先例。如果我们查阅17 世纪中叶在莱顿大学教授建筑学，颇具影响力的西里西亚人尼古拉斯·戈德曼（Nicholas Goldmann）的作品就会发现，尽管他对荷兰的例子信手拈来，但为了解释集市大厅是一类建筑类型，他还列举了威尼斯和威尼托的建筑物，尤其是帕拉迪奥（Palladio）设计的威尼斯大教堂。① 我们还可以看到在接下来的一个世纪里，低地国家如何建立起作为贸易中心的声誉，此时哥廷根教授约翰·彭特（Johann Penther）在他有关证券市场历史的作品中已不再提起意大利北部的城市，而是侧重佛兰德斯地区的例子。这些近代早期的建筑学著作作为其高贵的读者提供了首批有关如何在德意志城市中模仿佛兰德斯集市广场和**交易所**（*Börsen*）的方案。② 彭特在他所著《市民建筑艺术详解》（*Ausführliche Anleitung zur bürgerlichen Bau-Kunst*）第四卷中，为德意志读者简短介绍了城市交易所的历史，这也表明它依然是一个陌生的机构。彭特定义了市场和政府的一般职能，在此过程中他还记述以布鲁日为大本营的冯·德·博伊尔斯(von der Beurse)家族的传说，据说正是这个家族将自己的姓氏出让给这个机构。③ 既然低地国家很明显是德意志人讨论先进贸易中心的参照物，彭特就明确将他的市中心规划与布鲁日和安特卫普已有的贸易建筑进行比较。这两位巴洛克晚期的建筑师想要游说的理想读者是那些参与能发现新城市或重新设计传统的高贵项目的人士。他们的目标是用那些源自意大利论文的古典秩序取代中世纪市政当局的建筑传统。彭特解释说，他的集

---

① 杰罗恩·格伦多(Jereon Grundeau)，《秩序社会的类型学——尼古拉斯·戈德曼的公共建筑》("A Typology for the Well-Ordered Society — Nicolaus Goldmann's Public Buildings")，《近代早期欧洲的公共建筑》(*Public Buildings in Early Modern Europe*)，康拉德·奥滕海姆(Konrad Ottenheym)、克里斯塔·德·容(Krista De Jonge)和莫妮克·沙特内(Monique Chatenet)编，比利时蒂伦豪特：布莱斯泼 2010 年版，第 13—26 页。

② 有关全欧范围内此类建筑类型的讨论，参见卡尔·海因茨·施莱尔(Karl Heinz Schreyl)，《证券交易所建筑类型的历史》(*Zur Geschichte der Baugattung Börse*)，柏林：1963 年博士论文，第 9—32 页。

③ 约翰·弗里德里希·彭特在《市民建筑艺术详解》第 4 卷(奥格斯堡：约翰·亚德烈亚斯·普费法尔 1748 年版)第 56 页写道："其中对公共世俗建筑的处理，是当作领主驻跸的宫殿连同毗邻的附属建筑……来处理的。"亦可参考 http://digi.ub.uni-heidelberg.de/diglit/penther1748(2012 年 11 月 11 日访问)。

市广场如果不被用作商业用途，或许还可以作为圆形剧场举行罗马式的表演（图 1.1）。最值得一提的是彭特还将私人住宅纳入他的广场之中，这使我们意识到：至 18 世纪末前后，设计德意志城市中心新开放空间的建筑兴趣正在消退。[1] 18 世纪晚期的建筑学作品已不再向读者提供有关证券和商品交易所的规划方案，而是着重展现三层楼房，它包含多套可供彼此无亲属关系的家庭居住的公寓，还可以和供手工业者开设零售铺子的商业空间相结合。1800 年前后，由于建筑学论文的受众已不再是那些试图让市政机构适应绝对主义国家的尊贵朝臣，这些文章开始转向专业人士和商业阶层，他们人住在城里，却通过媒体组织城市。近代早期贸易城市的市政荣耀已经远去，此时出现的公

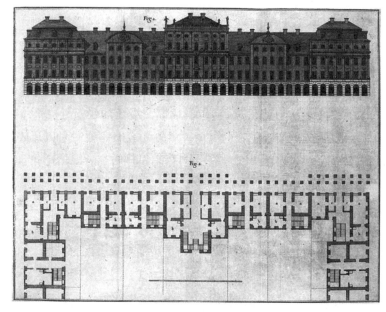

图 1.1 附带私人住宅的集市广场，出自约翰·弗里德里希·彭特，《市民建筑艺术详解》第四卷（奥格斯堡：约翰·亚德烈亚斯·普费法尔 1748 年版） 24
来源：图像由海德堡大学提供

[1] 研究 18 世纪德意志建筑学论述的最佳研究如下：乌利希·许特(Ulrich Schütte)，《秩序与装饰：18 世纪德语地区建筑理论研究》(*Ordnung und Verzierung：Untersuchungen zur/deutschsprachigen Architekturtheorie des 18. Jahrhunderts*)，不伦瑞克：韦尔维格 1986 年版；及克劳斯·扬·菲利浦(Klaus Jan Philipp)，《1800 年前后：1790—1810 年间德意志地区的建筑理论与建筑批判》(*Um 1800：Architekturtheorie und Architekturkritik in Deutschland zwischen 1790 und 1810*)，斯图加特：阿克瑟尔·门格斯 1997 年版。

共领域并不能用布罗代尔用以描述荷兰和意大利贸易城市的术语来理解；更确切地说，18 世纪晚期的论文中提到的空间概念是从作为市场或游行场地的开放广场向私人宅邸的转变。

随之而来的问题是：为什么是在 1800 年前后，建筑师们开始设计更多带有独立生活起居空间的隔断房屋，仅仅是因为德意志的**市民阶层**（*Bürgertum*）开始进入广阔的国际消费品市场吗？但即使是在诞生之初，德意志公共领域在经历跨国城市交流和孤立的媒体消费时就存在分裂。无论我们有多么热爱在商店鳞次栉比，人流密布的**步行街**（*Fußgängerzone*）上漫步，这些色彩斑斓的市场并未构成公共领域的空间。

从 17 世纪起，城市空间逐渐细分为较小单元，日益适用于专门化的用途。证券交易所的出现本身就是这些重要差异的表现之一，金融证券交易由此从市中心的公共市场中分离了出来。农产品和手工制品的公共市场也日益细分，突破了在过去中世纪鱼市、肉铺和农贸市场之间的界限。这种渐趋扩大的空间差异化趋势还可以在越来越多的民居区分私人房间与开放的全家共享空间中找到。① 这种转变存在地区差异，而且即便沿街的建筑外立面维持着中世纪的外观，往往也需要兴建新的房屋。对较为老旧房舍的大型开放区域进行整修，导致了主建筑内部出现一系列分区细化，同时在后院增建建筑物。居家空间被填充、分隔；在这种情况下，甚至地下室也被挖了一遍。随着隐私需求的增加，家庭不仅试图扩大可用房间的数量，还更加精准地区分出谁来占有这些空间，以及出于什么目的占有。建筑史学家热衷于讨论这些新房间的特殊功能，例如父母各自拥有的卧室，位于房子背面独立出来的厨房。但同样重要的是构成这一私密性的新身份认同与思维方式。

在整个启蒙时代，室内空间的组织是最为棘手的建筑难题。有关建筑外立面管理的规则早在几个世纪之前就由意大利理论家制定完成。众所周知，它们属于认识论批评的范畴，只有在文化惯习被完全建立之后才会出现。而当批评家开始质疑古典秩序中隐含的宇宙起源假设，围绕如何更好地组织建筑物内部的问题，更为个性化的论辩也就随之出现。几个世纪以来，建筑外立

① 延斯·弗里德霍夫（Jens Friedhoff），《"宏伟"与"实用"：1600—1800 年的建造与居住》（"'Magnifence' und 'Utilité'. Bauen und Wohnen 1600–1800"），《居住的历史》（*Geschichte des Wohnens*），第 2 卷，乌尔夫·迪尔迈尔（Ulf Dirlmeier），斯图加特：德意志安哈特出版社 1998 年版，第 620—625 页。

面要求有序且对称，这一点也决定了房间的内部布局。因此，房间的数量和布置由窗户、大门和立柱的位置所决定。建筑物是由外而内进行建造的，这就导致在装饰性外立面墙体背后令人发指的混乱。约翰·格奥尔格·布施（Johann Georg Büsch）在 1793 年提出，室内设计一直被德意志建筑界忽视，而且由于室内布置往往取决于个人需求和品位，因此始终无法制定出一套有关房间布局的一般规则。① 这种对城市住房内部的新关注，可以很容易被理解为 18 世纪智识发展——如主观性的提高，阅读的个性化以及中世纪晚期及宫廷社交风格的衰弱——在建筑学上的具体表现。

德意志北部联排住房的出现，是对古代"**哈勒**"住房（*Hallenhaus*）这种大型开敞空间进行改造的结果。由于在中世纪和近代早期，很少有非贵族所有的建筑被写进建筑学论文之中，因此这一转变是以更为详尽的人类学研究方式才得以重现的。建筑史学家君特·宾丁（Günther Binding）描绘了将传统房屋的大单间内部被分成较小隔间的过程。按照宾丁的说法，德国北部的**市民住宅**（*Bürgerhaus*）源于中世纪低地德意志地区的"哈勒"住房。最早的哈勒住房形式，拥有一个位于房屋中轴上的入口，并与外立面山墙沿街位置对齐。这类建筑类型的独到之处就在于它的"**哈勒**"（*Halle*）②，它十分宽阔，而且整个屋檐下都是开放空间。壁炉是光和热的来源，壁炉表面用来做饭，同时也是进行家庭生产的工作场所；但由于整个"哈勒"没有烟囱，会让房屋高处烟雾缭绕。从 14 至 15 世纪起，"哈勒"住房就开始呈现出一些与德意志南部地区住房相关的属性，例如带有地下室，并在房屋沿街一面建造封闭的**房间**（*Stube*），这就为房屋提供了卧室和贮藏室。在宽敞的堂屋内部，卧室从椽子上悬挂下来，可以借助楼梯进入。至 16 世纪前后，房屋前部整个高起的地方已挂满了一个个独立隔间。立面的窗户可以让光线照射进建筑物前部的这些小房间里，而后面的哈勒则由壁炉和后墙及屋顶上的窗户照亮。而在哈勒住房的上方还建造了更多小隔间用于贮藏。最后这些高处的小房间被用来作为卧室 26

① 约翰·格奥尔格·布施，《建筑科学实用介绍——第一卷：存在哪些市民阶层的建筑艺术》（*Praktische Darstellung der Bauwissenschaft，erster band welcher die bürgerliche Baukunst enthält*），汉堡：本雅明·戈特洛布·霍夫曼 1793 年版。这个系列的标题是：《关于市民阶层工作与娱乐的数学研究，第三部分，第一卷》（*Versuch einer Mathematik zum Nutzen und Vergnügen des bürgerlichen Lebens，dritten Teils，erster Band*），第 203 页。
② 实际上，"Halle"在德语中意为"大厅"，这里似乎也可理解为供人生活起居的"堂屋"。考虑到上文提到是一种北德特有的大开间传统民居，故译者选择放弃意译，而转用音译。——译者注

区。随后,如果家庭的规模扩大,后院也可能被小房子填满,且最终可能形成中心建筑物的翼楼。在整个过程中,位于中央的堂屋依然是主要的起居空间,在这里,商业和制造业与烹饪和家务劳动结合在一起。直到后来,整个"哈勒"住房才用墙体进行分隔。①

在系统论述市民阶层的居住新模式时,18 世纪的著作提到了哈贝马斯所描述的历史性转变。但在规划这些新细分出来的城市住房时,这些新模式依然具备传统民居模式的特征。汉堡数学家兼学校校长约翰·格奥尔格·布施描绘了这类至 18 世纪末就不再建造的住房形式。他在 1793 年的专著《建筑学实用介绍》(*Praktische Darstellung der Bauwissenschaft*)中回忆了自己孩提时代的住家:"过去,市民家庭喜欢聚集在一起,男人、女人和孩子住在一套舒适的房子里,里面有宽敞的起居室,以及全家人在夜晚可以分开入睡的房间。"②但这些房子既没有给**仆役**(*Gesinde*)提供独立房间,**一家之主**(*Hausherr*)也没有处理自己文件的房间。撰写商业信函并将其保存起来都在同一个大开间里完成,这里还要烹煮晚餐,纺织羊毛。布施断言,对老一辈人来说,个人的舒适度并不重要。而且按照他的说法,在这些只有一间屋子的房子里,家长对家庭成员的监督更为严格。这种传统父权制家庭的特点得到了哥达建筑师弗里德里希·施密特(Friedrich Schmidt)的证实,他在 1788 年描绘了最新的市民阶层设计。但在切入他的现代规划之前,施密特为他的读者详细描述了传统家庭:

> 老派一家之主的需求如下:一间宽敞的起居室,全家人都可以聚集于此,可以进行一切家务劳动;两间卧室,……一间大厨房,一般要与其他房间隔开;宽敞开阔的大厅,墙壁刷着红色或黑色油漆,不需要用楼梯进一步隔断;……一间宽敞而豪华的接待室,一间女佣房,两间蔬菜储藏室

---

① 君特·宾丁,《汉萨城市建筑》("Architektur der Hansestädte"),《汉萨同盟在欧洲:连接 12 至 17 世纪各地市场间的桥梁》(*Hanse in Europa:Brückezwischen den Märkten 12 bis. 17. Jahrhundert*),科隆:科隆艺术礼堂 1973 年版,第 283—294 页,这里引述第 286 页。延斯·弗里德霍夫肯定了宾丁的基础模型并进行了扩展,参见《居住的历史》(第 2 卷),第 620—648 页。

② 约翰·格奥尔格·布施,《建筑科学实用介绍——第一卷:存在哪些市民阶层的建筑艺术》,第 229 页。

和存放腌肉、麦芽、啤酒花、亚麻——一切人们想得到的东西——的房间······①

施密特自己为现代城市住房所作的建筑规划则旨在取代这一较为老旧的布局，以满足**市民阶层**（Bürgertum）的新要求。

　　早期的现代建筑论著证实了这样一个说法，即内部空间的不断细分与消费文化的出现有关。通过查阅公共市场和私人住宅的建筑图纸，我们发现这两种功能的差异正在不断增加，以至于在设计集市广场时需要更为彻底地考察商业和政治利益，以便将它们与远距离的书面商业交易和个人奢侈品消费所要求的私人空间更明确地区分开来。私人空间的日益细分与商业集市广场的设计直接挂钩，但从 18 世纪晚期起出现的图纸却清晰地表明，资产阶级的住房日益变得与外界隔离，而它的内部组织也变得更为复杂，由此导致家庭消费进一步从商业领域分离出来。这两种观点通过将"**舒适感**"（*Bequemlichkeit*）视作一种摆脱邻人和同人干扰目光的独特私人经历而赋予设计以合法性。② 这个术语被反复拿来描述与市民阶层消费新讨论相关的产品类型和生活方式。建筑风格上的"舒适性"意味着在不影响建筑稳定性的前提下，尽可能地遵循客户的意愿。③ 这种全新的、以舒适为导向的穿着、进餐、装饰、社交和居住方式，与个体表现为特定**等级**（*Stand*）、**城市**（*Stadt*）或**性别**（*Geschlecht*）的传统封建模式有着鲜明区别。早在 18 世纪初，莱昂哈德·克里斯蒂安·施图姆（Leonhard Christian Sturm）就意识到这种建筑设计转向与社会变革的对应关系，他担心建筑学对于"舒适性"的关注，会产生出大量反

---

① 弗里德里希·施密特，《市民建筑工匠或有关资产阶级住房内部的规律、舒适和优雅》（"Der bürgerliche Baumeister, oder, über Regelmäßigkeit, Bequemlichkeit und Eleganz in bürgerlichen Wohngebäuden"），《奢侈与时尚杂志》（*Journal des Luxus und der Moden*）1788 年 10 月第 3 期，第 381—401 页，这里引述第 385 页。

② 延斯·弗里德霍夫也从路德维希·施图姆（Ludwig Sturm）的建筑学论文中分离出"舒适性"这一核心思想。他列举的产业还包括自来水、暖气、房间尺寸及其格局，以及房屋被分隔成私人和相对公共部分的趋势作为重点。弗里德霍夫，《居住的历史》（第 2 卷），第 641—646 页。

③ "如果人们在不破坏必要牢固度的情况下，尽可能达到业主希望的意图，那么就可以在建筑物中获得舒适体验。"弗里德里希·迈内特（Friedrich Meinert），《建筑工匠和建筑手工艺人图集》（*Zeichenbuch für Baukünstler und Bauhandwerker*），第 1 册，莱比锡：弗里德里希·奥古斯特·利奥 1799 年版，第 152 页。

映不同**等级**对不同建筑类型的要求。①

　　弗里德里希·施密特在向《时尚杂志》(*Mode Journal*)的读者介绍他的现代住宅观时,强调对室内舒适度的新关注与奢侈消费之间的关联(图 1.2)。他在开场白中解释了自己作为一名建筑师为什么选择在时尚杂志上撰文,而不是将作品献给一位尊贵的统治者:"毋庸置疑,一处能够让人舒适、愉悦生活的房屋,是生活必需品,这是每个拥有理性的人所希望得到的东西。"②房屋作为在市场上买卖的商品而存在,可以在设计时结合考虑当前的风尚与品位,并且可以作为一种投资,所有这些因素在一个仍严格限制私有财产获取条件和阶层的社会里,都是引人注目的新观念。在施密特的文章中用到了一个比喻:一位愤世嫉俗的哲学家赤裸着待在一口大缸之中,只是为了强调服装和住处

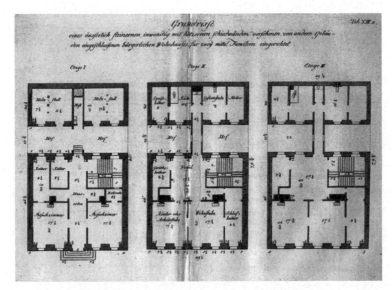

图 1.2　18 世纪市民住宅内部,载弗里德里希·克里斯蒂安·施密特,《市民建筑工匠或建筑爱好者课程论》(*Der bürgerliche Baumeister, oder Versuch eines Unterrichtes für Baulustige*)第二卷,哥达:莱赫 1794 年版

来源:图像由海德堡大学提供

---

① "由于在为此类住宅提供舒适度时存在如此之多的不同之处,因此在布置时必须考虑的状况数不胜数",《建筑师和工程师:战争与和平年代的建筑工匠》(*Architekt und Ingenieur: Baumeister in Krieg und Frieden*),乌利希乌·许特编,沃尔芬比特尔:奥古斯特公爵图书馆 1984 年版,第 213 页。

② 施密特,《市民建筑工匠》,《奢侈与时尚杂志》,第 381 页。

是可以替换的。克劳德·佩罗（Claude Perrault）早在 17 世纪晚期就坚持认为，古典建筑的惯例实际上并非建立在自然界的数理和谐基础之上，而是由占据统治地位的宫廷的特殊品位主导；然而这一观点在当时引发轩然大波。①他的《建筑五阶论》（*Treatise on the Five Orders in Architecture*）主要评论了维特鲁威建筑规范——这份古代遗产由意大利人继承并在 15 至 16 世纪进行了进一步完善，随后在法兰西学院内部引发了围绕爱奥尼亚、科林斯、多立克、托斯卡纳及复合式样的寰宇基础的激烈辩论。但直到佩罗撰文过去将近一个世纪之后，施密特才使将建筑理解为一类自由市场成为可能，它不仅是由需求决定，也是由居民的舒适感和欲望所决定的。维特鲁威，这位唯一存世的古代建筑学论著的作者要求每座建筑都应具有三大要素——**坚固**（*firmitas*）、**实用**（*utilitas*）和**美观**（*venustas*）——每种现代欧洲语言和每一个时代对此都有一套自己的翻译。在 18 世纪晚期的德意志，在英语中写作"宽敞"（commodious）的"*utilitas*"，翻译成德语则是"舒适"（Bequemlichkeit）。施密特由此从实用性和舒适性出发，将消费品与建造良好的房屋进行简单类比："随着我们文化的改变，我们的思维习惯和方式也发生了改变，因此与过去相比，现在的居住场所更要求美观和舒适。奢侈品不断增加，随之而来的是进入到我们对所居住房间的要求之中。今天的建筑师如果想要让一栋建筑适应我们的时代，就必须关注这些东西。"②住房的新定位意味着建筑师需要全神贯注于建筑物的内部组织，才能应对建筑居住者不断变化的需求。

哈贝马斯的模型中有一条未被充分理解的悖论，他主张资产阶级的公共领域产生于资产阶级内部的私人空间。尽管"**公共领域**"（*Öffentlichkeit*）一词在翻译成英语时具有"开放空间"的含义，但建筑评论家指出，公共领域其实并没有明确界定的地点，而是一个会发生点什么的特定剧场。大批学者聚集的沙龙、咖啡馆和剧场之所以被当成是**公共领域**所在，往往与哈贝马斯的模型有关。政治理论家波林·约翰逊（Pauline Johson）这样总结人们熟知的历史："充满活力的城市文化兴起于 18 世纪，它为这里新兴公众的自我意识提供了新的空间。城市生活连同它的报告厅、博物馆、公共公园、剧院、会议厅、咖啡

28

29

① 参见丹尼尔·珀迪，《巴别塔废墟之上：德国思想中的建筑学隐喻》（*On the Ruins of Babel: Architectural Metaphor in German Thought*），纽约伊萨卡：康奈尔大学出版社 2011 年版，第 14—28 页。
② 施密特，《市民建筑工匠》，《奢侈与时尚杂志》，第 384 页。

馆以及类似的地方所形成的空间,在那些并不倡导牺牲匿名性的个体之间建立起一种全新的交往模式。"①这些地点可能是过渡性,已经被移除出代表尊贵统治者的地点;但按照我们如今媒体驱动时代的标准,它们可能既不是公共领域中最重要的地点,也不是最能激发智识生产的场所。如果我们遵循那个时代的建筑学话语,那么公共领域最好还是位于私人空间内。正如互联网不可能被简化为星巴克或计算机实验室,我们也不可能将近代早期的公共领域归结到诸如伦敦的咖啡馆,巴黎的沙龙与它们的德意志同类身上。今天的城市规划者不能依靠欧洲历史先例来确定公众辩论的发生地。对于德国的规划者而言,更不可能坚持认为公共政治总是发生在同一个空间内。城市规划人员也不可能十分肯定地通过引用欧洲城市历史来专门预测**公共领域**产生的特定地点。正如哈贝马斯所指出的那样,**公共领域**往往处在政府政策的直接控制区域之外,即私人空间内:"私人领域包含着真正的'公共空间',因为它是由私人组成的公共领域。"②又或如汉斯·保罗·巴尔特所述:"起居室的书橱代表着现在与过去的世界历史事件。"③而从建筑学的角度来看,这些空间本身变得越来越独立,不断被分割,分解成相互隔开的有限单元。哈贝马斯的模型隐含着辩证法,因为他认为,正是由于亲密的家庭环境下出现的相互隔离,公共领域具备了更广泛的统一性。而在这个私人领域内部,哈贝马斯进一步区分了家庭生活中的工作与消费,以及与政治公共领域相关的互动,所有的活动都位于资产阶级住宅的房间内,这就使我们能从建筑学术语出发,将**公共领域**与现实的**场所**区分开来。在住家内部专门布置书房这一全新的安排,则反映出新兴的世俗性和专业性文本取代了过去为使全家接受熏陶而大声朗读的宗教书籍。施密特撰写于 18 世纪 90 年代的建筑学论著的第二卷就直接面向哈贝马斯所描述的城市管理阶层。施密特指出,他的规划主要是"通过三个故事说明如何才能满足中小资产阶级家庭所有必要的舒

---

① 波林·约翰逊,《哈贝马斯:拯救公共领域》(*Habermas:Rescuing the Public Sphere*),纽约和英国牛津:劳特利奇 2004 年版,第 21 页。

② 于尔根·哈贝马斯,《公共领域的结构变化》,托马斯·布格尔译,马萨诸塞的剑桥:麻省理工学院出版社 1998 年版,第 30 页。

③ 汉斯·保罗·巴尔特,《现代大城市》,初版 1961 年,第二版修订版,奥普拉登:社科出版社 2006 年版,第 85 页。

适体验"①。施密特将他的理想听众描述为生活在中小城镇上，受过普通教育，拥有良好阅读能力的家庭；其中包括一名资产阶级男性——他不再待在传统哈勒屋的起居空间中工作，因为大量书信和商谈需要他们不受干扰地研究如何处理。但传统的"一家之主"角色仍未消失，因为前述的工作仍可以由丈夫与妻子的讨论而直接延伸进起居室。施密特继续写道，家庭成员神经敏感、体质虚弱，因此他们需要将卧室设置在紧邻起居室的地方，以便可以在宜人的暖气中入睡。这一点听上去非常现代。由于许多母亲不再亲自照顾自己的孩子，施密特还不无遗憾地提出，这些孩子因此被安置在单独的育儿室里，而不是家庭起居室中。年纪较大的孩子学习音乐、绘画、写作、几何和针线活，所有这些特定的东西都被放在其他房间里。虽然"主母"依然坐在起居室的纺车前，但她现在拥有了一名厨子、若干女佣和仆人，所有这些人都必须在房子里安排住处。这些需求就要求建造一种新型建筑，而这种建筑在那本过时的意大利著作中是找不到的。施密特声称自己已经非常重视房屋的内部的结构，因为他的读者属于这样一类人，他们相比城市底层居民更能意识到舒适性和美学的问题。

30

　　哈贝马斯在反思诸如此类 18 世纪住房的大规模变化后，声称公共和私人领域中的封建性表现的界线贯穿传统房屋的中心：在传统的哈勒住房内部是由一个升级的堂屋构成，它的中心是炉膛。作为一家之主的父母从这个房间的中心出发监督每个人的活动。他们在这个房子里的实际位置，使他们能够监督孩子、仆人和亲戚。而按照 18 至 19 世纪保守主义者的说法，对下层民众的社会控制力下降正是作为家长的父亲从住宅中心位置撤退的后果。人们只消想一下耶雷米亚斯・戈特黑尔夫（Jeremias Gotthelf）在《黑蜘蛛》（*Die Schwarze Spinne*）中对家庭住宅所作的道德评价，就可以了解作为一家之主的父母退回到他们自己的私人空间后是如何代表着放弃维持纪律的责任。而哈贝马斯的依据则是 19 世纪民族志学者威廉・里尔（Wilhelm Riehl）有关家庭内部私有化的历史。② 和戈特黑尔夫一样，里尔认为城市资产阶级家庭安排的出现是对"整个房子"（"das ganze Hause"）——这是里尔杜撰的一个说

① 弗里德里希・克里斯蒂安・施密特，《市民建筑工匠或建筑爱好者课程论》，四卷本，1790—1799年，这里第 2 卷，哥达：赖厄 1794 年版，第 47 页；http://digi.ub.uni-heidelberg.de/dig lit/schmidt1794（2012 年 11 月 11 日访问）。
② 哈贝马斯，《公共领域的结构变化》，第 260 页，注释 41。

法——这一传统的颠覆性威胁。尽管哈贝马斯并未得出和里尔一样的世界末日观点,但他确实是里尔家庭空间历史的追随者。

那么像里尔这样的保守主义者,是不是唯一评价18世纪室内生活缓慢转变的批评家呢?通过对建筑学论著的发掘,我们可以发现对这些变化的狂热赞颂,这与里尔"'整个房子'的消解使得世界走向终结"的感受截然不同。通过比较18世纪的城市住房建筑规划与哈贝马斯对资产阶级公共领域的划分,可以清晰地发现,概念性的术语并未直接反映在空间规划之中。如今,以欧洲城市风格本质而备受赞扬的交际性城市生活总是与媒体驱动的社交活动融合在一起,凭借这些活动,人们不再只具备家庭或市场特性。德国建筑学文本呈现的历史表明,这种"非社会"的社交活动有助于定义新建筑设计的内部结构。与尊贵的宫廷不同,哈贝马斯的公共领域从未产生出独特的建筑类型。实际上,信息交流、商业安排、政治新闻与一些会产生此类讨论的场合并不存在任何对应性,相反公共领域的场所与日益普世化的对象之间的关系则日益紧密。公共领域中的辩论越表现为牵涉整个世界的倾向,随后的建筑就越呈现出私密性,这使这些讨论从一开始就成了可能。18世纪的商业新闻交流并非发生在像16世纪安特卫普的市场或交易所那样界线分明的空间内。相反,商品和信息的生产和消费退回到完全依赖于抽象市场的市民阶层家庭的专属房间中,但就空间结构而言,它的开放程度较低。市场乱象、交易混乱,还有和大宗商品在不守规矩的海外交换中相互碰撞,所有这一切却都被18世纪城市阶级的家庭封锁了起来。这些家庭与全球交换系统纠缠的程度越深,它们被隔绝的程度也就越深。

31

有关最近后柏林墙时代德国柏林与新欧洲的欧洲城市讨论,这里有一个长时段教训,即媒体交流的非社会本质才是城市社交体验的一部分经历。公共领域并非必然限于**公共**场合。公共领域的高度抽象性意味着它几乎不依赖任何特定的基础设施,可以和依赖港口、桥梁、火车站和机场的运输网络进行对比。而通过将公共领域从欧洲城市中特定场所分离出来,我们才有可能对建筑设计和公共讨论进行新的实验。

2. 波森或波兹南、"Rathaus"或"Ratusz"：德波边境城市空间的民族国家化 ³⁷

伊丽莎白·A.德拉蒙德

在 1910 年之后的几年间,两张同为 J. 特马尔出版社出品的明信片开始在波兹南/波森流通。① 明信片的画面一模一样,都是一块贴着波兹南(Poznań)/波森(Posen)城市照片并附有文字的黑板,黑板前站着一名男孩,用手指着黑板。然而,仔细探究可以发现,两张明信片在视觉和文字上代表了德国人与波兰人围绕波兹南/波森城市景观的相互抗争(图 2.1)。一张明信片,它可能是两张中率先被制作出来,表明波森是一座现代德国城市。这一视角来自西面,展现出波森新建筑的全貌——帝国城堡、城市剧场、皇家学院、动植物园,所有这一切都是在普鲁士统治时期(绝大多数是在 20 世纪的头十年)建成的。文字则强调波森之美在于这一由德国政府和民间机构打造的"现代"城市景观：

> "这里是从新宫殿广场望出去的波森。许多人不信这里如此美丽,是因为他们根本对此一无所知。如今我们在这里拥有了一座新建成的皇家宫殿,周围分布着许多美不胜收的公园与富丽堂皇的建筑,例如学院和新城市剧院。然后我们还有一座大型博物馆、一座图书馆和一座动植物园,一座非常古老的市政厅和大量纪念碑。这里也有许多军官与漂亮姑娘。还有大量的啤酒和烧酒。告辞!"②

---

① 由于地名问题在当时被高度政治化,作者使用波兹尼亚(Poznania)一词来指代波兹南/波森省,而同时使用波兰语名(波兹南)和德语名(波森)指代这座城市。
② 1910—1915 年间由特克斯·(特马尔)制作的明信片,翻印自索菲亚·克姆莱(Sophia　(转下页)

图 2.1   相互竞争的明信片：德国的波森（1910—1915 年）与波兰的波兹南（1918 年之前）

来源：图像由汉堡大学东北欧德意志人历史文化研究所提供
Images courtesy of Nordost-Institut an der Universität Hamburg/IKGN e. V.

相比之下，第二张明信片中的波兹南则是一座古老的波兰城市。它强调的是老城区，尤其是建于波兹南"黄金时代"的市政厅与大教堂，当时这里是波兰-立陶宛联邦①最大的城市之一。这段文字还提到了城市的波兰剧院、波兰博物馆以及纪念诗人亚当·米基维奇（Adam Michiewicz）和扬·科哈诺维斯基（Jan Kochanowski）的纪念碑，以此突出波兰文化的辉煌灿烂。在这张明信片中，波兹南之美并不取决于普鲁士德国的现代性成就，而在于波兰文化：

38

"这是我们位于瓦尔塔河上的老波兹南。有些人认为这里没有富于

（接上页）Kemlein），编，《明信片讲述的历史：1896—1918 年的波森市》（*Postkar-tener zählen Geschichte：Die Stadt Posen 1896 - 1918/Pocztówki opowiadają historię：Miasto Poznań 1896 -1918*），吕能贝格：东北德意志文化事业研究所 1997 年版，第 176 页。原文为德语，由作者自行译为英文。（原注附德语原文，已省略。——译者注）

① 波兰-立陶宛联邦是由波兰王国和立陶宛公国于 1569 年联合而成，其实质统治主体仍位于波兰。俄罗斯、普鲁士和奥地利在 18 世纪后半叶的三次瓜分导致这个国家在 1795 年灭亡。——译者注

吸引力的老物件，这是错误的。我们拥有一座古老的市政厅和一座宏伟的大教堂，除了一间美丽的波兰剧院与一家波兰博物馆外，还有为科哈诺维斯基和米基维奇建造的纪念碑，以及许多可以追溯至波兰时期的教堂。这里也有漂亮姑娘和大量的啤酒与伏特加。干杯！再见！"①

这两张明信片中的文字都以赞扬波兹南/波森的漂亮姑娘、啤酒和烈酒（对德国人是烧酒，对波兰人则是伏特加）结尾，这两张明信片除了这个共同点之外，构图上也有相似之处，两者将普鲁士德国管理时期现代波森的德意志形象与历史悠久的古老波兹南的波兰形象并置，甚至这两个小男孩也清楚昭示出他们的民族荣誉感。德国男孩身着水手服，这是德国打造海军期间最流行的儿童服饰；而波兰男孩则身穿波兰民族服装。

两张镜像般的明信片凸显出德意志人与波兰人共享波兹南/波森城市空间的方式。作为普鲁士波兹尼亚省的首府，波兹南/波森在很多方面都是一座跨国城市，它是贸易展览的所在地，也是德国人、波兰人和犹太人的家园。它蕴藏着成为跨国接触与交流场所的潜力。但与其说这座城市会成为文化与民族之间的桥梁，倒不如说它成了德国与波兰民族主义者彼此间敌意日益加深的战场。德国人和波兰人同时宣称拥有这座城市的景观，主张波兹南/波森空间与地点是"民族财富"。② 此外，作为城市统治者，德国也致力于从物质上将波森改造成一座德国城市。虽然德意志人和波兰人彼此毗邻而居，漫步于同一条城市街道上，他们却明显从民族角度出发想象城市景观。随着波兰和德意志民族将自己镌刻于这座城市之上，这座因为起源多样性与多民族性而被称为波兹南、波森和波扬（Poyzn，该城的意第绪语名称）的城市逐渐被赋予民族国家色彩。波兹南/波森曾有机会跨越民族鸿沟，并因其位于边境的地理位置，而成为跨国城市。然而，德国与波兰民族主义在 19 世纪的出现，加上民族主义立场在世纪交替之际变得日益尖锐，这种可能被排除在外，这座城市也

39

① 1918 年前由 J. 特马尔在波兹南/波森制作的明信片，翻印自克姆莱编，《明信片讲述的历史》，第176—177 页。（原注附德语原文，已省略。——译者注）

② 有关"民族财富"概念在中欧许多民族冲突中重要性不断提升的重要讨论，参见彼得·贾德森（Pieter Judson）的《并非别有天地——19 世纪奥地利的德意志自由主义与国家主权修辞》（"Not another square foot! German Liberalism and the Rhetoric of National Ownership in Nineteenth-Century Austria"），《奥地利史年鉴》（*Austria History Yearbook*）1995 年第 25 期，第 83—97 页。

因此成为共存日益让位于冲突的所在。

　　波兹南/波森成为德意志人和波兰人相遇的地点,可以追溯到第一个千禧年和波兰的基督教化时期。[①] 它当时是波兰王公的领地,从公元968年起还成为首任波兰主教的驻在地。最初的波兹南/波森城市位于瓦尔塔河与齐宾纳河之间的地方,今天这里以教堂岛闻名遐迩,也是波兹南/波森大教堂的所在地。1249年,普热梅斯一世大公(Przemysł I)[②]开始在瓦尔塔河左岸建造王宫,随后在1253年根据《马格德堡法》[③]在那里建立了一座城市。很快,德意志人以及主要出自德语区的犹太人来到这座城市,从而赋予了这里最初的多民族特征。波兹南/波森迅速成为大波兰的经济和政治中心。虽然德意志定居者在13世纪为这座城市奠定了经济基础,但到了14和15世纪,波兹南/波森开始吸引来自周边地区的波兰人,随后在15和16世纪成为一座以波兰人为主的城市,成为地区行政中心和东西方贸易路线上的主要枢纽。至16世纪末,城市人口约为20,000人,其中三分之一生活在城墙内,它也因此成为继但泽/格但斯克和克拉科夫之后波兰第三大城市。然而,在17和18世纪,由于外族入侵和内部政治危机,波兹南/波森和整个波兰-立陶宛联邦一样,经历了一段衰退期。17世纪末,城市人口仅有15,000人;而到了18世纪中叶,就只剩下区区6,000人。1772—1775年波兰第一次被瓜分的悲惨经历促成了波兰-立陶宛联邦的一系列改革,其中有部分措施侧重于加强城市实力。波兹南/波森的公序良俗委员会引入城市自治机构,彻底改革财政与警察制度,翻修公共建筑,并协助复兴贸易与手工业。其结果是城市人口从18世纪70年代开始恢复增长,至1793年时达到约15,000人。[④] 但这一改革时期是短暂的,它随着波兰在1793年和1795年的第二和第三次被瓜分而烟消云散。

　　在第二次瓜分波兰时期,普鲁士获得了包括波兹南/波森城在内的波兹尼亚省,除了拿破仑战争期间的短暂时期,普鲁士始终统治着波兹尼亚省,直到

---

① 有关波兹南/波森历史最完整的论述是多卷本的《波兹南史》(*Dzieja Poznania*),耶日·托佩尔斯基(Jerzy Topolski)编,3卷本,华沙/波兹南:PWN科学出版社1994年版。

② 普热梅斯一世为1239—1257年在位的波兰大公。——译者注

③ 《马格德堡法》由神圣罗马帝国皇帝奥托一世(Otto I.,936—973)制定的法规,旨在规范中世纪中东欧及东欧城市权授予,因以奥托曾驻跸的德意志城市马格德堡命名。——译者注

④ 人口统计数据参见索菲亚·克姆莱,《至19世纪末的波森》("Die Stadt Posen bis zum Ende des 19. Jahrhunderts/*Miasto Poznań do końca XIX wieku*"),克姆莱编,《明信片讲述的历史》,第11—19页。

第一次世界大战结束。① 在整个 19 世纪的和解期,普鲁士的东部省份政策始终摇摆于到底是给予波兰人宽容甚至平等待遇,还是贯彻挑衅意图,迫使波兰人向普鲁士国家低头。最初的普鲁士政策包含两个方面。一方面,普鲁士试图逐步削弱传统的波兰精英阶层,即**贵族**(*szlachta*)和天主教教士。与此同时,普鲁士政府还试图将普鲁士的统治利益推广到各省,即通过解放农民和城镇改革改善波兰人经济状况,通过学校和军队这样的机构培养波兰人忠诚度,以此将波兰人捆绑在普鲁士的国家机器上。但随着 19 世纪下半叶德国民族主义的发展,普鲁士官僚和德意志民族主义者日益认识到波兰人"非我族类",是劣等文化的一员,这种所谓的文化原始性构成了普鲁士德意志人领土征服的理由。普鲁士王国的官僚试图创造一块"讲波兰语的普鲁士"的地方,而(后来的)德意志民族的**帝国**(*Kaiserreich*)官僚还试图逐步破坏作为文化实体的波兰民族,随后通过所谓的"**文化斗争**"(*Kulturkampf*),即语言和教育政策,以及由国家支持的德意志人在两个民族聚居的东部省份定居的政策,迫使波兰大众"德意志化"。②

而波兰人则以"有机工作"式的新政治定位回敬普鲁士的波兰政策(*Polenpolitik*)。具有讽刺意味的是,正是普鲁士的德意志政策推动了波兰人中民族主义行动新形式的出现。为了将波兰民众纳入普鲁士国家,解放农民,使普鲁士东部省融入普鲁士经济,以及普鲁士的教育制度都必然要求区域经

---

① 普鲁士统治下的波兹南/波森,参见《波兹南史》(第二卷),耶日·托佩尔斯基和莱赫·切希尼奥夫斯基(Lech Trzeciakowski)编,华沙/波兹南：PWN 科学出版社 1994 年版。有关更广义的普鲁士东部省份历史,参见威廉·W. 哈根(William W. Hagen),《德意志人、波兰人和犹太人：普鲁士东部地区的民族冲突(1772—1914 年)》(*Germans, Poles, and Jews: The Nationality Conflict in the Prussian East, 1772–1914*),伊利诺伊州的芝加哥：芝加哥大学出版社 1980 年版；莱赫·切希尼奥夫斯基,《在普鲁士统治下(1850—1918 年)》(*Pod pruskim zaborem 1850–1918*),华沙：PWN 科学出版社 1973 年版；以及托马斯·塞里耶(Thomas Serrier),《德国与波兰之间：民族与边界身份(1848—1914 年)》(*Entre Allemagne et Pologne: Nations et identités frontalières, 1848–1914*),巴黎：贝林 2002 年版。亦可参见：彼得罗·瓦德茨(Piotr Wandycz),《被分裂的波兰土地》(*The Lands of Partitioned Poland*),华盛顿州西雅图：华盛顿州立大学出版社 1974 年版。
② 有关普鲁士东部省份的政策,参见马丁·布罗斯扎特(Martin Broszat),《两百年德意志波兰政策》(*Zweihundert Jahre deutsche Polenpolitik*),美因河畔法兰克福：祖尔坎普 1972 年版；哈根,《德意志人、波兰人和犹太人》；切希尼奥夫斯基,《在普鲁士统治下(1850—1918 年)》；以及理查德·布兰克(Richard Blanke),《德意志帝国治下的普鲁士波兰(1871—1900 年)》[*Prussian Poland in the German Empire (1871–1900)*],科罗拉多的博尔德：东欧研究专著/纽约：科罗拉多大学出版社 1981 年版。

济与社会结构现代化,这在无意间为波兰社会实现政治和民族广泛动员奠定
了基础。19 世纪 30 至 40 年代首次出现的"有机工作"运动,在经历了 1863 年
波兰会议王国①的起义失败后得以增强实力,这一主要从英国自由主义思想
中汲取灵感的运动是一项教育和经济"自助"计划。② 波兰贵族、神职人员和
受过教育的精英人士努力建立各种志愿协会——农业和手工业社团、信用合
作社以及贸易与专门协会,以此服务波兰人的社会、经济和文化利益。波兰社
会的经济现代化、城市及农村中产阶级的蓬勃发展,只是"有机工作"运动的目
标之一。此项运动还试图捍卫波兰社会免受德意志化的影响,提高波兰人的
整体受教育水平,并保留波兰的语言与历史,虽然它们已经被剔除出学校课
程。由此产生的社团网络专注于波兰社会的方方面面,从农业现代化到支持
城市手工业和工业发展,再到教育和文化活动。③

41   波兹南/波森本身也是"有机工作"运动中两个最古老也最重要的组织的
所在地——作为波兰商人和工匠经济中枢的波兹南集市酒店(*Poznań Hôtel
Bazar*)以及向波兰学生发放奖学金以资助他们继续学业的教育援助协会(通
常被称为"马辛科维斯基协会")。④ 这座城市后来成为大多数"有机工作"团

---

① 即俄属波兰,它于 1815 年经维也纳会议批准成立,尽管在政治上具有较大自主权,但本质仍受俄
  国控制。——译者注

② 参见布莱恩·A.波特(Brian A. Porter),《社会福利国家及其未来:19 世纪晚期华沙的英国自由
  主义与波兰民族主义》("The Social Nation and Its Future: English Liberalism and Polish
  Nationalism in Late Nineteenth-Gentury Warsaw"),《美国历史评论》(*American Historical
  Review*)1996 年 12 月第 101 卷第 5 期,第 1470—1492 页。这种发展演变为"有机工作"运动基础
  的哲学被称为波兹实证主义:这是一个令人困惑的术语,正如波特所说,这种哲学应更多归根于约
  翰·斯图尔特·穆勒、赫伯特·斯宾塞以及查尔斯·达尔文,而不是奥古斯特·孔德。对波兰实
  证主义的讨论往往与波特的解释不一致,参见斯坦尼斯劳斯·A.布莱什维斯(Stanislaus A.
  Blejwas),《波兰政治活动中的现实主义:19 世纪波兰的华沙实证主义与民族主义遗存》
  (*Realism in Polish Politics: Warsaw Positivism and National Survival in Nineteenth-Century
  Poland*),康涅狄格的纽黑文:耶鲁大学国际与地区研究会议 1984 年版。

③ 波兹南的"有机工作"运动,参见维托尔德·雅克布奇克(Withold Jakóbczyk)的《19 世纪大波兰
  低地历史研究("有机工作"史)》[*Studia naddziejami Wielkopolski w XIX wieku (Dzieje-pracy
  organicznej)*],三卷本,波兹南:波兹南科学之友协会 1951—1967 年版。亦可参见威廉·W.哈
  根,《1815—1914 年普属波兰的民族团结与有机工作》("National Solidarity and Organic Work in
  Prussian Poland, 1815 - 1914"),《现代史期刊》(*Journal of Modern History*)1972 年第 44 卷第
  1 期,第 38—44 页;以及哈根,《德意志人、波兰人和犹太人》。

④ 两个组织均由波兹南/波森"有机工作"运动创始人卡罗尔·马尔钦科维奇博士于 19 世纪 40 年
  代创立。有关马尔钦科维奇及其倡议,参见维托尔德·雅克布奇克,《卡罗尔·马尔钦科维奇
  (1800—1846 年)》(*Karol Marcinkowski 1800 - 1846*),华沙/波兹南:国家科学出版社(转下页)

体总部的所在地，这证明了它在民族主义运动中的重要性。总之，"有机工作"运动的机构使得波兰人几乎站在普鲁士的反波兰及德意志化政策的对立面。此外"有机工作"的经济、教育和文化组织网络通过促进波兰拥有财产并接受过教育的中产阶级，富裕农民以及产业工人阶级的发展，强化波兰社会。正如维托尔德·雅克布奇克所言，波兰民族国家是"从贵族霸权的国家（*narod*）向一个知识分子与中产阶级占主导的资产阶级国家（*narod burzuazyjny*）"发展，是"从一个敷衍被动意识到民族国家的松散群体向普遍具有积极公民政治（*polityczno-obywatelski*）与文化意识的高度组织化社会"发展。[①]

　　普鲁士的政策与波兰"有机工作"运动导致波兹南/波森在人口、经济和社会方面出现显著变化。19世纪上半叶，普鲁士的改革革除了城市与乡村中的封建主义残留。但该省经济仍持续落后于普鲁士的其他地区，不过考虑到它重视农业胜过工业，也就不足为奇了。波兹南/波森直到19世纪下半叶才开始发展工业部门，此后经济增长缓慢而稳定。波兹南/波森的人口也因此在19世纪不断增长，1816年时城市拥有22,000名平民；包括驻军在内的城市人口在1870年增加至56,000人，1890年则为70,000人；而在之后的15年间又翻了一倍，到1905年时接近137,000人。人口的增长还影响到波兹南/波森各族群的人口平衡。1816年时约三分之二波兹南人口为波兰人，犹太人占总人口的20％，德意志人为10％。然而普鲁士的统治带来了德意志定居者。随着德意志官僚、军事人员、专业人士和工人的涌入，城市绝对与相对人口平衡都出现了变化，在19世纪上半叶向德意志人占优势转变。至19世纪40年代，德意志人成为波兹南/波森最大的族群，他们的增长以牺牲波兰人的利益为代价，而犹太人口则保持不变。这一趋势一直延续到19世纪60年代。1867年，47％的波兹南/波森居民是德意志人，38％为波兰人，还有15％是犹太人。但从19世纪70年代初起，随着城市移民的快速增加，他们主要来自波兹尼亚省的农村和周边省份，人口结构又出现新的变化。尽管德意志人和波兰人的绝对数量均有所增加，但德意志人口的相对实力却在减弱，这是因为德意

（接上页）(1838—1839年)》(*W Poznanskim Bazarze 1838 - 1839*)，波兹南1996年版；以及维托尔德·雅克布奇克，《1838—1839年的科学援助协会》(*Towarzystwo Naukowej Pomocy w 1838 - 1839*)，波兹南：波兹南出版社1985年版。
① 雅克布奇克，《19世纪大波兰低地历史研究》第三卷，第一页。

志人,特别是犹太人大多为在德国西部或海外寻找经济机会而离开东部省份,这一过程被称为**"逃离东部"**(*Ost flucht*)。至 1890 年,51％的波兹南/波森人口为波兰人,至 1910 年超过 57％。①

42　　　19 世纪上半叶,尽管各民族之间关系紧张,但德波关系主要表现为民族矛盾与相互漠视,而非民族主义者的煽动与动员。德意志人、波兰人和犹太人毗邻而居,漫步于同一条道路上,相互之间定期互动。即使在 1848 年之后,当民族差异使革命运动出现分化,主宰德意志人和波兰人对待彼此态度的也是一种矛盾的心理和普遍存在的谨慎态度,而非彻头彻尾的敌意,不过德意志人和波兰人在政治与经济层面上的合作仍存在可能。自由党和进步党的德意志及犹太代表往往试图与波兰人结盟,明确表明自己反对普鲁士官僚和军队的立场。德意志人、波兰人和犹太人还常常以商人和消费或雇主与受雇者的身份在市场上相互交流。实际上,在 1871 年以前,任何方向上的同化仍具备现实的可能性,因为民族认同主要是基于自我认同与忠诚的问题。波兰家庭被吸收进德意志资产阶级行列,接受德语和"德意志"文化价值观。波兹南/波森的犹太人口则与普鲁士国家联系更加紧密,形成对德意志文化的强烈归属感。② 一个说意第绪语的犹太波扬人因此摇身一变为说德语的犹太波森人。③与此同时,许多德意志人,尤其是长期定居波兹尼亚的德意志人,也以波兰命名并接受波兰文化的方方面面。但 1871 年德意志帝国的成立被证明是德意志—波兰关系在波兹南/波森的转折。统一后的德国作为民族国家的自信,使它不仅需要波兰人效忠君主,还要求他们在政治与文化上认同德意志国家。但由于普鲁士德国针对波兰少数民族的政策变得日益激进,加之德国与波兰

---

① 参见克姆莱,《至 19 世纪末的波森》;克日什托夫 • A. 马科夫斯基(Krzysztof A. Makowski),《城市居民》("Die Bewohner der Stadt/Mieszkańcymiasta"),克姆莱编,《明信片叙述的历史》,第 111—115 页;米奇斯瓦夫 • 凯杰斯基(Mieczysław Kędelski),《1815—1818 年间的人口关系》("Stosunki ludnosciowe w latach 1815 - 1818"),《波兹南史》,第二卷,第 227—279 页。有关省内人口统计数据,参见附录"1815—1914 年波兹南省的人口流动",哈根,《德意志人、波兰人和犹太人》,第 324 页及以下诸页。

② 参见伊丽莎白 • 德拉蒙德,《位于民族交接处:波兹南省的犹太人与德波民族冲突》("On the borders of the Nations: Jews and the German-Polish National Conflict in Poznania"),《民族论丛》(*Nationalities Papaers*)2001 年第 29 卷第 3 期,第 459—475 页。

③ 参见索菲亚 • 克姆莱,《波森的犹太人(1815—1848 年):普鲁士统治下政治犹太民族的演进》(*Die Posener Juden 1815 - 1848: Entwicklungsprozesse einer polnischen Judenheit unter preußischer Herrschaft*),汉堡:德林格 & 加利茨出版社 1997 年版与德拉蒙德,《位于民族交接处》。

民族主义者不断极端化，合作的可能不断收缩。城市已成为民族冲突的主战场，波兹南/波森的德意志人与波兰人从原先的民族矛盾转变为民族动员。①

20世纪初，为了应对实力不断加强的波兰民族主义运动，普鲁士东部省的知名德意志民族主义者开始着力渲染德国东部的波兰化威胁。他们对波兰人在波兹尼亚省的城镇及城市内部的街道和地点倾向于使用波兰语地名的做法尤为关切。② 使用波兰语或德语地名并不仅仅是一种语言习惯或为方便起见。它势必会要求将特定领土作为"民族财产"的一部分，这是声张特定国家统治权利和合法性的重要标志。对波兰民族主义者来说，他们竭尽全力推动波兰语地名的使用，甚至还将街道名称译成波兰语。波兰民族主义者的掩护组织"卫兵"社的主要办公地址通常就写成"波兹南"市"骑士街12号"（Ulica Rycerska 12），这是该社团出版物上公布的地址，而非"波森"市"骑士街12号"（Ritterstrasse 12）。③ 这个组织还发布了一张波兹南街道名名录，提供所有官

---

① 最近有关中欧国家矛盾心理概念的讨论，参见彼得·贾德森有关奥地利民族主义者的作品，《民族守护者：奥地利帝国语言边疆中的活动家》（*Guardians of the Nation*：*Activists on the Language Frontiers of Imperial Austria*），马萨诸塞的剑桥：哈佛大学出版社，2006年版；詹姆斯·E. 比约克（James E. Bjork）有关西里西亚宗教与民族认同的研究，《既非德意志人也非波兰人：欧洲边界地带的天主教主义与民族差异》（*Neither German nor Pole*：*Catholicism and National Indifference in a Central European Borderland*），密歇根的安阿伯：密歇根州立大学出版社2008年版；凯特琳·默多克（Caitlyn Murdock）对德意志波西米亚边界的研究《改变中的场所：萨克森波西米亚的社会、文化与领土（1870—1946年）》（*Changing Places*：*Society*，*Culture*，*and Territory in the Saxon-Bohemian Borderlands 1870 - 1946*），密歇根的安阿伯：密歇根州立大学出版社2010年版；以及塔拉·扎拉（Tara Zahra）对波西米亚地区的儿童、教育及双语性的探索，《被绑架的灵魂：波西米亚地区的民族差异及为儿童而战（1900—1948年）》（*Kidnapped Souls*：*National Indifference and the Battle for Children in the Bohemian Lands 1900 - 1948*），纽约的伊萨卡岛：康奈尔大学出版社2011年版。
② 德意志民族主义者同样对"优秀"德语名字的波兰化感到震惊。正如泛德意志联盟所指出的那样，"如果有人进入波森省并观察城中的公司标牌，每一位有着德意志认同感的人都必须克服深深的耻辱感，因为他们被反复警告，同根同源的人们将他们继承自父辈们的名字加以波兰化改变是一种怎样的自甘堕落。在那里人们尤其可以发现，舒尔茨（Schulz）和肖尔茨（Scholz）如今是如何用大写字母写成'舒尔茨'（Szulc）和'肖尔茨'（Szolz），舒曼（Schumann）和格罗斯曼（Großmann）是如何变成'舒曼'（Szuman）和'格岁斯曼'（Grosman），业当（Adam）先生、霍夫曼（Hofmann）先生、弗里德里希（Friedrich）先生是如何将他们的姓氏结尾改为波兰语的'亚当斯基'（Adamski）、'霍夫曼斯基'（Hofmanski）、'弗里德里肖维茨'（Frydrychowicz）的，沃尔施莱格（Wollschläger）是如何变成'沃尔施莱格'（Wolszleiger），施耐德（Schneider）如何变成'施耐德'（Snyter），舒伯特（Schubert）如何变成'舒伯特'（Szubert）"，《泛德意志报》（*Alldeutsche Blätter*）1985年，第239页。
③ 波兹南国立档案馆（Archiwum Panstwowe w Poznaniu，下文简写为APP），"卫兵"社，第6号，第8页，大副标题为"警告疏忽大意的代理人"。亦可参见社团往来通信，APP，"卫兵"社，第13—27号。

方德语街道名及其对应的波兰语名称。随后它还建议波兰人在所有省内通信
43 中使用波兰语的街道语广场名称。① 这一努力是旨在声援波兰人反对德国官
僚体系和德意志化官僚体系的一项声势浩大运动的一部分。

　　这种使用波兰语通信的手法并未逃过德意志民族主义者的法眼。有证据
显示,波兰人出于政治目的"滥用"邮政系统是德意志民族主义媒体上的热门
话题。以"向东部进军协会"为例,它反复要求"优秀的德国"邮政官员应拒绝
投递地址为波兰语的信件。诚如协会所述,"帝国邮政部是帝国的官僚机构,
而且众所周知,德意志帝国的建立是**服务**(*Pflege*)于德意志人民之**福祉**
(*Wohlfahrt*)"②。该社团执行委员会在一封写给帝国邮政部国务秘书的信中
抱怨了一通使用波兰语书写地址以及波兰邮政工人的数量后,还提醒德国邮
政的长官"每一位德国邮政的官员必须向皇帝效忠,并且必须是优秀的德国
人"③。德意志民族主义者指责德国邮政、帝国官署以及普鲁士德国政府实际
上推行的是"波兰化"政策,从而威胁到东部德意志民族的健康与福祉,同时也
加强了波兰的民族主义运动和波兰中产阶级的实力。

　　德意志民族主义者主张重启更具进攻性的德意志化努力,其中包括使普
鲁士东部的地域和空间民族化的政策。例如,他们鼓励采取"更有力"的措施
德意志化东部省份地名。此外,德意志民族主义者还指出,新的德语地名不应
仅仅是波兰语地名的德语音译,而应该是代表这一地区德意志本质的名称。
这一名称变更运动中最为成功的例子是将由波兰语的伊诺弗罗茨瓦夫
(Inowracław)转变而来的德语化同名地名"Inowrazlaw",变更为"霍亨萨尔
察"(Hohensalza),此项变更最终于 1904 年 9 月获得市政府通过。④ 诸如此类
的名称变更数量众多,相关变更提案则更多,也由此降低了人们对于波兰语言
美学的顾虑。因为德国民族主义者一再强调,德国人很难"用他们的舌头吐
出"波兰语单词。但更重要的是,德语地名代表了德国对领土的所有权,在德
国和波兰民族主义者看来,这是在一场零和博弈的斗争中扩大德意志的"民族

① APP,"卫兵"社,第 6 号,第 113—114 页。

② 《东部马克》(*Die Ostmark*),1901 年,第 10、58 页。

③ "每一个帝国邮政官员都必须忠于帝国并且是优秀的德国人。"(德文)普鲁士文化财团国立枢密
档案馆(Geheimes Staatsarchiv Preußischer Kulturbesitz,下文简写为 GStA PK), I. HA. Rep.
195,德意志东部马克协会,第 174 号,第 37—42 页,执行委员会致信帝国邮政部国务秘书(M)。

④ 《东部马克》,1904 年,第 67、89—90 页;亦可参考《东部马克》,1901 年,第 10—11 页;以及《东部
马克》,1904 年,第 108 页。

财产"。①

　　与此同时，德国民族主义者还游说政府改变城市景观本身，从零开始实际打造一个德意志的波森。在整个 19 世纪，普鲁士政府雄心勃勃地计划改善波兹尼亚省的基础设施，大力投资道路、学校、铁路和图书馆的建设。早在将波兹南省收入囊中的最初几年，普鲁士政府便已拆除了旧城墙，这是扩建波兹南/波森并使之现代化的庞大项目的一部分。一幅 1803 年城市地图显示的是一座紧凑的城市，主要集中在旧城：教堂岛，这是波兹南/波森最古老的区域；可以追溯到 13 世纪的老市场及从集市广场辐射开来的街道网络。由于这座城市被防御工事所包围，阻碍了城市的自然生长。② 而在 1803 年的大火之后，普鲁士政府开始计划在城中修建新建筑，包括在旧城东面建造一座新城，从而填补介于旧城和教堂岛之间的城市区域。19 世纪的后续发展主要发生在旧城西部地区，这座城市见证了德国企业、学校和文化机构的扩大，尤其是后来成为威廉广场的周边区域。由于城市靠近俄国边界，普鲁士政府还从 19 世纪 20 年代起修建一系列的防御工事。波森要塞（这里使用的是德语"Festung Posen"；而波兰语则为"Twierdza Poznań"）建造始于 1828 年，防御之争以维尼亚尔城堡为中心，包括了一个紧紧环绕城市的城墙、碉堡和城门的系统。在 19 世纪 70 年代和 80 年代，普鲁士邦增加了第二道防御结构。这些要塞都是为了抵抗沙皇俄国（取道波兰会议王国）的入侵，同时也向波兰人示威：普鲁士决不放弃这些领土。城市基础设施的现代化也伴随着城市地理的转变而出现。市政府于 1856 年开设了一家煤气厂，1865 年水厂投入运营。至 19 世纪末，城市重新铺设了许多城市街道，并开始为下水道系统奠定基础。波兹南/波森的交通运输体系也发展了起来。1848 年铁路的到来以及 1879 年建成新火车站推动了城市与世界的更广泛联系，同时四轮大马车、马拉公交车和电车（1898 年 3 月末）的引入，使得波兹尼亚省的人口得以在整个城市内流动。城市规划者致力于提高城市住房的数量与品质，部分原因是为了吸引德

44

---

① GStA PK I. HA. Rep. 195，德意志东部马克协会，第 9b 号，第 55 页及以下诸页：博芬申在波兹南/波森的总委员会一次会议上的讲话，1902 年 12 月 7 日（M）。亦参见阿道夫·华绍尔（Adolf Warschauer），《市政：1. 波森省》（"Städtewesen：1. Provinz Posen"），《德国的东部马克》（*Die deutsche Ostmark*），东部马克协会编，波森省的利萨：奥斯卡·奥利茨出版社 1913 年版，第 204—220 页，第 206 页。（因当时德国官方，均将此地称为波森省（Posen），此份材料的译名从德语表达。——译者注）

② 参见《波兹南史》第二卷所附 1803 年波兹南/波森地图。

国定居者。①

　　尽管波兹南/波森对于德国人和波兰人来说都具有民族特殊性,但直到19世纪末,波兹南人都仍可以在城市的各个角落找到德国人和波兰人的居住区和机构。波兰民族生活的物质体现——其中许多属于波兰"有机工作"的机构,往往分布于旧集市广场(*Stary Rynek*)和威廉广场(这里写作德语:"*Wilhelmplatz*";而波兰语名为"*Plac Wilhelmowski*",即今天的自由广场)。其中最古老的建筑包括天主教大教堂和旧城广场及其塔楼(由乔瓦尼·巴蒂斯塔·迪·夸德罗[Giovanni Battista di Quadro]设计并建造于1550/1560年,图2.2)。这些区域成为历史悠久的波兹南的双元中心,波兰"黄金时代"的物质遗存。在19世纪,在"有机工作"运动的积极活动下,波兰民族主义的公共领域扩展至环绕威廉广场的周边区域,这里距离旧城广场的西面不远。从旧城广场沿着新街(德语这里写作Neue Straße;而波兰语名为*Ulica Nova*,今天的伊格纳西格·帕岱莱夫斯基街)西行,波兹南人很快便会在威廉街(德语这里写作*Wilhelmstraße*;而波兰语名为*Ulica Wilhelmowska*,今天的卡罗拉·马尔钦科斯基巷)的拐角处偶遇波兰集市(或集市酒店),集市的设立旨在推动波兰人的城市利益,它也因此成为进步贵族、工匠以及新兴中产阶级的集会场所。② 穿过街道来到威廉广场,波兹南人还可以参观拉琴斯基图书馆(Raczyński Library)——它是波兰文化与学习中心;继续向广场西面前进,则可以在波兰剧院参加戏剧表演。但德国人同样可以逛逛旧集市广场(*Alter Markt*)并在威廉广场周围的街道上散步。集市的对面是弗里德里希皇帝博物馆,而警察局就屹立在广场的对面。威廉皇帝图书馆、帝国银行以及许多其他的德国行政机关办公室全部聚集在广场周围,彼此之间仅几步之遥。③

---

① 参见玛德莱娜·瓦尔克茨维卡(Magdalena Warkoczewska),《世纪之交的市政变化》("Städtbauliche Veränderungen um die Jahrhundertwende/Zmiany w zabudowie miasta na przelomie wieków"),第61—66页和扬·斯库拉托维奇(Jan Skuratowicz),《建筑》("Architektur/Architektura"),第67—69页,克姆莱编,《明信片讲述的历史》,以及索菲亚·奥斯特洛夫斯卡-克布洛斯卡(Zofia Ostrowska-Kęblowska)和扬·斯库拉托维奇,《建筑与施工》("Architektura I budownictwo"),《波兹南史》,第二卷,第479—583页。

② 有关集市,参见雅克布奇克,《在波兹南的集市上(1838—1839年)》。值得注意的是,在集市酒店老建筑所在街角交会街道以集市的创立者卡罗尔·马尔钦科维奇、波兰第二共和国第二任总理,以及钢琴家、作曲家伊格莱纳西格·帕岱莱夫斯基命名;因此,如今的街道名称是为了纪念这座今天已彻底波兰化的城市中的波兰民族英雄。

③ 参见《波兹南史》第二卷所附1911年波兹南/波森地图。

图 2.2 位于波兹南/波森旧集市广场（Stary Rynek/Alter Markt）上的市政厅（Ratusz/Rathaus）

来源：照片由伊丽莎白·德拉蒙德提供，1997 年

然而随着两个独立的、具有明确民族主义性质的公共领域，在世纪之交，被叠加于共同的城市景观之上，波兹南/波森逐步演变为一座德意志的波森和一座波兰的波兹南。此时，普鲁士德国政府开始进入建设于城市规划的另一个阶段。这项工作表面上是为了努力实现城市现代化，但它也是为了将普鲁士的秩序镌刻在波兹南的景观之中，同时将波森转变为"东部马克（Ostmarken）①"的非官方首府。在拆除了城市大部分防御工事，并将波兹南/波森郊区合并进来后，波兹南/波森城市发展皇家委员会开始在旧城西边建造一系列全新的公共建筑与空间。原本坐落于旧楼中的德国行政机关办公室迁

---

① 这里的"东部马克"特指普鲁士/德意志帝国根据 19 和 20 世纪对波兰的秩序构想而将位于易北河及其支流萨勒河以东，斯拉夫人定居的地区。——译者注

46 入新建筑内,这些新建筑沿柏林门(Am Berliner Tor)、保罗教堂街、圣马丁街分布,还位于铁路线那头新并入的西郊。新建筑包括威廉皇帝图书馆(1902年,今天以大学图书馆为人所知)、弗里德里希博物馆(1904年,今天的波兹南国家博物馆)、皇家学会(1904年,今天波兹南亚当·密茨凯维奇大学的部分校舍),以及新城市剧院(1910年,今天的大剧院)。

相比其他普鲁士德国试图将波兹南/波森标记为德国领土的建筑项目,有两个项目更明显体现出德意志规则。第一个是1908年为定居委员会建造的新大楼(位于保罗教堂街,今天是南亚当·密茨凯维奇大学的部分校舍)。成立于1886年的西普鲁士及波兹南定居委员会①筹得数亿马克资金(随后继续增加)以购买波兰土地,用于重新分配给迁往东部省份的德国移民。该委员会致力于增加德意志"民族财富"的绝对和相对数量,并强化对德国东部省份人口数量的统计,以实现"内部殖民"。② 这场定居运动主要着眼于在农村建立德意志村庄,德意志民族主义者认为这些村庄对于保护和维持城市生活至关重要。③ 普鲁士邦还采取了具体措施支援生活在波兹尼亚省城市中的德国人口,在这些地方所做的努力往往更胜定居点。东部马克津贴(*Ostmarkenzulage*)吸引了德国官员前往东部,无论是在波兹尼亚省还是在波森市,德国政府雇员很快就饱和了。此外,普鲁士邦议会还于1898年设立了一个拥有400,000马克的"战略基金",每年向地方政府发放以强化城市中德国人口的经济和文化基础。至1907年已发放超过200万马克。④

代表努力改变波兹南/波森城市景观最大成就的是帝国城堡(建于1905—1910年,目前是一个文化中心)的竣工。从1910年起,这座城市被正式

---

① 英语原文中为波兹南,而其德语则写作"西普鲁士及波森定居委员会",特此说明。——译者注

② 《20年德意志文化工作:普鲁士在西普鲁士和波森新殖民活动与任务》(*Zwangzig Jahre deutscher Kulturarbeit*:*Tätigkeit und Aufgaben neupreußischer Kolonisation in Westpreußen und Posen*),柏林:W. 默泽尔印刷厂1907年版。有关定居委员会的历史,参见维托尔德·雅克布奇克,《普鲁士的定居委员会(1886—1919年)》,波兹南1976年版;雅克布奇克,《普鲁士定居委员会活动的首个十年(1886—1897年)》("The First Decade of the Prussian Settlement Commission's Activities, 1886 - 1897"),《波兰评论》(*The Polish Review*)1972年第71卷第1期。

③ 参见GStA PK I. HA. Rep. 195,德意志东部马克协会,第336b号,特别是波森省的东部马克城市政策备忘录,1914年(M)。

④ 参见哈根,《德意志人、波兰人和犹太人》,第176—180页;以及瓦德茨,《被分裂的波兰土地》,第285页。

命名为首府城市波森(Haupt-und Residenzstadt Posen)。1913 年 8 月,威廉二世最终拥有该城堡,实现对该省的象征性殖民。① 从总体来看,20 世纪第一个十年的城市规划活动将城市的重心逐步移民大教堂和旧城广场,转向西面的铁路和柏林,这也象征着从波兰天主教的过去向德国工业与现代性未来的转变。

　　城市景观的民族主义化表现在描绘波兹南/波森的明信片上。② 早期的明信片往往以波兹南/波森的照片为特色,同时用德语和波兰语标记城市建筑。③ 明信片上的双语体现了这座城市与这个省的双重民族身份。然而到了 20 世纪早期,波兹南的明信片就失去了它们的双重民族特性。分别针对德国人和波兰人的不同明信片系列被开发出来,德语明信片的特色是"来自波森的问候"(Gruß aus Posen),而波兰语的明信片则是"来自波兹南的问候"(Pozdrowienie z Poznania),建筑也只用相应的民族语言标识。而这些明信片上所绘制的不再是波兹南/波森的寻常景点,而是具有民族主义意味的波森或波兹南建筑物。相互竞争的城市民族主义也因此每日通过邮件发送。 47

　　随着城市日益分裂为德意志和波兰两个部分,城市的象征性代表也愈发呈现出与民族主义一致的形象,从而抹杀了波兹南/波森双重个性。曾经既用德语,也用波兰语标记过的市政厅(德语为"Rathhaus",波兰语为"ratusz"),现在不是被呈现为城市西区的德国街区,就是历史悠久的波兰旧城。波兹南/波森这些景象往往互成镜像,正如本文开头描述的明信片那样,它们强化了每一个民族群体的历史的与同时性的主张,这对于这座城市以及东部省份来说变得日益普遍。

---

① 沃尔夫冈·霍夫曼,《帝国首都与"东部马克"首府——德意志帝国时期柏林与波森的国家市政建设(1871—1914 年)》["Reichshauptstadt und Hauptstadt der 'Ostmarken'. Staatlicher Städtebau in Berlin und Posen im deutschen Kaiserreich (1871 - 1914)"],《19 和 20 世纪波兰语欧洲历史中的思想、观点、神话》(Ideologie, Poglady, Mity w Dziejach Polskii Europy XIX I XX wieju),耶日·托佩尔斯基、维托尔德·莫里克(Witold Molik)和克日什托夫·马科夫斯基编,波兹南:波兹南亚当·密茨凯维奇大学 1991 年版,第 25—27 页;瓦尔克茨维卡,《世纪之交的市政变化》;索菲亚·奥斯特洛夫斯卡-克布洛斯卡和扬·斯库拉托维奇,《建筑与施工》。

② 参见阿隆·孔菲诺(Alon Confino),《作为一种地方隐喻的民族:维滕堡、帝制德国与民族记忆(1871—1918 年)》(The Nation as a Local Metaphor, Wüttemberg, Imperial Germany, and National Memory, 1871 - 1918),北卡罗来纳的教堂山:北卡罗来纳大学出版社 1997 年版,第 179—183 页。

③ 参见 1896 年由奥特马尔·齐厄(Ottmar Zieher)在慕尼黑制作的明信片,翻印自克姆莱编,《明信片讲述的历史》,第 30 页。

德意志民族主义者通过图像和文本宣称波森是一座历史悠久的德意志城市，19 和 20 世纪物质改造使它变得更加德意志化。他们强调《马格德堡法》及德国定居者之于波兹南/波森早期历史的重要性，坚持认为城市是在波兰人的统治下走向衰弱，因为波兰贵族为了维护自己的利益，反对城市的地位。只有与之划清界线，再加上随后的普鲁士统治才能恢复波兹南的城市生活，甚至波兹南/波森的城市景观对于德意志民族主义者而言也是一种对此地德意志本质属性的展现。正如"东部马克人"（Ostmärker）阿道夫·华沙尔（Adolf Warschauer）所说，波森的中央集市广场和它的市政厅和商业建筑像是在向德国的法律与商业致敬，就像从中央广场到城市边缘的防御工事之间的有序网格道路是德意志秩序与合理规划的早期证据。①

19 世纪晚期和 20 世纪早期的城市规划强化了德国对于这座城市的影响。因此德国明信片上所描绘的是普鲁士德国的城市政策是如何令人难以置信地在波森建立起一座德国城市。市政厅从大多数的德国明信片中消失了，取而代之的是圣保罗教堂、皇家学会、弗里德里希·威廉剧院、定居委员会以及帝国城堡。② 德国明信片强调了波兹南/波森的现代化与德意志化的过程，聚焦于环绕帝国城堡发展起来的新城。一些明信片甚至展示了正在建设中的建筑项目——有一张明信片是一张展示拆除城市工事前后柏林门周围景象的照片；而另一些则描绘一座搭满脚手架、正在形成中的王宫。③ 德国明信片还彰显着德国现代性与德意志文化最突出的象征，城市剧院，以及充满活力的经济活动频繁出现。④ 而在它们对技术的描绘中，德国人因将现代科学和工程介绍给"落后的"东部省份而广受好评，举例来说，一系列明信片歌颂了 1911 年德意志东部工业、工艺品和农业博览会上展示的德国技术与工业成就。⑤ 其他明信片则展现了波兹南/波森日常生活场景中的有轨电车、铁路、汽车，甚

① 华绍尔，《市政：1. 波森省》（"Städtewesen：1. Provinz Posen"），《德意志东部马克》（Die deutsche Ostmark），第 206 页。
② 参见第 14、16、17、18、32、33、76、78、81、82、84、108、110、118 和 131 号明信片，翻印自克姆莱编，《明信片讲述的历史》。
③ 参见第 40、52 和 80 号明信片，翻印自克姆莱编，《明信片讲述的历史》。
④ 参见明信片第 16、17、18、33、118 号（城市剧院）及 5、60、62 和 87 号（商业景象），翻印自克姆莱编，《明信片讲述的历史》。
⑤ 参见第 125—128 号明信片，翻印自克姆莱编，《明信片讲述的历史》。

至还有齐柏林飞艇与飞机。①

　　这座全新的波森完完全全是一座德国城市，因此，德国统治的象征就尤为 48
重要。"东部马克"概念在19世纪最后十年的发展，就是一种强调边区省份之
于整个德意志帝国重要性的手段。波森成为东部诸省的首府，因此它在视觉
上的呈现也强化了德国统治的制度性。许多明信片都描绘了波森以德国历史
上的伟大统治者命名的纪念碑，包括弗里德里希皇帝②、威廉皇帝和奥托·
冯·俾斯麦(Otto von Bismarck)。③ 还有一些则以表现时任皇帝威廉二世，
尤其以庆祝皇帝陛下1902年到访该市为主。④ 鉴于波兹南，波森靠近俄国边
境，加上它作为要塞的地位，军队在强化普鲁士德国对这座城市及这一省份的
统治方面也扮演着重要角色。大量明信片都印上了阅兵的照片；有一张描绘
了一场在波森举行的纪念1866至1870/71年王朝统一战争死难者的军事庆
典，由此象征性地将德国的东部和西部联系在一起。⑤ 波森作为东部马克首
府的最终象征是定居委员会总部，它已经出现在许多德意志波兹尼亚省的明
信片之中，它们有的一些甚至还有"东部马克向德国其他地区问好"(Gruß aus
der Ostmark)的字样。⑥ 虽然波兹南/波森的波兰人口占多数并保持持续增长
态势，但德意志民族主义者仍重新提出并强调这是一座完完全全的德国城市，
一座拥有德国商业、德国技术、德国士兵和德国公务员的城市。

　　相比之下，对波兰人而言，波兹南的身份则与它的历史核心区——教堂岛
和旧城密不可分，它们代表波兰的"黄金时代"。波兰民族主义者因此强调波
兹南在更广义的波兰历史中的重要性，波兰人以**市政厅**(ratusz)、大教堂以及
波兰旧王宫的遗留部分(后来成为国立档案馆，今天则是工艺美术博物馆)庆
祝波兹南和波兰的光辉历史。⑦ 尽管强调波兹南在历史上的波兰属性，他们
仍盛赞当代波兹南作为普鲁士东部省内波兰民族运动中心的重要性。明信片
着重介绍了诸如拉琴斯基图书馆和米尔察琴斯基博物馆这样的文化机构，以
及包括了集市酒店和卡罗尔·马尔钦科维奇(Karol Marcinkowski)在内，有

---

① 参见第15、49、17、61和66号明信片，翻印自克姆莱编，《明信片讲述的历史》。
② 应为1155—1190年担任神圣罗马帝国皇帝、绰号"巴巴罗萨"的弗里德里希一世。
③ 参见第32、108、110号明信片，翻印自克姆莱编，《明信片讲述的历史》。
④ 参见第88、119、121、122、123和124号明信片，翻印自克姆莱编，《明信片讲述的历史》。
⑤ 参见第9、10、11、101、102、103和104号明信片，翻印自克姆莱编，《明信片讲述的历史》。
⑥ 参见第77、120和136号明信片，翻印自克姆莱编，《明信片讲述的历史》。
⑦ 参见第37、69、98和132号明信片，翻印自克姆莱编，《明信片讲述的历史》。

关"有机工作"运动的机构与个人。①

在 20 世纪初,波兹南/波森曾经是德意志帝国境内波兰民族运动的中心,也是东部马克的首府城市。因此在空间与标志性地点的命名方面,德意志人和波兰人都主张它是各自民族共同体的领土。这种多民族共享的城市空间的民族主义化,不仅妨碍了基于跨文化或地域认同,甚至是民族间淡漠关系之上的跨民族城市文化发展,也破坏了业已出现的那些跨国主义元素。作为一个在物质、政治和文化方面日益受冲突影响的地点,波兹南/波森最终因为第一次世界大战的后果,成为一座波兰城市。战后,波兹南城连同波兹尼亚省的大部地区成为新生的波兰共和国的一部分。德国人逃离这座城市,这里的德意志人口从 1910 年的 65,321 人快速下降至 1926 年的 5,980 人和 1934 年的 4,387 人。②

然而,德国民族主义者对这座城市继续怀有修正主义的梦想,并在第二次世界大战中梦想成真,当时波兹南/波森被并入第三帝国成为"瓦尔特兰大区"的首府。德国人与**族民德意志人**(*Volksdeutsche*)③取代波兰人住在城里,后者则大多被赶往波兰总督府。德国政府这一人口置换计划使一座波兰人占多数而显赫的德国人及犹太人占少数的多民族的城市摇身一变成为一座彻底的德国城市,其中还包括消灭波兹南/波森的犹太人口。而在纳粹德国倒台之后(波兹南于 1945 年 2 月 23 日被苏联红军解放),共产党领导的波兰政府自行制定并执行了一项人口安置政策,将德意志人口驱逐出波兰领土。结果是导致波兹南比历史上任何一个时期都更波兰化。作为战后重建的一部分,共产党当局还在波兹南城市景观中增添了一层斯大林主义建筑,它为这座已经被烙上波兰、犹太和德意志印记的城市带来了苏联的影响。

---

① 参见第 111、112、113、114 和 129 号明信片,翻印自克姆莱编,《明信片讲述的历史》。

② 阿尔伯特·S. 科托夫斯基(Albert S. Kotowski),《波兰针对德意志少数民族的政策(1919—1939 年)》(*Polens Politik gegenüber seiner deutschen Minderheit 1919 - 1939*),威斯巴登:奥托·哈拉索维茨 1998 年版,第 56 页。亦可参见理查德·布兰克,《凡尔赛孤儿——德意志人在西波兰(1918—1939 年)》(*Orphans of Versailles. The Germans in Western Poland 1918 - 1939*),肯塔基的列克星敦:肯塔基州立大学出版社 1993 年版;以及达留什·马特尔斯基(Dariusz Matelski),《1919—1939 年大波兰低地的德意志少数民族》(*Mniejszo ś ćniemiecka w Wielkopolsce w latach 1919 - 1939*),波兹南:UAM 科学出版社 1997 年版。

③ 族民德意志人是纳粹时代的一个特殊概念,特指生活在 1937 年德意志帝国边界外的德意志人,也包括奥地利的德意志人和一部分东欧和南欧的非德意志人;亦可泛指"外国德意志人"。——译者注

　　今天到访波兹南这座大波兰的波兰省首府的参观者，仍然可以看到这种城市多元文化的遗迹。中世纪以及近代早期的波兰核心区（教堂岛与集市广场）与19世纪的德意志"层"共存，但后者已经被战后共产主义外壳（主要是采用预制件建造的公寓楼）所包围。今天的波兹南从人口统计来看，已经是一座完完全全的波兰（和天主教）城市，但它仍保留了一定的国际性，这主要是源于它拥有颇受推崇的大学及其作为国际贸易博览会东道主的角色。而它的多民族历史——以及当代欧洲的跨国主义和多元文化主义——在2012年占据中心地位，当时波兹南是八座举办欧洲足球锦标赛的波兰和乌克兰城市之一，参加这一赛事的德国国家队在两名波兰出生的球员（米洛斯拉夫·克洛泽［Miroslav Klose］和卢卡斯·波多尔斯基［Lukas Podolski］）的带领下获季军。①

---

① 波兹南和格但斯克共同承办了C组的比赛，其中包括西班牙（最终的冠军得主）、意大利（亚军）、克罗地亚和爱尔兰，其中三组比赛在波兹南的新体育场举行，即爱尔兰对阵克罗地亚，意大利对阵克罗地亚以及意大利对阵爱尔兰。德国则被分在B组，与荷兰、葡萄牙及丹麦组成了所谓的"死亡之组"。

55

3. 柏林的包容与隔离——"社会城市"

斯特凡·兰茨

让德国城市成为包容一切的"社会城市"（*soziale Stadt*），即城市积极寻求通过广泛的政策手段解决社会问题，这一城市理念对 20 世纪及当前 21 世纪的德国城市"空间形象"与"都市意义"都产生了相当大的影响力。[1] 按照这一阐述，"社会城市"的概念在很大程度上与美国城市构成鲜明对比，后者的监管模式因主要基于市场机制和社会自助模式，就此成就与德国模式相反的"非社会（城市）"的名声。以柏林来说，早在 19 世纪中叶，在为管理工业大城市迟来的爆炸式增长而制订的城市发展规划中，某些旨在保障城市空间中社会阶级均衡融合的福利技术策略就已显露端倪。随着社会民主党在魏玛共和国诞生之初成为这座城市的执政党，将这座大都市建设成为一个平衡发展的社会空间的目标就具备了延续至今的重大政治意义。自 20 世纪 90 年代初以来，为了应对日益加剧的社会空间两极分化与隔离进程，"社会城市"的标准模式再次成为重新统一后的柏林治理方案与城市干预战略的关键要素之一。

本文以柏林为例探讨德国城市作为"社会城市"的历史，尤其侧重阶级、族群和城市社会政策之间的关系，以及定居和迁移促进或阻碍城市跨国实践的程度。具体来说，我们可以探究政治和城市规划领域有关"社会城市"的话语、特性及实施方式的历史延续性和转变，从而更好地理解和定义"社会城市"柏

---

[1] 参见德特勒夫·伊普森（Detlev Ipsen），《空间形象：空间发展的文化与经济》（*Raumbilder. Kultur und Ökonomie räumlicher Entwicklung*），普法芬维勒：半人马出版社 1997 年版；及曼努埃尔·卡斯泰尔（Manuel Gastells），《城市与草根：城市社会运动跨文化理论》（*The City and the Grassroots：A Cross-Cultural Theory of Urban Social Movements*），伯克利/洛杉矶（加利福尼亚）：加利福尼亚大学出版社 1982 年版。

林这一议题。

工业大城市扩张中的阶级对抗

随着 19 世纪中叶工业生产体系的建立与无产阶级大众的出现,柏林的城市风貌发生了翻天覆地的变化,在短短几十年间,这座城市的人口增长十倍。 56 但伴随柏林工业蓬勃发展而来的却是巨大的社会苦难。柏林工人阶级街区的廉租公寓,即所谓"出租兵营"(Mietskasernen)[①]的居住条件通常毫无人道可言,甚至地下室和阁楼都人满为患;十分之一的工人阶级家庭接纳房客和夜宿者。民族自由党人治理这座城市已长达数十年之久,他们利用三级选举法体系保障房主持续享有特权,他们支持私有福利和由传统国家充当"提供者"的社会政策。这些政策立足"个人主义与个人责任观念,相信社会的自我修复能力,并认为贫穷是一种个人缺陷"[②]。

在当时的柏林,贫穷并不被当成一项社会问题,而是一种道德沦丧的体现。在想象中的秩序与混乱的斗争中,那些遭到社会排斥的人成为脱离国家控制的"危险阶级"。[③] 以柏林谷仓街区为例,今天它是柏林米特区[④]的一部分,但过去这里却位于城墙之外,聚居着大量贫穷的东欧移民——他们中的许多人是犹太人。这个街区充分体现了(准)无产阶级街区是如何被报纸和学术刊物系统地描绘成可疑地区,还被污蔑为一个凌驾于资产阶级秩序之上的世界。尽管这里的居民作为劳工或仆佣融入劳动力市场,但他们仍被侮辱为

---

① "出租兵营"指 19 世纪 60 年代起在德国大城市中出现大型出租房,这类出租房是将一栋多层住宅楼分割成一个个居住单元,起初是在大楼走廊里排列成一列相互挨着的房间供人居住,因类似军队营房而得名。但随着工业化与城市化进一步发展,这类房屋越来越多地专门面向城市底层,尤其是工人家庭出租。因其居住条件恶劣,人满为患而饱受批评。——译者注

② 拉尔夫·施特雷梅尔(Ralf Stremmel),《模式与毁灭:19 世纪末至第二次世界大战期间德国政治家所感知的柏林》(*Modell und Moloch. Berlin in der Wahrnehmung deutscher Politiker vom Ende des 19. Jahrhunderts bis zum 2. Weltkrieg*),波恩:布维耶 1992 年,第 49 页。所有引文如无特别说明均由原作者自行译成英语。

③ 约阿希姆·施勒尔(Ralf Stremmel),《大城市之夜:巴黎、柏林、伦敦(1840—1930 年)》(*Nachts in der großen Stadt. Paris, Berlin, London 1840 -1930*),慕尼黑:阿特米斯 & 温克勒 1991 年版,第 53 页。

④ 米特区(Mitte)为柏林内城区之一,也是柏林东部的中心区,"Mitte"一词在德语中即为"中心"。——译者注

故意拒绝文明的"革命党、流浪汉、罪犯"。①

在这种背景下,当时城市政策的核心争论之一,是到底应该让不同阶层保持隔离,还是让各社会阶层在混居地区相互交往。1863 年的《柏林土地利用规划》(霍布莱希特规划)编制了街道布局规划,并为城市快速发展制订规范。这一规划的主要制订人,"皇家警察总局规划委员会"主席詹姆斯·霍布莱希特(James Hobrecht)天真地为各街区出租大楼内各社会阶层的融合辩护,这些人分别居住在前楼后院、阁楼和高尚公寓中。他对邻里共存的所谓文明效应深信不疑:

> 从道德和政府治理角度出发,对我而言这似乎不应被称为"隔离",而是"扩散"……在出租屋街区,从地下室出来前往免费学校的孩子们和前往文理学校的议员或商人家的孩子是在同一条走廊上。生病时这家的一碗滋补汤,那家给的一件衣裳,在(孩子)获取免费教育时给予大力帮助成类似的事——以及由居民之间的友善关系而发展起来的事情,它们尽管情况各异,但性质相同,都有助于增进施予者高尚的影响力。②

霍布莱希特这种上层和下层似乎天然可以团结一致的想法根植于社会浪漫主义。他还认为后者要以前者为榜样才能变得有教养、有文化。但他对社会阶层之间的利益冲突及其权力落差视而不见。尽管他的社会融合观念为城市扩张计划提供了依据,但柏林的社会空间隔离却随着城市大工业的发展日益明显。尽管如此,不同社会阶层混居的城市空间形象依旧强烈影响着当时德国城市的社会政策。在与霍布莱希特的规划保持一致的情况下,它迎合的是一种与工人阶级(用马克思的术语来说)**"流氓无产者"**(*Lumpenproletariat*)针锋相对的中产阶级优越感,这就引出了旨在"教化"穷人并将其安置于整个城市空间之中的社会技术。

57

---

① 米夏埃尔·青加内尔(Michael Zingamel),《真实犯罪:建筑、城市与罪行》(*Real Crime. Architektur, Stadt und Verbrechen*),维也纳:塞雷纳出版社 2003 年版,第 87 页。

② 詹姆斯·霍布莱希特著,安德烈·霍尔姆编辑,《社会混合:神话的产生与功能》("Sozial Mischung. Zur Entstehung und Funktion eines Mythos"),《科学论坛》(*Forum Wissenschaft*)第 1 卷,第 9 期,第 23—26 页。亦可参见哈特穆特·霍伊塞曼和阿德里亚斯·卡普汉(Andreas Kapphan),《柏林:从城市分区到分裂城市》(*Berlin. Von der geteilten zur gespalten Stadt*),奥普拉登:雷斯克+布德里希 2000 年版,第 34 页。

魏玛时代柏林"社会城市"的发端

1919 年,普鲁士和柏林举行了首次自由平等的选举,社会民主党(简称"社民党")赢得选举。这个政党渴望建立一个社会主义的现代化"红色柏林"——这是他们赋予这座无产阶级者首都的称号。经过一场大规模的地方行政改革后,社民党从 7 座市镇和 59 个农业行政区中建立起新的行政实体——"大柏林市"。在 20 世纪 20 年代,这座城市的市政当局(*Magistrate*)就承诺要通过系统的城市规划和有效的基础设施建设,对柏林进行彻头彻尾的现代化改造,使这座"空前密集的城市"成为一个社会福利空间。① 柏林也确实因为它的公共交通、垃圾处理、电力及供气系统而享誉国际。但市政府最大的项目还是由州政府资助的大规模住房计划。有超过 130,000 套新客观主义(*Neue Sachlichkeit*)风格的公寓拔地而起。除采取法定租金调控外,公共住房还试图通过切断贫困与窘迫居住与生活条件之间的关联,促进城市社会的社会融合。②

1925 年,一部新的建筑法规终结了"出租兵营"的建设,数十年来它因令人发指的生活条件而备受批判。然而,即使是大规模的住房建设也无法满足这座城市依旧持续增长的对居住空间的需求。直到 20 年代末仍存在超过40,000 座棚户,足以证明当时住房短缺状况。最终在 1929 年经济大崩溃之后,"柏林的经济、政治和文化结构"全面崩盘,城市社会空间中的两极分化再次加剧。③ 四分之一的人口此时不得不依赖福利救济,许多陷入贫困的人住在缺乏维护的新建建筑中;国家紧急救济计划对地方自治权限的限制不断扩大。现代社会城市就是一个失败案例,这一看法已不再为保守主义者所独享。

即便如此,这座由社会民主党人运作,时至今日仍被认为是社会融合模式典范的现代城市,在当时依然内含着结构性的排斥机制。它的福利政策基于

---

① 施特雷梅尔,《模式与毁灭》,第 142 页。
② 参见霍伊塞曼和卡普汉,《柏林》,第 11 页。
③ 施特雷梅尔,《模式与毁灭》,第 146 页。亦可参见沃尔夫冈·里贝(Wolfgang Ribbe)和于尔根·施梅德克(Jürgen Schmädecke),《柏林简史》(*Kleine Berlin-Geschichte*),柏林:沃尔夫冈·斯塔普出版社 1994 年版。

如下的观念进行运作：社会是物质意义上的社会"肌体"，而无产阶级则是一种会以流行病或"退化"方式危害国家的健康风险。由社会政策所引发的重要城市发展讨论——如柏林经济学家维尔纳·黑格曼（Werner Hegemann）所介绍过的那些——开始与优生学理论混为一谈，衍生出住房条件恶劣与城市人口密度过高将戕害德国遗传基因的论点。这一观点催生了种族优生学论点的传播，而种族的优生学随后又被纳粹分子所接纳。反过来，"新建筑"风格（*Neues Bauen*）则发挥着"社会审美专政"的作用。它的目的是通过对"广大人民群众"进行教育，创造一种以卫生、洁净和秩序为基础的家庭文化，并由此产生出"新人"。任何不符合这些要点的因素都被严格排除在外。①

58　从威廉时代到纳粹时期的柏林城市更新话题

　　这个时期的城市更新项目所立足的意识形态都很相似。从帝制时代到魏玛共和国再到纳粹时期，目标都是（以当时的术语来说）要"治愈"工人阶级街区，这是所有围绕贫民窟的公共讨论的焦点所在。但大规模整顿现有住房背后的真正意图是实际驱散不受欢迎的穷人与移民社区。

　　前文提到的谷仓街区就很好地说明这一动机。它之所以被认为是一个令人心生恐惧的地方，是因为这里"聚集着穷人"，尤其是被当成种族主义话语首要攻击目标的东欧犹太人——他们中的许多人从东欧大屠杀中死里逃生。谷仓区在地理位置上毗邻施潘道郊区②的犹太资产阶级社区与新犹太会堂，可以提供廉价住房，并以贫困和轻微犯罪为主要特征。当时一位评价城市更新的评论员，奥托·席林（Otto Schilling）还将这里的社会状况与伦敦贫民窟相

---

① 哈拉尔德·博登沙茨（Harald Bodenschatz），《为新柏林腾地方！1871 年以来"世界最大出租兵营城市"的城市更新史》（*Platz frei fü das Neue Berlin! Geschichte der Stadterneuerung in der "größten Mietskasernenstadt der Welt seit 1871"*），柏林：特兰西特 1897 年。亦可参见克劳斯·罗内贝格尔（Klaus Ronneberger），《生物权与卫生学：福特主义住房建设中类型化》（"Biomacht und Hygiene. Normalisierung im fordistischen Wohnungsbau."），载恩斯特·诺伊费特（Ernst Neufert），《类型化的建筑文化》（*Normierte Baukultur*），瓦尔特·普里格（Walter Prigge）编，美因河畔法兰克福与纽约：校园出版社 1999 年，第 432—464 页。

② 帝国时代的柏林"施潘道郊区"与今天柏林市下辖的"施潘道区"并非同一处地点，前者大致位于今天的米特区内，而后者则位于柏林市的最西面。——译者注

提并论。①

1906 年,柏林市政当局启动一项针对谷仓街区的城市更新项目,涉及大量拆除和重建工作,目标是摧毁被普遍认为没有围墙的犹太区的社会结构。市政当局在没有为居民提供替代住房的情况下,拆除了大批建筑物,迫使他们迁往其他贫困社区。20 年代的社民党市政当局则延续这一计划:在时隔第一轮大规模拆除与重建浪潮二十年之后,另一个仅部分实现的全面建设项目也付诸实施,以达成"驱逐不受欢迎的长期居民"的目的。② 而从 1933 年起,纳粹更加速推进这一项目:就在他们夺权后不久,警察袭击了谷仓区,向公众释放出的信号仿佛占领了敌国领土一般,它标志着利用犹太街区恶名和公共领域中针对东欧犹太人的种族主义偏见进行宣传的纳粹,开始接管、摧毁和重塑这一街区。③

尽管有着种族主义方面的考虑,但柏林谷仓街区(多年来被纳粹错误地描述为犹太区)更新项目的拆除和再造仍在 1935 年的一次国际会议上作为中心城区再造的典范而备受褒奖。这期间,钻研城市再开发的专家和柏林市长开始着手调查,是否有可能以非暴力的方式驱逐非德国籍犹太人,即那些因大规模住房拆除而面临安置的"麻烦的外国人",或者至少将他们弄去临时板房中居住。

除市中心更新之外,在纳粹掌权后,柏林的社会政策起初仍表现为连续性特征:租户权利、建筑物维护政策、以及住房建设补贴仍继续存在,甚至在某些领域还有所扩展。但这些政策的好处越来越多地留给"族民共同体"(Volksgemeinschaft)④中的雅利安成员。从 20 世纪 30 年代起,包括了将犹太   59

① 奥托·席林(Otto Schilling),《内城扩张》(Innere Stadterweiterung),柏林:"圈子"出版社 1921 年。
② 博登沙茨,《为新柏林腾地方!》,第 49 页。亦可参见米施克特·利伯曼(Mischket Liebermann),《在柏林隔都内》("Im Berliner Ghetto"),载《读本:柏林犹太人 1671—1945 年》(Iuden in Berlin 1671-1945, Ein Lesebuch),波尔曼尼古拉书籍出版社编,柏林:尼古拉 1988 年,第 192—194 页。
③ 参见霍斯特·赫拉斯(Horst Helas),《1934/35 年旧城改造》("Altstadtsanierung 1934/35")和《1933 年 4 月 4 日大搜捕》("Die Razzia am 4. April. 1933"),载《谷仓街区:失落的柏林的痕迹》(Das Scheunenviertel. Spuren eines verlorenen Berlin),谷仓街区基金联合会,柏林:赫尔德 & 斯宾纳 1999 年,第 128—134 页及第 135—136 页。
④ "族民共同体"是纳粹种族理论的核心思想,即要以种族为基础,以"传统日耳曼"的理想生活环境为榜样,建立一个消除一切出身、职业、财富和教育差异,所有德意志人平等地团结在一起的共同体。——译者注

人赶出出租公寓的规划方案,最终形成城市"去犹太化"(*Entjudung*)进程。

战后"社会城市":东西柏林

就在第三帝国崩溃,柏林分裂成东西两部分之后,城市发展政策再次受到20年代城市空间概念的决定性影响。战争对整座城市造成极为严重的破坏,且分布相当不均(部分郊区遭受的损失相对较小,甚至一些内城居住区也可以迅速修复)。而在冷战时期,西柏林的特殊情况导致一种非典型性的人口聚集,它由接受补贴的工业产业和享有特别优待的大学生组成。直到70年代末,西柏林的社会政策主要包括了由国家补贴建造面向"广大人民群众"的大型住宅区。但战后补贴建房项目背后的总方针并非出于为最贫困人群提供福利,而是增进城市社会融合。① 直到1981年选举落败之前,社会民主党一直奉行的发展政策是试图创造标准化的生活条件,将同质的城市空间分成不同的功能区,他们希望通过集中城市规划来实现这一目标。公共住房部门成立了一个由非营利性的房屋公司、建筑企业、银行、建筑工人工会、建筑师以及以免税为目的的私人企业组成的利益联盟。② 至70年代末,这个大联合体已经在城市外围开发了多个大规模住宅区,其中最重要的项目包括位于新科伦的格罗皮乌斯城、位于赖尼肯多夫的马克街坊,以及位于施潘道的法尔肯哈根费尔德——今天每个住宅区的居民都在35,000人左右。此外,从60年代起,还开始启动针对建于威廉时代的城市街区的大规模城市改造项目,主要集中在维丁和克罗伊茨贝格,那里大批历史建筑被爆破拆除。

总体来看,民主德国的首都也存在着大体类似的开发项目,但这里的重点是建设国家。东柏林将这部分城市的重建与扩建作为民主德国发展的重头戏。这座社会主义城市在战后几十年间的发展特点是中央集权、土地国有化和建设国有住房。城市空间代表了社会主义的发展成就,是"展示全新的人民民主的舞台"③。由于空间秩序组织的依据是要创造一种超越阶级的社会共同体,因此城市中心被认为是"社会交流的中心地",而它所承担的功能之一便

① 参见霍伊塞曼和卡普汉,《柏林》,第11页。
② 参见博登沙茨,《为新柏林腾地方!》,第9页。
③ 霍伊塞曼和卡普汉,《柏林》,第62页。

是住宅区。① 大规模拆除与重建也在(柏林)墙的东侧推进,例如在渔人岛(它是柏林中世纪核心城区的一部分)和亚历山大广场。这些项目将大规模拆除历史建筑与采用工业化方式建造大众住房结合在一起,它们也逐渐主宰了城市的外围地区。在东柏林的偏远地区,大型郊区住宅区规模要比在西柏林大得多:仅东柏林的三个区马灿、利希滕贝格(Lichtenberg)和海勒斯多夫(Hellersdorf)在 70 年代末至民主德国末年就建成超过 150,000 套公寓。

除补贴建房之外,西柏林还以官僚手段管理社会转移,扩大对有需要人群的经济资助权。但基于社会卫生的既有讨论与政策模式仍继续影响城市社会政策。以从 60 年代后期开始主要应征产业工人的外国"客籍劳工"(Gastarbeiter)为例,他们就被排除在取得住房建设补贴的体系之外。总的来说,"国家住房建设政策中威权和社会教化的因素"依然存在。② 因此,跨国发展进程在冷战时期的西柏林遭到严格限制,并被重新设计。

但更糟糕的是,住房申请者是根据他们的族裔来进行划分的。那些来自东欧,并可以证明其德意志种族(身份)的"移民"——所谓的"Aussiedler"③——被认定为德国人,有资格获取房租限价的住房;而大多数的土耳其"客工"则必须服从一个随意制定、标准"宽泛"的配额系统,这个标准往往低于实际需求水平。这方面的一个例子是新落成的格罗皮乌斯城,在这里,仅有 2% 的补贴公寓被国有住房协会出租给非德国人。直到 80 年代,市政公共住房公司指示要将所谓的外国人配额提高至 15%,但这一指示由于缺乏政治推动的决心,最终不了了之。1987 年人口普查统计甚至显示,当时非德国人几乎没有拥有任何补贴公寓。④

---

① 布鲁诺·弗里尔(Bruno Flierl),《作为国家政策的前民主德国城市营造》("Stadtgestaltung in der ehemaligen DDR als Staatspolitik"),载《大变革时期的居住与城市政策:40 年民主德国后的城市更新视野》(Wohnen und Stadtpolitik im Umbruch, Perspektiven der Stadterneuerung nach 40 Jahren DDR),彼得·马尔库斯(Peter Marcuse)和弗雷德·施陶芬比尔(Fred Staufenbiel)编,柏林:威利-VCH 出版社 1991 年,第 49—65 页。

② 博登沙茨,《为新柏林腾地方!》,第 100 页。

③ 指以生活在二战后德波边界改划地区的德国公民及日后社会主义阵营国家的德意志族人为主体的特殊移民群体,他们在 1945 年之后(因中东欧各国的驱逐)和苏东剧变后大批进入德国境内。——译者注

④ 参见于尔根·霍夫迈尔-策罗特尼克(Jürgen Hoffmeyer-Zlotnick),《改造地区的客籍工人——以柏林克罗伊茨贝格为例》(Gastarbeiter im Sanierungsgebiet. Das Beispiel Berlin-Kreuzberg),(转下页)

即便如此,在整座城市范围内均衡安置"外国人"的城市规划目标仍在发挥作用。证明该策略合理性的政治依据是外国人的"集中"会对国内安全与国家认同构成威胁。种族主义者和生物学家的"隔都"言论则指向移民街区的存在证明移民刻意与德国社会保持距离。但这一论点颠倒了其中的因果关系。举例来说,克罗伊茨贝格是毗邻柏林墙的工人阶级社区,因此在空间组织和基础设施方面均无法正常运作,被称为西柏林的"隔都"。在地理位置毗邻柏林墙、国家政策、受利益驱动的房地产经济以及制度化种族主义的联合作用下,它为一个普通社区如何迅速转变为移民区提供了鲜活教训。首先,不受欢迎的外国人只能租住德国人不感兴趣的破败公寓,因为这些房子属于拆除和重建项目的一部分而面临拆除,甚至房东要收取高达租金 30% 的歧视性附加费也是尽人皆知的事情。① 其次,西柏林的社会政策制定者明确拒绝调整学校教育与社会服务以适应城市新居民的需要,就是为了阻止他们如市长所说的"挤入"柏林及其周边的"都市圈"。② 换言之,城市政策的制定者们为了阻止更多的移民涌入,毅然选择放任被认为是聚集各类麻烦的薄弱基础设施不管。

　　为了处置这些政治上不受欢迎的移民社区——它们经常会在媒体上引发轰动效应,1975 年西柏林市政府出台了一部所谓的"移居禁令"(Zuzugssperre),即禁止外国人移居主要聚居移民的行政区克罗伊茨贝格、维丁和蒂尔加滕。一直到 1989 年,移居柏林的外国人都要在护照上作相应登记,而一旦被发现违反这一规定,他们将被驱逐出德国。在许多情况下,这种严格限制个人居住地选择权的做法导致了子女与父母、配偶之间的分离。它在宪法层面也非常棘手,因此在一些案例中,高等行政法院宣布其为不合法的。下文引自市政当局内务部门的一份声明,对撤销一名土耳其妇女的居留权做出解释,这名妇女离开土耳其投奔其在柏林维丁的丈夫,因此违反移居禁

(接上页)汉堡:克里斯蒂安 1977 年;以及斯特凡·兰茨,《混合柏林:西方国家·多元文化·世界主义? 一座移民城市的政治结构》(Berlin aufgemischt: abendländisch-multikulturell-kosmopolitisch? Die politische Konstruktion einer Einwanderungsstadt),比勒费尔德:特兰希克里普特 2007 年版。

① 伊冯·迪里克(Yvo Dirickx)和艾谢·库达特(Ayse Kudat),《隔都:个人选择还是系统选择》(Ghetto: Individual or Systemic Choice),柏林:国际比较历史研究所 1975 年版,第 29 页。

② 外国劳工及其家庭融入计划团队编,《外国劳工及其家庭的融入:总结报告》(Eingliederung der ausländischen Arbeitnehmer und ihrer Familien. Abschlußbericht),柏林:柏林市长办公室 1972 年版,第 28 页。

令。这表明,尽管这一规定在宪法上存在争议,但在政策层面却是合理的:该规定称,有必要"抵制外国人在特定居住地区的过度集中,并防止外国人聚集区蔓延与社会对立区域的形成"①。然而,这一移居禁令首先使外国人聚集区形成了一个在公共讨论中被忽视的特殊特征,即国家限制的是特定社会群体选择居住地的自由。该规定并不适用于欧共体成员国或美国公民,它并不针对外国人本身,而是针对穆斯林"他者"——这本来就是一种立足种族主义的社会建构。但西柏林外围行政区的社会结构则不能一概而论,在那些地区的失业者和穷人大多是德国白人。相反在社会主义的东柏林,人口控制制度业已建立起来,并一直延续到民主德国终结:从社会主义兄弟国家,诸如越南或莫桑比克,招募来的外国"合同工人"完全与德国人隔离开来,并被安置在由专人把守的旅店里。

从标准化到企业城市:20 世纪 80 年代的西柏林

70 年代后期,社会民主党那套全面规划与监管的福特式城市发展政策陷入危机。其"民主社会主义的社会化体系"因社会福利领域的重大调整而遭到破坏。② 由于国家干预机制的削弱,财政补贴减少以及当地居民的广泛反对,现代"社会城市"模式就此搁置。1981 年基督教民主联盟(下文简称"基民盟")上台,社会民主党主政柏林的时代告一段落。尽管也经历过短暂插曲,但基民盟主导柏林政坛直到千禧年后不久,并借此形成一套贯穿整个西柏林,对社会阶层与族裔加以空间控制的新自由主义模式。

首先是在克罗伊茨贝格,"住房公司与国家规划卡特尔"因遭遇当地市民的强烈抵制而无法正常运转。③ 1981 年,擅自占屋者占领了该区众多面临拆

---

① (西)柏林外国人委员会协会,《为所有人提供平等居住权! 外籍劳工移居禁令档案》(*Gleiches Wohnrecht für alle! Dokumentation zur Zuzugssperre für ausländische Arbeiter*),柏林:(西)柏林外国人委员会 1978 年版,第 22 页。

② 卡尔·霍穆特(Karl Homuth),《介于城市文化与社会霸权之间的身份认同与社会秩序》("Identität und soziale Ordnung. Zum Verhältnis städtischer Kultur und gesellschaftlicher Hegemonie"),载《阶级斗争问题 68》(*Prokla 68*)1987 年第 17 卷第 3 期,第 90—112 页,第 101 页。

③ 斯特凡·克拉特克(Stefan Krätk)和弗里茨·施莫尔(Fritz Schmoll),《地方政府——"执行机关"还是"反对力量"》("Die lokale Staat" — 'Ausführungsorgan' oder 'Gegenmacht'"),载《阶级斗争问题 68》(*Prokla 68*)1987 年第 17 卷第 3 期,第 30—72 页,第 53 页。

除的建筑物,并且不断抵制房屋回收,在一些案例中甚至出现暴力抵抗的情况。为了寻找适当的城市更新策略应对"福特城市"所面临的危机,柏林市议会设立了被称为"国际建筑博览"的规划机制,旨在通过制定"敏感"或"谨慎"的更新策略,其中还包括社会教育、空间及建筑学理念,并为自助倡议提供支持。这一举措的目标是尽可能保留老建筑,满足居民的需求,以及将之付诸实施。

这些新的城市更新计划旨在同时发挥预防性的社会政策作用。"敏感型"的更新实践计划涵盖某个特定地区的整个生活环境,就像新市场机制在城市发展中所扮演的角色一样,将城市分区推进到次一级的空间之中。此类计划摆脱了"社会福利管理与现有的社会化可能",而是转变为预防性的社会政策。其去中心化与非正式的干预措施以"态度、偏好和需求"为目标。① 政府机关还以"国际建筑博览"这样半官方机构的软性监理模式为补充。这种做法不仅可以使那些有意愿与市政当局合作的擅自占屋人士取得合法地位,通过由居民经营的再开发机构重建这些被占领的建筑物,亦可成功中和对城市发展政策的广泛抵制。但基民盟市政当局在贯彻这一"敏感"更新政策,仍辅以一种压迫性策略,它要求警方驱逐那些好斗激进的占屋人士。

在这种情况下就形成了一股向"半自治/半政府的'准机构'"方向发展的趋势,它独立于地方议会机构之外,而且往往由私人运作。② 当时流行一时的行话包括提高灵活性、去中心化、自助、参与,以及"内生发展"。这一做法不仅吸引了基民盟内部的新保守主义势力,这部分人赞同遏制本地社区发展的福利国家,强调个人责任和更贴近市场的管理模式;它还吸引了反主流文化的小圈子,这个圈子的年轻成员大多拥有白人中产阶级背景,相比其他群体,他们拥有更多的资源,可以在参与过程中维护自己的利益;当然这也要求更高层次的文化资本。随着全新的国家干预技术对由新社会运动发展而来的反主流文化做出回应,并从当事人社会文化需求中汲取所需的内容,西柏林城市文化政策因此成为社会治理的关键性手段。

---

① 卡尔·霍穆特,《身份认同与社会秩序》,第 93 页;以及霍穆特,《教化城区:关于作为预防性社会政策的"谨慎城市更新"的意义》("Pädagogisierung des Stadtteils. Über die Bedeutung von 'behutsamer Stadterneuerung' als präventive Sozialpolitik"),《美学与交流》(*Ästhetik und Kommunikation*)1985 年第 16 卷第 59 期,第 78—86 页,第 80 页。

② 克拉特克和施莫尔,《地方政府》,第 61 页。

　　虽然两种政治制度存在竞争关系,但如果隔墙对望,则"文化大都市"一词在 20 世纪 70 年代这座分裂城市的两边拥有"惊人的共同点"。[1] 只不过在 80 年代的西柏林,这个术语开始标志着一种内部的社会秩序模式。城市空间与建筑的循环利用和日益增多的盛大活动(周年庆典、国际建筑博览、欧洲文化之都颁奖礼),再加上为各类社会文化活动提供资金,共同形成了一种身份政治,它(至少象征性地)将这种城市的社会阶层与社会文化层次整合起来,原本两者正因社会经济转型过程中的工业生产下降,社会保险机制废止以及传统职业声望削弱而渐行渐远。

　　但基民盟市政当局也试图回归社民党的"量化社会政策"(柏林市长称其为"无限责任管理服务公司")上来,以支持一种"介于及积极且有能力者与急需援助者之间的负责伙伴关系"。[2] 柏林市社会事务管理局因此启动了一项资助自助行动的计划,目的在于尽可能更多地改善社会服务。例如,1987 年有近 50 个外国人事务工作团体获得资助,资助的依据正是"助人即自助"。而此前,国家对于移民的援助完全是家长式的,并通过大型慈善组织以社会援助的方式给予帮助。现在的焦点则转移到社会问题上,诸如缺少面向年轻人的学徒岗位或移民失业率迅速攀升,他们中的大多数受雇于工业部门,在 80 年代因西柏林经济加速非工业化而深受打击。这种社会政策范式产生出一系列新的举措,如依据种族组成的团体通常被认为"只要他们存在就有资格取得资助"。[3] 越来越多的自助计划和独立赞助组织雇佣前失业人员开展工作,但这些工作都由国家通过"创造工作岗位计划"提供资金支持。

　　西柏林市政府采取的另一项举措则将社会福利与某些强制措施挂钩,该措施的有效性首先在外国难民中间得到了检验。当局开始与寻求庇护者签订强制社区工作的合同,随后将该举措扩大至接受社会援助的一般

63

① 鲍里斯·格雷西永(Boris Grésillon),《文化大都市柏林》(*Kulturmetropole Berlin*),柏林:柏林科学出版社 2004 年版,第 105 页。

② 柏林州新闻与信息局编,《柏林论坛(6/85):机遇之城:柏林市长埃伯哈德·迪普根 1985 年 4 月 25 日政府声明》(*Berliner Forum 6/85. Stadt der Chancen. Die Regierungserklärung vom 25. April 1985 des Regierenden Bürgermeisters von Berlin Eberhard Diepgen*),柏林:柏林州新闻与信息局 1985 年版,第 35 页。

③ 托马斯·施瓦茨(Thomas Schwarz),《福利国家网络中的移民:土耳其青少年与柏林地方政策》(*Zuwanderer im Netz des Wohlfahrtsstaaten. Türkische Jugendliche und die Berliner Kommunalpolitik*),柏林:帕拉波利斯出版社 1992 年版,第 146 页。

群体。① 它标志着社会政策从免费福利向工作福利转变,这在西德也属首创。但在当时,批评的声音认为,这是州政府对志愿者团体的剥削,推卸自己在社会政策方面所承担的责任。他们断言资助计划将核心群体排除在外,并且它正在形成自我剥削的组织,已退化为"现有职业体系的马前卒"。②

重新统一的城市:补贴住房的终结

1989 年后这座城市的重新统一,意味着它成为一个"州"(Land),也失去了所有来自联邦政府的补贴,即便后者已准备将首都从波恩迁回柏林。住房供给日益受市场机制支配,而在 90 年代德国后柏林墙时代的最初十年,补贴住房的建设工作实际已陷于停滞。早在 1986 年,联邦政府已经放弃为新建住房提供补贴资金,并最终以釜底抽薪的方式撤销了西柏林住房协会的公益性组织的资格(在此之前它属于合法经营的公益性机构)。③

因此,20 世纪 90 年代与 21 世纪初的新自由主义认为住房政策放弃了"社会空间凝集力的导向原则"。④ 按照一个异常乐观的数据预测,柏林的人口可能在数年内从 350 万增加至 600 万人,另外还有 75,000 套出租单元在重新统

---

① 参见彼得·格罗提安(Peter Grottian)、弗里德里希·克罗茨(Friedrich Krotz)、君特·吕特克(Günter Lütke)和米夏埃尔·沃尔夫(Michael Wolf),《祛魅柏林社会政策》("Die Entzauberung der Berliner Sozialpolitik"),《美学与交流》(*Ästhetik und Kommunikation*)1985 年第 16 卷第 59 期,第 45—53 页,第 49 页。

② 弗里德里希·克罗茨,《自助的工具化:"柏林模式"的经验》("Die Instrumentalisierung der Selbsthilfe. Erfahrung mit dem 'Berliner Modell'"),载《社会福利转型:保守社会政策的魔咒》(*Die Wohlfahrtswende. Der Zauber konservativer Sozialpolitik*),彼得·格罗提安等编,慕尼黑:C. H. 贝克 1988 年版,第 82—111 页,第 107 页。

③ "从这一点出发,联邦政府专注于城市发展资金发放的特殊方面。"弗洛里安·武科维奇(Florian Wukovitsch),《城市发展中的分配与民主政治角度——柏林与维也纳的住房政策转折》(*Verteilungs- und demokratiepolitische Aspekte und Stadtentwicklung — Umbrüche der Wohnungspolitik in Berlin und Wien*),2008 年 11 月 14—15 日维也纳"分配与民主"会议上未发表论文,第 2 页。

④ 安德烈·霍尔姆,《"Hartz IV"与新自由主义住房政策概论》("Hartz IV und die Konturen einer neoliberalen Wohnungspolitik"),载《联邦德国与北美的福利住房建设,劳动力市场(再)融合及新自由主义福利国家》(*Sozialer Wohnungsbau, Arbeitsmarkt [re] integration und der neoliberale Wohlfahrtsstaat in der Bundesrepublik und Nordamerika*),延斯·桑巴勒(Jens Sambale)和福尔克尔·艾克(Volker Eick)编,柏林:柏林自由大学约翰·F. 肯尼迪研究所 2005 年,第 135—146 页,第 145 页。

一后的第一个十年中以注入公共资金的方式完成建设——但这里的融资模式不再是纯粹的社会福利性质。"产权战略 2000"标志着后柏林墙时代柏林住房政策的根本转向。为了应对城市中产阶级不断迁往周边地区并由此导致的收入减少,柏林市计划在 15 年内使柏林公寓产权人人数翻一番。但这个计划不仅需要通过公共手段为私人住房提供资金,它还包括将大量公共出租单元转变为公寓房。所有联邦州持有的房屋公司被一股脑地出售清空。2002 年,新上台社民党市政当局最终叫停公共补贴住房。后柏林墙时代的柏林公共补贴公寓数量从 1991 年的 375,000 套下降至 2006 年的 200,000 套。①

　　柏林住房供应的自由市场化也对城市更新产生了影响。由于后共产主义时期的东柏林大部分地区破败不堪,西柏林的"敏感"城市更新策略不得扩展这座城市东部中心的广大区域,尤其是米特、普雷茨劳贝格和弗里德里希海恩。但如今的情况则截然不同。地方政府越发不愿意将城市更新视为福利国家的职责所在并为此注入公共资金,只是通过雇佣代理机构作为中介方,协助私人投资者参与当前由市场驱动的更新过程。②

　　后柏林墙时代公共住房建设的中断,有期限的房租限价租赁合同的到期,还有在城市更新实践中引入市场机制,首先导致住房成本的显著增加,东柏林的市中心尤其如此。其结果是导致大批前(东德的贫困)居民流离失所。在21 世纪初,这一士绅化进程也开始向西柏林克罗伊茨贝格的移民区蔓延,③甚至连通常被认为是德国最"成问题地区"之一的多元文化地区新科伦的局部也因此正"等着变成富人区"而租金飞涨,住房市场日益紧俏。从 2005 年起,一场针对社会福利体系的改革又加剧了这一情况。这一以"Hartz IV"④闻名的

64

---

① 参见武科维奇,《城市发展中的分配与民主政治角度》,第 4 页。

② "目前,城市再发展主要面向投资人的需求,免除他们的税收,居民也必须容忍他们。"马蒂亚斯·贝恩特(Matthias Bernt),《交叉成功:90 年代柏林"谨慎城市更新"》(*Rübergeklappt. Die "Behutsame Stadterneuerung" im Berlin der 90er Jahre*),柏林:舍尔茨基 & 耶普 2003 年版,第 258 页。

③ 参见马蒂亚斯·贝恩特和安德烈·霍尔姆,《是或不是? 士绅化与流离失所概念的形成及其政治含义——以柏林普雷茨劳贝格为例》("Is it, or is it not? The Conceptualization of Gentrification and Displacement and its Political Implications in the Case of Berlin-Prenzlauer Berg"),《城市》(*City*)2009 年第 13 卷第 2—3 期,第 312—324 页。

④ "Hartz IV",即"失业救济金法",是从 2002 年起由施罗德政府启动的改革措施"劳动力市场现代化服务法案"的第四部,自 2005 年 1 月起生效。因这一系列措施由彼得·哈茨(Peter Hartz,1941—)提出,并以数字 1 到 4 编号,因此"失业救济金法"也称"Hartz IV"(哈茨 4 号)。——译者注

改革措施由即将卸任的社民党与绿党联合政府实施,目标在于大幅提高获取社会福利的门槛。仅以"Hartz IV"法为例,该法案在柏林影响了将近 50 万人,该法令将居住福利(这是一种福利转移机制)与"相匹配的"租金和公寓面积(两者都维持在极低的水平)紧密联系在一起。但两者都被设定在极低水平上。城市社会学家安德烈·霍尔姆(Andrej Holm)在对柏林存量租赁住房的研究中探讨过相关问题,他的结论总结如下:"特别是在东柏林,接受 Hartz IV 救济的群体能够获取的公寓仅限于内城不达标的住房以及大型郊区居住区内的房屋。从这个角度来看,Hartz IV 也是一种进一步推动城市空间结构重组,并边缘化那些被认为是无关紧要的人口的手段。"[①]

后柏林墙时代"社会城市"概念的转型

事实上,柏林社会空间的两极分化在 20 世纪 90 年代变得越发突出。这是两个因素综合作用的结果:内城区威廉二世时代的邻里街区强制士绅化进程,与后柏林墙时代非工业化进程中的工人阶级失业(往往是永久性的)所导致的贫困加剧。1998 年,柏林市政当局发布了一份题为"以社会为中心的城市发展"的研究,指出在某些行政区存在的"社会空间问题不断恶化",并呼吁采取"城市融合战略"以制止"边缘化与排外主义的发展"。[②]

日益激化的社会空间两极分化也使得政治和媒体话语回归对社会和种族意义上"他者"的传统建构。用城市研究学者哈特穆特·霍伊塞曼(Hartmut Häußermann)的话来说,在贫穷的内城地区,与"现代化进程中的失败者,社会适应不良者,还有遭受社会歧视的人"毗邻而居,给这里居民的"行为和思考方式"打上了产出"文化偏差"的记号。[③] 把偏离主流社会规范的边缘空间与"孳生无法无天、离经叛道和社会失范的场所"等同起来,暗示这里和贫困、道德败坏和犯罪有关,难免令人心生不悦,也让人联想到 19 世纪及 20 世纪早期资产

---

① 霍尔姆,《"Hartz IV"与新自由主义住房政策概论》,第 135 页。

② IfS/S. T. E. R. N.,《社会福利导向的城市发展:城市发展、环境保护与技术管理局委托评估》(*Sozialorientierte Stadtentwicklung. Gutachten im Auftrag der Senatsverwaltung für Stadtentwicklung, Umweltschutz und Technologie*),柏林:文化书籍出版社 1998 年版,第 79 页。

③ 哈特穆特·霍伊塞曼,《社会空间结构与排除法:社区效应》("Sozialräumliche Struktur und der Prozeß der Ausgrenzung:Quartierseffekte"),《城市与区域社会学情报》(*Nachrichtenblatt zur Stadt- und Regionalsoziologie*),1991 年第 14 卷第 1 期,第 7—18 页,第 11 页。

阶级对诸如谷仓街区一类的周边社区的描述。① 而在 20 世纪,正如我们所见,诸如此类对城市"他者"充满阶级差异和种族主义的建构,逐步被欧洲"社会城市"模式所取代。但随着这些社会调节、立足社会福利平等原则之类的观念让位于新自由主义,早先的偏见似乎又卷土重来。一面是社会冲突和问题与日俱增,一面是福利国家社会政策模式的落后,两者日益增长的矛盾导致越来越多利用法律与制度性政策解决危机的强制尝试。此外,从"社会福利到工作福利"的趋势在 20 世纪 90 年代继续存在,如今,福利国家绰号"激活者"(而不是"提供者"),它专注于动员那些被认为能够基本为自己需求负责的企业主体,并因此推诿一切缺陷。②

在城市政策方面,"动员势在必行"同样适用于社会空间维度。1999 年,柏林市政当局实施了一项政治干预计划,防止社会空间的两极分化及日益加剧的贫困化,特别是因城市经济非工业化进程导致永久失业进而破产的移民群体成员。该计划由一项联邦政府和州政府倡议的"社会城市"共同资助,③它由社民党和绿党联合政府发起,项目包括了一个最初由市政府在 15 个"亟待发展地区"设立的社区管理计划。市政当局认识到,主要问题在于由于有选择的移民过程,社会阶层下降和文化交流隔离造成"问题群体"在空间中过度"集中"④——这与詹姆逊(Jamson)混合社会理想的"意识形态素"(ideologeme)

① 卢瓦克·瓦凯(Loïc Wacquant),《美国外来移民社区调查中三个迷惑性前提》("Drei irreführende Prämissen bei der Untersuchung der amerikanischen Ghettos"),载《城市危机》(*Die Krise der Städte*),威廉·海特迈尔(Wilhelm Heitmeyer)、雷纳尔·多拉斯(Rainer Dollas)和奥托·巴克斯(Otto Backs)编,美因河畔法兰克福 1998 年版,第 194—210 页,第 201 页。

② 参见斯特凡·兰茨,《投资企业主体:工作福利国家的一体化政策——以柏林为例》("In unternehmerische Subjekte investieren. Integrationspolitik im Workfare-State"),载《拒绝一体化?! 欧洲一体化争论的文化学论文》(*No integration?! Kulturwissenschaftliche Beiträge zur Integrationsdebatte in Europa*),扎比内·黑斯(Sabine Hess)、雅娜·宾德(Jana Binder)和约翰内斯·莫泽(Johannes Moser)编,比勒费尔德:特兰希克里普特 2009 年,第 105—122 页。

③ 有关更多联邦及柏林层面的"社会城市"计划,参见希拉里·西尔弗(Hilary Silver),《"新"柏林的社会一体化》("Social Integration in the 'New' Berlin"),《德国政治与社会》(*German Politics and Society*)2004 年第 24 卷第 4 期,第 1—48 页。

④ 柏林市议会,《Dr. 13/4001:关于发展一套缓解负担过重城区社会对立的总体城市战略,"第一阶段城市一体化"工作计划及社会福利导向下城市发展的报告:在具有特别发展需求的地区采取一体化的城区处置办法——社区管理》(1999 年 8 月 2 日供审阅的草稿)("Dr. 13/4001: Bericht zur Entwicklung einer gesamtstädtischen Strategie zur Entschärfung sozialer Konflikte besonders belasteter Stadtquartiere, Aktionsprogramm 'Urbane Integration - 1. Stufe' und zur Sozialorientierten Stadtentwicklung: Einrichtung von integrierten Stadtteilverfahren — （转下页）

保持一致。该计划旨在通过综合行动和相互关联的举措刺激"社会、经济、城市和生态的可持续发展",并做模棱两可的承诺:"不排斥创造生活环境","维持社会各阶层相容"。①

66　　地方政府聘请私人担任"社区经理",与政府、当地参与者建立联系,进行合作,开发旨在帮助"当地居民……改变其境遇,发挥各自技能与潜能而变得更为独立的项目"。② 按照市政当局的说法,这么做的理由并不是由州政府提供一个"行动框架",而是要"加强人们的参与度及利用本地网络与信息开展自助的能力"。③ 实际上,自 2002 年社民党—社会主义党④联合政府上台以来,这一计划已扩展到 34 个城市区域,它的目标是通过培养当地居民的积极性,创建自我管理的地方社区,因为一般认为在上述这类贫困社区不再存在积极投身社区事务的居民。由此,被边缘化的居民取得了"助人即自助"的机会。"赋权"(Empowerment)⑤是当时的流行术语。

柏林社区管理项目的一个重要组成部分是为当地创造就业机会,弥补因非工业化而从一般经济部门中流失掉的工作机会——这一发展使得大批贫困社区的居民开始依赖职业介绍所和社会福利项目。任何活动都可以被包装成一份工作。无论它如何不稳定且报酬低微:环卫工,街区巡逻,各种形式的社会与文化服务,出售手工艺品或传授其制作技艺的临时店铺(缝纫店、画廊、木偶剧场),兴趣班(家庭作业辅导、瑜伽课等),不一而足。除这些项目之外,大部分在被统称为社区管理计划下进行的个人活动,看上去都像是 20 世纪 80 年代市政当局资助过的替代运动中的社会与社会文化方案的升级版本。例如,公共空间升级项目、继续教育计划、预防毒品与暴力计划、"融合课程"、校

（接上页）Quartiers management — in Gebieten mit besonderem Entwicklungsbedarf. Vorlage zur Kenntnisnahme vom 02.08.1999"），第 6 页。

① 同上,第 2 页。

② 同上,第 10 页。

③ 柏林市议会,《Dr. 13/3273：内城会议——结果与结论》(1998 年 11 月 17 日审阅稿)("Dr. 13/3273: Innenstadtkonferenz — Ergebnisse und Folgerungen. Vorlage zur Kenntnisnahme vom 17.11.1998")。

④ 这里的"社会主义党"指左翼党前身的"民主社会主义党"(PDS),1989—2007 年主要活跃于新联邦州政坛。该党 2002—2006 年与社民党组成联合政府主政柏林市。——译者注

⑤ "赋权"是社会工作理论中的重要概念,主要是指从个人能动性出发,通过唤起社会弱势群体的权力观,增加其权力和能力,从而达到改善其状况的目的。——译者注

园社工,资助艺术家以及社区聚会。① 这里的新变化是地方政府如今在启动
此类方案时,会间接迫使居民积极主动起来。但穷人也就再一次被话语所割
裂:政府认为它的任务是增加对"有价值"群体的支持,这就相当于放弃或是
强化对那些被认为是"不太有价值的"社会群体的控制。②

　　所有关于维持"社会城市"所必需的"社会投资"的言论都掩盖了这样的事
实,即"预算合并至上"实际上导致"福利国家在失业人口再教育、职业培训以
及社会融合计划方面的支出减少"。在柏林,联合政府正"通过大幅削减地方
基础设施,取消福利"的方式减少预算赤字,更为这一趋势添砖加瓦,③特别是
在遭受失业沉重打击的柏林移民群体中,如今越来越多人被排除在社会之
外,永远与劳动力市场无缘,蒙受耻辱,而且看不到任何能够改善境遇的
机会。

　　换言之,社区管理计划的结果与当前有关"社会城市"讨论和政治议题的
核心内容高度矛盾。因此,"社会城市"对于柏林城市跨国性进程的影响同样
也是矛盾的。一方面,这个计划允许它的目标群体参与其中,它在城市社会政
策适应地方需求与环境方面要比福特式的官僚主义程序好得多。但另一方
面,它并不能消除引发贫困的原因或消灭贫困本身,实际上由于始终坚持以企
业和市场为导向的城市政策,贫困正日益加剧。这个计划也没有减少柏林社
会经济与族群的两极分化;它的贯彻执行如今更是跨入了第二个十年,两极分
化实际上也变得越发明显。④ 智库"社会城市监测"注意到了这种社会空间两
极化持续发展的趋势,但也指出了所取得的有限成功:尽管处于一个极低的

67

---

① 城市发展管理局,《柏林社区管理:有关"社会城市"计划的信息》(*Das Berliner Quartiers-mana-gement:Informationen zum Programm "Soziale Stadt"*),柏林:城市发展管理局 2010 年版。
② 参见斯特凡·兰茨,《社会管理的运作:问题街区的共同生活》("Powered by Quartiersmanagement:Füreinander Leben im 'Problemkiez'"),《迁移:城市研究期刊》(*Dérive — Zeitschrift für Stadtforschung*)2008 年第 31 期,第 28—31 页。
③ 福尔克尔·艾克、布里塔·格雷尔(Britta Grell)、马吉特·迈尔(Margit Mayer)和延斯·桑巴勒,《非营利性组织与地方雇佣政策的转型》(*Non Profit-Organisationen und die Transformation lokaler Beschäftigungspolitik*),明斯特:威斯特伐利亚蒸汽船 2004 年版,第 14 页。
④ 2008 年,一位市政府发言人在最新出版的《柏林社会结构地图集》中写道:"不幸的是,必须注意到越富裕的地区正在变得越来越好,而越贫困的地区则越变越差。"《柏林晨间邮报》(*Berliner Morgenpost*)2009 年 5 月 4 日;迈恩施密特(Meinlschmidt),《柏林 2008 年社会结构地图集:一部量化跨区域与时间的社会空间分析与规划工具书》(*Sozialstrukturatlas Berlin 2008—Ein Instrument der quantitativen, interregionalen und intertemporalen Sozialraumanalyse und —planung*),柏林:健康、环境与消费保护管理局 2010 年版。

水平,但特别困难地区各方面的社会数据已趋于平稳。不过针对个别社区管理计划的社会研究也表明,在收入维持最佳水平不变的情况下,房租却在急速攀升。①

造成社区管理模式存在将最被边缘化的居民置于不利处境的倾向,还要加上一条原因,即这些居民缺乏参与这些政府支持下的自助结构的方法与能力。最后,我们应当质疑,强调柏林的社会包容与地方社区,是否只是一种手段,以试图掩盖对社会权利的剥夺以及政府国家逐步放弃对其公民物质福利负责。

结论:隐藏于德国"社会城市"模式中的美国化

本文以柏林为例回顾了德国"社会城市"模式,首先,该模式在上个世纪经历了许多重大转变。其次,它表明,在一切历史转折过程中都存在各种各样的社会排斥形式,这种排斥不利于跨国流动,也导致某些城市群体无法跨越阶级和种族融入社会。换言之,社会正义的理念与议题可能只是被选择性地加以呈现。

由柏林市政当局发布的《以社会为中心的城市发展》研究引述了当前许多批评新自由主义城市的立场:"欧洲城市与大洋彼岸的美国城市的差异是否能够并且应当保持下去,是 21 世纪城市政策中最重要的问题。"②"社会城市"/社区管理模式被认为是切实保证这一差异的关键手段。但这里的概念使用也暗示了一种区别具有社会包容性的"美好"欧洲城市与反对融合的"恶劣"美国城市的简单两分法。这对人们衡量城市中跨国进程受鼓励或被阻碍的程度都是一种误导。最近出版的有关城市社会公平的跨大西洋比较研究,如苏珊·C. 费恩斯坦(Susan C. Fainstein)的《正义之城》(*The Just City*)③,给出了颇有

---

① 参见哈特穆特·霍伊塞曼、阿克塞尔·韦瓦茨(Axel Werwartz)、丹尼尔·弗尔斯特(Daniel Förster)和帕特里克·豪斯曼(Patrick Hausmann),《城市发展管理局委托监督社会福利城市发展》(*Monitoring Soziale Stadtentwicklung im Auftrag der Senatverwaltung für Stadtentwicklung*),柏林:托普 2010 年版,第 26 页;及西格玛·古德(Sigmar Gude),《理查德广场(南)社会研究:托普城市研究——柏林》(*Sozialstudie Richardplatz Süd. Topos Stadtforschung Berlin*),柏林:托普 2010 年。

② IfS/S. T. E. R. N.,《社会福利导向的城市发展》,第 27 页。

③ 苏珊·C. 费恩斯坦,《正义之城》,伊萨卡(纽约):康乃尔大学出版社 2010 年版。

见地的重新评估方法。目前(美国)城市社会政策议题已不再与政府指导下的欧洲城市社会政策有太多共同之处,而"社会城市"计划这个曾被当作是包治当下大都市百病的万灵丹,如今却日益表现为被美国式的地方社区观念所渗透。与 20 世纪的德国城市政策相反,美国观念的目的是平衡生活条件及消除社会空间差异,但如果这些理想"本质上不美国,即与美国的民主思想(即自治权和行政自治)背道而驰"①,那么它们在美国就会被认为是没必要的。

从本质上来说,新的地方社会计划意味着脱离社会政策的空间同质化概念。早在 20 世纪 80 年代,在其他领域就已开启了这一进程,当时内在潜力与地方多样性已被发现是促进地方竞争的有效资源,随后也构成了一种新兴现象。目前这一转变的主要依据并不是基础设施在城市空间中的平等分配,而是一种对社区发展计划的强调,辨别不同的需求,并组织地方层面的公民活动。"社会城市"计划所追求的子社区单元标准理想是一种由公民运作的"自治社区",它要求尽可能减少国家干预与支出。② 该计划对地方社区重要性的强调并激发地方资助资源的意图显而易见:非政府的团结模式似乎正在取代阿兰·利皮茨(Alain Lipietz)所说的福特主义"具有行政特色的团结"——这是德国城市市政特色的一大特点,并因其强制性说教成分而尤其遭到左翼党(the Left)穷追猛打,③尤其重要的是,"社会城市"计划包罗万象,从补贴住房私有化到鼓励弱势公民自力更生利用资源,而这些都说明它与国家保障体系的差异;而在 20 世纪多数时间里,都是由"社会城市"模式为"广大人民群众"提供福利。

这些被构思出来拯救"德国城市"模式的计划的矛盾性在于,它们被认为是具有社会包容性的,但似乎又已受到美国模式潜移默化影响。一方面,这些计划以支撑新自由主义的放松管制和私有化为基础,并试图建立一种社会"可持续发展的新自由主义"类型,由国家赋予公民开展自助活动的权利取代国家

---

① 丽塔·施奈德-斯里瓦(Rita Schneider-Sliwa),《美国的核心城市与复兴模式:私有化、公私合作伙伴振兴政策与亚特兰大的社会空间进程》(*Kernstadt und Modelle der Erneuerung in den USA:Privatism,Public-Private Partnerships Revitalisierungspolitik und sozialräumliche Prozesse in Atlanta*),柏林:D. 赖默尔 1996 年版,第 30 页。

② ARGEBAU,《社区"社会城市"倡议组织指南》(*Leitfaden zur Ausgestaltung der Gemeinschaftsinitiative "Soziale Stadt"*),柏林:迪福 2000 年版。

③ 阿兰·利皮茨,《迈向新经济秩序:后福特主义、生态与民主》(*Towards a New Ecnomic Order:Postfordism,Ecology,and Democracy*),英国牛津和纽约:牛津大学出版社 1992 年版。

规定,但这种方法往往采取压迫性而非支持性的处理手段。① 另一方面,它们强调地方需求,自我调节社区,以及社区团结,所有这些因素都接近于美国式的地方社区构成的概念,同时也是为解放地方社会政策模式开辟了道路,这种为现代德国社会民主城市所支配的地方社会政策模式即家长式的社会融合模式,它起源于 20 世纪 20 年代,至今仍堪称典范。

---

① 参见约阿希姆·希尔施(Joachim Hirsch),《有时亡灵才活得更久:通往可持续发展的新自由主义之路》("Tote leben manchmal länger. Auf dem Weg zu einem nachhaltigen Neoliberalismus"),载《新自由主义的终结?》(*Das Ende des Neoliberalismus*),约阿希姆·比绍夫(Joachim Bischoff)等编,汉堡:VSA1998 年版,第 216—224 页。

4. "野生烧烤"：柏林蒂尔加滕公园里的城市公民与跨国政治

贝蒂娜·施特策

　　沿施普雷河堤岸步行便可抵达柏林最大的绿地——蒂尔加滕公园的边缘地带。① 但当你在炎炎夏日走近公园草坪，会闻到浓郁的烧烤鸡肉、羊肉或牛肉香，煮开的茶水味，还有美妙的烟草味。许多柏林人，特别是土耳其移民家庭，将他们的生活和家庭延伸进蒂尔加滕公园。全家老小聚集于此，野餐垫、椅子、厨桌、吊床、祷告毯、茶壶，最重要的是一架小小的烧烤炉，统统在草地上铺开。再往前几步，你便会发现枝丫间升腾起一层袅袅薄烟。(图4.1)

　　这种火焰、烟雾与气味的混合引发许多柏林人的注意已有二十个年头，但自从2011年的那场激烈争论后，这种现象正逐渐从公园景观中消失。对于一部分人而言，烧烤提供了一处令人愉悦的场所——与家人和朋友共同度过快乐的午后时光。但对其他人来说，它却是对备受柏林人爱护、制造新鲜空气的"绿肺"的侮辱。自20世纪90年代以来，烧烤深深伤害了德国人的感情。考虑到它对环境构成的污染，城市绿化局开始密切监控"野生烧烤"(*wildes*

---

① 蒂尔加滕公园(Tiergarten，德语原意为"动物园")不仅是柏林市中心规模最大的绿地空间，还是重新统一后首都城市形成文化与政治认同的主要场所。起初它是霍亨索伦家族的皇家狩猎场，19世纪早期作为公共公园对外开放，并由彼得·约瑟夫·林奈(Peter Joseph Lenné)设计园内景观。林奈还设计了位于公园东南角的动物园，于1844年开放。在经过第二次世界大战的盟军空袭和战后大肆砍伐树木作为柴火之用后，于20世纪50年代重新修复，但公园的这一名称同时也是西柏林一个行政区的名字。蒂尔加滕公园长期以来都是一处重要的文化纪念场所。胜利柱(Siegessäule，1939年被希特勒的御用建筑师阿尔伯特·施佩尔从国会大厦的西侧移至公园的中心)是为纪念在俾斯麦领导下的统一战争胜利而竖立的圆柱。东面是1894年建造，用于容纳帝国议会的国会大厦，如今它是联邦议会所在地。新的联邦总理府则位于东北角；而德国总统官邸，即美景宫，则位于公园内。

74

图 4.1 柏林蒂尔加滕公园的"野生烧烤"（*wildes Grillen*）

来源：*Photo courtesy of Bettina Stoetzer*，2011.

Grillen）及其残留物，如大量垃圾、烟雾和难闻的气味。城市措施尤其针对土耳其移民：如今，在柏林大部分公园内（特别是坐落于移民街区的那些）进行烧烤都是违法的；但同时，城市仍在一部分指定的公园内开辟出专门的烧烤区域。最近，即 2011 年秋，柏林米特区行政当局将禁止在蒂尔加滕公园烧烤再次纳入政治议程，直接禁止令自 2012 年起生效。虽然新增了一些公园烧烤区域，如滕帕霍夫费尔德公园①，但许多人仍主张其他公园也要禁止烤肉。② 不过，这些控制烧烤活动的措施不仅遭到柏林烧烤爱好者的抵制，它还在合理使用公共空间、保护城市"自然景观"与限制"多元文化主义"方面引发全国性乃至

① 滕帕霍夫费尔德公园（Tempelhofer Feld）是位于柏林南面的城市公园和开放空间。其前身为 1923 年启用的柏林滕帕霍夫机场。——译者注

② 参见内勒·帕施（Nele Pasch），《过于拥挤的场所》（"Viel Gedränge um wenig Platz"），《每日镜报》（*Tagesspiegel*），2013 年 5 月 5 日。

跨国争议。

　　为什么烧烤会变成充满争议的有趣对象？为了回答这个问题，我将利用2007—2012 年对蒂尔加滕公园和当地其他绿地进行田野调查时所整理的民族志材料，这也是我有关柏林自然景观、公民身份与城市生活的大部头写作计划的一部分。[①] 借助这项研究，我在本文中将烧烤（及其物质痕迹）作为一项边界实践进行调查。具体来说，我认为烧烤具备种族意义，援引霍布斯鲍姆所言，它是一种"被发明的传统"，标记着领地与身体，并重新确定跨越边界的城市公民身份。[②] 在追踪当地媒体和公共政策对蒂尔加滕公园烧烤活动反应的过程中，我首先要分析的是"格格不入"的身体与实践的观念（以及由此引发德国当前有关国家和移民的讨论）是如何成为影响合理使用的城市公园的论据。不过，如果我们超越蒂尔加滕公园的范围，就会开始察觉到一点，即烧烤并不仅是一种差异性的标志，它还是在整个欧洲范围内重塑城市公民意识的典型实践。这就需要关注事涉绿地"居民"的移民策略及个中的跨国意义。因此在第二部分中，我将联系土耳其野餐爱好者对"野生烧烤"的观点，展示烧烤是如何构成一个呼吸的空间，并超越移民日常生活的空间间隔的。烧烤还衍生出跨越国界的争论，因此，我在第三部分加入了最近伊斯坦布尔有关烧烤和野餐的争论。这些位于欧洲边缘地区的争论是国际社会对现有移民问题焦虑不堪的回应，也清晰地揭示出围绕城市公民身份与穆斯林移民在当代欧洲城市中所扮演角色等更宏观的问题。

75

① 2007 年 7 月至 2008 年 9 月，我在柏林开展实地调研，并从那时起开启后续研究。本文还立足2007 年和 2008 年两次前往伊斯坦布尔的考察之旅。此项研究得到了温纳—格伦基金会、ALSM/Mellon 基金会——这是加州大学校长设立的博士论文写作奖学金、加州大学圣科克鲁兹分校和芝加哥大学的支持。我特别感谢丽莎·罗费尔（Lisa Rofel）、安娜·程（Anna Tsing）、马克·安德森（Mark Anderson）、詹姆斯·克利福德（James Clifford）、多娜·哈拉维（Donna Haraway）、阿维娃·西内尔沃（Aviva Sinervo）、安娜·希金斯（Anna Higgins）和约翰·马洛维茨（John Marlovıts）为本文提供不同意见。丹尼尔·克拉夫特（Danial Kraft）和塞拉·努尔·萨勒达赖利（Serra Nur Saridereli）协助进行图书馆查询和翻译。
② 我在这里使用的是与安德鲁·瓦纳斯（Andrew Warnes）所讨论的埃里克·霍布斯鲍姆的"传统的发明"概念，用来说明不同群体均声明烧烤是一种长期存在的传统。参见瓦纳斯，《未开化的烧烤——种族、文化与美国"第一食物"的发明》（Savage Barbecue. Race, Culture, and the Invention of America's First Food），佐治亚州雅典和英国伦敦：佐治亚大学出版社 2008 年版；以及霍布斯鲍姆和特伦斯·兰杰（Terence Ranger）编，《传统的发明》，纽约和英国剑桥：剑桥大学出版社 1983 年版。

烧烤之城柏林

20世纪90年代,烧烤开始出现在柏林的政治舞台上。东西两德刚刚统一才没几个年头,蒂尔加滕公园就不再处于柏林墙的阴影之下,而是成为城市的新中心,作为城市对外展示的公园与柏林的"绿肺"日益受瞩目。因此许多政治家与政府官员四处游说,要求遏制过度烧烤,理由是土耳其烧烤爱好者们不断取代德国公民占领公园。^① 1997年,经过柏林市政当局旷日持久的争论后,城市绿化局禁止在柏林公园内进行烧烤——指定"烧烤区"(Grillgebiete)除外。随后许多公园——尤其是那些位于移民聚居区如新科伦、维丁的公园——完全禁止烧烤。^② 为此城市还发布了首张绘制出仍允许烧烤的城市区域的"烧烤地图"。^③

这一规定引起烧烤爱好者不同程度的迁移,尤其是从原西柏林的移民区转战东部城区,因为那里的一些公园还允许烧烤。^④ 而在蒂尔加滕公园,美景宫前的部分草坪成为柏林保留下来的16处"烧烤区"之一,全城的烧烤爱好者们都聚集在这里,享受周末时光。因此围绕烧烤的争议不仅没有解决,更引发地方和全国性的争论。90年代末,柏林的保守派市长埃伯哈德·迪普根(Eberhard Diepgen)曾给他的党内友人兼公园烧烤活动的反对者福尔克尔·利佩尔特(Volker Liepelt)送去一份生日礼物:一台电烤炉。在生日贺卡上他写道:"福尔克尔·利佩尔特的抵抗动摇了大众的户外烧烤热情。和基民盟党员一起投票支持在家烧烤吧!"^⑤21世纪初,要求新设"烧烤警察"阻止任何在

---

① 斯特凡妮·弗拉姆(Stefanie Flamm),《羊腿事件》("Die Affäre Hammelbein"),《时代》(Die Zeit)第35期,2009年8月20日。

② 克罗伊茨贝格的格尔利茨公园是少数位于前西柏林移民区内、允许烧烤但未引发争议的公园。

③ 城市发展管理局(Senatsverwaltung für Stadtentwicklung, SenStadt),《柏林烧烤》("Grillen in Berlin"),手册,柏林2004年版。有关柏林允许烧烤的公园更新清单参见:http://www.stadtentwicklung.berlin.de/umwelt/stadtgruen/gruenanlagen/de/nutzungsmoeglichkeiten/grillen/de/hier.shtml(2013年7月24日访问)。由作者翻译。

④ 例如,在夏季的周末,许多烧烤爱好者会背着背包,推着满载烧烤工具的手推车,从前西柏林一个聚集大量穆斯林移民的行政区维丁(那里完全禁止烧烤)前往位于东柏林的烧烤区,例如后统一时代的柏林墙公园。

⑤ 克里斯蒂娜·里希特(Christine Richter),《利佩尔特为烧烤感到欣喜》("Liepelt freut sich über den Grill"),《柏林报》(Berliner Zeitung),1999年8月7日。

指定区域以外的"野生烧烤"的建议不断增多。[①] 2004 年，城市发展局发布了一份用德、英、土耳其、阿拉伯、俄五种语言编制的《烧烤指南》，就如何在柏林"尽兴"烧烤规定如下：仅允许在特别指定区域进行烧烤；自带烤炉和煤炭；不得收集树枝；不得在树下架设烤炉；不得烧烤任何不适合您家炉架的食物（不得烧烤整只死动物！）；不得在地上烧火；结束后熄灭火焰；将垃圾打包后回收，因为它们会吸引乌鸦和老鼠。[②]

其他建议还包括收取 5 欧元烧烤费，或面向热心市民开辟"脏乱差角落热线"以举报公园内的乱扔垃圾区域。[③] 随着市政府削减服务和财政资源，一些人要求提供私人清洁服务；而另一些人则将东西丢在原地，好奇把垃圾留在公园里会发生什么情况。为了掌握公众情绪，几家地方和国家报纸发起了有关是否应禁止和规范在柏林公园内进行烧烤活动的民意调查。[④] 经过旷日持久的争论，柏林米特区政府最终决定从 2012 年起禁止在蒂尔加滕公园烧烤肉类。由于野餐爱好者在禁令启动最初的几个月里并不遵守新的规则，该区引入一个特别工作组对公园内的"野生烧烤"进行巡查，并在必要情况下收取高额罚金。[⑤] 这样一来，至 2013 年时，烧烤的喷香气味逐渐从公园中消散。但如今由于众多野餐爱好者转战其他公园，又再度引发人们对烟雾、气味和过度拥挤的担忧。于是，在其他公园也出现了要求禁止烧烤的呼声。[⑥]

但这些规范烧烤活动的持续努力，并非全然没有受到挑战：诸如社民党和基民盟的本地党员就反复争辩政策限制变得越来越多，移民团体如"土耳其联盟"和一些社民党党员，也包括绿党、左翼党成员，以及一些旅游组织也对此

76

---

① 马克·内勒 (Marc Neller)，《部分城区狭长地带用炭过多——公园烧烤季揭开破纪录的高温与垃圾山序幕，维持秩序的部门尚不到位》("Zu viel Kohle für die paar Kiezstreifen. Die Grillsaison in den Parks hat mit Rekordhitze und Rekordmüllbergen begonnen. Die Ordnungsdienst sind dem nicht gewachsen")，《每日镜报》，2005 年 5 月 31 日。

② 城市发展管理局，《柏林烧烤》。

③ 弗拉姆，《羊腿事件》。

④ 克里斯托弗·斯特洛斯基 (Christoph Stollowsky)，《是否应禁止在蒂尔加滕公园烧烤？》("Soll Grillen im Tiergarten verboten warden?")，《柏林报》，2011 年 4 月 24 日；以及德里亚·厄兹坎 (Derya Özkan)，《空间的滥用价值——空间实践与伊斯坦布尔的空间生产》("The Misuse Value of Space Spatial. Practices and the Production of Space in Istanbul")，2008 年罗切斯特大学博士论文。

⑤ 内勒·帕施，《过于拥挤的场所》。

⑥ 同上。

表示强烈反对。① 事实上,一部分人将烧烤视为柏林多元文化的一个标志。2003 年,德国总统约翰内斯·劳(Johannes Rau)就为柏林公园内的烧烤活动辩护,认为这是居住在德国的土耳其人的"文化权利"。无独有偶,社民党党员埃弗拉伊姆·戈特(Ephraim Gothe)也将烧烤称为"生活融合"的象征。② 除此之外,绿党在强调多元文化和社会融合的维度下一再反对禁止烧烤,支持设立建议在烧烤时自觉保护环境的标识。③

还有一些人则把烧烤作为一种文化自豪感的表达。类似《自由报》(*Hürriyet*)这样在德国发行特刊的土耳其报纸已宣布烧烤是土耳其文化传统的一部分。④这些报道也常常以他们独特的方式出现在德语报刊上:强调大多数热衷烧烤的人士是土耳其移民。其明确提出,土耳其人是如何"热爱肉类,在整个世界民族之林中,土耳其人也是烧烤世界冠军"⑤。奇怪的是,对这场辩论的各方来说,烧烤已经成为一个与特定族群——土耳其移民相连的"文化"事件。如果浏览一番地方和国家媒体上的各类报道也不难证实这一点:"烧烤区"以一种特殊的文化领地的形式出现,而在这片领地上,土耳其人接管了德国人的地盘。

蒂尔加滕公园:"化外之地"

在公众和媒体的讨论中,烧烤的物质痕迹——火灾、烟雾、肉类和垃圾——引发了人们对污染和违法的忧虑。"烧烤区"成为毫无节制、粗俗的消费场所,并且与环保主义的原则相悖,这是一个失去了国家控制的空间。蒂尔

---

① 乌韦·奥利希(Uwe Aulich)和保罗·艾茨尔(Paul Eitzel),《蒂尔加滕公园的烧烤禁令》("Grillverbot im Tiergarten"),《柏林报》,2011 年 10 月 14 日;以及亚历山大·布德维克(Alexander Budweg)和拉尔夫·舍内鲍尔(Ralf Schönball),《蒂尔加滕公园烧烤禁令割裂城市》("Grillverbot im Tiergarten entzweit die Stadt"),《每日镜报》,2011 年 11 月 18 日。

② 弗拉姆,《羊腿事件》。

③ 例如可参考卡特琳·朗格(Katrin Lange),《米特区通过蒂尔加滕公园烧烤禁令》("Mitte beschliesst Grillverbot im Tiergarten"),《柏林报》,2011 年 11 月 18 日,以及 http://gruene-berlin. de/mitte/archiv/papiere/mai/grill2. html(2012 年 3 月 12 日访问)。

④ 苏莱曼·塞尔丘克(Süleyman Selçuk),《绿党候选人为土耳其人举办了一场斑马烧烤会》("Yesil aday, Türklere davullu zurnalı mangal partisi verdi"),《自由报》,2002 年 8 月 28 日。

⑤ 苏赞·居尔法拉特(Suzan Gulfirat),《"我们是烧烤世界冠军"——土耳其报刊如何报道蒂尔加滕公园的烟雾》("'Wir sind die Grillweltmeister'. Wie türkische Blätter über die Rauchschwaden im Tiergarten berichten"),《每日镜报》,2005 年 5 月 30 日。

加滕公园和其他公园被蓝色垃圾袋和无休无止的烟云覆盖，由此证明了土耳其移民的"融入失败"。许多新闻报道都提到烟雾笼罩在公园上方，并可能构成对柏林"绿肺"的威胁："数百人蹲踞在这片区域内；到处升腾着黑色或白色的浓烟。"①有关烤鸡翅、烤羊腿、肉丸子和大蒜等刺激性气味的报道与日俱增。烧焦的草坪与燃烧的垃圾桶带来了仿佛公园被烧毁的感觉。媒体上充斥着土耳其移民蹲在草坪上，脸被烟雾遮挡的画面。

不仅是公园，还包括紧邻蒂尔加滕公园的几个区都被认为存在因过度烧烤导致烟尘污染的风险。"蒂尔加滕属于所有人，"一名记者在一篇当地新闻报道中这样写道，"但如果蒂尔加滕继续被人如此肆无忌惮地蹂躏，那么附近地区的居民将很快因为烟雾而窒息死亡。"②在这些城市噩梦般的景象中，烟雾充满了整座城市和它经过整齐规划的自然空间。它是火灾的前兆，有可能打破秩序与混乱、文明与野蛮、自然与社会的界线。由于它象征着混乱而成为国家控制的目标，外国人和边缘人要对此负责。③

除烟雾和火灾之外，媒体报道中还充斥着垃圾的画面。"蒂尔加滕的烧烤问题是一个垃圾问题……在一个美好的周末，仅蒂尔加滕就回收了超过 20 吨垃圾。"④据当地政客介绍，蒂尔加滕这座城市展示公园，光回收垃圾就要花上很长时间。其他人则在很久之前就放弃了柏林的这一区域，他们声称那些烧烤爱好者是危险分子。⑤ 因此，"烧烤问题"被定义为一场城市反对生产垃圾

77

---

① 托马斯·菲林(Thomas Fülling)，《蒂尔加滕公园的垃圾——被忽视的和被侮辱的：烧烤巡逻队在路上》("Müll im Tiergarten. Ignoriert und angepöbelt：Mit der Grill-Streife unterwegs")，《柏林晨邮》(Berliner Morgenpost)，2011 年 10 月 11 日。

② 玛丽安娜·利特纳(Marianne Rittner)，《烧烤禁令继续保留》("Grillverbot bleibt bestehen")，《柏林晨邮》，2008 年 6 月 10 日。

③ 加斯顿·巴彻拉德(Gaston Bachelard)，《火灾的心理分析》(The Psychoanalysis of Fire)，马萨诸塞的波士顿：比科恩出版社 1964 年版，第 10 页；亦可参见安德鲁·马修(Andrew Mathews)，《抑制火灾与记忆：哈瓦卡州塞华雷斯的环境退化与政治修复(1887—2001)》("Suppressing Fire and Memory：Enviromental Degradation and Political Restoration in the Sierra Juàrez of Oaxaca，1887‐2001")，《环境史》(Environmental History)2003 年第 8 卷第 1 期，第 77—108 页。

④ 《多变天气抑制烧烤兴趣》("Durchwachsenes Wetter mindert die Grill-Lust")，《柏林晨邮》，2009 年 5 月 17 日。

⑤ 布丽吉特·施米曼(Brigitte Schmiemann)和卡特琳·舍尔卡普夫(Katrin Schoelkopf)，《公园里的垃圾——布施科维斯基丢了蒂尔加滕》("Müll in Parks — Buschkowsky gibt Tiergarten verloren")，《柏林晨邮》，2009 年 4 月 15 日。新科伦市市长指出，市政当局对约束烧烤群众无能为力："尽管新科伦的问题并不严重，但也别无选择。你甚至要考虑到把四个区域管办公室的人送去一片有数千烧烤爱好者的草坪。他们会被暴揍一顿。"

的野蛮移民的战斗："每周一，蒂尔加滕的烧烤草坪看上去就像一个战场。城市将移民们的垃圾清除干净。但冲突仍在持续酝酿中。"①

正如许多分析人士所指出的那样，垃圾往往具备种族意义，它在有关城市发展的争论中是一种强烈象征"混乱与威胁社区的多元符号"。② 在柏林，热爱烧烤的移民所遗留下的垃圾由市政服务负责清理，意味着这是一种对草坪的践踏和对"天然的"民族共同体凝聚力的威胁——而这是因穆斯林移民而起。此外，正如国家媒体越来越多提到的那样，它还象征着移民未能实现"融和"，他们不仅铺张浪费，还在财政危机和紧缩时期利用国家"慈善机构"。

对血腥场面和不合时宜处理肉类故事的描述，为柏林公园紧张状态增添了最后一抹色彩。全国性周刊《时代》（Die Zeit）刊登的一篇专题文章开篇就描绘了一幅尚未开化的野蛮图景。在一个潮湿的周一早晨，整个公园正在缓慢苏醒，树叶上还闪动着露珠，两个身上绘有文身的大汉从灌木丛中拖出一条血淋淋的羊腿——连同大堆的垃圾一起。这是一个再"正常"不过的烧烤周末的遗留物。③ 每个周末，当土耳其移民享受着午后阳光时，他们便会陶醉于烧烤鸡翅、肉丸子和羊腿，甚至还有更糟的——整只动物。而一篇发表在当地报纸《每日镜报》（Die Tagesspiegel）上的文章则报道了土耳其"野生烧烤者"在施普雷河沿岸闲逛、烤羊肉，并且直接在禁止烧烤的标识旁安营扎寨。他们的践踏行径代表了对待城市公共秩序书面规定的粗鲁、脱节和无知态度。④

和烟雾与垃圾一样，不是在家（安全范围），而是在公共场合大肆烧烤肉类，也在这些报道中起到了标记移民差异的作用。这种对肉类的关注，反映出德国及其他国家将某些特定肉类消费视为种族差异标志的悠久历史。⑤ 因

---

① 弗拉姆，《羊腿事件》。

② 史蒂文·格雷戈里（Steven Gregory），《黑色冠冕：城市社区中的种族与地方场所》（Black Corona. Race and the Politics of Place in an Urban Community），新泽西的普林斯顿：普林斯顿大学出版社1998年版，第125页。

③ 弗拉姆，《羊腿事件》。

④ 约恩·哈塞尔曼（Jörn Hasselmann），《烧烤——如今浓浓的烟雾再次穿越蒂尔加滕公园，而城市狭长地带情况也鲜有好转》（"Es ist angegrillt. Jetzt ziehen wieder dichte Rauchschwaden durch den Tiergarten. Doch die Kiezstreifen machen sich rar"），《每日镜报》，2005年5月30日。许多有关烧烤的媒体报道中都将移民看作愚昧无知，并与城市环境脱节。在弗拉姆发表于《时代》上的一篇文章中，一名接受作者采访的土耳其女性，艾谢，据说不懂如何浏览柏林地图，实际上也仅仅知道柏林的两个特定地点——自己家和蒂尔加滕公园。（弗拉姆，《羊腿事件》，2009年）

⑤ 例如在纳粹的种族话语中，虐待动物以及特定的肉类消费成为假设犹太人反社会心态和非雅利安人不尊重自然的观念的象征。参见鲍里亚·萨克斯（Boria Sax），《第三帝国的动物：（转下页）

此,将移民与非人的物质(如肉类)联系在一起,以及所谓他们用烟雾和垃圾污染清新城市自然环境的趋势,最终构成了移民与众不同的标志,他们的行为需要管束。但更重要的是,这些肉食者本身也表现得宛如动物一般,仿佛失去控制的食肉野兽,而这也讽刺性地呈现出蒂尔加滕作为一座动物园的原初意义,这里曾经栖息着诸如狐狸、鹿和野猪一类的"野生动物",是勃兰登堡选侯的猎物。正是在这样一种脱节且失控的意义上,蒂尔加滕被认为是一块无法无天的荒蛮之地——一个化外之民的空间。在城市环境中被视为"荒野","烧烤区"因此成为"贫民窟"及问题街区的延伸,这一想象在过去的二十年中支配着有关德国城市移民,尤其是在柏林的移民的公共辩论。① 鉴于贫民窟或问题街区被转译为一种代表差异与犯罪危险的种族主义话语,"烧烤区"被认为是宁静平和的城市环境中的一处"化外之地",因此成为移民缺乏城市与环境文明素养的标志。

〔78〕

种种城市荒野的比喻常常是对特定的城市居民的贬损,并被用来"证明以文明的力量遏制少数'未开化'内城居民的做法是合理的"②。类似地,在柏林,有关蛮荒之地与遭破坏的城市自然环境也被当作是象征文化他者的移民身份符号,由此也体现出它的种族化特征。正如乌利·林克(Uli Linke)在她

(接上页)宠物、替罪羊与大屠杀》(*Animals in the Third Reich: Pets, Scapegoats, and the Holocaust*),纽约和英国伦敦:连续区 2000 年版。从历史来看,有关"未开化"的肉食行为幻想,包括烧烤肉类和吃人,在殖民话语中广为流传,至于(通常是被想象出来的)吃人问题则在例证非西方人类原始性方面扮演了重要角色,以此证明殖民行动的合理性。参见瓦纳斯,《未开化的烧烤》。

① 正如观察家所指出的那样,德国媒体一直将移民人口占比很高的街区描绘成"民族飞地","问题社区",或"温床",主要是有可能滑入"隔都"和平行社会的"土耳其人空间"。可参考数不胜数的美国黑人隔离区和经历 2005 年巴黎边缘地区骚乱之后的法国郊区。这些事件一致表明,移民空间被想象为危险的他者空间。作为物质环境和空间隐喻,这些邻里社区因此成为一成不变的差异与种族化标志。参见艾谢·恰拉尔(Ayşe Çaglar),《柏林空间中的约束性隐喻与跨国主义》("Constraining Metaphors and the Transnationalization of Spaces in Berlin"),《民族与移民研究期刊》(*Journal of Ethnic and Migrantion Studies*)2001 年第 27 卷第 4 期,第 601—613 页;斯特凡·兰茨,《柏林重新融合:西方——多元文化——世界主义——一座移民城市的政治结构》,比勒费尔德:特兰希克里普特 2007 年版;鲁特·曼德尔(Ruth Mandel),《世界性焦虑:土耳其人对德国公民身份与归属的挑战》(*Cosmopolitan Anxieties: Turkish Challengesto Citizenship and Belonging in Germany*),北卡罗来纳的达勒姆:杜克大学出版社 2008 年版。

② 迈克·班尼特(Michael Bennett)和大卫·蒂格(David Teague)编,《城市的性质:生态批评与城市环境》(*The Nature of Cities: Ecocriticism and Urban Environments*),亚利桑那的图森:亚利桑那大学出版社 1999 年版,第 6 页;以及安德鲁·罗斯(Andrew Ross),《城市生态学的社会主张》("The Social Claim on Urban Ecology"),同上书,第 15—30 页。

有关战后德国种族及其表现的论文中所提示我们的那样，德国的种族意识形态有着更为久远的谱系，它所区分的不仅是身体，还有景观。事实上，在特定的自然与城市景观中，不同的身体所处的位置在贯穿整个德国历史的白人至上与民族认同建构中发挥关键作用——这在纳粹的身份想象中广为流传，它将自然和民族与人类身体、对鲜血的理解及公共空间联系在一起。因此，借由林克的理论，我们可以认为，"身体空间与公共空间"在当代有关柏林公园烧烤问题的争论中将继续相互交织。[1]

作为呼吸空间的蒂尔加滕公园

正如我所展示的那样，在许多公共争论中，烧烤激起一种包含了厌恶与渴望的情绪。那么从烧烤者的角度来看，烧烤又是什么样的？我在柏林的公园和绿地开展田野调查期间，得以体会到许多不同的并且是截然相反的意义，也就是说，经常去蒂尔加滕公园的土耳其移民喜欢烧烤。有人着重强调烧烤是一种文化自豪感的表现，其他人则将它归结为一种怀旧情愫。还有人把公园烧烤当成一种追求自由的实践，打破了柏林日常生活中其他隔离。

一个周日下午，我跟厄兹居尔还有他的家人好友一起在蒂尔加滕野餐。他一边心情愉悦地摆弄餐具、生火、处理油腻的肉类，一边回忆在土耳其海滩上户外烧烤的日子。20 世纪 60 年代，厄兹居尔一家从安纳托利亚的一个小村庄迁居伊斯坦布尔；70 年代中期，他和姐姐又一起搬到了柏林，最终找到一份为本地一家德国公司开叉车的司机工作。两德统一后的 90 年代，厄兹居尔丢了工作，度过了一段失业的时光，如今他四处打零工，努力维持生计。但与他目前在德国相当不稳定的工作环境形成对比的是，他兴奋地回忆着自己和家人住在土耳其或是去那里探访他们的时光。而在这些记忆中，烧烤几乎占据着整个怀旧空间。

---

① 乌利·林克，《白人公共空间的构成：种族美学、身份政治与国家》（"Formations of White Public Space: Racial Aesthetics, Body Politics and the Nation"），《变迁人类学》（*Transforming Anthropology*）1999 年第 8 卷第 1 期，第 129—161 页，第 129 页；亦可参见林克，《德国人的身体：希特勒之后的种族及其表现》（*German Bodies: Race and Representation after Hitler*），纽约和英国伦敦：劳特利奇 1999 年版。

"去海边和乡间户外烧烤，就不用在家做饭了。"他这样告诉我。夏天在伊斯坦布尔度假时，他们家和他认识的许多其他家庭都会在自家汽车的后备箱里放上一个烤炉，而且不会错过任何去往城市郊外野餐的机会。他跟我解释说，这就是为什么烧烤是一种"土耳其传统"的原因，也是土耳其人好客的一种表现。如果有人加入你的野餐，即使他们是陌生人，你也同样会为他们提供食物。从这个角度来说，在露天烹饪肉类，团坐在地上一整天，所有这一切都是娱乐活动——并且它们也更健康。不过厄兹居尔在强调烧烤的"健康益处"之余，也表达出对远离城市的简单生活的怀念，渴望在户外冒险和逃离。烧烤对他而言，往昔岁月被重新点燃，它唤起了他对身在土耳其的日子以及与家人朋友在乡村烧烤的记忆。

但对于许多野餐者来说，烧烤唤起的情感超越了怀旧之情。对于我访谈的几名土耳其移民来说，烧烤既不关乎怀恋过去，也不牵扯污染城市。相反，它为当下创造出一个呼吸的空间——一处可以从城市日常生活中抽身休憩一番的空间。用厄兹居尔的朋友卡迈勒的话来说，柏林的空气常常令人窒息。它有时给人的感觉仿佛一座现代化的监狱，拥有无形的边界；因为你的日常生活是分裂的：在工作中，你不得不伪装成一个德国人，但在家里，你是个土耳其人。而当你走在街上，你又会被忽视，或者干脆被当成一个外国人。相比之下，"在公园里，可以呼吸"，他向我指出，"这里的空气良好，不像在家里整天对着电视机或是去上班那样。所以在公园里烧烤，东西尝起来并不一样了，口感好太多。哪怕在家烧烤，那滋味都跟在公园截然不同"。从这个意义上来说，公园的公共领域和它的"新鲜空气"带来更绝妙的口感和香气，因为烧烤营造出一种自由的感觉，一个呼吸的空间。当野餐者们在公园烧烤时，他们拒绝像在家里那样烧烤肉类，而是把它们放置于公共区域——这不仅超脱了城市生活与大众消费的规范准则，也将日常生活分成两个世界——土耳其人的家园世界与德国人的工作世界[①]，以及德国"本土"环境与移民空间。

---

① 正如鲁特·曼德尔所指出的那样，对于许多流亡者来说，清真食品标准——尤其涉及肉类消费时——已成为避免在德国遭受"道德污染"的重大问题。饮食上的癖好与在公共场合消费肉类不仅构成一种抵抗并在柏林获取民族自豪感的象征，还是克服建立于日常生活排斥基础上的城市"污染"的策略。参见曼德尔，《自己的位置：柏林移民社区地位的竞争与定义》["A Place（转下页）

此外，与媒体所强调的移民忽视城市环境的无知形象形成对比的是，对于我的许多受访者而言，蒂尔加滕公园是他们了解这座城市的关键参照点。在野餐爱好者看来，蒂尔加滕的"烧烤区"并不是污染和混乱的狭隘空间，而是人们可以呼吸的空间，也是能够超越土耳其人只是外国人的民族话语的地方。因此，烧烤的吸引力并不令限于它勾勒出开化的欧洲人自我与穆斯林他者之间的差异。许多德国土耳其人及土耳其移民在 60 至 70 年代迁居德国，在两德统一后不同程度面对失业困扰，对于这些为了未来不断挣扎的人来说，烧烤创造了一个开放的空间，一个怀疑未来的空间，日常生活中看似牢不可破的分界线也在这里被打破。在这方面，烧烤还有人们与它有关的故事，可以被解读为一种对社会分化日益扩大的回应，以及对移民"贫民窟"和"问题街区"（*Problemkiez*）令人不快的隐喻——如今这一隐喻充斥于有关德国城市空间的媒体及公共讨论已超过十年之久。

烧烤之城伊斯坦布尔

自柏林公园烤架上飘散出的烟味也从另一个角度超越了想象共同体的界限：它激发出了超越柏林和德国的想象。事实上，伊斯坦布尔，这座前不久因 2013 年在塔克西的盖奇公园抗议活动而引发激烈争论公共空间使用问题的城市，同样存在自己的烧烤争论。博斯普鲁斯海峡是亚洲与欧洲的地理分界线。在它的一侧是公园和公共沙滩。正是这里，成了阶级分化争议的靶子，并被追问什么才是欧洲与现代文明的意义。和柏林一样，伊斯坦布尔对于众多类似卡迈勒家和厄兹居尔家这样的土耳其家庭而言，既是终点站，也是中转站。因此，加入伊斯坦布尔的辩论可以洞察更大的政治背景：在新欧洲的背景下，尤其面对穆斯林移民欧洲和土耳其融入欧盟可能，以及在全球大都市核

（接上页）of Their Own: Contesting and Defining Places in Berlin's Migrant Community"]，《在北美和欧洲制造穆斯林空间》（*Making Muslim Space in North America and Europe*），芭芭拉·梅特卡夫（Barbara Metcalf）编，伯克利/加州洛杉矶：加州大学出版社 1996 年版，第 147—166 页；亦可参见詹妮弗·沃尔西（Jennifer Wolch）、亚历克·布朗洛（Alec Brownlow）和尤娜·拉西特（Unna Lassiter），《建构洛杉矶内城的动物世界》（"Constructing the Animal Worlds of Inner-City Los Angeles"），《动物空间、野生环境：人与动物关系的新地理学》（*New Geographies of Human-Animal Relations*），克里斯·菲洛（Chris Philo）和克里斯·韦尔伯特（Chris Wilbert）编，纽约和英国伦敦：劳特利奇 2000 年版，第 71—79 页。

心区中的公共空间日益私有化，如何维护和重新界定城市公民？

　　当你进入博斯普鲁斯海峡，从巴克尔柯伊沿着马尔马拉海到达金角湾 (Golden Horn)，会途经一段很长的绿地。这些绿地是清理和"绿化"金角湾修复项目的一部分，建于 20 世纪 90 年代。这是一片补丁状的草坪，挤在海水与繁忙的道路之间。乔木和灌木在夏季为人们带来弥足珍贵的树荫，这些公园也是通往非私家水域的唯一通道与开放空间。[①] 许多来这里的草坪野餐或烧烤的家庭，都是来自安纳托利亚的移民，其中许多人在柏林有亲戚。当这些家庭初抵伊斯坦布尔时，他们往往居住在所谓的"*gecekondular*"（可译为"棚户"——译者注）里——这种住房以伊斯坦布尔的移民村庄、少数民族聚集区或贫民窟进入土耳其的民族主义想象之中。[②] 和柏林的景象一样，现在这些家庭带着吊床、桌布、毯子、草坪椅、婴儿车或自行车，最重要的是还有一个烧烤炉来到伊斯坦布尔的公园。不同代际的当地居民或坐在草地上，或躺在阴凉处，吃吃喝喝，闲聊，玩西洋双陆棋，喝茶。菜单从西红柿黄瓜色拉、面包、"*köfte*"（碎肉丸子）、"*kebab*"（烤肉串）、炸茄子、辣椒，到西瓜或简单的葵花籽零食。当草坪变得拥挤，人们便会围着烤炉，拥挤在靠近道路或停车场的小块草坪上。夏季，随着气温的升高，高温混杂着烧烤的热烟，水面则吹拂阵阵微风。

　　出于对环境污染、烟雾、火灾和清扫问题的担忧，在这座城市大部分地方，

① 德尼兹·格克蒂尔克（Deniz Göktürk）、莱文特·索伊萨尔（Levent Soysal）和伊佩克·蒂雷利（İpak Türeli）编，《定位伊斯坦布尔：欧洲文化之都？》(*Orienting Istanbul：Cultural Capital of Europe*)，纽约和英国伦敦：劳特利奇 2010 年版，第 16 页。由于沿海岸的房地产价格非常高，属于上层阶级的居民或政府当局倾向于获取使用沿海地产的优先权：参见厄兹坎，《空间的滥用价值》，第 128 页。

② 有关"gecekondular"历史的讨论，参见奥尔汗·埃森（Orhan Esen），《向伊斯坦布尔学习——伊斯坦布尔城：物质生产和争论的产生》("Learning from Istanbul. Die Stadt Istanbul：Materielle Produktion und Produktion des Diskurses")，《自助服务之城：伊斯坦布尔》(*Self Service City：Instanbul*)，埃森和斯特凡·兰茨编，柏林：B_books 2005 年版，第 33—52 页，第 37 页。"gecekondular"是"一夜之间建起来的地方"。它们是在 20 世纪 50 至 60 年代，由农民工在许多土耳其大城市如伊斯坦布尔、安卡拉和伊兹密尔的郊区建起的非法低成本公寓建筑。在一夜之间建起房屋后，贫民（*gecekondu*）家庭就可以利用这样的法律漏洞，即如果有人连夜建起房屋，并在破晓前搬进去，城市就不得拆除该住房。由于当时许多家庭从农业地区迁往城市，贫民区就在许多土耳其城市边缘地区蔓延开来。这些房屋结构简单，通常只有一层，带有院子、树木，还有一小块用于维持生计的田地。这些类似于安纳托利亚村庄的建筑，很快就矗立于庞大的城市之中。

跨国主义与德国城市

包括绿地在内,烧烤都是违法的。① 但你仍可以在城市的任何地方看到野餐

81   和烧烤的人群——多年来这一点也在伊斯坦布尔引发了激烈争论。最近一场
争论因 2005 年 7 月《激进报》(*Radikal*)刊登的一篇文章而起。作者米内·克
勒克卡纳坦(Mine Kırıkkanat)在文中报道了伊斯坦布尔公共空间中日益扩大
的文化分歧。一场城市之旅从伊斯坦布尔国际机场开始,她将这座机场形容
为"欧洲前沿",现代伊斯坦布尔的灯塔,照亮了整个土耳其非阿拉伯式的现代
面貌。相比之下,从机场到城市的旅途则呈现出别样的伊斯坦布尔。沿着通
往历史悠久的市中心的道路行驶,历历在目的是城市落后的一面,棚户区居民
也映入眼帘——野蛮人、"黑色的"伊斯坦布尔,一个巨大的烧烤场景:

> 身穿内衣的男人们躺在草坪上伸懒腰;穿着黑色罩袍或戴着头巾,全
> 身无一例外被包裹住的女人则扇动着烤架,沏茶,轻轻晃动她们的宝
> 宝……这样的风景每隔一平方米就会出现:我们的这些黑人背对背在海
> 边烹煮着肉食。在这里根本不可能遇见任何一个烧烤鱼类的家庭。如果
> 他们热爱吃鱼并且懂得如何正确烹饪的话,他们可能就不会只穿着他们
> 肮脏的白色法兰绒衣裳躺在那里;也不可能在草地上大吃大嚼还打嗝,或
> 许他们也不会是现在这样肥胖,长手长脚,还体毛浓密的样子。②

克勒克卡纳坦给这个场景起了个绰号——"食肉动物的伊斯兰斯坦"。她用诸
如肉类、消费、服饰及合理使用公共空间区分伊斯坦布尔的阶级、种族与区域。
通过抱怨城市贫民使用烤炉、穿着白色内衣(*don*)和头巾占领伊斯坦布尔的
公园和沙滩,作者描绘出一幅富于争议的文化图景。与安纳托利亚的饮食传
统相连的肉类消费(尤其是烤肉串)形成对比的是伊斯坦布尔当地人对鱼类的
偏爱。和柏林的烧烤争议一样,克勒克卡纳坦将在公共领域消费肉类描绘成
一种来自农业地区安纳托利亚的一代或二代移民——伊斯坦布尔的"黑
人"——反城市、不文明的行为,并把他们视为洪水猛兽和不合格的公民。除
此之外,克勒克卡纳坦还指责工人阶级男性所穿的居家长裤与女性穿戴的长
袍是对城市国际化感情的冒犯,从而放大了沙滩装束和头巾背后的文化政治。

---

① 厄兹坎,《空间的滥用价值》,第 128 页。

② 米内·克勒克卡纳坦,《我们很开心》("Halkımız Egleniyor"),《激进报》2005 年 7 月 27 日。

肉食与沙滩装束所包含的阶级与种族内涵也不容忽视。克勒克卡纳坦这样总结道："在炎炎夏日的周日，人们在博斯普鲁斯海峡沿岸甚至碰不到阿拉伯人，只有肉吃多了的埃塞俄比亚人。"①

克勒克卡纳坦的文章引发了激烈的公共争论。许多报纸和《激进报》一样在随后的几个月中大量刊登有关城市贫民"滥用"公园与海滩的故事，而另一些则批评克勒克卡纳坦对于大众的错愕是精英意识，她对"真正的"土耳其（农业）传统的否认令人忍无可忍，这也是对来安纳托利亚农业地区、现居伊斯坦布尔的底层移民的歧视。② 这些观点与克勒克卡纳坦针锋相对，为某些沙滩装束和烧烤背后的"传统"与真伪进行辩护。作家如铁木尔·达纳什（Timur Danis）便赞成穿居家裤（也就是"don"），并指出这是一个人阶级地位与财产的象征，因此应当自豪地穿起来。他的讽刺杂志《莱曼》（Leman）号召组织一场名为"坚持穿你的内衣"的沙滩集会。最终市政府用规范烧烤及在公共海滩穿着居家长裤与佩戴头巾的方式回应了这场辩论。为了契合中产阶级文明休闲与大众消费的"欧洲标准"，很快海滩上出现了巡逻的卫队，以确保海滩爱好者们能够遵守正确穿着现代海边浴场装束的规范。③

和柏林的情况一样，这场争论中立场不同的各方赋予了烧烤（及沙滩装束）不同的意义，由此出现了相互竞争的公民身份定义。在这些对博斯普鲁斯海峡沿岸公园的描述中，烧烤被视为城市贫民文化的真实表现——一种与西方的、欧洲的、资本主义的城市生活和高雅生活方式冲突的文化。围绕野餐和烧烤的想象证明，土耳其和其他地方农村向城市迁移过程中造成了阶级与地域的文化差异。

82

---

① 克勒克卡纳坦，《我们很开心》；亦可参见卡尔·维克（Carl Vick），《在伊斯坦布尔的海滩上，一座被改变的社会工厂：从泳装骚乱看阶级分化》（"On Istanbul's Beaches, an Altered Social Fabric: Class Divisions Seen in Swimsuit Uproar"），《华盛顿邮报》（Washington Post）2005 年 9 月 21 日，第 21 页；以及奥赞·泽伊贝克（Ozan Zeybek），《共和分子游泳：土耳其的现代性与文化》（"Republican Swimming: Modernity and Culture in Turkey"），《不速之客》（Uninvited Guest）2006 年第 42 卷第 10 期。

② 比较埃杰·科贾尔（Ece Koçal），《卡多波斯坦的节日》（"Caddebostan'daşenlikvar"），《晨报》2005 年 7 月 28 日与例如艾哈迈德·哈坎（Ahmet Hakan），《法西斯的勇气》（"Faşistcesareti"），《激进报》2005 年 7 月 29 日，埃尔图鲁尔·厄兹柯克（Ertugrul Özkök），《米内还是艾哈迈德，谁才是对的？》（"Who Is Right? Mine or Ahmet?"），《自由报》2005 年 8 月 3 日。

③ 维克，《在伊斯坦布尔的海滩上》。这里要着重指出的是，尽管主要由穆斯林组成，但现代土耳其仍在 1923 年成立了由穆斯塔法·凯末尔·阿塔图克领导的世俗共和国。凯末尔所设想的现代民族国家是基于法国意义的脱胎于奥斯曼帝国残余的世俗主义。

正如斯特凡·兰茨所指出的那样,这些分歧产生的核心在于两个标志性共同体和两股政治运动在土耳其的裂痕日益加深。自 20 世纪 90 年代以来,文明的"世界公民"与不文明的"农村移民","白色土耳其人"和"黑色土耳其人"(即兰茨所谓的"城市性"和"反城市性")之间的二元对立在公共和学术领域牢牢占据一席之地。[①] 这些形象可以在伊斯坦布尔和柏林有关公共绿地的讨论中被辨识出来:反城市主义者代表了粗鄙且不文明的城市共同体,他们容易感情用事,也不知道如何在公共空间下恰当行事;文明的国际化城市公民则参与资本主义消费,经济独立,在自己的私人地盘上烧烤,并且具有受商业驱动的环保"意识"[②]。在土耳其,这些形象的出现则有着更为广阔的背景,自 20 世纪 80 年代以来,商业利益和新自由主义的发展不断改变城市化的进程,烧烤正是在这方面呼应着公共空间中日益扩大的私有化冲突,它的起点便是开头提到的 2013 年伊斯坦布尔塔克西广场上的盖奇公园的抗议活动。

结论

循着烧烤中的主要构成要素(火与肉)和它的残留(垃圾与烟雾),我追踪了"野生烧烤"在柏林和其他地方激发焦虑和愉悦的不同方式:一方面,正如我所呈现的那样,这是一种由香料的芬芳与慢火烹制的肉类所代表的"文化传统"的魅力。但另一方面,烧烤又激起一种对威胁欧洲城市"文明"秩序的野蛮行径的反感。借由这些矛盾的感受,柏林和伊斯坦布尔的烧烤之战划清了外国人与本地人,合理与不合理的公共消费形式之间的界线,并由此引出有关什么是"现代"与"欧洲"公民的问题。它例证的是一套有关失败的融合与城市化

---

① 正如斯特凡·兰茨所说,由于许多有关伊斯坦布尔城市的公共争论开始呈现城市末日图景,城市与反城市的双重类型便重新流传开来,但这种双重性并不能把握城市日常生活的复杂性。相反,它引起了人们对于现代化和世俗化的恐惧,这些现代化和世俗化在 20 世纪 20 年代凯末尔·阿塔图尔克建立土耳其现代国家,及当代为土耳其加入欧盟铺平道路的现代化努力方面发挥着作用。兰茨,《你在伊斯坦布尔能干成的事,能在任何地方干成。论城市人与反城市人,乡村与都市》("Wenn du es in Istanbul schaffst, schaffst du esüberall. Über Städter und Anti-Städter, Dorf und Metropole"),《自助服务之城:伊斯坦布尔》,埃森和兰茨编,第 55—68 页。

② 在她有关伊斯坦布尔的公共空间的研究中,厄兹坎指出,实际上许多烧烤爱好者挑战的是城市公民、所有权和(非)合法性的概念。她引用了一位公园用户的话:"在这个国家,我们中没有人是合法的……那栋昂贵房子的所有者,也不比我合法到哪儿去。他们洗钱,我们烧烤。"厄兹坎,《空间的滥用价值》,第 134 页。

的话语,这套话语席卷整个欧洲,并视当下在柏林和伊斯坦布尔安家的农业移民为无能的公民与消费者,是"反城市主义者",于是乎他们也成为欧洲城市的内部敌人。[1] 这些人被描述成混乱不堪的他者,被排除在城市公民之外。而这些移民生活的区域,无论是"烧烤区",还是"gecekondu"里的临时住处,抑或新科伦和克罗伊茨贝格的街区,都被当成是告别文明、犯罪丛生的不毛之地与禁忌之所。[2] 这样一幅有关接纳非欧洲移民城市悲惨境遇的种族主义图景,回荡于柏林和博斯普鲁斯海峡沿岸的烧烤争论之中——烧烤这种"未开化的"实践跨越了"欧洲城市"的边界和它们举止得体的城市公民与居住者。

83

　　然而,正如我所说明的那样,对于许多土耳其移民而言,烧烤并不会造成污染。相反它创造出一个呼吸的空间,可以从日常生活中偷闲休息一下。从这个意义来说,烧烤不仅可以被理解成一种再发明的传统,还是为克服基于日常排斥的城市"污染"形式而采取的策略。当卡迈勒、厄兹居尔,还有其他的野餐者在公园里烧烤时,他们不仅不遵守柏林或其他地区现有的民族和种族地理分布,反而提出了这样的问题：谁属于这座城市？他们会成为怎样的公民？通过声张在公共场合烧烤的权利,他们挑战了农业的、落后的、不文明的穆斯林移民入侵欧洲中心的僵化想象。正如我的一名受访者曾经说过的那样："如果土耳其加入欧盟,我们会去巴黎,在埃菲尔铁塔前烧烤！"

---

[1] 兰茨,《你在伊斯坦布尔能干成的事》,第 31 页。
[2] 埃森,《向伊斯坦布尔学习》,第 37 页。

第二部分

跨越现代德国规划的边界

5. 德国"反现代"现代主义的跨国维度：恩斯特·迈在布雷斯劳①

89

德博拉·阿舍·巴恩斯通

　　享誉国际的建筑师、城市设计师恩斯特·迈（Ernst May，1886—1970 年）是公认的现代主义者的典范。然而，1919—1925 年间，他却在西里西亚实践着一种"反现代"的现代主义，并质疑早期现代主义建筑风格的传统分类，此举在地方、国家与跨国层面均意义深远。② 迈为《西里西亚家园》（*Schlesisches Heim*）撰写的大量文章证明，他相当务实地形成了一套融合现代与传统的实用主义建筑与城市规划风格，它既不完全是现代的，也非全然是传统的。迈的做法在一批成长于 1870—1910 年间的欧洲专业设计师群体中并不足为奇。在 19 世纪下半叶的高速工业化时期，随着人们对工业化消极影响的觉悟不断提升，新技术及现代化的长处因此备受质疑。一方面，凭借由创造报酬优厚的新工作，大批可以轻松获取的量产廉价产品，工业进步与新技术使生活标准普遍提高。但另一方面，工业化及伴随而来的城市化导致了空气污染、过度拥挤与城市衰退，威胁到传统地方、区域和民族生活方式、艺术与手工业，以及存在数个世纪之久的社会结构。这些压力本身看上去又相互排斥，很难以一种中庸的方式加以调和：机器制造反对手工生产，标准化反对个性设计，钢铁与玻

---

① 布雷斯劳即今天的波兰城市弗罗茨瓦夫。自 1526 年起，布雷斯劳先后为奥地利哈布斯堡家族和普鲁士霍亨索伦家族统治。至德意志帝国成立时已是德国第六大城市和东部重要的工业中心。二战后由于德国东部边界改划，它被割让给波兰，从此改名。——译者注

② 罗兰德·迈（Roland May）为研究类似迈与博纳茨这类建筑师的德国新团队创造了这个极为贴切的术语，后著的作品使得 20 世纪早期建筑分类的普遍意义出现了混乱。迈，《介于土耳其与德国之间的建筑师保罗·博纳茨》（"The Architect Paul Bonatz between Turkey and Germany"），载：《新德国批评》（*New German Critique*）36 卷第 3 期，108（2009），第 1—38 页。

璃反对木材与灰泥,平顶反坡顶(20 世纪 20 年代爆发了一场关于屋顶[非]著名战争),泰勒主义反对斯宾格勒主义。迈的解决方案正是受西里西亚民间建筑风格的启发,将其与当时的空间规划、新材料及建筑方法结合在一起。"反现代"现代主义在社会关怀、建筑理念与审美上表现出的跨国共性,不仅存在于迈在西里西亚的建设项目——诸如金匠(Goldschmied, 1919 年)、奥尔塔青(Oltaschin, 1921 年)、海尔瑙(Haynau, 1920 - 1924 年);还存在于其他 20 世纪 20 年代欧洲建筑师的项目之中,例如德国的布鲁诺·陶特(Bruno Taut, 1880 - 1938 年)、海因里希·特斯诺(Heinrich Tessenow, 1876 - 1950 年)和保罗·博纳茨(Paul Bonatz, 1877 - 1956 年),荷兰的 J. F. 施塔尔(J. F. Staal, 1879 - 1940 年)和威廉·马里纳斯·杜多克(Willem Marinus Dudok, 1884 - 1974 年),芬兰的埃列尔·萨里宁(Eliel Saarinen, 1873 - 1950 年)和阿尔瓦尔·阿尔托(Alvar Aalto, 1898 - 1976 年),以及瑞典的贡纳尔·埃斯普隆德(Gunnar Asplund, 1885 - 1940 年)和西古德·莱韦伦茨(Sigurd Lewerentz, 1885 - 1975 年)。

跨国主义研究的是跨越国界的人类活动与制度。恩斯特·迈在布雷斯劳的工作在多个层面都具备了跨国性。首先,在两次世界大战之间激发大众住房建设发展的社会关怀理念是社会意识不断提高的结果,这种意识始于启蒙时代,并在 19 世纪作为一种反过度工业革命的反应而得以强化。社会意识的增强催生出跨国性的改革运动,其中的著名代表人物有法国的亨利·德·圣西门(Henri de Saint-Simon)、夏尔·傅立叶(Charles Fourier),英国的雷蒙德·欧文(Raymond Unwin)、埃比尼泽·霍华德(Ebenezer Howard)及威廉·莫里斯(William Morris),荷兰的费迪南德·多梅拉·纽文胡斯(Ferdinand Domela Niewenuis),德国的卡尔·马克思和费迪南德·拉萨尔(Ferdinand Lasalle)。19 世纪的改革家们提出了一系列的学说,从乌托邦到实用主义不等,但他们都一致批评工业化和快速城市化的弊端及伴随而来的财富分配不均。此外,他们还关心贫困人口及工人阶级的福祉。这些改革家推动了大量类似英国费边社这样的组织产生,新兴政党亦席卷欧洲,例如社会民主党1875 年在德国成立,1881 年和 1889 年分别在荷兰和瑞典成立。这些社会改革家的理念并不仅仅包括类似霍华德或傅立叶方案中的乌托邦建筑和城市规划思想,还常常通过将一些概念引入设计领域,指导建筑与城市规划的发展方向:关注建筑与城市设计中的健康与卫生问题;坚信获取新鲜空气与绿地至关重要;还有诸如所有人,无论阶级成分或经济地位,都有权取得优质且能负担的优质住房的观念。

　　两次大战期间的经济适用房供应在三个关键方面体现出跨国性特征：造成住房短缺的直接条件，为解决这些问题而采取的政策，以及提出的建筑解决方案。欧洲的住房短缺肇因于19世纪的高速工业化发展，当时出现的大规模人口流动在令城市变得拥挤不堪的同时，也耗尽了农业地区的资源。改革的起因不仅是人们对现状的反应和对不幸同胞福祉的关切；不卫生的生活条件导致短缺与流行病继而引发的社会动荡，也令资产阶级惶恐不已。[1] 同样引人注意的还有这样的论点，即一个不健康的工人阶级毫无生产力可言，会对普遍的财富积累构成不利影响。虽然各国国情各不相同，但历史学家通过对住房史的比较研究发现其中仍存在许多相似之处。这一时期的许多欧洲国家通过立法确立保障经适住房为一项社会权利，而非特权。但事实上，有关谁才是经济适用住房的目标人群的理解则截然不同：一些国家主张，必须为极度贫困和被剥夺公民权的人提供大众住房；而在另一些国家，则必须是面向工人阶级以及底层中产阶级。[2] 斯堪的纳维亚及北欧国家如德国、荷兰所采纳的大众住房供应途径是尝试尽可能为其最贫困的公民提供经济适用住房。作为新住房保障项目的一部分，许多欧洲国家成立了一系列促进规划与建设的机构，其中包括住房协会、住房合作社、特别银行与基金会、公私合营的公司等。

　　瑞典的大众住房形式在欧洲国家中独树一帜，它以"*Folkhem*"概念（也称为"人民之家"）为特点。"*Folkhem*"将国家理解为赞助人，即国家动用税金为所有公民提供基础的社会服务，无论他们的阶级和财产如何。瑞典的这一公共住房计划可能是欧洲最激进，覆盖最广的。其经济适用房运动始于1872年，当时在哥德堡成立了瑞典第一家住房合作社。[3] 与20世纪德国西里西亚的重新定居运动类似，瑞典早期的住房政策同样是为资助劳苦大众以尽可能阻止来自农村的移民流入城市而设计的。随着时间的推移，这个计划逐渐演

---

① 迈克尔·哈洛厄，《人民之家？欧洲与美国的社会福利出租房建设》（*The People's Home? Social Rented Housing in Europe and America*），英国牛津：威利-布莱克韦尔1995年版，第18页。

② 凯瑟琳·斯坎伦（Kathleen Scanlon）、克里斯廷·怀特黑德（Christine Whitehead）等编，《欧洲社会福利住房建设（第二部分）：政策与结果回顾》（*Social Housing in Europe II: A Review of Policies and Outcomes*），英国伦敦：伦敦政治经济学院2008年版。

③ 合作社（Kooperative Förbunder），《瑞典合作社和批发协会建筑师办公室（1925—1949年）》（*Swedish Cooperative Union and Wholesale Sociaty's Architects' Office 1925-1949*），第2卷，斯德哥尔摩：合作社图书出版社1949年版，第12页。

变并扩展为全国瞩目的焦点,虽然它的主要注意力仍集中在"增加农村土地所有者,尤其是出于建设性的社会福利原因"①,但城市和农村住房均已被纳入其中。瑞典人采取了一系列财政手段,包括低息贷款、担保以及自助计划,帮助穷人实现拥有住房的可能。进入 20 世纪后,瑞典建筑师开始投身标准化、大批量生产的构想以及自助项目。② 这些"为劳苦大众设计"的廉价住房计划面向那些希望未来能够拥有自己建造的住房的个人。至 20 世纪 30 年代,瑞典就已达成一项非同寻常的共识,即提供经济适用房是一项社会责任,国家应当为所有瑞典人提供这样的住房,而不仅仅是最贫困或需求最迫切的群体。

在荷兰,编制居住权法的首个尝试是 1902 年的《荷兰住房法》。这部住房法直接提高了住房供应的数量及房屋质量,特别是低收入工人的住房。③ 法规不仅规范了市政当局的建筑规范,同时还将廉租房开发从投机市场中分离出去,确保了经济适用房的建设。同时,法规还赋予城市规范城市规划各个方面的权力,保证其能为污水处理、交通及其他公共服务创造更好条件;同时也为强制室内布管,适当通风,消除消防隐患及排气奠定基础。④ 在历经多年实践之后,荷兰人为适应不断变化的经济与政治形势,又对该法进行修订,例如就在第一次世界大战结束后不久,为适应战后形势——如面对应急住房的需求及原材料的短缺,他们对法规做出修改,但仍保留其基本要点。尽管与瑞典或德国住房法略有出入,但其做法和意图却是相通的,即为贫困荷兰公民提供廉价住房。荷兰人也像瑞典人和德国人一样成立了住房协会,为大规模住房建设项目发展提供资金。1918 年 2 月,全国住房大会在阿姆斯特丹召开,会上建筑师们一致决定公共住房应当尽可能简朴,并力争实现"极简建筑",这一

---

① 瓦尔德马·斯文松(Waldemar Svensson),《瑞典的房屋所有权》("Home Ownership in Sweden"),《美国政治与社会科学学会年鉴》(*Annals of the American Academy of Political and Social Science*)1938 年第 197 期,第 154—159 页,第 157 页。

② 埃娃·埃里克松(Eva Ericksson),《国际推动力与国家传统(1900—1915 年)》("International Impulses and National Tradition 1900 - 1915"),载:《20 世纪建筑:瑞典》(*20th-Century Architecture:Sweden*),主编:克拉斯·卡尔登拜(Claes Caldenby)、约兰·林德瓦尔(Jöran Lindvall)及维尔弗里德·王(Wilfried Wang),纽约和慕尼黑:普雷斯特尔 1998 年版,第 42—44 页;《瑞典的房屋所有权》。

③ 唐纳德·I. 格林贝格(Donald I. Grinberg),由 J. B. 巴克马(J. B. Bakema)撰写前言,《荷兰的住房建设(1900—1940 年)》(*Housing in the Netherlands 1900 - 1940*),代尔夫特:代尔夫特大学出版社 1977 年版,第 33 页。

④ Aedes,《荷兰社会福利住房简述》(*Dutch Social Housing in a Nutshell*),希尔弗瑟姆:Aedes 2003 年版,第 8 页。

理解有助于建筑行业实现标准化和工厂预制件生产的发展。① 荷兰建筑师还 92
尤其关注"极简生存"住宅的问题。着迷于这一问题的荷兰人于 1920 年出版
了《专辑》(*Album*)，这是一部为所有荷兰建筑师提供了建设工人住房极简计
划的汇编材料。②

　　德国对于公共住房的关注在 1880 年之后趋于明朗化，但真正全面的改革却
始于魏玛时代。第一次世界大战结束伊始，德国就面临着住房与建筑材料极度
短缺，返乡士兵与来自被割让领土的难民导致人口过度集中，许多德国人——尤
其是工人阶级——不得不背负巨大的经济压力。1918 年 3 月，普鲁士试图通过
一部综合性住房法规解决上述问题。不久，新生的民主议会就在新宪法中专
门起草了第 153 条和第 155 条，以此作为回应，保护财产所有权并保证为全体
德国人提供卫生的居住条件。第 155 条明确保证"所有德国人均得享康健之
住宅，所有德国家庭，尤其生齿繁多之家庭，得有满足其居住及生产需求之家
园"③。由于第 155 条明确国家有责任为其公民提供住房，因而有助于推动联
邦和地方层面一系列措施的开启。④ 该条款还包括了允许政府征用土地用于
住房建设的内容。各州、联邦政府和城市很快相继迅速立法，实现住房建设项
目的集中化，并开发出创新的金融手段以支持新建设。1919 年，联邦政府投
入了一场在部分德国领土（西里西亚也包括在内）上重新安置（人口）的运
动⑤；1921 年的《农业工人安置法》制定了一系列的住房建设标准，并投入两亿
帝国马克用于建设家园。1924 年，议会通过一项旨在促进大众住房项目合理

---

① 赫尔曼·范·贝尔什耶克(Hermann van Bergeijk)，《威廉·马里纳斯·杜多克：建筑师与城市
　规划师(1884—1974 年)》(*Willem Marinus Dudok：Architekt und Stadtplaner 1884 - 1974*)，纳
　尔登：V＋B Pub. /Inmerc 1995 年版，第 101 页。
② 格林贝格，《荷兰的住房》，第 96 页。
③ 乌苏拉·卡纳赫(Ursula Kanacher)，《作为社会结构信号的居住结构：从埃利亚斯文明论出发研
　究 1850—1975 年间作为社会变迁体现的房屋平面图变迁》(*Wohnstrukturen als Anzeiger
　gesellschaftlicher Strukturen. Eine Untersuchung zum Wandel der Wohnungsgrundrisse als
　Ausdruck gesellschaftlichen Wandels von 1850 bis 1975 aus der Sicht der Elias'schen
　Zivilisationstheorie*)，美因河畔法兰克福：费舍尔 1987 年版，第 137 页。引文系原作者自译。
④ 约尔格·桑德斯(Jörg Sanders)，《20 年代的住房改革》(*Die Wohnungsreform der 20er Jahre*)，
　哥廷根：哥廷根格奥尔格·奥古斯特大学/格林出版社 2002 年版。
⑤ 由于在签署停战协议前后，德国出现了一拨规模空前的难民浪潮，难民安置问题在德国东部边境
　地区，尤其是东普鲁士和西里西亚省份尤其突出，因此国家主管难民安置的机关及内政部先后牵
　头，会同普鲁士州及基层地方官员就难民安置具体开展工作。——译者注

融资的法案。① 布雷斯劳新一轮的立法浪潮促成了西里西亚农业定居公司（Landesge sellschaft Schlesien）以及"西里西亚家园"（Schlesische Heimstätte）的成立，迈于 1919—1925 年供职于后者。

德国在整个 20 世纪 20 年代的住房总需求量至少在 100 万套单元以上，而布雷斯劳和西里西亚的住房缺口即使没有几十万套，至少也有几万套。② 约有 300 万德国人在一战结束后背井离乡，离开东部领土。③ 虽然很难精确掌握这些人中有多少选择移居布雷斯劳，但那里的福利券发放较战前水平增长 422%：从 1913 年的 7,441 人增长至 1927 年的 44,275 人！④ 1926 年时，布雷斯劳是德国人口密度最高的城市，每公顷常住人口 114 人，每公顷建成区土地上常住人口达 381 人。（居次席的柏林则分别为 46 人和 308 人。⑤）布雷斯劳及西里西亚省居高不下的失业率令这些问题雪上加霜。战争导致流离失所同样也彻底改变社会结构。"老钱"阶层在 1918 年之后的权势有所减弱，新兴白领阶层中的上层以及富裕实业家们也加入到对社会地位、政治权力以及控制力的操控之中。更为糟糕的是，政治动荡撼动了整个德国社会的其他基础。西里西亚起初向民主政府的过渡相当和平，但 1919 年斯巴达克分子⑥的骚乱令当地形势极度恶化，并被卡普暴动⑦压垮，随后它又经历了 1919 年、1920 年和 1921 年的三次西里西亚起义。⑧

---

① 这里所指应为 1924 年 2 月通过的第三部《国家税收紧急条例》。由该法案开征的"建筑通胀补偿税"（后称房租税）为魏玛共和国在 1924—1931 年公共住房建设的重要资金来源。——译者注

② 布雷斯劳市政府根据官方统计材料编，《战后布雷斯劳》（Breslan nach dem Kriege），布雷斯劳（出版年不详），第 3 页。

③ 德国因为一战战败将波兰走廊割让给波兰，并将上西里西亚南部的古尔钦地区划给捷克斯洛伐克，导致大批原本生活在这些领土上的德国人被迫进入国界改划后的德国。——译者注

④ 布雷斯劳市政府，《战后布雷斯劳》，第 13 页。

⑤ 西里西亚保卫家乡联盟（Schlesisches Bund für Heimatschutz）编，《西里西亚的居住区与城市规划》（Siedlung und Stadtplanung in Schlesien），第 1 卷（两卷本），布雷斯劳：西里西亚保卫家乡联盟 1926 年版。

⑥ 即"斯巴达克同盟"，是德国左翼社会民主党人的革命组织，脱胎于 1917 年 4 月从社民党脱离的独立社民党人，1918 年 11 月正式改组为"斯巴达克同盟"，是德国共产党的前身。在一战末年和魏玛共和国初期广泛组织反战运动和工人运动。——译者注

⑦ 1920 年 3 月，为抵制《凡尔赛和约》的裁军要求，德国右翼军人发动蓄谋已久的反政府军事叛乱。因叛乱领导人为东普鲁士行政长官沃尔夫冈·卡普（Wolfgang Kapp，1858－1922），故名。——译者注

⑧ 诺曼·戴维斯（Norman Davies）和罗杰·穆尔豪斯（Roger Moorhouse），《缩影：欧洲中心城市的肖像》（Microcosm：Portrait of a Central European City），英国伦敦：乔纳森·凯普 2002 年版，第 326—332 页。

在这样的背景下，两战期间许多努力的方向是避免民众革命，维持社会秩序，巩 93
固对国家的支持。正如迈克尔·哈洛厄(Michael Harloe)所指出的，战后私有
市场的崩溃，再加上社会动荡与需求增加，都鼓励国家与市政采取行动。① 数量
充足、价格适中且卫生的住房被认为是一项基本人权；如若不然，大众将变得焦
躁不安，甚至有可能成为危险分子。事实上，布雷斯劳采取了一系列政策以解决
问题，其中包括以待安置难民、无家可归的返乡士兵、低收入居民以及流离失所
的农民为目标人群的住房开发项目。

同时，为了促进大众住房融资和建设，各种各样的手段被创造出来，改革
家与建筑师竞相努力解决相关的设计问题。大众住房的目标是什么？怎样的
模式才最能满足新的需求？早在 19 世纪末，已经有一系列方案在整个欧洲范
围内出版和传播。例如，埃比尼泽·霍华德的"田园城市"方案的具体想法虽
然并未付诸实施，但他在荷兰和德国拥有大批读者。他对健康社区，亲近绿
色，限制城市生长和蔓延，采取城市规划的强调，以及对小型村舍或低层建筑、
发展重要性的强调都非常受欢迎。1905 年，田园城市思想在荷兰出现；霍华
德的《明日的田园都市》(Garden Cities of Tomorrow)一书于 1906 年被译成
荷兰语，1907 年被译成德语。② 田园都市规划思想的跨国特性还在田园城市
协会(Garden City Association)的国际成员资格上表露无疑，至 20 世纪初，它
相继在德国和荷兰开设分会。1918 年和 1924 年国际田园都市与城镇规划协
会大会在阿姆斯特丹举行，1923 年则在瑞典哥德堡召开。除田园城市思想之
外，大众住房建设任务还必须考虑经济因素。战后各国政府均面临从轻微到
严重程度不等的经济危机，许多国家所遭遇的物资短缺与产能不足至少持续
到 1920—1921 年，且同目标客户的特点使然，大众住房可能还要求廉价的新
建造技术。预制件与大规模生产方式，部件乃至整个建筑物的标准化，以及各
类模型的发展，成为全欧洲普遍关注的问题。最后，与荷兰的情况一样，德国
建筑师们通过探索"极简生存"应对经济压力。"极简生存"的目标是发掘不同
潜在居住者，如单身人士、夫妻和一孩家庭等对绝对最小空间需求，以便最小
化建筑成本，最大化居住效率。

大众住房在审美层面也存在跨国性因素。1919 至 1925 年间执行的项目

① 哈洛厄，《人民之家?》，第 76 页。
② 格林贝格，《荷兰的住房》，第 54—55 页。

致力于处理与外部表现与内部组织关系相关的问题,这被建筑师称为"形式"。纵览 19 世纪,欧洲建筑师在尝试历史风格的同时,也在住房设计中探索符合现代生活习惯的途径,但结果并不令人满意。19 世纪风格看上去相当肤浅,并非新生活方式的真实反映。围绕风格的斗争一直持续到 20 世纪,当时它影响了间战期传统主义者和进步主义者围绕住房开发的斗争。这些美学之争或提倡某一种审美方式,或以一种方式反对另一种方式:坡顶对抗平顶;在大块的透明玻璃表面冲压出小窗户;以砖、石及彩色灰泥对抗白灰泥;木材对抗钢材;小而有区隔的房间对抗开放式的方案——这里仅举这几个两极分化的例子。20 世纪 20 年代所爆发的"坡顶还是平顶"的著名论战就是这样的一场斗争,它发生在柏林"汤姆叔叔的小屋"与"费舍塔尔园地"两个住宅区之间:"汤姆叔叔的小屋"的建筑师建造了平顶居住单元,而与之针锋相对的是由费舍塔尔团队设计的坡顶。但有关屋顶的争论只是诸多使建筑师走向分裂的争议之一。类似争议主要集中在新建筑的外观上,支持者的立场囊括从本地建筑,到结合现代与本土,再到全无参照的现代式样。在德国,一个由"新建筑"(*Neues Bauen*)和"新客观主义"(*Neue Sachlichkeit*)支持者所结成的阵营反对传统主义者,而在荷兰,"新建筑"(Nieuwen Bouwen)和"8 号小组"(De 8)反对阿姆斯特丹的表现主义者。和荷兰的 J. F. 施塔尔、威廉·杜多克,瑞典的贡纳尔·埃斯普隆德以及其他一些人一样,恩斯特·迈起初提倡的是一种混合不同审美观的公共住房建设项目。

但美学争议不仅聚焦于建筑外观,还涉及空间组织、规划要求及所设计空间的特点。空间问题包含了现实与意识形态的双重面向。工业革命改变了人们的居住地,也改变了他们的日常生活方式,家庭生活中的空间组织类型也随之变化。例如,现在的人们在有需要时才购买诸如食物之类的商品,这已变得日益普通,而不是储存上一年。因此,对于大型储藏空间和阁楼的需求便逐步下降。迈曾经这样写道:"人们不再需要利用坡顶晒洋葱或李子。"①越来越多的女性外出工作,这也意味着每天用于准备食物的时间越发减少,而对更能有效组织的厨房的需求不断提高。20 世纪以前的生活充满仪式感,不同的社会群体相互隔离,空间也倾向于相互分离;但 20 世纪却引入了开放的规划与自

---

① 恩斯特·迈,《魏玛时代建筑与城市规划对当代的影响》("Auswirkungen von Architektur und Städteplanung in der Weimarer Zeit auf die Gegenwart"),1965 年 12 月 2 日讲座,恩斯特·迈档案,日耳曼国家博物馆,纽伦堡。

由流动的空间，作为对全新社会流动的一种补充。①

在两战期间，多数德国改革家已达成共识，即大众住房理想是要建造独立的单个家庭住房，即便这种模式在经济上通常行不通。② 诚然，它似乎较之 19 世纪备受诟病的德国"出租兵营"具有更多优点，包括取得产权的可能性，改善卫生条件、接触新鲜空气、获取自然光与亲近绿地，以及通过提供更多的私人空间巩固家庭生活。但要建造廉价的独立房屋极为困难，因此建筑师开发的模式是将高密度多层住宅的规模经济与独立住宅要素相结合。尽管像迈这样的建筑师实验了供两户、三户、四户家庭居住的住宅楼以及其他一些变通形式，但最典型的解决方案仍是长度不一，且层高介于 2—5 层的行列式住房。德国建筑师们设计了大量坐落于公园内并且绿树成荫的居民区中的小型多家庭居住模式——例如位于布雷斯劳市内及其周边，由迈开发的那些居住区项目。虽然并非完全照搬花园城市理论进行设计，但这些居住区确实对该理论有所借鉴。迈对于花园城市理论的熟稔源于他的亲身经历：他曾就读伦敦大学学院，1910 年进入雷蒙德·欧文办公室实习。

迈最初在布雷斯劳的工作是监督位于未被公司化的郊区、城镇、农场和农村定居点上的住房建设。布雷斯劳和西里西亚当时深受战前建设不足和战后人口大量涌入的打击，且局势随 1921 年德国人口逃离被划归波兰的领土而进一步恶化。③ 布雷斯劳当时不仅是德国人口密度最高，还是最贫困的城市。1926 年每公顷土地上的平均居民人口为 116 人，远远高于 41.5 人的全国平均水平。尽管它是德国第五大城市，但其经济疲软，城市无法提供经济基础设施以支撑更多人口，因此无力吸纳新的外来人口。1927 年时柏林拥有 112 家大型工业康采恩，而布雷斯劳则仅有一家；布雷斯劳的航运吞吐量也呈现戏剧性下滑态势，从 1913 年的 432,000 吨跌至 130,000 吨；所有的主要经济指标均显示，这座城市及全省的经济每况愈下。许多有关布雷斯劳存量房的研究表明，多居室单元短缺，多数公寓房人满为患，缺乏卫生设施如室内厕

95

---

① 大批 20 世纪 20 年代书籍均描绘了许多欧洲人生活状况的改变，例如瓦尔特·穆勒-武尔考 (Walter Müller-Wulckow)，《住房与居住区》(Wohnbauten und Siedlungen)，莱比锡：卡尔·罗伯特·朗格维施 1929 年版。

② 尼古拉斯·布洛克 (Nicholas Bullock) 和詹姆斯·里德 (James Read)，《德法住房改革运动 (1840—1914 年)》(The Movement for Housing Reform in Germany and France 1840–1914)，英国剑桥：剑桥大学出版社 1995 年版，第 85 页。

③ 西里西亚保卫家乡联盟编，《西里西亚的居住区与城市规划》，第 9 页。

所和流动水。① 这些情况在城市中表现尤为突出,但在全省范围内都普遍存在。

　　在如此紧张的经济环境下,新建住房必须尽可能廉价,因此迈将自己的注意力集中在可以降低成本的设计和施工策略上,例如建造面积更小,空间与功能利用更有效的居住单元。与此同时,迈还严厉谴责令人憎恶的"出租兵营";他的设计旨在消除这种空间狭小、不卫生,往往是用来容纳城市贫民的建筑类型。② 迈的方案有时还包括一个可以让门外汉都能轻松上手的结构,这个策略契合了当时欧洲日益壮大的自助建设运动。此外,迈还把他有关合理化与降低成本的理由与一种带有念旧与怀乡情愫的诉求结合在一起,后者作为一种强烈情感深藏于许多西里西亚人心中。很难直译"怀乡之情"(*Heimatge-fühl*)这个词,因为没有一个英语单词可以捕捉到"乡土"(*Heimat*)③这个单词所深深蕴藏的情感联系,以取代它在德语中的引申含义。"乡土"建筑倾向于利用本乡本土常见的审美元素作为怀恋当地传统的手段。迈也反对将摩天大楼作为解决住房危机的低成本解决方案。他认为摩天大楼是商业建筑的绝佳类型,但大众需要的是属于他们"自己的家园……小家庭可以从中找到和平与放松";因此,迈赞成建造村舍及低层建筑作为公共住房的解决方案。④ 他满怀热忱与信念,认定自己的职责是达成一项重要的社会福祉。"构成任何住房改革基础的首要条件是要承认社会与经济效益,即承认一套能够意识到它的临界点是对人类福祉构成威胁的经济政策。"⑤迈的做法和他用来论证其合理性的论点,完全适用于推动人口在乡村地区的定居。

96　　迈通过一系列发表在《西里西亚家园》(*Schlesisches Heim*)上的文章奠定

---

① 西里西亚保卫家乡联盟编,《西里西亚的居住区与城市规划》,第 9 页。

② 恩斯特·迈,《小住房类型》("Kleinwohnungstypen"),《西里西亚家园》1919 年第 1 期,第 14—17 页:"我希望在创刊号上清晰准确大声喊出斗争口号:'打倒出租兵营!'"(第 15 页)。

③ "*Heimat*"一般作"家乡、故乡"解释,文中指的是一战后背井离乡的德国难民对于家园故土的眷恋(二战后也有相同的表达),与中文中的"乡土"观念有类似之处,故本文中以"乡土"译出,特此说明。

④ 恩斯特·迈,《小住房类型》,第 15 页。

⑤ 恩斯特·迈,《美因河畔法兰克福五年住房建设工作》("Fünf Jahre Wohnungsbautätigkeit in Frankfurt am Main"),载:《新法兰克福》(*Das Neue Frankfurt*)第 2/3 期,主编:恩斯特·迈和 F. 维歇特(F. Wichert),美因河畔法兰克福:恩勒特与施洛瑟 1930 年版。

了自己的设计基础,这份杂志由他本人于 1919 年创办、主编并撰稿。[①] 文章起初针对的是普通读者,而非建筑师——这是理解迈表达观点的行文与方式需要考虑的重要事实。[②] 迈坦言,没有普通德国民众的支持就不能搞任何建设,因为他需要政治和资金的支持。[③] 同样重要的是,位于布雷斯劳市内及周边地区的住房建设项目面向贫困工人阶级,而不是受过一般建筑学教育的资产阶级客户。因此他的审美必须贴近普通德国大众,不然就会面临建不起来的风险。迈起初选择"小住房"(Kleinwohnung)作为工作的基础,因为它是从"我们这个生活在这类住房中的民族的生活要求和习惯"[④]中发展而来的"基本形式"。顾名思义,"小住房"是体积小而经济,拥有广泛美学表现形式的建筑类型,包括传统农舍、乡村住宅和城市公寓等各类建筑物。迈试图通过一系列的设计试验揭示"小房子居住面积到底能够缩到多小"[⑤],从而将小住宅推向极致。迈的许多同时代人开发的这类住房完全是现代式样,甚至迈本人后来在法兰克福也是这样做的。但在西里西亚,他选择结合本地式样的传统农舍作为自己的美学基础。这些农舍是一种标志性的建筑类型：它已传承数百年,为大多数西里西亚人所熟悉,但又变化丰富,这就为设计风格提供了很好的素材。正是因为具备历史感与亲切感,它成为许多当地人钟爱的浪漫式样。此外,它也符合迈应用"基本形式"的信念。尽管在许多发表于《西里西亚家园》上的文章均证明,迈对超越政治紧迫性的美学抱有浓厚兴趣,但他采用这种本地形式仍是对难民再安置运动的民族主义立场的声援。

在一篇 1924 年发表在《西里西亚家园》的文章中,迈将自己的设计立场与目标总结为九点：(1)通往"新人"之路；(2)通往基础建筑平面之路；(3)通往影响家庭生活之路；(4)采用朴实的形式并使之成为新风格；(5)通往小住房美化之路；(6)通往现代建造技术之路；(7)通往科学商业运作之路；(8)通往小住

① 克劳斯·于尔根·温克勒(Klaus Jürgen Winkler),《20 年代恩斯特·迈建筑理念中的社会福利观》("Das soziale Moment in den Architekturanschauungen Ernst Mays in den 20er Jahren"),《建筑与土木工程高等学院学报》(Wissenschaftliche Zeitschrift/Hochschule für Architektur und Bauwesen)1987 年第 33 卷第 4/6 期,第 288—291 页,第 289 页。

② 恩斯特·迈,《住房救济公司与建筑文化》("Wohnungsfürsorgegesellschaft und Baukultur"),《西里西亚家园》1920 年 8 月,第 3—7 页。

③ 例如可参见恩斯特·迈,《类型与风格》,《西里西亚家园》1924 年第 5 卷第 2 期,第 42—43 页。

④ 恩斯特·迈,《小住房类型》,第 14 页。

⑤ 恩斯特·迈,《小房子居住面积能够缩小到怎样的程度?》("Wie weit kann die Wohnfläche des Kleinhauses eingeschränkt werden?"),《西里西亚家园》1920 年,第 38—43 页,第 38 页。

房与花园结合之路;(9)通往区域综合规划联邦立法之路。① 尽管并非所有迈
的设计目标都具有跨国性,但其中很多都特征明显。以"通往新人之路"来说,
迈的意思是建筑应当反映出人类所身处的 20 世纪的新生活方式,为人类提供
更好的生活条件,同时具备教化功能。在这一点上,迈的想法恰好契合了 20
世纪 20 年代的改革传统。而他所希冀的改革内容则在第 2—8 点中已清晰呈
现,从内容来看正是这一时期出现的一系列进步策略。迈对于健全规划法规
的兴趣也并非空穴来风;他意识到法规之于为贫困者修建条件良好、价格合理
住房的必要性。"基础的建筑平面"意味着良好、有效的空间规划并接受"类型
化"(*Typisierung*)。与此相关,并构成发展现代建造技术之核心的则是"标准
化"(*Normierung*,即在建筑设计与建造时使用规范或标准)。在德国,成立于
1917 年的德国标准化研究所负责制定生产标准,以实现合理化生产,提高整
体工业质量,增强由不同其他企业生产的部件与系统之间互换性的目标。德
国工业标准(DIN)至今仍是欧洲生产标准。其他类似的组织还包括伦敦工程
标准委员会(1918 年更名为英国工程标准协会)以及 1918 年在荷兰成立的门
窗标准化协会。对迈来说,"现代建造技术"指的是新的材料与建造体系,以及
形式化与标准化。综上所述,在 20 世纪 20 年代,全欧洲都对建筑与景观联系
在一起的新方法抱有兴趣,这也构成了完善规划立法的动力。

在"西里西亚家园"项目中采取"类型化"和"标准化"作业是迈设计策略的
关键,因为这些方法可以确保施工进度更快、更经济。"类型化"是以历史建筑
类型为基础,开发可重复使用的设计模块;而"标准化"则指为所有的建筑元素
创造标准尺寸、外形和连接件。标准化可以让建筑工业预制许多部件,而这一
点又在许多原因的作用下成本大幅下降。现场施工相比工厂作业要昂贵得
多,可反复替换的部件则要比独此一件易于组装。围绕着类型化和标准化的
论争在两次大战之间的建筑学刊物上风行一时。支持者提出的论据是标准化
设计与建造所带来的经济效益与建筑类型的历史意义更重要。② 反对者则直
斥其缺乏个性,破坏德国建筑传统,并表现为被技术支配社会的冷酷无情。迈

① 恩斯特·迈,《住房救济》("Wohnungsfürsorge"),《西里西亚家园》1924 年第 5 卷第 12 期,第
406—412 页。

② 恩斯特·迈本人这样写道:"对于今天调和的建筑文化而言,我们不得不为这些显而易见的事情而
斗争,这一点非常重要。而在高层建筑艺术的时代,不存在没有无法归类的建筑。"《小住房类型》,
第 15 页。

的策略是将传统德国建筑要素融入采取标准化建设的建筑类型，这样一来即使未能全部消除批评，也多少削弱了一部分。人们似乎也更能接受建筑的"隐形"部分的标准化。

通过一系列为《西里西亚家园》撰写的文章，迈逐步形成能够支撑自己立场的论点。首先，他从内到外地仔细研究了传统西里西亚农舍，将其分解成值得反复利用和重新调整的简单设计要素。这一步骤主要是对乡土建筑的抽象化和简化，提炼其中的基本设计要素。他从乡土建筑中汲取了一系列的形式要素，例如坡度陡峭的屋顶，茅草覆盖的屋顶材质，灰泥外墙，垂直包裹木材的山墙，彩绘的山墙装饰，长屋规划和眉型窗。迈认为，形式应当"具体呈现原型最基本的特质"。① 他在《类型与风格》(Typ und Stil)一文中阐明了他所认为的优秀设计所应具备的基本原则："集成""拒绝装饰""必要的基本形式"。这些设计元素将共同构成一种风格。

迈描述了"西里西亚家园"项目所采用的新建筑技术、材料与空间布局。在《替代性建筑》(Ersatzbauwesen)一文中，迈阐述了若干新的建筑系统：例如 30 厘米厚的砖腔壁，黏土打底及采用沙/石灰砖。它们都是砌块结构的变种。在 20 世纪 20 年代，尽管战后物资短缺且随之而来特定建材和系统的价格飙升，但这些砌块结构仍比木材、水泥或钢材便宜得多。迈不仅全盘接受新建筑材料与体系，他还孜孜不倦地致力于合理化施工过程，以降低成本，缩短建造时间，让没有经验的建造者轻松建造自己的家园。在《小住房的活动楼梯》(Die bewegliche Bodentreppe im Kleinhaus)一文中，迈对战前"小住房"惊人的"空间浪费"进行了解释，因为它显然违背紧凑居住的逻辑。在包括这篇在内的文章中，他提出了新的设计思路：将房间的数量与实际空间需求降至最低，取消走廊，将屋内的所有空间都利用起来，尤其是被视为浪费掉的楼梯下空间，使用活动楼梯，贯彻厨房和起居室的双重功能，等等。② 而在另一组文章中，迈则提出一系列新的建筑类型，它将当地设计风格与新的空间策略及建筑技术相结合。他介绍了根据看似科学的分类体系进行分类的新"类型"，把它们归为"群组"(Gruppen)和"类型"(Typen)，然后再分别细分。他

98

---

① 恩斯特·迈，《类型与风格》，第 44 页。
② 《西里西亚家园》1920 年，第 273—275 页；及恩斯特·迈，《小房子居住面积能够缩小到怎样的程度？》，第 38—43 页。

希望通过运用这些设计系统避免"肤浅的"风格。① 如迈本人所写,建筑设计是"简洁的","使用最基本的形式",而且"像传统农舍那样,应该形成一种和谐效果,这种效果要通过与建筑物的体量、尺寸和位置,借由门窗的开口以及材料的颜色达成,而非出于某种动机或因为不客观(non - sachlich)的添加"②。最后,新模式应当以现代、科学的方式接受优秀传统建筑与现代建筑元素。

　　迈在大量的图纸和付诸实践的项目中检验自己的观念。1919—1928 年间,他和西里西亚家园建造了超过 11,000 套农村安置房——甚至还对现有定居点进行了进一步扩建——和城市应急住房。虽然"金匠"(1920)和奥尔塔青(1921)是迈初次尝试大规模城市规划与设计的两个项目,但都堪称他规划与建筑策略的代表作。"金匠"是迈的第一个项目,是他在一战结束后不久在布雷斯劳南面某处地皮为一群自助建房的农民所做的设计。与迈此后的许多项目一样,这里的房屋是供两户人家居住的农舍,带有大坡度的马鞍形屋顶和灰泥墙,排列在大片绿地中间。这个定居点的起点是环绕一座从主干道延伸而下的椭圆形公共广场的一组房屋,很多房屋都又长又窄,以便为每个家庭预留出各自用于耕种的土地。迈在"金匠"设计了三类不同的两户住宅,所有住房均采用板式建筑建造——这要比建一个地下室便宜,还有单独的一层和一个可供居住的阁楼。奥尔塔青则坐落于布雷斯劳城外,它俨然是一个围绕公共场所建造的中世纪小村庄,只是这里大多数居民是在 20 世纪初才成为草药农。这个村庄距离布雷斯劳很近,因为空间十分开阔而成为建设卫星社区的绝佳地点;1920 年,这里成为一个全新的经济适用房项目的选址所在,但它的客户并非城市上班族,而是当地农民。里希特霍芬-博古斯瓦维茨男爵(Richthofen-Boguslawitz)为这个项目捐献了一块 12 公顷的坡地。迈为这里选择了传统农舍式样,有陡峭的马鞍型山墙,屋顶上带有很大的眉形窗,灰泥抹的墙面上有方形小窗。山墙呈现为由传统农舍女巫装饰图案改编的现代风格,由洛特·哈特曼(Lotte Hartmann)设计,她也参与了"金匠"的部分工作。屋顶覆盖整栋供两户家庭居住的住房,屋檐下方还另外有可出租的小间,其以历史上的农舍以及迈在"金匠"的设计为出发点。迈尝试采用独立单元的布局,放弃了以走廊进行分割的传统四居室模式,将房间与一个不带走廊、更现

99

---

① 恩斯特·迈,《类型与风格》,第 42 页。
② 恩斯特·迈,《小住房类型》,第 14 页。

代且节省空间的房间联系在一起。他通过对这里进行合理化的空间组织，最
大限度减少建筑物的占地面积，同时最大化可用空间，提高空间利用率。一个
例子是厨房设在楼梯下方，这是一个常常被忽视或利用不足的区域。他公开
宣称自己的目标是创造更"实际(sachlich)且实用"的居住环境。① 奥尔塔青
的所有建筑采用迈在《西里西亚家园》提到泥砌墙系统，方便非专业的建造者
轻轻松松地在外墙上抹上灰泥。这种灰泥很廉价，在战后也很容易买到，且施
工简便。和在"金匠"一样，奥尔塔青的规划也尽可能贴近自然。奥尔塔青的
房屋环绕着一个南北走向的 U 字形庭院，在单元楼之间及周围还布置有绿
地。这一场地规划有助于为各单元楼提供良好采光。

　　一战后在德国以及欧洲其他国家涌现出众多结合了用户自建与公共资助的
住房项目，奥尔塔青是其中之一。西古德·莱韦伦茨在赫尔辛堡设计了一个类
似工人自助住房的项目，1911 年开工但一度中断，最后于 1918 年竣工，是当
时瑞典"居者有其屋"运动的一部分，这场运动颇类似同时期德国定居与置业
方案。② 和迈的奥尔塔青一样，赫尔辛堡坚持建造合理配置的一栋两户住宅，
它将传统元素与现代的预制件建造方式及空间规划结合在一起。③ 这些房屋
采用当地传统的赫尔辛堡承重红砖砌成，屋顶是带有小开口的坡顶。减至最
少的细节不仅更方便当地人建造家园，还尽可能降低建设成本。这些单元楼
分散于田园风光之中，以最大限度扩大公共及私人户外活动区域。室内外的
布置均十分简单，不繁复，不张扬。这个项目是当时典型的莱韦伦茨作品，将
抽象化的本地建筑风格与现代规划及建造准则相结合。除此之外，还有位于
埃内堡和帕尔施(1911—1918 年)，马尔马-兰格洛的萨维克、马尔马维肯、瑟
德港(均始于 1915 年之后)，厄耶维克(1917)和罗斯托普(1922)的工人住宅。

　　在荷兰，威廉·杜多克在希尔弗瑟姆建造的许多公共住房项目同样分享
着迈和莱韦伦茨的工作策略。杜多克的主要职业生涯是担任希尔弗瑟姆的市
政建筑师。他在这个岗位上负责规划城市新社区、学校、市政建筑与公用事业

① 恩斯特·迈，《住房救济》，第 406—412 页。
② 贾娜·阿伦(Janne Ahlen)，《建筑师西古德·莱韦伦茨》(Sigurd Lewerentz, Architect)，马萨诸
　塞州剑桥：麻省理工学院出版社 1987 年版，第 26 页。
③ 妮古拉·弗洛拉(Nicola Flora)、保罗·贾尔迪耶洛(Paolo Ciardiello)、真纳罗·波斯蒂廖内
　(Gennnaro Postiglione)和科林·约翰·威尔逊爵士，《西古德·莱韦伦茨：1885—1975 年》
　(Sigurd Lewerentz：1885‑1975)，米兰：伊莱克塔 2001 年，第 52 页。

建筑。从 1915 年起,杜多克为中产阶级上层设计了 337 套住房,普通中产阶级 830 套,下层中产阶级 1,123 套,以及 2,515 套工人阶级住房。① 相比迈,杜多克可能更少出于社会福利动机,因为在他看来希尔弗瑟姆应当继续扩张并保持其中产阶级上层的特质。但他也清醒地认识到,如果穷人的住房无法达到空间、审美和城市化标准,这些人将成为威胁整个群体的潜在危险。杜多克坚持认为,工人住宅必须是"高品质"的,"采用一流的材料,经过经济的空间规划的房屋,只不过相比富人住宅,它的尺度更小、更朴素"②。总的来说,杜多克在希尔弗瑟姆的作品是将荷兰当地的建筑风格(有时抽象化处理,有时则采取借鉴的方式处理)与功能性的空间规划、新材料和合理化的施工技术相结合。他位于银莲街和鲍波非街的第一个项目(1915—1919 年),主要特征是沿着长边有一个谷仓状的棚架屋顶,屋檐下是木质的墙板,下面砌有砖块。杜多克最大限度地减少内部空间以降低施工成本。总体规划混合了联排和连体住宅,面街的一面有一块小空地,背街则是宽敞的院子。杜多克在 1920—1925 年间为希尔弗瑟姆设计的第五批住房项目位于希尔弗瑟特路、迪本达尔瑟朗和薰衣草街,可以容纳 100 户工人家庭,不过最终的设计包括了 113 套住房和两处商业设施。从现存的档案来看,杜多克和迈一样,开发出一系列可以混合搭配的房屋类型;他写道,他设计了"65 套 E 型房屋,25 套 C 型房屋和 10 套 A 型房屋"③。同样,杜多克在陡峭的屋顶下利用传统材料,营造出一种传统而非现代荷兰村庄的感觉。他巧妙地将房屋类型与它们的走向结合在一起,使得这个住房开发项目更像是一个一步步发展起来的定居点,而不是完全在同一个时间点上拔地而起的。正如赫尔曼·范·贝尔什耶克(Herman van Bergeijk)所写,杜多克的成功之处和他的吸引力在于利用人们所熟知的荷兰本地形式,例如陡峭的茅草坡顶、红砖和厚重的木门,这就使普通人能够认可他的建筑。技术创新并未掩盖美学意识,而是成为它的一种表现形式,即使到杜多克职业生涯的后期,他的作品呈现出更为现代的外观,也依然如此。

随着历史学家和批评家致力于更精准地阐述"反现代"现代主义的特质,多年来它被冠以不同的名字出现,本土现代主义、理性本土化以及批判地方主

---

① 赫尔曼·范·贝尔什耶克,《威廉·马里纳斯·杜多克》,第 76 页。

② 威廉·杜多克 1916 年 7 月 19 日所作的阐述,重新收录于范·贝尔什耶克,《威廉·马里纳斯·杜多克》,第 143 页。

③ 引自范·贝尔什耶克,《威廉·马里纳斯·杜多克》,第 167 页。

义,只是其中的一些例子。但这一概念的跨国维度明显体现在建筑师的地理分布上,他们与迈共享着对融合传统设计美学与当代建筑方法,合理化和功能性规划的兴趣。这些支持者遍布整个德国、法国、英国、荷兰、斯堪的纳维亚,还有其他的一些地方。简言之,这群建筑师敏锐地关注文化背景;他们并不彻底反对现代主义,但拒绝将现代美学全面应用于所有的工作和建筑类型上。他们常常在一些特定的项目(如在农村、面向穷人及国家投资)中运用传统形式,这些项目对归属感的要求更为强烈。杜多克在写下建筑学的关键是"优美和谐的比例","文化意义的表达"以及"超越时间的价值观"时,曾精彩地将其归纳为"无法用诸如立体主义、未来主义、功能主义的口号和标语所取代的价值观"①。杜多克使用现代风格、建筑方式和材料,然而和许多同时代的其他人一样,他对流行和为了贯彻同一种美学风格而罔顾实用性和地理位置的做法敬而远之。对他(也包括像德国的汉斯·珀尔齐希[Hans Poelzig]这样的建筑师)而言,现代主义可能仅仅是在 19 世纪的意义上才成为一种"风格",一种建筑的外在风尚,与任何历史上曾出现过的风格别无二致。正如杜多克所说,建筑需要传达某些文化意义,并与"它所依赖的土壤、环境、气候和目标"②联系在一起。换言之,建筑需要对它所处的环境做出回应,亦即这个地点周围的美学历史传统,抑或当地的乡土风格与自然环境。建筑师如荷兰的杜多克、施塔尔,德国的珀尔齐希、特斯诺及陶特,还有瑞典的莱韦伦茨和埃斯普隆德都曾谈到功能性规划、合理化建筑方法与现代材料之间的相互影响带给建筑"多一点的东西"(杜多克语)。这种"多一点"有时被描述为"人的价值"或"艺术精神",但一般还是被诠释为一种简洁的乡土建筑。③ 而这些建筑师也再三呼唤"客观"(*Sachlichkeit*)、"质朴"和"样式简洁",或如特斯诺所巧妙表达的那样:"极简并不是最好的东西,但最好的东西一定是简单的。"④

那么迈的设计方法有什么跨国魅力？德国并非欧洲唯一一个在 1870 年以超高速进入工业化、城市化和现代化发展的国家,即便是像英国、法国和比

101

---

① 威廉·杜多克,《居住与营造》("To Live and to Build"),重新收录于《威廉·M. 杜多克》(*Willem M. Dudok*)主编：R. M. H. 马格内(R. M. H. Magnee),希尔弗瑟姆：建筑讲座 1957 年版,第 138 页。

② 杜多克,《居住与营造》,第 138 页。

③ 杜多克,《居住与营造》,第 136 页。

④ 莱韦伦茨的设计格言是"为简单的灵魂建造简单的居所"。阿伦,《西古德·莱韦伦茨》,第 26 页。

利时这些较早开启这一进程的国家也面临类似的挑战。人们对于工业化时代文化认同丧失的共同关注使得传统建筑变得富于魅力；而出于对经济压力的担忧则使廉价现代营造体系和功能性规划让人怦然心动。反现代的现代主义从何而来？这一观念又历经哪些变化？又或者说这些观念是否因为国与国、文化与文化之间的其他联系而同时涌现？当然，19世纪后期工业革命，快速城市化，不断增长的城市污染与犯罪，住房危机，人口流离失所，第一次世界大战，新爆发的疾病与流行病，等等，这些共同的经历都有可能成为引发常见的建筑学反响的共同点。许多观念得以通过流通于各国之间的杂志与专著而传播——我们知道，在20世纪10年代，正是这些出版物为我们展现了来自各个发达国家的作品。在德国，《瓦斯穆特》（*Wasmuth*）①和《建筑世界》（*Bauwelt*）是两本介绍国际建筑景观与城市规划方案的刊物；在荷兰，建筑师们则阅读《新建筑艺术》（*Nieuwe Bouwkunst*）和《变革》（*Wendingen*）；还有瑞典的《建筑》（*Arkitektur*）。此外，许多从事类似实践工作的建筑师们彼此相识于大学求学期间（他们中的许多人在德国求学），在学徒期或是在专业协会中。这里仅简短列举他们之间的交集与联系：莱韦伦茨曾为特奥多尔·费舍尔（Theodor Fischer）和理查德·里默施密德（Richard Riemerschmid）②工作，在那里他进入了著名的海勒劳住房项目的设计团队，该项目以埃比尼泽·霍华德的规划理念为基础；特斯诺和迈也曾为海勒劳项目工作；陶特同样在费舍尔处工作过，并与里默施密德、斯特诺、莱韦伦茨以及迈相熟。

　　简要讨论一下与"反现代"现代主义相交织的政治问题也相当重要。显然，许多重新定居与经济适用房项目均由政府自助，由此，无论是在西里西亚重新定居运动中大鸣大放，还是在希尔弗瑟姆的住房与学校项目中的微妙体现，都具备了民族主义的动机。政府希望利用这些项目安抚工人阶级在两次大战期间的不安情绪，消除共产主义对下层民众的吸引力。同样值得注意的是，尽管由于纳粹利用传统建筑促进其民族主义影响力而使这种由乡土情感

---

① 瓦斯穆特是德国最早出版建筑、考古、艺术和设计类书籍的出版社，成立于1872年，从20世纪初至20世纪20年代出版了一系列极具影响力的专业书籍与刊物，例如1910年美国建筑师弗兰克·赖特的两卷本《已完成的建筑与方案》（也称"瓦斯穆特代表作品集"）以及1904年奥地利规划师卡米略·西特创办的期刊《城市建设》。——译者注
② 特奥多尔·费舍尔（1862—1938年），德国建筑师、城市规划师；理查德·里默施密德（1868—1957年），德国建筑师、家具设计师，他也是著名的"青年风格"艺术家。——译者注

所激发的设计蒙受污名，但反现代的现代主义并不具备右翼或保守主义的 102
立场。①

我们今天所谓的"现代主义"在两战之间仍处于形成之中。尽管已有一些
建筑师全情投入一种全新的美学理论，但仍有许多对此并不确定的建筑师。
对于他们来说，新的建筑艺术似乎无法与地理位置、周遭环境或客户建立共
鸣，缺乏历史传承与特色。但这批建筑师也意识到，现代规划与建筑方法的逻
辑以及大规模生产技术所产生的经济利益都已进入他们的工作之中。它揭示
出"反现代"现代主义方法与假设具有跨国特征的"国际风格"功能主义是并存
的，但后者最终因为无法适应地方性或区域性环境而以失败告终。这一比较
表明需要重新审视并拓展现代主义的历史。尽管"国际风格"功能主义对于建
筑史而言十分重要，但它显然并非第一代现代主义者与历史学家的主张。它
规则狭隘，影响有限，因此也不是第一代现代主义建筑师所采纳的唯一设计法
则。相反，迈的方法不仅在 20 世纪 20 年代取得成功，还在之后的岁月中不断
以新的面貌反复出现：20 世纪 80 年代的批判理性主义与 90 年代乡土现代主
义，这不仅凸显出这种方法的优点与吸引力，还表明恩斯特·迈在 20 世纪 20
年代所处理过的问题，对于今天的建筑师而言依然是挑战。

---

① 特斯诺、陶特、拉丁和迈均被禁止在纳粹时期的德国执业；陶特、拉丁和迈于 20 世纪 30 年代和战
时被迫流亡海外。

105

6. 理想的社会主义城市?
——作为现代梦境的城市新城

罗斯玛丽·韦克曼

　　第二次世界大战后是新城建设的黄金时代,在整个欧洲和美国,还有其他地区如中东、澳大利亚和亚洲,新城都是一场建设全新世界的运动。① 所有这些项目共享着同一种乌托邦式的修辞与概念,这一景象殊为奇妙。在东欧,这种乌托邦式的原型被想象为社会主义城市。从零开始的理想社会主义城市是一个新社会的试验场,洋溢着和谐与幸福。② 在东方阵营国家中出现了大约 60 座"新城",而在苏联还有数百座。但除了被当成钢铁厂和炼油厂周围的工人宿舍,它们中的大多数都已经被学者忽略掉了。事实上,新城是五年计划的旗舰,它们与重工业的发展休戚相关,不过,其中蕴含的意识形态与象征意义则更为宏大。作为政治象征,它们变得几乎与红旗同等重要。它们被认为是完整、连贯的城市场所,被想象成"促进人类集体生活的灿烂经济和文化生活环境"③。这种"对人类

---

① 参见阿诺德·巴特茨基(Arnold Bartetzky)和马克·沙伦贝格(Marc Schalenberg)编,《城市规划与追求幸福:普世主题的欧洲变体(18—21 世纪)》[*Urban Planning and the Pursuit of Happiness*:*European Variations on a Universal Theme*(18th－21st Centuries)]柏林:约韦斯 2009 年版;及罗伯特·H. 卡贡(Robert H. Kargon)和亚瑟·P. 莫莱拉(Arthur P. Molella),被《发明伊甸园:20 世纪的技术城市》(*Invented Edens*:*Techno-Cities of the Twentieth Century*)马萨诸塞的剑桥和英国伦敦:麻省理工学院出版社 2008 年版。

② 科尔·瓦赫纳尔(Cor Wagenaar)编,《战后欧洲的幸福城市与公共福祉》(*Happy Cities and Public Happiness in Post-War Europe*),鹿特丹:NAi 建筑出版社 2004 年版。

③ 《市政建设基础》(*Grundsätze des Städtebaus*),柏林 1950 年版,引自米歇尔·格雷西永(Michel Grésillon),《德意志民主共和国的新城:融合问题》("Les villes nouvelles en République Démocratique Allemande. Problèmes d'intégration"),《空间地理》(*L'Espace géographique*)1978 年第 7 卷第 1 期,第 27—34 页,第 32 页。

的关注"在住所、学校、公园和娱乐设施，以及文化之家中被传播开来。这些地方拥有塑造**社会主义新人**的一切先决条件。为了回应这种说法，有关冷战时期此类理想社会主义城市的讨论也就专注于它们的独特性上。它们何以成为"社会主义的"？这个问题成为勾勒两大阵营之间意识形态差异的分析手段，尤其是被拿来分析城市规划是"基于马列主义哲学原理"的论断。① 于是原则取代了其他所有的逻辑：这些城市都是"纯粹的政治决策"，且社会主义的新城规划是"独立于外部影响而进行的"。②

　　显而易见，苏联是理想社会主义城市灵感的主要来源。和一切理想国一样，新城的设计与建设都与政治息息相关。社会主义新城之所以"新"，在于它们经过规划，由此避免了资本主义城市的不连贯性和资产阶级的世界大同主义。它们之所以"新"，在于它们是赋予工人城市权、工作权、住房、文化和娱乐的"社会主义生活方式"的原型。新城被想象成没有冲突的美好存在。它们是让社会主义新一代和平与幸福成长的空间。如果不就东方阵营将塑造人类的城市未来这一叙事提出问题，后文有关理想的社会主义城市的讨论与资本主义世界的城市乌托邦想象则无本质上的区别。冷战双方在战后重建的岁月里深刻共享着这一重生的乌托邦特质。重建为城市区域迈向完美带来了无数希望。尽管有关社会主义新城的独特性言之凿凿，但它其实分享的是现代主义的遗产，并且是在苏联阵营的话语背景下加以诠释。③ 设计并规划德意志民主共和国的建筑师和城市规划人员都属于上世纪中期的一代中坚力量，他们

---

① 杰克·C. 费希尔（Jack C. Fisher），《社会主义者城市的规划》（"Planning the City of Socialist Man"），《美国规划师学会期刊》（*Journal of the American Institute of Planners*）1962 年第 28 卷第 4 期，第 251—265 页，第 251 页。

② 杰克·瓦夫任斯基（Jack Wawrzynski），《波兰的新城观念》（"New Towns Concept in Poland"），载《向别国学习：城市政策制定中的跨国维度》（*Learning from Other Countries：The Cross-National Dimension in Urban Policy-Making*），伊安·马瑟（Ian Masser）和 R. H. 威廉姆斯（R. H. Williams），英国诺里奇：Geo 图书 1986 年版，第 115—124 页。亦可参见大卫·M. 史密斯（David M. Smith），《社会主义城市》（"The Socialist City"），载《社会主义之后的城市：后社会主义社会城市与区域的变迁和冲突》（*Cities After Socialism：Urban and Regional Change and Conflict in Post-Socialist Societies*），格里高利·安德鲁什（Gregory Andrusz）、迈克尔·哈洛（Michael Harloe）和伊万·塞莱尼（Ivan Szelenyi）编，马萨诸塞的剑桥和英国牛津：布莱克维尔 1996 年版，第 70—99 页。

③ 这一观点出自克里斯托弗·伯恩哈特（Christoph Bernhardt）在《社会主义时期的计划城市与城市发展：以东柏林新城为例》（"Planning Urbanization and Urban Growth in the Socialist Period：The Case of East German New Towns"），《城市史期刊》（*Journal of Urban History*）2005 年第 32 卷第 1 期，第 104—119 页。

在 20 世纪 20 年代和 30 年代包豪斯和"新建筑"(*Neues Bauen*)的氛围下学习
并成长为专业人士。对其中的很多人来说,他们在纳粹统治和战争时期的流
亡岁月强化了自己的国际关系网和规划观念转变。战后,他们又作为进步的
新一代被吸纳进民主德国的技术官僚机构,负责重建和住房建设项目,在 20
世纪 60 年代后仍继续工作。这些人的知识和专业经验使得他们能够挺过社
会主义规划和建筑学说不断变化的意识形态思潮。①

　　这些跨国影响之于社会主义城市梦境的重要性,可以和从苏联规划政策
中所汲取的智慧等量齐观——可能前者持续的时间更长。关于应当如何建设
城市的专业知识不断在铁幕间穿梭流动。社会主义理想国是建立在种类繁多
的美学影响、专业联系和共同的城市理论基础之上的。我个人假设城市现象
和城市形态是从确定的资本主义或社会主义关系中独立出来的,而且这些现
象和形象所产生的概念性范式和从概念范式中产生的城市现象和形象一样
多。社会主义新城是由现代化必要性和政治意识形态共同塑造出来的。新城
巩固了边界。它们肩负着人口再分配与社会变革的任务,还要实现区域和经
济发展。两大阵营在城市意识形态方面具有很多共同点:它们都聚焦于社会
秩序,致力于为自己公民提供物质与社会进步带来的个体和集体幸福感。在
资本主义和社会主义城市理想的表面差异背后,存在着一种共同的现代城市
化模式。

　　民主德国一共正式建成的"新城"有四座:斯大林城(Stalinstadt)/艾森许
滕施塔特(Eisenhüttenstadt,1961 年更名)、施韦特(Schwedt)、霍耶斯韦达

---

① 参见杰伊·罗厄尔(Jay Rowell)在《从大型住宅区到社会主义者的住所:民主德国引入都市生活
形式的挑战》("Du grand ensemble au 'complexe d'habitation socialiste'. Les enjeux de
l'importation d'une forme urbaine en RDA")中的精彩讨论,弗雷德里克·迪福(Frédéric Dufaux)
和安妮·富尔科(Annie Fourcaut)编,《世界大型住宅区:法国、德国、波兰、俄罗斯、捷克、保加利
亚、阿尔及利亚、韩国、伊朗、意大利和南非》(*Le monde des grands ensembles*:*France*,
Allemagne,*Pologne*,*Russie*,*République Tchèque*,*Bulgarie*,*Algérie*,*Corée du Sud*,*Iran*,
Italie,*Afrique du Sud*),巴黎:CREAPHIS 2004 年版,第 97—107 页。亦可参考安德烈亚斯·
申茨克(Andreas Schätzke),《流亡之后——东西德国的建筑师》("Nach dem Exil. Architekten
im Westen und im Osten Deutschlands"),赫尔格·巴特(Holger Barth)、英格丽德·阿波利纳斯
基(Ingrid Apolinarski)和哈拉德·博登沙茨(Harald Bodenschatz)编,《社会主义建筑师的语法:
民主德国市政建设史研究的另类解读》(*Grammatik sozialistischer Architekturen. Lesarten
historischer Städtebauforschung zur DDR*),柏林:迪特里希·赖莫尔出版社 2001 年版,第
267—278 页。

(Hoyerswerda)和哈勒新城(Halle-Neustadt,如今是哈勒市的一部分)。[1] 斯大林城建于1950年,位于靠近奥德河畔法兰克福与波兰接壤的边境上,被誉为德国“首座社会主义城市”。毋庸质疑,它是这些理想场所中被研究最多的一座城市。这是一座像马格尼托哥尔斯克[2]一样神话般的“钢铁之城”。东德工业基础设施有一半以上毁于战争,于是斯大林城的建设就被诠释为民族复兴的重要标志。它还被宣传为“和平边界”沿线,对应波兰的新胡塔(Nowa 107
Huta,即新钢铁之城)的竞争对手。在由东方阵营的经济互助委员会监督的新经济版图上,曾经的敌人在两座城镇繁忙的工业生产中握手言和。虽然最初的区域规划(*Landesplannung*)被民主德国谴责为资本主义和法西斯主义,但其中包含了一项可以植入欠发达的农业地区,并实现环绕大型重工业基础的东部地区工业化发展战略。因此,斯大林城是一处建立在农业地区乌克马克的工人定居点,诸如此类“继承资本主义”的贫困地区“将被永远消灭”。这座社会主义城市还放松了对反动的农民阶级和小资产阶级的控制。[3] 它的区位也远离坐落联邦德国境内的美国空军基地。更为重要的是,斯大林城有意接收因德波边界改划而被强制驱赶出东部的(德国)难民,并在新的社会主义制度下,为这批人提供稳定的工业岗位和家园。

无论是斯大林城,还是新胡塔,都在社会主义想象中取得了寓言般的地位。[4] 报章连篇累牍的报道渲染着从泥淖中冉冉升起的理想国世界。它们的

---

① 许多城市郊区也兴建了一批“新城”住宅区或卫星城镇。罗斯托克便是其中的典范,该市郊区从20世纪50年代起就将新城付诸实施。战后重建的德累斯顿也被称为“新德累斯顿”。

② 马格尼托哥尔斯克(Magnitogorsk)是俄罗斯最大的钢铁工业中心,1929—1931年苏联在此建设马格尼托哥尔斯克钢铁厂,在第二次世界大战至20世纪60年代发展迅速。——译者注

③ 施韦特新城也将履行这一职能。民主德国国家计划经济委员会经济研究中心,《民主德国国民经济计划》(*Planung der Volkswirtschaft in der DDR*),柏林:经济出版社1970年,第191页;引自威廉·H. 贝伦森(William H. Berentsen)《德意志民主共和国的区域变化》(“Regional Change in the German Democratic Republic”),《美国地理学家协会年鉴》(*Annals of the Association of American Geographers*)1981年第71卷第1期,第50—66页,第54页。

④ 有关斯大林城和新胡塔的比较,参见英格丽德·阿波利纳斯基(Ingrid Apolinarski)和克里斯托弗·伯恩哈特,《社会主义规划城市的发展逻辑——以艾森许滕施塔特和新胡塔为例》(“Entuicklungslogiken sozialistischer Planstädte am Beispiel von Eisenhüttenstadt und Nova Huta”),巴特编,《社会主义建筑师的语法》,第51—65页。有关新胡塔亦可参考博莱斯拉夫·亚努斯(Bołeslaw Janus),《劳工天堂:1950—1960年波兰新胡塔的家庭、工作与家园》(“Labor's Paradise: Family, Work, and Home in Nowa Huta, Poland, 1950 - 1960”),《东欧季刊》(*East European Quarterly*),2000年第33卷第4期,第253—274页。

建筑与设计被电影、照片和官方出版物所记录和传播，也出现在小说、绘画和流行音乐中。社会主义的城市理想世界将塑造出见多识广、具有革命性的现代公民。历史学家露特·迈（Ruth May）将斯大林城描绘成一座遵循托尼·加尼埃（Tony Garnier）在《工业城市》（*cité industrielle*）所述和马格尼托哥尔斯克式的理想城市。① 传统的理想城市对东德的建筑师而言，斯大林城是"一个理想国"，是一种"社会模式"。早期的宣传小册子把它描述成一个"未来在向你招手"的地方。这座城市还以立足于被称为"城市化十六条原则"的民主德国社会主义发展新政策著称，该文件来源于莫斯科总体规划，是 1950 年一支东德代表团访问苏联的成果，它被建筑史学家们解读为对在国际现代建筑协会上达成的《雅典宪章》（*Athens Charter*）②的政治反动。《雅典宪章》和"新建筑"一起，被公开指责为功能主义和世界主义。③ 虽然瓦尔特·乌布利希（Walter Ulbricht）④本人直接参与民主德国社会主义美学构思，但库尔特·李卜克内西（Kurt Liebknecht）才是这一美学的背后推动力。李卜克内西在战前曾与密斯·凡德罗共事，战时流亡苏联，后来成为德国建筑学院院长（Deutsche Bauakademie，DBA，成立于 1951 年）。由李卜克内西任命的建筑师包括了纳粹党员（例如库尔特·W.罗希特［Kurt W. Leucht]）和前包豪斯的学生——尽管官方政策反对现代主义，但包豪斯的学生仍遍布中东欧。⑤

---

① 露特·迈，《规划城市斯大林城：一部早期民主德国的宣言》（"Planned City Stalinstadt：A Manifesto of the Early German Democratic Republic"），《规划视野》（*Planning Perspectives*）2003 年第 18 期，第 47—78 页。亦可参见迈，《规划城市斯大林城：在艾森许滕施塔特找寻早期民主德国的概况》（*Planstadt Stalinstadt：ein Grundriss der frühen DDR，aufgesucht in Eisenhüttenstadt*），多特蒙德：IRPUD 1999 年版。

② 1928 年由勒·柯布西耶、瓦尔特·格罗皮乌斯等现代主义建筑师在瑞士发起成立的国际建筑师非正式组织，1959 年停止活动。1933 年 8 月在该协会第四次大会通过了关于城市规划理论和方法的纲领性文件《城市规划大纲》，后被称作《雅典宪章》。这一纲领性文件也标志着现代主义建筑在国际建筑界的统治地位。——译者注

③ 1950 年参访苏联的民主德国代表团包括建筑师库尔特·李卜克内西、库尔特·W.罗希特、埃德蒙德·科莱因（Edmund Collein）、洛塔·波尔茨（Lothar Bolz）、瓦尔特·皮斯特尼克（Walter Pisternik）和库尔特·阿德勒（Kurt Adler）。

④ 瓦尔特·乌布利希（1893—1973），民主德国重要领导人，1960—1973 年担任民主德国国务委员会主席，1971—1973 年出任德国统一社会党主席。——译者注

⑤ 有关包豪斯的影响力，参见沃尔夫冈·特内尔（Wolfgang Thöner），《从"一种外来的、遭敌视的现象"到"未来诗篇"：1945—1970 年东德的包豪斯接受史》（"From an 'Alien, Hostile Phenomenon' to the 'Poetry of the Future'：On the Bauhaus Reception in East Germany, 1945 - 1970"），《GHI 增刊》2005 年第 2 期，第 115—137 页。亦可参见埃里克·芒福德 （转下页）

　　社会主义城市规划的官方目标是和谐完美地满足人类的工作、居住、文化和娱乐需求。斯大林城对城市规划的特别关注，旨在将民主德国社会革命呈现于景观之中。在经过了一系列的早期实验性方案后，由罗希特所制定居民人口为 30,000 人的新城城市类型被正式采纳。城市的规模仅限于满足从事生产的劳动力的需求。严格的分区规划将居住区与钢铁厂区分开来。城区紧凑而有边界，还拥有文艺复兴时期古典主义传统布局匀称完整的特性。一条以列宁命名的仪式性主干道（*magistrale*）通往被定义为社会和政治权力中心的主广场。① 市中心是社会主义城市规划中绝对优先考虑的事项。德国统一社会党（Sozialistische Einheitspartei Deutschland，SED）在 1950 年的第三次党代会上概括了城市中心的重要作用。与其说这类城市的中心是拥有西方式的交通与商业的热闹市中心，不如说它具备政治尺度。它将是一个"宏伟而优美的"地方，让每个人感到受欢迎。② 在斯大林城，罗希特设计了最重要的文化之家和市政厅，它们以一种规则几何整体的方式分列于一条通往钢铁厂的大道两边。这三处机构将发挥社会转型机制的作用，纪念性建筑物将成为"政治示威、游行和大众庆典……"的背景。工人们有权要求享有城市权利，这座城市应当是"民族的、优美的、慷慨的"。图书馆、剧场和电影院也将以古典主义的设计形式加入其中，以致敬社会主义城市理想国。

　　近 50% 的钢铁厂职工是刚刚落户这座未来之城的东部难民。③ 剩下的则

108

（接上页）［Eric Mumford］，《CIAM 与共产主义阵营（1928—1959 年）》（"CIAM and the Communist Bloc，1928—1959"），《建筑学期刊》（*The Journal of Architecture*）2009 年第 14 卷第 2 期，第 237—254 页。

① 参见库尔特·W. 罗希特，《德意志民主共和国的首座新城：斯大林城的规划基础与成果》（*Die erste neue Stadt in der Deutschen Demokratischen Republik. Planungsgrundlagen und-ergebnisse von Stalinstadt*），柏林：VEB 技术出版社 1957 年版。

② 有关市中心在社会主义乌托邦规划中的作用，参见伊丽莎白·克瑙尔-罗曼尼（Elisabeth Knauer-Romani），《艾森许滕施塔特与 20 世纪的理想城市》（*Eisenhüttenstadt und die Idealstadt des 20. Jahrhunderts*），魏玛：社科出版社与数据库 2000 年版，第 89—108 页。

③ 达格玛拉·亚耶斯尼雅克-夸斯特（Dagmara Jajeśniak-Quast），《地方"经济互助委员会"：艾森许滕施塔特、克拉科夫的新胡特以及俄斯特拉发的昆奇采》（"Ein lokaler 'Rat für gegenseitige Wirtschaftshilfe'：Eisenhüttenstadt，Kraków Nowa Huta und Ostrava Kunčice"），克里斯托弗·伯恩哈特和海因茨·赖夫（Heinz Reif），《统治与自我控制之间的社会主义城市：民主德国的地方政策、城市规划与日常生活》（*Sozialistische Städte zwischen Herrschaft und Selbstbehauptung. Kommunalpolitik，Stadtplanung und Alltag in der DDR*），斯图加特：弗朗茨·施泰因 2009 年版，第 95—114 页，第 99 页。

是农业工人和打算在工业企业寻找工作机会的年轻人。他们可以在位于市中心周边、集中规划的四座居住区找到住处。这些建筑群是砖结构的四层楼,分隔成一间间宽敞的现代公寓,周围环绕着花园和绿色庭院、游乐场和人行道。每个居住区都是一个独立的单位,设有社区日托中心和学校,游乐场和会所,健康中心,以及根据居民人数测算出来的各项服务。此外,还有小花园、运动场和停车场。这一分散但精心分区的单位布局构成了一座独立而完整的新城。但它的建筑充分表现为一种经过修饰的古典主义风格,装饰华丽。当地的地形也被融入城市设计之中,以此体现地方特性。露特·迈认为罗希特的独到之处在于"试图在传统城市特征与一座社会主义工业城镇的新特征之间达成理想化的一致",工作和生活在一种全新的城市理想中得到调和。[①] 城市将为工人提供发挥无限潜力的机会。这是一种集体主义梦想(图 6.1)。

斯大林城也共享了早期重建时期遍及整个东欧社会主义新城的英雄主义特征。随着各国开始贯彻执行城市改造措施,并且迫切需要推进住房建设项目,新城成为通往社会主义未来的试验门户。它们是针对旧城区混乱无序及贫民窟前途暗淡生活的解决方案。作为意识形态和宣传策略,新城还被寄于要为战后一代开展社会主义伟大实验的厚望。与波兰的新胡塔、匈牙利的多瑙新城,以及捷克共和国的昆奇采[②]一样,斯大林城也被描绘成一座"青年之城"。关于这座城市的宣传照片,通常展现的是站在高处的青年工人,环顾着沿奥德—尼斯河边界的平原上冉冉升起的乌托邦。他们是一群建设新世界以实现自我的人。这种汇集在一起的凝视目光,纯粹而不受约束,同样可以在社会主义的现实主义题材小说中找到,例如在卡尔·蒙特施托克(Karl Mundstock)的《白夜》(Helle Nächte,1952)中,女主角梦想站在起重机上俯瞰即将成为斯大林城的地方。被崇敬的建设场所转变为田园诗般的城市环境。镜头记录下在斯大林城的街道上漫步,在学校、游乐场和保健中心里带孩子的年轻家庭和青年男女的照片。他们聚集在俱乐部参加社区舞会和节庆,

---

① 迈,《规划城市斯大林城》,第 63 页。

② 有关东欧钢铁城镇的比较,参见达格玛拉·亚耶斯尼雅克—夸斯特,《工厂阴影之下:战后东欧的钢铁城镇》("In the Shadow of the Factory: Steel Towns in Postwar Eastern Europe"),米卡埃尔·哈德(Mikael Hård)和托马斯·J.米萨(Thomas J. Misa)编,《城市机器:现代欧洲城市的内在》(Urban Machinery: Inside Modern European Cities),马萨诸塞州的剑桥和英国伦敦:麻省理工学院出版社 2008 年版,第 187—210 页。

他们的日常生活已然改变。在摄于斯大林城的非凡影集《新生活·新人类》（*Neues Leben — Neue Menschen*，1958)中，庞大的钢铁联合体主导着这座城市，工人们在锅炉和机器间努力完成着他们的工作。一幅幅个人肖像，勇敢的面庞、快乐的孩子和家庭，构成了英雄般的劳动人民，他们的生活"永远摆脱了对日常生活的焦虑……斯大林城市是一个开始"①。他们正在建设一个新世界。

图 6.1 度假者眺望新城斯大林城（即后来的艾森许滕施塔特），德意志民主共和国。赫尔穆特·沙尔（Helmut Schar）为德通社中央图片社（Allgemeiner Deutscher Nachrichtendienst：Zentralbild）所摄（1954 年）。

来源：照片由德国联邦档案馆提供

109

斯大林城是对发展脉络不一的欧洲城市理论的应用和表达。罗希特曾前往苏联旅行，研究过马格尼托哥尔斯克及建于 1948 年的格鲁吉亚工业城鲁斯塔维（Roustavi）。而仅一界之隔的新胡塔也是一个榜样。但无论是新胡塔，还是斯大林城，它们都是立足古典主义的城市设计。虽然这对统社党官员而言无异于莫大的讽刺，因为古典主义既是纳粹的理想国标志，也是勒·柯布西

---

① 海因茨·科尔迪茨（Heinz Colditz）和马丁·吕克（Martin Lücke），《斯大林城：新生活·新人》（*Stalinstadt. Neues Leben — Neue Menschen*）第一卷，柏林：会议出版社 1958 年版。由作者自行翻译。

耶为重建像圣迪耶(Saint-Dié)①甚或是为他的辐射城市(Radiant City)②构想所作设计的标志。但更重要的是,古典主义始终是一个全欧洲共有的设计语汇,它赋予社会主义理想以合法性和意义。它的布局是规整的几何形状,以纪念建筑和径向林荫大道作为中轴标志,构成了与过去相连的那些混乱和城市悲惨景象的对立面。重建为纠正这些罪恶提供了契机。回归古典秩序是取代西方功能主义和不切实际、夸夸其谈的田园城市的另一种选择。与此同时,斯大林城的功能分区,对邻里社区、学校、休闲娱乐设施和公园的关注又紧跟CIAM 的《雅典宪章》的步伐。③ 与田园城市运动或 CIAM 运动一样,社会主义的规划师们构思了位于绿化带和公园内、阳光普照的住宅。直到 20 世纪 50 年代前后,此类观点都共用同一套修辞和审美,其中大多数说法沉浸在一幅兼顾治愈人心和社会福利特性的战后风景画卷之中。

从田园城市的狂热粉丝到恩斯特·迈和勒·柯布西耶,各种理论家所公认的理想是以包含社区中心和社会服务的"邻里单位",并以绿化带为界的居住区住房。"邻里单位"是 20 世纪城市规划理论的必要条件。克拉伦斯·佩里(Clarence Perry)和克拉伦斯·斯泰因(Clarence Stein)为《纽约及其周边区域规划》(*Regional Plan of New York and Its Environs*,1923 年启动)以及纽约森林山公园所做的工作,有助于为作为社会构想与规划手段"邻里"理想提供概念框架。"邻里"被想象为一个村落,它的中心是学校、娱乐和社会设施。这种内向性会形成一种一致的邻里认同。然后,所有邻里又将围绕城市核心区设置,有机地相互联结,形成整座城市。至 20 世纪四五十年代,这一设想已完全被吸收进专业的规划理论之中。它也是斯大林城精髓。1964 年,在莫斯科举行联合国新城专题研讨会上——这场研讨会的重头戏是一场东西方集团国际新城专家的大游行,与会者一致同意"邻里单位和居住小区应当成为

---

① 圣迪耶为法国东部的一座山城。——译者注

② "辐射城市"是勒·柯布西耶在 20 世纪 30 年代提出的现代城市规划理念,这一设想据称受霍华德"田园城市"理论的影响,并且是对勒·柯布西耶在 1922 年提出的"现代城市"理念的补充。"现代城市"理论的核心由摩天大楼作为城市核心的交通枢纽,城市外围则是经过进行规划的居民区。为弥补城市生长的需要,"辐射城市"在此基础上提出将不同功能分区(如商业、工业和居住区)安排在线性带上,可以无限延伸。——译者注

③ 参见芒福德,《CIAM 与共产主义阵营(1928—1959 年)》。

新城规划的基本尺度"。在苏联，由这一理念发展出了"小区"（*mikrorayon*）①。为了强调与苏联新城的相关性，苏联国家工程与建筑委员会副主席 N. V. 巴拉诺夫（N. V. Baranov）这样补充道："邻里作为基本的结构要素，它的重要性得以保留，无论城市的尺度如何，它都是按照同一方式进行组织的。"②

　　起初，这些理想的社会主义变体的不同之处在于从修辞和设计的角度强调城市生活的集体属性，这种属性可以从每个邻里社区内都配有学校和日托所、医疗设施及社区俱乐部中得到证明。但即便存在这样的差异，它也是被冷战的意识形态冲突所夸大的。社会公正、和平与和谐，以及对个人幸福的渴望是重建时期整个欧洲的共同梦想。新城对未来的展望代表了新的国家权威及其通过建设和现代化设想实现这些愿望的能力。这一愿景的乌托邦特性在于新城的实体设计可能会影响人类的行为和社会行为标准。通过合乎标准的城市设计与布局、邻里社区、城市和区域，最后是国家，将作为一个有组织的理性整体成长和繁荣起来。因此新城扮演着实现这一社会工程学梦境实验室的角色。从这个角度来看，与其说新城是某种固定的社会主义（或资本主义）理想，不如说它在战后现代化进程中的功能是定义这些理想。城市和区域变得现代，且易于管理，同时借助基础设施项目和分配系统被纳入国土与经济之中。作为总体规划的一部分，新城是一套合理化经济、社会和空间关系的机制。但这些构想及其应用是动态的，它们会随着政治和经济条件的变化而改变。

　　民主德国国家计划委员会在 1958—1959 年间成立了三个探讨未来国土发展的研究小组，尤其关注的问题是通过聚焦北部农业地区取得更全面、更长足的工业进展，平衡区域发展不均衡，同时避免已实现工业化的南部地区出现人口过剩。作为这一区域产业政策的一部分，施韦特新城建设在统社党第五次党代会上获得批准。这座新城建在靠近位于波兰边界上的奥德河，是全长4,000公里、由乌拉山脉经波兰进入东德的"友谊石油管道"的终点。因此，

111

---

① 这是一种包含民居和公共服务建筑，由主车道、林荫道和自然障碍物构成居住区区隔的生活聚集地。——译者注

② 联合国经济与社会事务部，《大都市区与新城规划》（"Planning of Metropolitan Areas and New Towns"），为 1964 年 8 月 24 日至 9 月 7 日在莫斯科举行的"联合国新城规划与发展专题讨论会"上发表的论文。纽约：经济与社会事务部 1967 年版，第 6,213 页，同上。

位于施韦特的炼油厂就坐落在东方阵营经济互助委员会的跨国经济区内。施
韦特老城在战争期间几乎完全被夷为平地。但可能更重要的是,毗邻的诺伊
马克区和附近的商业城市施特丁(即什切青)如今已因战后德国东部边界改划
而位于波兰境内。因此建设施韦特新城,有助于巩固奥德河沿岸的新边界。
它的确切位置是由化工部副部长汉斯·阿德勒(Hans Adler)决定的。在他经
常被引用的周日清晨漫步于沼泽和树林的回忆中,阿德勒选择了位于奥德—
尼斯河"和平前线"一块"地理位置优越的地方"。

　　但邀请规划人员参与设计一座容纳 17,000 到 20,000 人的新城其实并非
易事。按照历史学家菲利普·施普林格(Philipp Springer)的描述,当地领导
面对这块完全农业化的地区完全束手无措。[①] 尽管如此,1959 年在建筑工地
上砍下第一批树木,仍是一场具有宏大象征意义的仪式。每年都有成千上万
的工人涌入施韦特,希望能够在炼油厂和造纸厂找到工作。电影制作人卡
尔·加斯(Karl Gass)1966 年的纪录片《A 牌》(Asse)就捕捉到了这种氛围。
该片聚焦于 50 名"哈贝纳旅"的工人,他们作为社会主义英雄来到施韦特,准
备建设新的炼油厂。虽然工作饱受混乱、技术难题及面临罢工威胁的艰巨任
务的困扰,但他们仍凭借着管道工与焊工的紧密合作,出色地完成自己的工
作,并获得庄严的表彰。

　　工人住宅甚至是在城市规划决策敲定之前急就而成的。建筑部长恩斯
特·肖尔茨(Ernst Scholz)最终对其进行干预,并任命建筑师塞尔曼·塞尔曼
纳吉奇(Selman Selmanagic)执掌该项目。塞尔曼纳吉奇曾在德绍和柏林的
包豪斯求学,在君士坦丁堡和耶路撒冷实习,还参加过柏林的反法西斯抵抗运
动。战后他作为位于柏林白湖的艺术学院的教授,为施韦特所做的设计方案反映
出了社会主义乌托邦的早期幻想。这个方案是建造环绕旧城中心的紧凑半圆形四
层楼住宅区,每处住宅区都配备有学校和服务机构、人行道及绿地。列宁大道这条
新主干道的尽头位于市中心经过修复的历史城堡前。但塞尔曼纳吉奇对历史主义
几乎不抱恻隐之心,他心满意足于以社会主义社会的"新标准"名义拆除旧城肌理
中残留的一切。与他一起从事施韦特城设计工作的学生还记得他对法西斯主义

112

[①] 菲利普·施普林格(Philipp Springer),《生活在未完工之中:"第三座社会主义城市"施韦特》
("Leben im Unfertigen. Die 'dritte sozialistische Stadt' Schwedt"),巴特编,《社会主义建筑师的
语法》,第 70—71 页。

的野蛮愤慨不已，对未来满怀憧憬，并对设计使城市世界进步充满热忱。[1] 这个方案十分紧凑，建设围绕庄严且被赋予意识形态性质的市中心推进，灵感源于斯大林城的早期社会主义城市规划标准。施韦特的中心将容纳从购物中心到文化设施的一系列城市活动。从市中心步行不超过五分钟就能到达任意居住地。体育设施和小花园点缀在绿化带中，一直延伸到郊区。这是一座社会主义理想城市的象征，被塞尔曼纳吉奇称为"一座社会主义的无忧宫"，一座"位于乡村地带的快乐、安全、可持续发展的城市"。然而，它在 20 世纪 50 年代的民主德国找不到一丁点儿赞同。战后初期受意识形态驱使的新城幻想已沦为经济现实与政治观点转向的牺牲品。塞尔曼纳吉奇被指责为"个人主义"，他的城市观念也被抛弃，以便更严格遵守"社会主义城市设计"，更科学地制定城市规划原则。[2] 针对他的批判来自瓦尔特·乌布利希本人，这对新城图景而言是一个重要风向标。塞尔曼纳吉奇被来自市政建设与建筑研究所的建筑师团队所取代，其中包括彼得·德勒（Peter Doehler）、汉斯·彼得·基尔施（Hans Peter Kirsch）和理查德·鲍立克（Richard Paulick）。

理查德·鲍立克成为东德首席新城建设者。作为民主德国的领军建筑师之一，他的想法在霍耶斯韦达、施韦特和哈勒新城得以贯彻。鲍立克属于世纪中期的一代人，他们开启职业生涯之际正是现代主义成为最前沿建筑设计的时代。他起初担任瓦尔特·格罗皮乌斯（Walt Gropius）在德绍包豪斯的助手。在德绍，他参与了位于卡尔斯鲁厄的"金属样板房"以及作为工业界住房和"新建筑"试验的达玛施托克住宅区建设。鲍立克在民族社会主义大获胜的 1933 年移居上海。作为第一个在中国城市规划领域担任大学教授的人，他以研究克拉伦斯·佩里的"邻里单位"概念为战后的世界做准备。这一概念在当时就已成为全球城市专家所共享的专业术语之一。在担任上海城市规划办公室的负责人期间，鲍立克围绕"邻里单位"概念，发起了与帕特里克·阿伯克龙比大伦敦计划类似的上海综合性大都市规划。1949 年鲍立克回到

---

① 伊里斯·格伦德(Iris Grund)，《1985 年 4 月 25 日塞尔曼·塞尔曼纳吉奇诞辰 80 周年纪念文集》(Selman Selmánagic，Festgabe zun 80. gelurtstag 25. April 1985)，柏林：柏林高等艺术学校 1984 年版，第 44 页。

② 菲利普·施普林格，《被阻碍的梦想——社会主义工业城施韦特的城市发展与生活现状》(Verbaute Träume. Herrschaft，Stadtentwicklung und Lebensrealität in der sozialistischen Industriestadt Schwedt)，第二版，柏林基督教左翼出版社 2006 年版，第 199—200 页。

欧洲,在法国和意大利短暂游历,于 1950 年抵达东德首都。在李卜克内西
的大力支持下,这位拥有跨国经历的规划师适应了民主德国"民族主义"的
建筑现实,迅速在科学院建筑研究所站稳脚跟,还当选德国建筑学院副
院长。

　　鲍立克在施韦特面临的问题是人口不断增长,据估计到 1980 年将达到
60,000 人。诸如此类的危机级人口预测在 20 世纪 50—60 年代是整个欧洲广
泛讨论话题的一部分,而它的缘起多种多样。难民的回归与随后的"婴儿潮"
足以证明人口的爆炸,年轻家庭想要开启自己的生活,却不得不面对战争破坏
与严重的住房短缺,因此建造房屋成为无处不在的热点政治问题。规划文件
始终以人口统计和惊人的人口预测构成综合性城市发展计划合法性的起点。
这是获取国家补贴和稀缺资源的政治策略。① 塞尔曼纳吉奇为施韦特构思的
绿化带和社会设施因为快速大规模建设公寓楼而被弃之不用。在塞尔曼纳吉
奇的设计一直十分突出的昂贵"泳池……和文化中心"被认为并不适合这座城
市的需求。各住宅区(Wohnkomplex)的公寓单元都变小了,建筑物本身的规
模和密度则有所增加。② 但与其说是围绕仪式性的市中心形成一座紧凑的城
市,不如说这些住宅区是四散开来,但位置都靠近炼油厂。每座住宅区都将形
成自己的邻里单位,并拥有自己的社区中心。以列宁大道通向施韦特著名城
堡的巴洛克轴线则被忽略掉了。1962 年社会主义政府摧毁了城堡,这是彻底
放弃施韦特历史中心区及其象征性作用的信号。

　　因此,相比艾森许滕施塔特的乌托邦模式和塞尔曼纳吉奇对施韦特的理
想化构思,后来在诸如霍耶斯韦达、施韦特和哈勒新城进行的社会主义新城尝
试中出现了急转直下的变化,前两者强调带有纪念性建筑物、仪式性的中轴街
道,以及作为集体生活聚集地的广场。这些昂贵的意识形态原型的摆脱,是在
苏联的引导下完成的。1954 年 11 月尼基塔·赫鲁晓夫宣布全面推动标准化
大规模住房建设。东德紧随其后,1955 年 4 月库尔特·李卜克内西向出席某
次建筑会议的约 1,800 名代表宣布了一项旨在"更好、更廉价、更快速"大兴土
木的方案。李卜克内西将民族传统建筑的美学讨论搁置一边,转而关注"我们
优先考虑建筑业中科学技术的绝对必要性,还要将我们所有的努力都集中在

---

① 参见伯恩哈特和赖夫编,《社会主义城市》,第 305—306 页。
② 施普林格,《生活在未完工之中》,第 75—76 页。

获取现代建筑的先进知识上"①。甚至连设计斯大林城的库尔特·罗希特也认为，对于"民族传统和文化遗产的关注只是一种一厢情愿式的浪漫主义，它忽视了现代建筑技术、机械化和成本……"②

东德建筑师与西方的广泛联系以及那里出现的技术创新，也对大型住房建设转型构成了重大影响。当苏联宣布新政策，他们就已经做好了准备。作为德国建筑学院副院长的理查德·鲍立克在 1956 年全体会议上发表了有关建筑工业化与标准化的主旨演讲。他是民主德国最早也是最激进的工业化住房建设的倡导者之一。西方住房建设模式在这一向大规模预制的转型过程中扮演了重要角色。前往西欧城镇进行研究考察的旅行报告和文章开始定期刊登在《德国建筑》(*Deutsche Architektur*)上。1956 年，联合国欧洲经济委员会下属的住房委员会为前往比利时和荷兰的考察旅行提供资助——其中就有民主德国的建筑师的身影。③ 还有文章报道了在夸涅或卡穆出现的法国早期"巴雷斯"(*barres*)和"托斯"(*tours*)大型预制板建筑系统④，后者在苏联得到广泛应用并扩展到整个东欧。像在莫斯科召开的建筑联盟 1958 年大会之类的活动亦成为介绍西方住房观念的重要国际活动。⑤《板式建筑》(*Plattenbau*)分享了标准化的预制住房在 50 年代中期向整个全欧洲乃至更广大地区扩展的景象。工厂直接批量生产用于承重的混凝土厚墙和楼板，运往工地，随后使

114

---

① 库尔特·李卜克内西发表在 1955 年第 4 卷第 2 期的《德国建筑》上；以及李卜克内西，《服务建筑工业化进程的知识》("Die Wissenschaft im Dienste der Industrialisierung des Bauwesens")，《德国建筑》1956 年第五卷第 4 期，第 153—154 页。

② 库尔特·罗希特，《工业化带给我们的总体视角》("Die Industrialisierung gibt uns die Generalperspektive")，《德国建筑》1957 年第 6 卷第 1 期，第 27—30 页。

③ 乌尔利希·维尔肯(Ulrich Wilken)，《比利时与荷兰住房建设城市联盟的问题》("Probleme des Städtebund Wohnungsbaus in Belgien und Holland")，《德国建筑》1957 年第 6 卷第 1 期，第 27—30 页。

④ 汉斯·穆克(Hans Mucke)，《法国的工业化住宅建设》("Industrieller Wohnungsbau in Frankreich")，《德国建筑》1957 年第 6 卷第 6 期，第 342—345 页。

⑤ 有关这一点参见米尔斯·格伦迪尼(Miles Glendinning)，《冷战的和解：20 世纪 50 年代末至 60 年代初的国际建筑大会》("Cold-War Conciliation: International Architectural Congresses in the late 1950s and early 1960s")，《建筑学期刊》2009 年第 14 卷第 2 期，第 197—217 页。关于与西欧规划学者思想交流的增多，亦可参见托马斯·托普夫施台特(Thomas Topfstedt)，《现代化的余晖：50 至 60 年代民主德国的建筑与市政建设》("Die nachgeholte Moderne. Architektur und Städtebau in der DDR während der 50er und 60er Jahre")，加比·多尔夫-博嫩肯佩尔(Gabi Dolff-Bonekämper)和希尔特鲁德·基尔(Hiltrud Kier)编，《20 世纪的市政建设与国家建设》(*Städtebau und Staatsbauim 20. Jahrhundert*)，慕尼黑：德国艺术出版社 1996 年版，第 39—54 页。

用大型起重机集中进行建设。新城是此类尝试快速低廉解决住房短缺问题的系统化建造技术的试验田,这正是赫鲁晓夫所鼓吹的。这些城镇拥有东德数量最多的新建预制板式建筑(*Plattenbauten*),而它们对此的需求也极为庞大。

霍耶斯韦达新城成为工业化批量生产住房产品的试点项目,它也是民主德国第二个五年计划(1956—1960 年)中规模最大的住房建设项目之一。霍耶斯韦达老城位于波兰边境的劳泽茨地区——这里曾经是西里西亚的一部分。它在战时遭到严重破坏,人口也锐减至仅有 7,000 人。然而这个地方的价值在于它周围分布着储备丰富的褐煤矿。1955 年建成的燃煤电站"黑色管道",将为东德的广大地区提供煤气,由此计划要在老城东北面建设一座可以容纳约 480,000 人的新城。霍耶斯韦达的目标是展现社会主义新社会规划与技术水平。"在资本主义制度中,"鲍立克这样写道,"这座城市曾以满足管理者和白领工人需求为本⋯⋯在社会主义社会,诸如此类的考量全无用武之地。我们不仅能够调节生产力的发展,还要以一种按照科学原理正确规划的方式将这一点向我们共和国的每个地区扩散,并以我们劳动人民的需求为出发点,为他们规划家园。"[①]建设这座城市的建筑工人与"黑色管道"的熟练雇员将改变这一地区的社会结构。它将变得现代。

奠基仪式于 1955 年 8 月举行。新的能源工厂包括煤气生产、配电设施、水处理工厂、砖厂、车间、行政大楼,以及餐馆、职员俱乐部——大部分由建筑师赫尔曼·埃普勒(Hermann Eppler)依照"**新建筑**"形式主义的传统进行设计。霍耶斯韦达与"黑色管道"对于整整一代能源工人而言是心脏地带。《德国建筑》也以数页的篇幅描述了建设霍耶斯韦达"板楼"(*Plattenbau*)住宅区的工业化技术标准。[②] 东德首家完全机械化生产的大型板材企业"大策尔西斯"在霍耶斯韦达投产,年产 7,000 套住宅单元。一场旨在为民主德国的城市

---

① 理查德·鲍立克,《霍耶斯韦达———座德意志民主共和国的社会主义之城》("Hoyerswerda — eine sozialistische Stadt der Deutschen Demokratischen Republik"),《德国建筑》1960 年第 9 卷第 7 期,第 365 页。

② 例如参考汉斯-格奥尔格·汉内克(Hans-Georg Heinecke),《新霍耶斯韦达新住宅建筑类型概述》("Die neuen Typengrundrisse für die Wohnbauten in Neu-Hoyerswerda"),《德国建筑》1956 年第 9 卷第 1 期;此外还有赫尔穆特·门德(Helmut Mende),《霍耶斯韦达的大型板式建筑》("Das Grossplattenwerk von Hoyerswerda"),《德国建筑》1956 年第 5 卷第 2 期,以及鲁道夫·德梅尔(Rudolf Dehmel),《霍耶斯韦达板式建筑方式的新类型概述》("Die neuen Typengrun drisse für Grossplattenbauweise in Hoyerswerda"),《德国建筑》1956 年第 5 卷第 2 期。

规划制定新标准的新城设计竞赛得以展开，最终还是鲍立克接手这一旨在实现工业化城市的工程的领导工作："我们建设霍耶斯韦达的目标是统一技术生产与组装。霍耶斯韦达的建设是一场在经济、组织架构、技术和建筑规划上的试验……整座城市都是预制生产出来的。"①

　　作为社会主义规划的基本单位，七座独立的住宅区均拥有自己的商店和服务设施，公共用地与中心花园，在住宅区的一角还设有学校。在霍耶斯韦达工作期间，鲍立克开始形成一系列有关社会主义设计的基本理论假设。他认为"居住街区"（housing block）是社会组织的最小单位。它的重要性超出了设计和规划的范畴，还包含艺术、文化，以及整个社会生活。理想的"居住街区"作为自给自足的单位，计划在其范围内提供满足一切日常生活的服务，实现妇女的社会主义解放。它应当通过严格分区和避免噪声、交通和污染侵扰，提高公共健康标准。它应当提供绿地、新鲜空气以及户外活动空间，使得城乡融为一体。至关重要的是，整个住宅区应当解决由资本主义所引发的长期住房短缺问题。鲍立克所传递的正是城市改革者从埃比尼泽·霍华德、雷蒙德·欧文和克拉伦斯·斯坦因到瑞典社会学家阿尔韦·米达尔（Alve Myrdal）和建筑师斯万·马克柳斯（Sven Markelius）的理念。后两者 1937 年在斯德哥尔摩合作集体住宅项目（该项目本身也是以 20 世纪 20 年代俄国的集体住宅建设经验为起点）时优先考虑了妇女解放问题。最终霍耶斯韦达的七座住宅区——每一座都由高度和长度不一的"居住街区"组成——沿高速主路串联起来，并以几何形状绿地相互隔开。这种由平面规划造成的隔断，明确了每座住宅区作为"邻里单位"的身份。所有的居住区又共同构成了霍耶斯韦达城。西方的新城方案主要为市中心构想服务。寄托着社会主义美好愿景的艾森许滕施塔特纪念广场被弃置一边，取而代之的是斯万·马克柳斯为瑞典新城瓦林拜所设计的模型，这一模型在 1954 年完成之际便引发国际轰动。马克柳斯为市中心选择了低层建筑物，围绕着火车站上方的行人月台广场。因此霍耶斯韦达的市中心也被设计成一处位于火车站与通往"黑色管道"工厂的主干道交会处的开放式广场。这个"平坦的中心"被大型百货商场、专卖店和服务机构这些"为一个充分发展的社会主义体系提供完整商品序列"的设施所包围。除此之外

115

---

① 沃尔夫冈·特内尔和彼得·穆勒（Peter Müller）编，《包豪斯传统与民主德国的现代性：建筑师理查德·鲍立克》（*Bauhaus-Tradition und DDR-Moderne. Der Architekt Richard Paulick*），柏林：德国艺术出版社 2006 年版，第 126 页。

还有电影院、咖啡馆和餐馆，以及文化之家。① 尽管一座马克思-恩格斯纪念碑被设计成市中心的焦点，但这座社会主义新城却似乎越来越受到西方同行的青睐。

霍耶斯韦达与哈勒新城的全局模型、示意图和草稿制作精良。建筑师在空白的纸面上绘制出如同多米诺骨牌般的住房。它们的空间结构对新城的成功起到决定性作用：以按照平行线、直角线、对角线、正方形大批建造的街区覆盖了虚构的模型景观。非等级式的结构代表着一个合作型的社会，所有人都能分享与参与。这些示意图标志着一种全新的社会秩序与生活环境——将真实与抽象的设计混合起来的纯粹梦想。它们是悬而未决的现实与某种乌托邦组织的工具。② 由此可见，东德的建筑师们普遍着迷于 20 世纪下半叶出现的，或许能创造和稳定社会群体的空间设计。这种痴迷生产出大量不切实际的插画、图纸和示意图——它们将规划定义为某种能够合理组织和控制物理环境的专业知识。这些方案在媒体活动中被大肆宣传，通过纪录片、杂志和报纸文章加以呈现，并以可能实现的未来主义的姿态出现。在《民主德国建筑》（*Architektur der DDR*）杂志中，英国米尔顿·凯恩斯（Milton Keynes）新城的超现实主义插画以一种 20 世纪 60 年代和 70 年代太空时代美学风格绘制了以玻璃覆盖的公共广场、直升机停机坪和多层道路，配上对霍耶斯韦达的壮丽描述。③ 这代表了一种对太空时代城市生活的共同想象。而最引人注目的象征则是 1965 年 10 月瓦尔特·乌布利希与苏联宇航员阿列克谢·列昂诺夫（Alexei Leonov）联袂出现在哈勒新城。在一张传遍整个民主德国的照片中，列昂诺夫正微笑着俯视一座未来城市的等比缩放模型。霍耶斯韦达与哈勒新城正是人造卫星时代的新城。这一图像产品是一种以流行文化进行公共教育的形式，以此表明**社会主义新人**将如何以现代标准生活和工作。

讽刺的是，纵然付出了巨大的努力以建设理想国，但这些位于霍耶斯韦达与哈勒新城的板楼建筑群可能要比东德其他任何地方更能代表现代主义的失

116

---

① 鲍立克，《霍耶斯韦达》，第 357 页。有关霍耶斯韦达设计的完备材料可以参考托马斯·托普夫施台特，《1955—1971 年民主德国的市政建设》（*Städtebau in der DDR 1955 - 1971*），莱比锡：E. A. 泽曼 1988 年版，第 31—36 页。

② 这方面的观点参见安东尼·维德勒（Anthony Vidler），《图解图表：建筑的抽象与现代表现形式》（"Diagrams of Diagrams：Architectural Abstraction and Modern Representation"），《表现形式》（*Representation*）2000 年第 72 期，第 1—20 页。

③ 《民主德国建筑》1975 年第 24 期，第 742—745 页。

败。虽然鲍立克热衷营造住宅社区中的社会环境，然而千篇一律的预制混凝土建筑却呈现出一种单调、孤立的景观。为了实现"社会主义原则"，多样性被牺牲掉了。[①] 每座住宅区有 4,500—5,000 人居住。但直到这座城市建成十年之后才有了第一家游乐场。作家布里吉特·赖曼（Brigitte Reimann）1960 年搬到霍耶斯韦达，作为民主德国文化项目"比特费尔德之路"[②]的一部分，她开始担任"黑色管道"煤电站的实验室助理。赖曼最畅销的小说《弗朗西斯卡·林克汉德》（*Franziska Linkerhand*，1974）以震撼人心的笔触描绘了造成住宅区综合征的社会隔离、冷漠与暴力。在小说中，一位在当地设计事务所工作的年轻女性对住房政策发起挑战，并发现自己的想法与城市首席建筑师的观点背道而驰。这个人正是理查德·鲍立克的化身——他梦想建立一个严密组织的预制化理想小镇。[③] 但弗朗西斯卡却生活在一个了无生气的住宅区里，到处是垃圾和废弃的球场，环境令人窒息。乌托邦与霍耶斯韦达日常生活中的反乌托邦分歧或许是新城最突兀的特点，当然也是最著名的特点。导致这一情况的原因之一是大量人口为谋求在"黑色管道"工厂工作而涌入城市。新城最初的人口预测立即就显示过低了。至 60 年代中期，当时的居住区仍在建，却已有 35,000 人在霍耶斯韦达生活。而到了 1968 年，这个数字跃升至超过53,000 人，1980 年达到 73,000 人。几乎没有人想到要在城市中心广场周围建造梦想中的城市设施或是设立咖啡馆，开辟露天阳台；相反，住房建设高于一切。在这个过程中，日常生活标准问题注定了预制板楼的失败——即便它们仍在建设中。直到 1968 年中央百货商店开门营业才开启大规模的庆祝活动。城市规划者们以消费社会的象征取代了政治象征。这栋建筑本身就是一个大尺度灵活商业空间的设计实验。消费者可以在楼内买到家用电器，尤其是新的冰箱、洗衣机、收音机和电视机。这些是东德直到 60 年代中期才能买到的产品。

　　1958 年五年计划的失败以及 1961 年这一计划被最终放弃引发了一场彻

---

① 鲍立克，《霍耶斯韦达》，第 366 页。

② "比特费尔德之路"（*Bitterfelder Weg*）是民主德国于 1959 年提出的一项文化发展计划，其目标是"克服当前艺术脱离生活，艺术家脱离群众"的状况，推动"满足劳动人民日益增长的艺术审美需求"的艺术创作活动。因这一倡议是 1959 年 4 月在比特费尔德召开的作家大会上提出的，故名。——译者注

③ 布里吉特·赖曼，《弗朗西斯卡·林克汉德》，柏林：构造出版社 2000 年版。

117　　底的反思,东德的规划专家与经济专家转向引入新的规划概念与组织结构,即"新经济制度"(NÖS)。成本效率、合理化、计算和控制论成为新的流行话语。1961 年,民主德国刊物《统一》(*Einheit*)组织了一场旨在普及控制论的会议。同年,科学院的哲学家格奥尔格·克劳斯(Georg Klaus,他也是该理论最著名的狂热粉丝)以"民主德国的科学、技术和经济中的控制论"为题出版了他的论文集,指出控制论是"唯物主义辩证法最令人印象深刻的证明"。而在 1967 年4 月召开的统社党第七次会议上,乌布利希开始公开谈论"系统"思想和诺贝特·魏纳(Norbert Weiner)的工作。民主德国成为东方阵营科学领导与管理的领头羊,为一代技术精英在 60 年代早期创立"新经济制度"开辟了道路。他们所采纳的控制论和系统理论被认为只有在先进的社会主义国家才能完全实现,并且是和西方保持竞争的一种方式。越来越多的专家作为工业和建筑顾问被吸纳进统社党中央和地方。规划不再受自上而下的意识形态指令驱动,而是能够立足科学模型。一个先进的社会主义社会被认为是一个由自调节的子系统组成的完整系统(*Gesamtsystem*)。用乌布利希的话来说,信息与数据将为理解和管理这些"取之于民用之于民"的复杂社会系统提供关键线索。

　　为了响应统社党有关"先进社会主义制度"的号召,德国建筑学院以会议、调研旅行,以及建筑类出版社出版的众多文章展开了"城市规划新阶段"的大讨论。城市学是立足四个要素的科学,其中第一个要素是"将原子能、自动化和控制论作为新的生产力"。这几点连同不断提高的生产力、城市化及对历史和环境的尊重,将使城市"变得更大、更不同、更复杂、更密集、更高、更具移动性;也使城市变得生动、文雅和人性化。当然,此类进步的想法只可能在精心规划取代利润驱动的社会主义城市得以发展"。但社会主义规划人员应当被问及,也已经被提出来的问题是:城市规划要素要如何以数学的方式呈现出来,而新的国际概念又当如何利用?[①] 答案十分庞大:城市和地区被视为能够被合理测量和计算的复杂体系——尤其是借助全新的计算机数据处理能力。总结这个系统的现状包括:人口、就业、交通流量等。通过精确的数学公式为它的绩效设定具体的目标和对象。整个大都市区被构想为一个统一进行生产与再生产的功能系统,由以交通网络连通的重点城市构成。每座新城都被设

---

① 赖因哈德·西尔滕(Reinhard Sylten),《市政建设预测与分析》("Zur Prognose und Analyse im Städtebau"),《德国建筑》1969 年第 17 卷第 4 期,第 217 页。

计成拥有精心布局的建筑物、空间和交通干道的统一系统。城市与其说是像斯大林城这类早期模式那样，是一个按照自身内在逻辑、离散而有边界的地方，不如说是被构想成为人口、物质和信息在地区流通的抽象流动节点。

民主德国采纳控制论和系统理论也是城市规划界引入科学方法这一具有广泛影响的国际运动的一部分。这一做法掩盖了东方阵营内政治与意识形态的禁忌，并允许公开转化西方技术知识。在最早撰写于 20 世纪 50 年代后期，并于 1968 年修订、增补的《共产主义理想城市》(*The Ideal Communist City*) 一书中，一群莫斯科大学的年轻建筑师试图将马克思主义有关社会关系的概念与控制论、信息理论、人体工程学及新技术美学联系起来，以科学方式设计一套共产主义模范生活。资本主义城市发展的混乱无序将被一个动态的城市定居系统所取代。他们提出，以数英里为尺度的区域进行合理规划表明，"我们已进入一个有意识发展城市的新阶段，最终目标是将地球整合为一个适应某种新型社会组织与现代技术发展潜力的单一系统"。① 其中的城镇就类似于最初由埃比尼泽·霍华德所设想的田园城市系统，但如今它拥有了一个经由控制论主导、计算机化的数据框架。第二个例子则是博莱斯瓦夫·马利什 (Boleslaw Malisz)，他是位于华沙的波兰科学院城市规划与建筑研究所的一名教授。马利什撰写了大量有关区域发展和新城的文章，并发明了"临界分析"的定量预测技术——该技术从 60 年代起影响西欧和美国。② 系统分析与控制论所呈现出的是科学、数字及预测的虚假客观性，它们其实依然受有关现代性和权力的社会价值观的支配。

那么这些社会科学方法又是如何影响民主德国的新城政策的？至 20 世纪 60 年代中期，民主德国已建立起省一级的城市与区域规划办公室，并开始以一种综合性的空间视角考察基础设施、交通与城市居住区。哈勒新城（或如其最初的名字：哈勒西[Halle-West]）的新城区便是运用此类新系统准则有意识地设计并建设的。当时计划在萨克森—安哈特的萨勒河沿岸哈勒制造城

118

---

① 阿列克谢·古特诺夫（Alexei Gutnov）等人，《理想的共产主义城市》(*The Ideal Communist City*)，勒妮·诺伊·沃特金斯（Renée Neu Watkins）译，纽约：乔治·巴西勒 1971 年版，第 101 页。

② 博莱斯瓦夫·马利什（Boleslaw Malisz），《作为城市及区域规划工具的临界分析》("Threshold Analysis as a Tool in Urban and Regional Planning")，《区域科学论文》1972 年第 29 卷第 1 期，第 167—177 页。

西郊的罗伊纳和布纳化工厂周围设立"化学城"。它的定位是铁路、公路及向东德延伸的内陆水道的重要交通枢纽。哈勒新城的规划引发了极大的热情。展览、官方出版物、新闻报道都预言这将是一座未来之城。一本有关新城初步规划的小册子向民主德国发出"迈向社会主义新千年"的邀约。菲德尔·卡斯特罗（Fidel Castro）于 1972 年到访（他还站在等比缩放的未来城市模型前拍照留念），来自北越、巴勒斯坦解放组织、西尼日利亚及法国的代表团也相继前来。哈勒新城是一座无所不包的未来城市典范——它是一座幸福的城市，是社会主义的产物。[①]

　　瓦尔特·乌布利希与统社党的官员也参与了有关新城形式的讨论，城市规划师与建筑师、经济学家、社会学家、工程师和技术人员组成的团队也加入其中，就总体规划整合城市生活与周边地区基础设施各个方面提供咨询。交通网络被认为是城市流动的循环系统。最重要的是，数学家和计算机专家处理了大量涉及基础设施、建筑工程、大规模住房材料和交通流量的技术数据，所有这些数据都被输入早期计算机程序中，用以设计结构和预测模型。电子数据的处理与预测是新城诞生过程中最大胆的部分。哈勒新城是民主德国最大城市规划方案之一，有超过 100 家企业和约 4,000 名工人投身它的建设。来自波兰、捷克斯洛伐克、保加利亚和南斯拉夫的建筑专家也参与其中，当然还有永不缺席的"青年旅"——他们是新城职业培训与社区精神的象征，以参与建设哈勒新城的"阿图尔·贝克"旅的年轻成员为例，他们学习了最新的建筑技术与民用工程技术。

　　"哈勒新城是新事物的象征"，官方出版物如此回应道，"它吸引着年轻人……"除了知名人物站在乌托邦的比例模型前的官方照片外，新城镇的视觉图像还有两种不同的类型。最普遍的是儿童和年轻人享受着他们的生活环境及其带来的好处。游乐场上孩子们的笑脸使得社会理想国的梦想变得生动起来；年轻的夫妇气定神闲地推着他们的婴儿车穿过公园；儿童在树丛里穿梭，在喷泉中嬉戏或是走在上学的路上。这一社会主义新一代的形象被编织进奠定新城基石的象征性图景中，同时对于城市工业高等技术学校而言具有开创性意义。这座城市，《哈勒新城：化工工人之城的规划与建设》（*Halle-Neustadt：Plan und Bau der Chemiearbeiterstadt*）中继续写道："已经发展成为汇聚工

119

---

① 参见《民主德国建筑》1974 年 6 月第 23 期第 326 页的探访与引证。

作、居住、文化、贸易、管理、技术和组织需求的复杂整体……这就需要城市结构的构成和谐融合。"在资本主义制度下，要创造这样一个稳定的功能系统是不可能的；而在社会主义条件下，它才有可能史无前例地实现。[1] 第二种视觉表达形式是用相机记录下的新城市景观（图 6.2），这些画面醉心于呈现天际线下的居住区。白天，这些房屋突兀如覆盖在开放空间与公园之上的垂直阴影；夜晚，它们的灯光闪烁着现代都市奇景的光芒。由此构成了一部社会主义追求现代性的视觉编年史。

图 6.2 民主德国哈勒新城的新住宅区，赫尔穆特·沙尔为德通社中央图片社所摄（1966 年）

来源：照片由德国联邦档案馆提供

与早期的新城相比，哈勒新城的住宅区规模庞大，每个小区可容纳大约 120
15,000 人。大型建筑工地与 WBS 70 系列的标准化公寓成为标配。鲍立克和他的团队测算了从砾石到陶瓷和诸如塑料、聚酯和铝材一类先进材料的所有东西，对可移动的模块化墙板和超抛物线形状的预制混凝土"德尔塔"外壳进行了实验，用作公共建筑的屋顶。鲍立克热衷于撰写有关美国建筑技术的文章。[2] 巨大的塔楼与直线条沿一条四车道公路和铁路线分成若干组，公路与铁路又将它们与化工厂和萨勒河畔的哈勒老城区连接起来。而随着新城的扩建，才出现了越来越多格局不一的居住区。设计上的想象呈现出某种他们自

---

[1] 哈勒区委员会市政建设与建筑办公室，《哈勒新城：化工工人之城的规划与建设》，柏林建设出版社 1972 年版，第 41 页；同上。

[2] 理查德·鲍立克，《美国住房建设现代化进程中的合理化技术》（"Rationelle Technologie für die Modernisierung von Wohnbauten in den USA"），《德国建筑》1967 年第 16 卷第 2 期，第 117—118 页。

我生产与再生产的生活,成为未来的视觉文本。邻里社区的整体布局,无论是室内空间还是周边建筑物的编排,都对和谐统一感产生至关重要的影响。这些设计将"塑造他们的意识,并有助于对环境产生情感上的认同"。哈勒新城的官方描述援引凯文·林奇(Kevin Lynch)1960 年《城市印象》(*The Image of the City*)中的话,给出了这样的可能性:即借由正确的设计,林奇所描绘过的和谐、舒适的邻里感情可能会扩展到整座城市。[①]

一号居住区的邻里中心是一处时尚的现代主义紧凑建筑(*Kompaktbau*)风格的购物中心,它由钢筋混凝土砌筑而成,周围环绕着雕塑花园、休闲区和游乐场。这栋紧凑建筑以其兼具经济性与功能性且风格精致而备受褒奖,它包含了所有日常生活必需的服务:超市和餐馆、邮局、药房与医务室、理发店和干洗店、俱乐部和礼堂。从居住区内的任何一套公寓处都可以步行到达这里。它不仅是一个购物中心,还是邻里社区集体的核心,而这一点也被应用于施韦特。建筑师埃里希·豪斯谢尔德(Erich Hauschild)的办公室靠近布拉提诺幼儿园,它被设计成一座带有玻璃幕墙的飞碟形建筑,散发出 20 世纪 60 年代风靡一时的太空美学气息。这一栋上世纪中叶未来主义风格的建筑,将司空见惯的邻里理想带入新城设计之中。

不过,哈勒新城中心的梦幻景象明白无误地证明跨国规划影响力的转化与适应力。理想国式的图景中充满了活力四射的市中心氛围:高层建筑、多层的购物中心,还有精致的城市生活。[②] 它致力于推动消费文化与政治意识形态。从 20 世纪 60 年代起,由于密切关注资本主义国家的进步,汽车生产和公共道路系统也成为衡量民主德国经济成就的标尺。理想的社会主义城市哈勒新城也因此拥有了高速公路、错综复杂的道路系统、立交桥和交通环岛。在市中心,建筑师们选择对行人和车辆交通进行严格的功能性划分——这也是欧洲各地的规划精英普遍采取的策略,与 1963 年英国交通部出版的《城镇交通》(*Traffic in Town*)如出一辙。哈勒新城的高速公路还拦腰截断了时髦的步行广场与自动扶梯可达的多层购物中心。一幅幅的建筑插图则宛如一座美妙华丽的现代主义画廊——它揭开了一个将城市生活与科幻小说结合在一起的乌托邦世界的帷幕。令人无法呼吸的高楼在全新的公家土地上拔地而起,

① 哈勒,《哈勒新城》,第 143 页。
② 参见载于《德国建筑》1967 年第 16 卷第 4 期和《民主德国建筑》1974 年 6 月第 23 期上的哈勒新城插图。

这座城市的生活正飘荡在其间广阔的水平空间之中。这种现代主义的视角与 60 和 70 年代风靡英、法、德的新城完全一致。

  理想的社会主义城市将视线投向明天。它被想象为一块空白的画布，在这块画布上可以设计和生产理想国式的定居点，作为面向未来的迷人典范。而未来本身也被想象成一个空旷的空间，可以用抽象的图景填充，并最终充满了抽象的公民。虽然对许多人来说，这种战后社会主义理想国似乎并没有太大意义，它是平庸的、意识形态化的，并以惨败告终，但它却意外呈现出承继自现代主义乌托邦遗产的一系列重要观念和影响。社会主义新城是民主德国的重要"明星"：这些项目提供了一条通往现代性的独特道路。城市天堂与战后现代化、社会稳定及界定国家领土联系在一起。它还提供了辨识空间与社会控制的途径。规划师与建筑师预先形成了一系列源于复杂跨国框架的乌托邦美学观念，以及一套以专家知识和新技术动态转移为指导的方法。建筑师与城市规划师之间的专业交流也并未因冷战的存在而中断。由于民主德国建立起社会科学的知识基础，因此得以充分享有规划专门化，规划人员获得了科学合法性。他们的知识作为构思理想社会主义世界的框架而被政权采纳和推广。

125 # 7. 作为冷战柏林跨国挑衅的住房建设

格雷格·卡斯蒂略

最能说明冷战时期的柏林把握机会利用城市肌理作为宣传媒介的构造物,或许不是建筑,而是双面广告牌。在波茨坦广场这座被柏林内部界线一分为二的中央广场的西侧尽头,1950 年秋,建筑工人们搭建起三座十字钢钢架。一栋八层建筑物的顶端,被一个长 30 米(100 英尺)、高 1.5 米(5 英尺)的水平桁架所覆盖。一组由 2,000 个灯泡组成的灯网被镶嵌在桁架东面,上面用霓虹灯做成的字母赫然写着"《柏林自由报》报道"("DIE FREIE BERLINER PRESSE MELDT")。10 月 10 日,一家新闻媒体财团开始为它们的头条新闻亮灯。在接下来的 24 年中,一条闪亮的西方新闻短讯条幅始终在东柏林夜晚的屋顶上缓缓滚动。①

东德当局对这一挑衅行动做出快速反应。仅一周之内,汉堡的《晚报》(*Abendblatt*)就报道称,(东德的)国家安全部设计了一种"特殊的弹射器"——一条填允细砂并充满压缩空气的消防带,而且可以像一个当代大卫那样迅速掷出一大块石头砸向西边的歌利亚灯泡。② 当然真实的回应迂回曲折得多。这个社会主义国家选择背离正统的意识形态观念,向资本主义消费者发出呼吁,反击西方的新闻攻势。几周内,另一个八层楼高的塔架在波茨坦广场的东边冉冉升起。斜臂和张拉索固定住一个 30 米长的发光灯牌,从 11 月 24 日起闪烁光芒。③ 它宣布"聪明的柏林人在 HO 购物"(Der kluge

---

① http://www.potsdamer-platz.org/die-freie-berliner-presse-meldt.htm(2012 年 12 月 3 日访问)。

② 《用压缩空气对付灯泡》("Mit Preßluft gegen Birnen"),《汉堡晚报》1950 年 10 月 18 日第 244 期,第 1 页。

③ 《霓虹灯之战》("Leuchtschriftkrieg"),《汉堡晚报》1950 年 11 月 25—26 日第 276 期,第 2 页。

Berilnerkauft in der HO），为东德国营商场"贸易组织"（Handelsorganisation，缩写为 HO）打广告。

在 1948—1949 年的柏林危机期间，位于波茨坦广场侧翼的 HO 旗舰店已经通过向西柏林人供应短缺物资，为东边换取新货币。至 1950 年时，随着封锁解除，西方政治家发誓要终结这条货币外流线路。一位西柏林记者夸张地说道："那些赚着西边的钱，但去东边找理发师、裁缝、鞋匠，去公共游泳池和HO 的人……是争取自由的柏林人身上的寄生虫。"①因此这家国营商场明亮的新广告牌无异于在伤口上撒盐。以 HO 的招牌来说，这个利用话术对付东西柏林消费者语言的照明装置是双面的，它朝两个方向打出相同的信息。不过，虽然面向西面的广告牌旨在吸引西边的消费者（和他们的硬通货）跨越开放的边界，但如君特·贝尔曼（Günther Bellmann）所说，这张双面神的脸具有不同的功能。绚丽的霓虹灯前景，也干扰了东柏林人阅读西柏林天际线上方的灯光新闻头条。② 而 HO 广告牌上的照片上还布满附加的标语，意在进一步遮盖西柏林的新闻简报，贝尔曼的论点得到了证实。

波茨坦广场的广告牌之争为城市空间中竞争性对话的诞生提供了一个研究案例。柏林的分裂源于它作为冷战地点的特殊地位，社会主义首都和资本主义大都市沿着一条开放的边界在这里有了交集。对于历史学家和公众而言，"冷战柏林"一词会让人联想到一幅被水泥墙、铁丝网以及豁口般的死亡无人区割裂的城市景象。但从 1945—1961 年这堵臭名昭著的界墙被筑造出来之前，这座城市的割裂仅限于管辖权意义上，而非实质性的。按照最初的布局，战后柏林允许居民建构跨越地缘政治边界的日常生活。西边的市民可以在他们属于东方阵营的姐妹城市以优惠的汇率购买廉价商品。东柏林人则可以越境进入资本主义地区，享受被政党意识形态所厌恶的奢侈品和流行的娱乐活动。正是受消费者相互渗透柏林边界的启发，宣传人员制定出新的战略，以求覆盖被冷战一分为二的城市目标群体。波茨坦广场上的对峙就体现出这些对抗的即兴性质，还表现为在每一次战术动作之后引发一连串的反制措施。

① 《德国马克抵抗"纸糊马克"》（"D-Mark gegen 'Tapetenmark'"），《时代报》（*Die Zeit*）1989 年 12月 1 日第 49 期。
② 君特·贝尔曼，《波茨坦广场——国际大都市的中心》（*Potsdamer Platz. Drehscheibe der Weltstadt*），柏林：乌尔施泰因 1997 年版，引自 http://www.potsdamer-platz.org/die-freie-berliner-presse-meldet.htm（2012 年 12 月 3 日访问）。

"马歇尔计划援助柏林重建"：因斯布鲁克广场的高层建筑

苏联总理维亚切斯拉夫·莫洛托夫(Vyacheslav Molotov)的观点与美国当局一致。他宣布："柏林有事，则德国有事；德国有事，则欧洲有事。"战时的严重破坏使得住房建设成为占领国争夺战后德国人心的关键所在。作为希特勒总体战的最终章，英美的轰炸与苏联的炮击使 884 平方公里的纳粹首都沦为一座充斥着瓦砾、扭曲变形的金属和冒着浓烟的木材的迷宫。全柏林三分之一的住房被完全摧毁或很难修复；在内城各区，这一比例更是上升至一半以上。柏林人走出地下掩体，来到一片废墟之上，时间甚至缩短为零，即传奇般的"零点"(Stunde Null)。在战后一份出自前包豪斯成员约斯特·施密特(Joost Schmidt)之手，写给他的前院长、在 20 世纪 30 年代选择自我放逐的瓦尔特·格罗皮乌斯的信中，就传达出由此产生的心理影响：

> 您甚至无法想象这里的原始生活到底变得如何一言难尽。鲁滨逊(克鲁索)尚且拥有一座自己的岛屿，而我们……在我们周围和包围我们的人中间只有一大堆杂乱无章的瓦砾。
>
> 我们是幸存者! 但还没有完全幸免于难；苦涩的结局现在才刚刚出现。曾经诞生过享有盛誉的"新生活"的废墟急需复苏，到处是难以摆脱的麻木不仁。瓦砾和眼泪的影响压倒一切。①

127

1947 年夏，格罗皮乌斯战后第一次重访故乡，他在一张写给妻子伊尔莎的便条中记录下自己的印象："柏林已经没落了! 它是一具被肢解的尸体! 难以描述。人们佝偻着身躯，痛苦，绝望。"②第三帝国投降两年之后，它的前首都依然只有残垣断壁、临时避难所和专门进行黑市交易的公共场所。工业被拆解，占领国之间的行政争议，连贯的市政土地使用条例的缺乏，货币贬值，以

---

① 1946 年 3 月 14 日约斯特·施密特致信瓦尔特·格罗皮乌斯。瓦尔特·格罗皮乌斯，档号：Ger 208(1495)81M - 84 bMS，休斯敦图书馆，哈佛大学。

② 1947 年 8 月 5 日瓦尔特·格罗皮乌斯致伊尔莎·格罗皮乌斯；引自雷金纳德·艾萨克斯 (Reginald Isaacs)，《格罗皮乌斯：包豪斯缔造者的图文传记》(Gropius：An Illustrated Biography of the Creator of the Bauhaus)，马萨诸塞的波士顿：灰雀 1991 年版，第 259 页。

及建筑材料的短缺都使得系统重建城市经济的工作持续受挫。

1947 年冷战的爆发给柏林西区的重建带来了新的阻碍，失败的风险也同时与日俱增。美国占领军政府办事处的一份报告指出，在同"柏林大众民意中的共产主义影响力"作斗争的过程中，人们的态度取决于"人民的身体健康与福祉。大小合宜、最新式的现代生活空间是习惯相当高水平生活方式的人口最重要的需求之一"[1]。随着美苏关系交恶，美国迅速将其德国政策从惩罚性压制调整为扶持复兴。[2] 它所采取的手段便是 1948 年 4 月发起的欧洲复兴计划，即"马歇尔计划"，以及两个月后推行的激进货币改革，引入德国马克（Deutschmark，DM）。克里姆林宫则对西柏林这座扎根苏占区边界 90 公里的城市孤岛实施全面禁运，以示报复。

虽然著名的空运行动成功为柏林人提供了食物、煤炭和其他生存必需的物资，但建筑材料并不在优先考虑运输之列。而西柏林建筑业的崩溃，进一步加剧了城市居高不下的失业率。为提供就业机会，美国军事当局与柏林市政府将用于拆除被毁建筑物及清理瓦砾的预算提高了三倍。[3] 但东柏林推出一项住房建设倡议仍令情况雪上加霜。这一住房建设项目很快成为 1949 年 10 月在被占领国东部地区建立起来的德意志民主共和国一项标志性建筑项目。工作机会被刊登在东柏林的日报上，恳请城市西半边的工人前来建设民主德国的新首都。而按照美国占领军政府办事处的统计，西柏林仅能为其拥有的七万名熟练与非熟练工中一半不到的人提供工作岗位。[4] 结果便是数以千计来自"自由柏林"的建筑工人接受了为斯大林时代的德国建造住房、院校和体

---

① 《十八个月报告》（"Eighteen Month Report"），柏林占领当局办事处建筑、住房和征收部，1948 年 5 月 26 日。RG 260/390/48/20/5，box 570，1946—1949 年美国占领军政府办事处柏林地区档案、经济部门档案、住房建设部门报告，美国国家档案馆，马里兰大学帕克分校。

② 维尔纳·普林佩（Werner Plumpe），《选择结构性突破：西德货币改革及其后果》（"Opting for the Structural Break：The West German Currency Reform and Its Consequences"），菲利普·夏普（Philip Sharp）译，《冷战时代的美国与德国（1945—1968）》（*The United States and Germany in the Era of the Cold War，1945-1968*），第 1 卷，德特勒夫·容克（Detlev Junker）编，纽约和英国剑桥：剑桥大学出版社 2004 年版，第 296 页。

③ 《十八个月报告》，柏林占领当局办事处建筑、住房和征收部，1948 年 5 月 26 日。RG 260/390/48/20/5，box 570，1946—1949 年美国占领军政府办事处柏林地区档案、经济部门档案、住房建设部门报告，美国国家档案馆，马里兰大学帕克分校。

④ 《季度形势预估》（Quarterly Estimate of the Situation），柏林占领当局办事处建筑、住房和征收部，1949 年 8 月 11 日。RG 260/390/48/20/5，box 571，1946—1949 年美国占领军政府办事处柏林地区档案、经济部门档案、住房建设部门报告，美国国家档案馆，马里兰大学帕克分校。

育场的工作。①

西柏林正在经历的经济(也是政治)灾难促使美国采取前所未有的干预措施。欧洲复兴计划与占领区救济机关将这座城市列为实施大规模投资的目标。每月提供2,000万马克紧急援助以支付建筑行业的工资。马歇尔计划的配套贷款则用于资助必需的建筑材料与工业进口产品。至50年代中期,5万名曾经失业的西柏林人正在从事从拆除到新建住房、公园及城市基础设施的工作。② 突出的地缘政治因素与脆弱的战后复苏,最终使西柏林获得投入联邦德国的马歇尔计划资金的三分之一——1949年4月,美、英、法三国占领区合并成立联邦德国。③ 1949—1954年间,欧洲复兴计划与占领区救济机关仅为新建或修复约100,000套柏林居住单元提供的资金,就几乎占到美国资助联邦德国住房建设总额的一半。④

128

为此,美国宣传机器马不停蹄地展示马歇尔计划在西柏林所取得的成功。媒体上发布的照片描绘了建筑工地的场景,两侧的广告牌上写着"马歇尔计划帮助柏林重建"。位于因斯布鲁克广场上的一栋八层高住宅大楼则更因其突出优点而被详加报道。这栋公寓楼坐落于距离舍内贝格市政厅——西柏林市政厅——两个街区的地方,因配备诸如"电梯、集中供暖、自动垃圾处理房、洗衣房和屋顶花园"等便利设施而获得公众好评。马歇尔计划的公关人员四处派发大楼内外部照片供西欧大众媒体刊登。⑤

事实上,权威媒体有关这座"位于因斯布鲁克广场的新公寓"的报道,真实性大概只有四分之一。这栋由马歇尔计划资助,建于1950年的大楼,其实是

---

① 沃尔夫冈·博勒伯(Wolfgang Bohleber),《马歇尔计划和联邦援助资助下的柏林住房建设政策(1945—1948年)》(*Mit Marshallplan und Bundeshilfe*:*Wohnungsbau Politik in Beriln*,*1945 - 1948*),柏林:东克尔 & 洪布洛特1990年版,第119页。

② 同上,第121页。

③ 杰弗里·M. 迪芬多夫,《西德城市发展中的美国影响》("American Influence on Urban Development in West Germany"),《冷战时代的美国与德国(1945—1968年)》,第1卷,德特勒夫·容克斯,纽约和英国剑桥:剑桥大学出版社2004年版,第590页。

④ 伯纳德·瓦格纳,《1952/54年FSA/FOA德国煤矿工人住房建设项目》(FSA/FOA German Coal Miners' Housing Program 1952/54),RG 469/250/1/7,box 103,美国对外援助机构档案,副主任,欧洲事务办公室主任办公室,1953—1954年地理文件,美国国家档案馆,马里兰大学帕克分校。

⑤ 《德国柏林:因斯布鲁克广场上的公寓房》("Berlin,Germany:Arpartment House in the Innsbrucker Platz"),RG 306 PS-C51-3118及51-3119,图片部门,美国国家档案馆,马里兰大学帕克分校。

对一座遭轰炸的残余建筑物的重建，它是 1927—1928 年由保罗·梅贝斯（Paul Mebes）和保罗·埃梅里希（Paul Emmerich）为 1924 年成立的德国住房建设促进社所设计的。[①] 因斯布鲁克广场大楼，这座魏玛时代的样板社会福利住宅楼，呈现为梅贝斯和埃梅里希钟爱的间战期现代主义的内敛风格，它也是在战后重建的第一座德国住房建设促进社住宅楼。[②] 埃梅里希，这位在战争中幸存下来的公司合伙人准备了重建资料，还额外增加了两层楼——这才是真正"全新"的部分（就马歇尔计划的声明而言）。而即使是早在它六层楼的前身时期，如果从因斯布鲁克广场望过去，这座大楼就已经给人塔楼一般的印象，这要归功于梅贝斯和埃梅里希对透视效果和体量的巧妙利用。他们大刀阔斧地将一部分建筑向广场延伸，又额外加了一点东西，从而大大扩大了这栋附属于这个杂乱外围街区的建筑物的规模。额外增加的高度使得重建后的大楼比它的"邻居"高了一半，因斯布鲁克广场公寓因此被德国住房建设促进社自豪地（或许存在误导）称为"柏林第一高楼"。[③]

作为首个重建项目，因斯布鲁克广场大楼无论是对马歇尔计划还是对德国住房建设促进社而言都具有重要意义。直到 1943 年遭遇轰炸为止，这栋大楼都是德国住房建设促进社的办公所在地。因此重建同样标志着公司在战后的复兴。而对美国官方而言，这栋自 20 世纪 20 年代晚期以来就以"舍内贝格门户"闻名的建筑物，构成了与西柏林民主制度下的市政管理所在地的联系。[④] 在因斯布鲁克广场这个例子中，可能会影响重建工程顺利进行的土地

---

① 迪特·伦奇勒（Dieter Rentschler）和温弗里德·帕佩（Wilfred Pape），《多户家庭住宅清单》（"Liste der Mehrfamilienhäuser"），《柏林及其建筑》（Berlin und seine Bauten），第 4 卷：柏林的建筑师与工程师协会，柏林：威廉·恩斯特父子 1964 年版，第 460 页。

② 有关梅贝斯和埃梅里希现代社会福利住房设计，参见安妮玛丽·耶吉（Annemarie Jaeggi），《兼具传统与现代：以柏林建筑师保罗·梅贝斯的作品为例的"另一种现代性"》（"Traditionell und modern zugleich：Das Werk des Berliner Architekten Paul Mebelsals Fallbeispiel für eine 'andere Moderne'"），《马堡艺术学年鉴》（Marburger Jahrbuch für Kunstwissenschaft）1999 年第 28 期，第 227—241 页。

③ 《舍内贝格最古老的高层建筑》（"Ältestes Hochhaus steht in Schönberg"），《德国住房建设促进社：城市生活》（DeGeWo Stadtleben）2010 年 1 月，第 30 页。有关柏林高层建筑遗产的历史根源讨论参见科杜拉·格鲁（Cordula Grewe）编，《从曼哈顿到"美因"哈顿——作为跨大西洋对话的建筑与风格》（From Manhattan to Mainhattan：Architecture and Style as Transatlanitc Dialogue），华盛顿特区：德国历史研究所 2005 年版。

④ 由于不能寄望于其他西欧人能够了解建筑背后的当地历史，因此国际上流传的由马歇尔计划拍摄的因斯布鲁克广场广场公寓楼总是特别指出它位于柏林的美占区内。

使用权与所有权、合法性都十分简单。德国住房建设促进社完全拥有这栋大楼（或者确切来说是它的残余）。随着这个魏玛时代的住房团体刚刚清理完第三帝国自 1933 年起安插的监管人——这是纳粹根除政治反对派的一部分，它也成为德国住房建设促进社鼓吹自己反法西斯的金字招牌。①

129 　　然而，被德国住房建设促进社的管理者打包宣传的天赐良机，对他们的美国合作者来说不过是便宜之机。马歇尔计划的顾问批准西德继承某些间战期的先例，尤其是魏玛时代的艺术遗产，但对市政社会主义及社团民主的热情却并不高涨，但正是这部分间战期遗产推动了德国最大公益性住房建筑公司（"gemeinützige Baugesellschaft"）之一的德国住房建设促进社的繁荣。这些法规的起源可以追溯到 19 世纪的工人阶级住房改革运动，并在第一次世界大战、恶性通货膨胀以及德国建筑业崩溃的困境中主导了国家住房建设。魏玛共和国于 1924 年颁布一项房租税（Hauszinssteuer，或 Gebäudeent-schuldungssteuer［建筑（通胀）补偿税］）②为住房建设提供补贴，同时结合房租调控法规，但这也使私人投资的住房建设陷于穷途末路。1929 年五分之四的新建住房都包含有某种公共资金融资形式。1931 年时，在战前几乎独占全部住房建设活动的私人住房建设公司已经失去了一半的市场分额，而且主要集中在独户或小型多户公住宅。③ 通过向由小户型公寓单元——这是一种为解决两战期间住房短缺而创造出的住房类型——组成的大型住宅区提供资金，这部分的建设任务也从私人企业手中被夺走。

　　魏玛时代对于建筑业的彻底改造激励了类似德国住房建设促进社这样的公益建筑公司备受青睐，这种情形完美契合市政社会主义思想与实践。城市

---

① 有关德国住房建设促进社（DeGeWo）的一般历史介绍参见《我们建设——德国住房建设促进社 75 周年》（Wir bauen auf — 75 Jahre DeGeWo），柏林：德国住房建设促进社 1999 年版。值得注意的是，战后重建的遗产已经取代了原本根深蒂固的记忆。因为该大楼最初的设施已经为大部分人所遗忘，德国住房建设促进社将重建后的八层楼高建筑归功于梅贝斯和埃梅里希最早完成于 1927 年的设计。

② 1923—1924 年魏玛共和国陷入恶性通货膨胀。由于货币极度贬值，许多持有战前建筑的所有人所负担抵押贷款也大幅跳水。为解决公共资金和住房供应的双重短缺，1924 年德国中央政府宣布各州开征"建筑（通胀）补偿税"（1924 年 2 月《国家税收紧急条例》），面向建筑物所有人征收一种通货膨胀补偿税，因其课征的对象为老建筑的房租，故也称房租税。——译者注

③ 丹·P. 西尔弗曼（Dan P. Silverman），《未兑现的承诺：魏玛德国的住房危机》（"A Pledge Unredeemed: The Housing Crisis in Weimar Germany"），《中欧历史》（Central European History）1970 年第三卷第 1/2 期，第 112—139 页，第 123 页。

管理者在国家房租税补贴的基础上追加地方补贴；以非投机性的价格提供建筑用地，有时还会行使城市土地征收权以服务公共福祉；为开发商免费提供所需的道路、下水道、供水和电力基础设施；而且特许免除税收。作为回报，市政当局规定了福利住房供应商的低利润率，有时还会收购地方公益性建筑公司。但这种互惠互利的关系在 20 世纪 30 年代全球经济危机时期完全崩溃了。因此，历史学家有充分理由将受市政社会主义影响下建造的现代主义住宅作为魏玛共和国的纪念建筑。

战后，美国建筑师和城市规划者对德国魏玛时代的社会福利住房推崇备至，但对美国军事当局和服务马歇尔计划的经济学家而言，它却在很多方面都敲响了警钟。一篇持美国立场的文章称："融资难是战后欧洲城市建设低成本住房的主要障碍。这些障碍在很大程度上源于第一次世界大战期间的房租管制法规，它使得欧洲大多数国家的投资变得无利可图。"[①]而 1950 年一份有关西德投资率停滞的机密报告发现与住房相关的资本短缺情况最为严重。传统的建筑方法加上惯例的房租约束机制，投资回报率约为 2%——不到长期投资回报率的三分之一。其结果是导致私人投资住房建设仍局限于家庭与工厂。缺乏有保障的长期按揭贷款削弱了私人储蓄的主动性，从而进一步遏制资本投资经济。[②]

在对报告进行评估之后，经济合作管理局局长、马歇尔计划行动首席执行官保罗·G. 霍夫曼(Paul G. Hoffman)概括性地提出了一个行动方案。他制订了一项将美国的住房建设知识转移到西德的技术援助计划，并阐明该计划的目标：

> 这里我指的不是住房建设技术，而是指需求……为创造适当的资金环境提供技术援助……通过振兴建筑计划鼓励私人投资，创造就业机会。技术援助项目……还应分析房租限价的影响，并提出可能的基本调整方

①《美国的立场文件——回复：低成本住房的国际建设融资》("US postiion Paper re：International Financing of Low Cost Housing")，1953 年 10 月，RG 469/250/73/18/4，box 14，1948—1961 年美国对外援助机构档案，副主任办公室，1953 年主题文件，美国国家档案馆，马里兰大学帕克分校。
②《一项西德资助计划》("A Financial Program for Western Germany")，1950 年 2 月 7 日，RG 469/250/72/27/6，box 19，1948—1950 年美国对外援助机构档案，方案助理执行官，1948—1953 年主题文件，美国国家档案馆，马里兰大学帕克分校。

案,避免采取公共补贴。①

换言之,尽管美国公关部门大肆鼓吹马歇尔计划帮助建设因斯布鲁克广场大楼:这是一栋利用公共补贴建设的公寓楼,实行房租限价,利润低,并且由魏玛时代的公益性住房建设公司建造;但与此同时,马歇尔计划的管理者恰恰正在制定策略,要让诸如此类的项目成为过去。

在这场美国改变西德社会福利住房习惯的运动中,最令人惊讶的因素可能是伯纳德·瓦格纳(Bernard Wagner),马丁·瓦格纳(Martin Wagner)之子。马丁·瓦格纳是德国侨民、哈佛大学教授、魏玛时代柏林城市规划者、两战间热情的社会主义者,以及公益性住房建设公司"公益家园储蓄建设股份有限公司"的创始人——这家公司在1924—1933年建造了超过半数的柏林新建住房,其中包括今天入选联合国教科文组织世界文化遗产的白城(Weiße Stadt)和布里茨—幸运马蹄铁住宅区(Britz Hufeisensiedlung)。② 从支持魏玛时代集体住房到推动郊区住宅所有权,老瓦格纳职业生涯中存在着显而易见的年代差异。就在出走德国跨越大西洋的短短数年间,父亲瓦格纳的人生观彻底改变,转向美国式的住宅理想。在哈佛大学,他极富远见地设计了可以工厂量产的独户住宅;并指导学生的方案,将失业的内城居民重新安置在绿化环绕、可以自给自足的社区当中。③ 儿子瓦格纳则从1950年起担任经济合作管理局住房建设顾问,与马歇尔计划合作为第一届德国工业博览会打造"美国家园"项目(Amerika zu Hause)。用一位美国军事当局官员的话来说,这是一项"为全世界的和平与福利而战,重要性堪比历史上任何一场军事行动"的任务。但要让一座来自明尼阿波利斯的最新式郊区住宅伫立在西柏林展览公园内,任务艰巨。瓦格纳负责挑选所有室内装饰,并协调这座房屋内预制件的海

---

① 1950年4月25日保罗·G.霍夫曼致罗伯特·M.赖纳斯(Robert M. Raines),RG 469/250/72/27/6,box 19,1948—1950年美国对外援助机构档案,方案助理执行官,1948—1950年主题文件,美国国家档案馆,马里兰大学帕克分校。

② 有关马丁·瓦格纳在魏玛时代进行的社会福利住房建设,参见路德维卡·斯卡帕(Ludovica Scarpa),《马丁·瓦格纳与柏林:魏玛共和国的建筑与市政建设(1918—1933)》(*Martin Wagner e Berlino: casa e città nella Repubblica di Weimar, 1918-1933*),罗马:工作坊1983年版。

③ 有关马丁·瓦格纳在哈佛大学设计学院的终身教职,参见安东尼·阿洛夫辛(Anthony Alofsin),《为现代主义斗争:哈佛大学的建筑、景观建筑与城市规划》(*The Struggle for Modernism: Architecture, Landscape Architecture, and City Planning at Harvard*),纽约:诺顿2002年版。

外运输工作。全体西德技术人员在五天内全天候组装零部件,但这也是马歇尔计划的公关人员用来宣传通过创新建筑方法提高生产力的噱头。西柏林的(美国)中西部房子吸引了 43,000 名访客,其中 15,000 名穿越东部边界"远道而来"。美国官员称这场展览为"成功示范了铁幕之后通过柏林'橱窗'对美国民主生活方式的营销"①。

伯纳德·瓦格纳的后续工作为美国雄心勃勃地想要影响西德住房生产与融资的努力做出了贡献。他担任了 1951 年由经济合作管理局与共同安全合作署赞助的住房建设竞赛的设计评审。这两个部门从马歇尔计划配套基金中拨出 1,000 万马克支持这项在 15 座西德城市创造 3,300 套低成本居住单元的竞赛。为了激励创新,由地方建筑师和承建商组成的竞赛团队提出的设计可以不必遵守地方建筑规范与区划法规。非盈利的公益建筑公司理论上可以持有该项目,直到房客有能力购买他们的居住单元。② 实验住房的建造成本要比通行的传统建造方法节约 10%。然而,对开创私人产权并取消国家补贴模式的追求仍是一场幻影,正如瓦格纳在其为竞赛图册《新住房建设》(Neuer Wohnbau)撰写的总结那样,原因耳熟能详:"私人资本缺乏、高利率、高土地成本以及严格的房租限价机制。"补贴导致德国人习惯于在居住方面支出极少:按照瓦格纳的说法,通常只占其收入的 14%;而美国人的花费则是他们的两倍。③ 美国官员提出了一系列相关的解决方案:"放宽或取消房租限价机制","发展自有产权房建设",并引入"抵押贷款保险类住房建设融资方案"。④ 换

131

---

① 有关此次及其他冷战时期在欧洲举行的由美国赞助的家庭展参见格雷格·卡斯蒂略,《家园阵线中的冷战:世纪中期设计的软实力》(Cold War on the Home Front: The Soft Power of Midcentury Design),明尼苏达的明尼阿波利斯:明尼苏达大学出版社 2010 年版。

② 伯纳德·瓦格纳,《为德国人建造更多的家园》("More Homes for Germans"),《新闻简讯》(Information Bulletin)1951 年 12 月,第 21—24 页。

③ 伯纳德·瓦格纳,《"新住宅"概要》("Summary Contents of 'Neuer Wohnbau'"),1953 年 1 月 7 日,RG 469/250/75/11/3, box 16,1948—1961 年美国对外援助机构档案,副主任,欧洲事务办公室德国分部,1948—1953 年主题文件,美国国家档案馆,马里兰大学帕克分校;亦可参见赫尔曼·万德斯勒本(Hermann Wandersleb)和汉斯·朔茨贝格(Hans Schoszberger)编,《新建筑(第 1 卷):建筑规划》(Neuer Wohnbau 1, Bauplanung),拉文斯堡:奥托·迈尔出版社 1952 年版。

④ 《美国关于提高住房生产率的建议》("American Suggestions to Increase Housing Productivity"),1954 年 5 月 10 日,RG 469/250/74/35/5, box 40,1948—1961 年美国对外援助机构档案,副主任,欧洲事务办公室主任办公室,1948—1954 年主题文件,美国国家档案馆,马里兰大学帕克分校。

句话说,西德需要从莱维城(Levittown)①吸取经验。

　　美国的住房改革家们在西德只完成了一个示范项目,即 1952—1954 年由共同安全合作署资助,位于多特蒙德-德尔纳的开发项目,该项目符合他们的所有改革标准。它的目标群体是鲁尔矿工,西欧经济复苏所需的煤炭即由他们生产。共同安全合作署赞助了一趟为期六周的美国考察之旅,团员包括矿工、矿工妻子、建筑师、一名家庭经济学家、一名记者及市政及工会官员在内的德国咨询团队。代表们参观了美国采矿城镇和住房开发项目,记录家居设计、技术和融资方面的创新。最终在多特蒙德新建的 800 套单元,包括可供出租或购买的独户联排住房和半独立式住宅在内,均配备有设施齐全的现代化厨房。为了将房屋产权人的利益与融资机制解释清楚,共同安全合作署还在建筑工地上建造了一间等比例的展厅,其中包含两个全尺寸的厨房,并提供家庭财务顾问。瓦格纳发现结果令人振奋。随着矿工们被安置进全新的住宅,并且可以依靠社区协会,绝大多数人"心满意足,还了解到自己手上的钱不仅保值,而且越来越值钱"。正如对将矿工转变为房屋所有人所给予的期望那样,通过提高他们的生活标准,并使之扎根工业区,减少了劳动力的流动。

　　利用共同安全合作署住房建设干预劳资关系引发了被瓦格纳称之为信仰共产主义的"骚乱煽动者"的关注。他们在夜间造访多特蒙德-德尔纳的建筑工地,留下"若干向公众广而告之这是一个由马歇尔计划援建的住房项目的大招牌……被整齐地铲平"。当地警方抓捕并拘留了一名"夜袭者",另有一人据称跨越边境逃往东德。② 但潜在破坏者则无须为此操心,由于遭到(美国)国会新上台的共和党多数派嘲笑,而且远落后于正在兴起的经济奇迹所带来的本土投资激增的状况,因此 1954 年后美国改革西德房地产的努力几乎停止。

132

---

① 指 1947—1963 年由美国人威廉・J. 莱维(William J. Levitt)及其公司开发的七座郊区速成住房项目,分布在美国多地。特点是建造速度快,造价低廉。最早的莱维敦社区建于 1947—1951 年,位于纽约。——译者注

② 伯纳德・瓦格纳,《1952/54 年 FSA/FOA 德国煤矿工人住房建设项目》(FSA/FOA German Coal Miners' Housing Program 1952/54),RG 469/250/1/7, box 103,美国对外援助机构档案,副主任,欧洲事务办公室主任办公室,1953—1954 年地理文件,美国国家档案馆,马里兰大学帕克分校。

"形式主义鸡蛋盒"①的耻辱：东柏林"韦伯维泽"高层公寓

　　与马歇尔计划的管理者一样，东德统一社会党（Sozialisitsche Einheitspartei，SED）的领导人也在 20 世纪 40 年代末对魏玛时代的住房遗产不再抱有幻想。一处由德国表现主义杰出代表之一汉斯·沙龙领衔的规划团队设计的战后社区样板引发了激烈争论。他们在东柏林市议会支持下建造的弗里德里希海恩的"居住细胞"（Wohnzelle）是对间战期间现代主义空想主题的进一步扩展。"规划集体"（Planungskollektiv）②在实现从魏玛时代公益性住房建设公司起始的文化转型的过程中，将住房建设作为一项城市公共基础设施建设。最高效率决定住房设计。带有厨房和浴室的单人居住单元以 25 平方米（269 平方英尺）为起点，这是极简生存（Existenzminimum）规划的一次大胆尝试。循着婚姻、育儿和退休的标准人生轨迹推进，每个人将根据自己空间需求置换公共住房。③ 由于长期被剥夺了使用舒适住房的权利，居民们会转而认同他们的"细胞"社区。按照沙龙的说法，立足柏林的街区（Kiez，这是一种有助于促进地方认同，紧密联系的地区结构）的传统，每一个"住宅细胞"都会像"鸟巢一般……成为大都会与被遗弃的个体之间混乱的调解人"④。正如规划集体所设想的那样，战后的社会主义制度将打破将家庭作为私人商品的陈旧观念，取而代之以终身拥护一个城市共同体。

　　"居住细胞"是战后德国社会主义一项真正土生土长的概念，但随着民主德国作为苏联卫星国的发展日益壮大，这一观念越来越被视为离经叛道。针对弗里德里希海恩的"居住细胞"样板的组合攻击显示出斯大林主义的攻击特性。虽然该项目首个住房街区落成仪式于 1949 年 12 月 21 日，即斯大林 70

① 因这座大楼为灰色高层建筑，正立面布满窗格，因此被讥笑为形似超市装鸡蛋的盒子。——译者注
② 即上文中提到的由汉斯·沙龙领衔的规划团队名称。——译者注
③ 露德米拉·赫尔岑施泰因（Ludmilla Herzenstein），《作为市政规划因素的人口发展》（"Bevölkerungsentwicklung als Faktor der Stadtplanung"），《建筑规划与建筑技术》（Bauplanung und Bautechnik）1948 年第 2 卷第 7 期，第 214—215 页。
④ 汉斯·沙龙，《弗里德里希海恩的"居住细胞"》（"Zur Wohnzelle Friedrichshain"），1949 年 11 月 7 日未发表的手稿，引自《柏林的出租屋（1945—1989 年）》（Das Berliner Mietshaus，1945 - 1989）第 3 卷，约翰·弗里德里希·盖斯特（Johann Friedrich Geist）和克劳斯·库尔福斯（Klaus Kürvers）编，慕尼黑：普雷斯特尔 1989 年版，第 300，468 页。

岁诞辰之际举行,与之相邻的林荫道也被更名为斯大林大道;但东德建设部长洛塔尔·博尔茨(Lothar Bolz)在一份备忘录中抱怨道,东柏林建筑的价值在于它能"更好地表达我们作为一个新生国家的进步与优势,而不是建议人们怀念……魏玛时代住宅区的低层住房"①。两周后,统社党党报《新德国》(*Neues Deutschland*)在头版抛出这样的问题:信奉现代主义的"规划集体"设计的住房是"新瓶装旧酒"?② 另一家日报则以"烹饪的气味显然会飘散进卧室"为由攻击"居住细胞"的紧凑公寓。一名国家注册建筑师同时谴责这一设计是"彻头彻尾的形式主义"。③ 这些批评对于一座尚有人居住在煤窑和城市屋顶阁楼的城市而言,可能根本不值一提。"规划集体"团队真正的原罪在于他们试图在斯大林主义文化革命的前夜复兴魏玛现代性。或者用一份民主德国贸易杂志所反问的那样:"除了我们的苏联同事,还有谁能让我们了解更多的城市规划?"④

133   1950 年 4 月 12 日,六名民主德国各部门负责重建工作的官员代表从东柏林的西里西亚火车站出发前往莫斯科。经统社党总书记瓦尔特·乌布利希(Walter Ulbricht)批准,他们的任务是考察社会主义首都的典范莫斯科⑤,并在返回时携带了一份改变东德重建进程的文件。苏联东道主为代表团提供了一份拙劣翻译自俄文的打字机版声明《市政建设十六项原则》(*Sechzehn Grundsätze der Städtebau*),规定了符合斯大林主义晚期审美思想的重建规则。代表团的成员由此成为准备发动建筑领域文化革命的官僚先锋。

1950 年 9 月获通过而成为国家法规的《十六项原则》,正式将民主德国引入通行同一种美学语言的东方阵营国家,即社会主义现实主义风格,它(完全)立足于苏联设计实践的权威规范。东德建筑师们惊奇地发现,德国(或者更确切来说,普鲁士)新古典主义奠定了当代社会主义建筑发展的基础。苏联占领

① 1949 年 12 月 21 日洛塔尔·博尔茨致库尔特·李卜克内西(Kurt Liebknecht),联邦档案馆民主德国(苏联占领军政府)政党及大众团体档案基金会,DH1/44476。

② 《"新瓶装旧酒"式的新建筑?》("Neubauten im alten Styl?"),《新德国》1950 年 1 月 8 日。

③ 赫尔伯特·尼古拉斯(Herbert Nicolaus)和亚历山大·奥贝特(Alexander Obeth),《斯大林大道:一条德国街道的历史》(*Die Stalinallee. Geschichte einer deutschen Straße*),柏林:建筑出版社 1997 年版,第 56 页。

④ 海因里希·施塔克(Heinrich Stark),《柏林的规划与建设》("Berlin plant und baut"),《建筑规划与建筑技术》1949 年第 11 期,第 345 页。

⑤ 1950 年 1 月 18 日洛塔尔·博尔茨致瓦尔特·乌布利希,联邦档案馆苏联占领军政府档案:DH1/44476。

军政府下属的全国性日报《每日评论》(*Tägliche Rundschau*)称现代主义(或者沿用苏联的说法,"形式主义")是它的对立面。"毫无疑问,德国建筑业需要进行重大改革,"苏联军事当局的政治顾问弗拉基米尔·谢苗诺夫(Vladmir Semenov)以 N. 奥尔洛夫(N. Orlow)的笔名撰文明确表态,"愚蠢的形式主义运动长期统治造就了灰暗、冷漠、单调、不可靠的建筑,它用呆板而沉重的住房破坏了德国城市风貌。"① 在这种叙事语境下,马歇尔计划重建西部魏玛时代现代主义住房就完全合理了,"丑陋的、毫无艺术价值的石板",按照一位地位不亚于乌布利希的权威人士的说法,"瘫痪和摧毁了西德人民的民族意识"。共产主义的理论家认为这是资本主义实现世界统治的必由之路。②

随着西部的现实主义与东部的古典主义在美学和意识形态上的对立确立,冷战建筑开始进入一种不稳定的共生关系。不过统社党仍面临艰巨的转型任务。考虑到希特勒对新古典主义纪念建筑的偏好,东德建筑师不得不打消这样一种信念,即认为现代主义是战后反法西斯重建的逻辑使然。赫尔曼·亨泽尔曼(Hermann Henselmann)是民主德国建筑界一颗冉冉升起的新星,他的职业生涯便是斯大林主义文化复兴过程中颇具说服力的案例。除为位于瓦尔特兰省(第三帝国时期吞并的波兰领土)的殖民地设计过一些格局局促的农村建筑外,亨泽尔曼的代表作从战前的私人别墅到战后的工人住房、学校以及社区中心项目,无不体现着现代主义风格。③ 他原定随同 1950 年的民主德国考察团访问莫斯科,但因被当成来自沙龙"规划集体"团队的不可靠分子而从参访名单中被除名。④ 当代表团带来了在他看来"是彻头彻尾独裁统治的"《十六项原则》时,亨泽尔曼明确意识到自己完全被当成了异己分子。⑤

---

① N. 奥尔洛夫,《现代艺术的途径与歧途》("Wege und Irrwege der modernen Kunst"),《每日评论》1951 年 1 月 23 日第 11 期。谢苗诺夫在他 1995 年出版的自传中披露了自己的化名,参见弗拉基米尔·谢苗诺夫,《从斯大林到戈尔巴乔夫:半个世纪的外交生涯(1939—1991 年)》(*Von Stalin bis Gorbatschow:Ein halbes Jahrhundert in diplomatischer Mission 1939 -1991*),柏林:尼古拉1995 年版。

② 乌布利希的这句话引自库尔特·马格利茨(Kurt Magritz),《西德建筑的悲剧》("Die Tragödie der westdeutschen Architektur"),《德国建筑》(*Deutsche Architektur*)1952 年第 1 卷第 1 期,第 57 页。

③ 有关亨泽尔曼的作品,参见赫尔曼·亨泽尔曼、沃尔夫冈·沙赫(Wolfgang Schäche)和吉尔斯·巴贝(Gilles Barbey)编,《赫尔曼·亨泽尔曼:"我建议"》,柏林:恩斯特父子 1995 年版。

④ 1950 年 1 月 18 日洛塔尔·博尔茨致瓦尔特·乌布利希,联邦档案馆苏联占领军政府档案,DH1/44476。

⑤ 赫尔曼·亨泽尔曼,《建设部建议》("Vorschläge aus dem Ministerium für Bauwesen"),1950 年 7 月 5 日,联邦档案馆苏联占领军政府档案,DH2/DBA/B38/I。

1951 年由统社党及其支持者发起的"为新德国建筑而战"运动将亨泽尔曼的不妥协定性为一种"阶级敌人"行径。"他的设计美化形式,没有表现出我们的社会秩序观。"一位批评家在《新德国》上这样斥责道。[1] 但不为所动的亨泽尔曼仍在题为"民族传统研究"的系列讲座中加上了一场有关包豪斯的报告,这完全是一个"异端"话题。而正因为拥有作为现代主义设计师的履历,让亨泽尔曼留有穿越边境前往西柏林的余地,因此他的统社党领导绞尽脑汁想出新手段,取代斯大林主义那种由来已久以潜移默化方式影响专业行为的办法。

一通胡萝卜加大棒式的操作最终让任性的建筑师俯首帖耳。统社党以高调发布住房建设委托为契机,全面消除一切对舶来自苏联的美学思想的顽强抵抗。亨泽尔曼领导了三个竞争"韦伯维泽"新村设计的建筑师团队中的一个,"韦伯维泽"项目旨在超越弗里德里希海恩的"居住细胞"的"形式主义",并为随后的重建工作提供范本。在与党内干部及设计师竞争"韦伯维泽"委托的一次会议上,亨泽尔曼提到东柏林新落成的古典主义苏联大使馆"众所周知,在建筑界业内褒贬不一"。一周之后,《新德国》编辑发表了一篇措辞严厉的檄文,题为《论新建筑风格、政治风格和亨泽尔曼同志》。编辑坚称,在相互对立的"形式主义"与"人文主义"斗争中没有中间立场可言。"人们只能支持这种立场或那种立场:支持当创造的奴隶还是主人;支持战争还是和平;支持华盛顿——还是支持柏林!"[2]对于亨泽尔曼来说,选边站队的时刻到了。

遭到严厉斥责的建筑师以文字和建筑形式表示悔过。一年之后,《新德国》上刊登了他的《建构主义的反动特征》,这是亨泽尔曼对包豪斯设计的否定,甚至他这篇以俄国先锋派术语评价魏玛现代主义的短文标题,也符合斯大林主义的话语偏好。[3] 与此同时,他为韦伯维泽设计的社会主义现代主义风格在新的建设德国首都城市的国家运动海报上占据显著位置。这一运动暗示东柏林才是唯一真正的德国首都。按照鲁道夫·赫恩施塔特(Rudolf

---

[1] 库尔特·李卜克内西,《为一种全新的德国建筑而战》("Im Kampf um eine neue deutsche Architecktur"),《新德国》1951 年 2 月 13 日。

[2] 鲁道夫·赫恩施塔特,《论新建筑风格、政治风格和亨泽尔曼同志》("Über den Baustil, den politischen Stil und den Genossen Henselmann"),《新德国》1951 年 7 月 31 日。

[3] 赫尔曼·亨泽尔曼,《建构主义的反动特征》("Der reactionäre Charakter der Konstruktivismus"),《新德国》1951 年 12 月 31 日。

Herrnstadt)的说法,亨泽尔曼的工作将"柏林传统(申克尔)的建筑元素融入一种表达当代人标准的宏大概念之中"①。即便这位官员声称,即便是最粗略的比较都能发现,申克尔 1829 年设计"法伊尔纳之家"②就是亨泽尔曼设计倒台的前车之鉴。尽管如此,"韦伯维泽"仍被视为"大师杰作",因为这是一个迫切需要为国家重建运动寻找典型人物的时代。

但在建设融资与劳动组织方面,"韦伯维泽高层公寓"又的的确确是一个突破性的项目。报纸、新闻短片、海报和广播节目纷纷呼吁公民自愿提供劳力和家庭资金,帮助建立这个公寓街区(图 7.1)。工地的宣传人员鼓励公民为了锦旗和奖牌争当瓦砾清理队队员。家庭可以购买印有窗户、壁柱和门的小卡片,然后组装成一座微型的公寓大楼:每完成这样一个模型就等于为这份建设事业贡献了 43 马克。而在施工现场的劳动组织也采用节约资金的创新举措。作为一座输出"新型劳动者"的学校,"韦伯维泽"在德国泥瓦工中推行高速砌砖法、"技术工作规范"(*technische Arbeitersnormen*)和"社会主义竞赛"。这些自苏联引进的方法首先是将泥瓦活合理分成单独且不连续的任务,将每个任务分配给人最不等的"工作队"。一名队员将砖块拉到有需要的地方,另一名队员准备灰浆,而一名女队员则沿着泥瓦工的工作路线持续供应砖块和灰浆。模范工人与其他工作队展开社会主义竞争,自发加快工作速度,并发明新的技术以提高生产力。这些成果提高了所有工人的劳动标准和生产指标,降低了所谓的绩效工资(*Leistungslohn*)——这种计件工资制度是苏联工资政策的核心。③ 上一代的美国工人曾以罢工回应类似的系统(即泰勒主义)。但按照斯大林主义追随者的说法,与社会主义劳动进行任何比较都是虚假的:当无产阶级拥有生产资料,要用什么样的逻辑来指控受益人剥削自己劳动?

东德文化革命建成的第一件作品让美国宣传家的梦想成真。他们耗费大量时间和精力宣传东德人不愿意接受持续苏维埃化的观念。突然之间,证据

135

136

---

① 鲁道夫·赫恩施塔特,《我们建筑师的答复》("Unsere Architekten antworten"),《新德国》1951年 8 月 3 日。

② 法伊尔纳之家是 1829 年申克尔为炉具工厂主托比亚斯·法伊尔纳(Tobias Feilner)设计的住宅。由于最初设计的建筑外立面十分复杂,而被业主以成本原因简化为单一图案。另外,申克尔对建筑内部所做的设计也影响到了整个住房的内部空间。——译者注

③ 对 1950 年莫斯科所见到的苏联建筑与劳动方法进行报道及随后向民主德国进行介绍,档案显示,见于部级考察团成员之一的瓦尔特·皮斯特尼克(Walter Pisternik)的笔记。

135 **图 7.1** 在一幅建设德国首都的国家建设计划海报上展出了东柏林"韦伯维泽的高楼大厦"(1951/52 年,建筑师赫尔曼·亨泽尔曼)与一位建筑工人英雄。标题惊叹:"柏林——比过去任何时候都更美丽!"

来源:海报由德国联邦档案馆提供

就穿过边界送上门来。由美国占领军政府情报控制部门成立的一家全国性报纸《新报》(*Neue Zeitung*)迅速出击,①记者爱德华·舍内贝克(Eduard Schönbeck)带着一台微型摄像机潜入"韦伯维泽"。他的报告分为两个部分:"形式主义鸡蛋盒的耻辱"和"'韦伯维泽'的徕卡镜头",讽刺这个"进步国家文化先驱般的成就",称它是"莫斯科苏式'摩天大楼'的失败复制品"。记者以外国观光客的身份进入公寓楼内部,描绘了"营房般的走廊"以及厌倦了市政府

---

① 有关《新报》历史的深入探讨,参见杰西卡·C. E. 吉诺-黑希特(Jessica C. E. Gienow-Hecht),《不可能的传播:美国在战后德国的新闻传播与文化外交(1945—1955 年)》(*Transmission Impossible:American Journalism and Cultural Diplomacy in Postwar Germany*,1945 - 1955),路易斯安那的巴吞鲁日:路易斯安那州立大学出版社 1999 年版。

要求展示家居生活的家庭。他将诸如垃圾槽和电话对讲机之类令（统社）党引以为傲的"新发明"与农民出身的（苏联）红军第一次接触西式水管的反应这个众所周知的故事相提并论。① 按照舍内贝克的说法，德苏友好协会座右铭"向苏联学习意味着胜券在握"（*Von der Sowjetunion lernen，heißt siegen lernen*）是造成东柏林文化和技术削弱的原因。

但美国和西德对"韦伯维泽"高层公寓吹毛求疵的批评只是东柏林建设运动所面临的问题中最小的一个。1952 年 5 月 1 日，居民欢天喜地乔迁新居——实为媒体宣传之需而精心导演，掩盖了这个国家的情绪。尽管倡导捐款和志愿劳动，但东德住房产量仍落后于西德。统社党中央委员会在工厂和建筑工地大力宣传社会主义职场的英雄主义，同时逐步提高劳动配额。而随着工人努力提高生产力，国家经济学家优先考虑投资重工业而不是消费品部门。日用品从商店货架上消失了。为了制止不稳定的食品供给出现下滑和民心的背离，有将近 8,000 名东德人在 1953 年的头三个月因黑市交易或诟病政权而被捕。两者都是可判处监禁的违法行为。随着民心的涣散，每月逃亡西部的居民人数在 1.5 万—2 万人之间波动，从而加剧了西德的住房短缺问题。② 事实证明，最引人注目的社会主义速度并不是砖砌的地方，而是工人们抛弃了以他们的名义建立的国家。

1953 年 6 月 16 日，毗邻"韦伯维泽"的新"工人宫"工地上的建筑工人放下了他们手中的工具，在东柏林统社党总部门口举行游行以表达他们的不满。③ 他们从斯大林时代"新人"变身为反政府的叛乱分子，消解了将工人的身体、工人的住房与苏联劳动方式融合为象征社会主义建设景观的运动。抗议者号召

---

① 爱德华·舍内贝克，《带着一台徕卡在"韦伯维泽"高层公寓》("Mit der Leica im Weberwiesen-Hochhaus")和《"形式主义鸡蛋盒"的耻辱》("Die 'formalistischen Eierkisten' schämen sich")，《新报》1952 年 11 月 4 日和 5 日。

② 克里斯蒂安·奥斯特曼(Christian Ostermann)，《1953 年东德起义：冷战、德国问题与铁幕后第一次大动乱》(*Uprising in East Germany，1953：The Cold War，The German Question，and the First Major Upheaval behind the Iron Curtain*)，匈牙利的布达佩斯：中欧大学出版社 2003 年版；《东西德工人的收入、生活条件与生产率差异》("East-West German Differences in Workers' Income，Living Conditions and Productivity")，1953 年 7 月 16 日，RG 469/250/75/11/2，box 9，美国对外援助机构档案，副主任，欧洲事务办公室德国分部，1948—1953 年主题文件，美国国家档案馆，马里兰大学帕克分校。

③ 即为著名的"6·17 事件"（也称"东柏林事件"）的起因：建筑工人因不满 1953 年 5 月 14 日统社党中央做出的一项公有制部门将劳动定额提高 10%而不相应增加工资的决定，率先发动示威游行，随后发起了全国性的大罢工。——译者注

进行总罢工。美国占领当局组建的广播网络"美占区广播电台",在节目中播报了这一消息,煽动公民进一步参与其中。第二天,共有 3 万人(占东柏林劳动力 15％的人口)加入罢工,走上街头,高喊口号并嘲弄党的领袖。6 月 18 日,造反向全国的城镇和乡村蔓延。统社党政治局成员逃往位于卡尔霍斯特苏联占领军政府总部的安全地带,并且只能借助红军的坦克和部队再次进入柏林才能继续执政。作为一种被拿来用作政治挑衅的资源,东柏林的第一代社会主义住房似乎完成得相当不错。

137

8. 跨越大西洋的规划理想： 美国、英国和德国的邻里单位

迪尔克·舒伯特

　　全球范围内相似的愿景构成了第二次世界大战后规划思想的基础,其中许多内容早在半个世纪前就已出现,战争则提供一个独一无二的机会使之付诸实践。尽管存在不同的政治制度与多样化的城市状况,但这一时期的规划模型却大抵类似。必须将重建与清理贫民窟相结合,并且需要经过规划,而非放任市场自由发挥,这几乎成了一条普遍共识。规划被认为是战后重建——清理贫民窟、优化土地利用、新建住房,并根据邻里原则调整城区密度的核心。

　　毫不夸张地说,早在战前的数十年间,占据主流的城市设计模型就已出现,它主张低密度、去中心化,并以邻里单位构建城市群结构。出于种种原因,似乎都绝对有必要重建没有固定形态的密集城市群。不同的邻里类型间的差异只表现在它们在地方语境中的(意识形态)构思及其建筑与形式上。对参与国际住房和城市规划联合会大会(1925 年在纽约、1935 年在伦敦召开)并制定大城市结构与范式原则的规划者而言,仅仅是清理市中心的贫民窟并开发新的住宅区已远远不够。城市规划者梦想着依靠"组织社区"和邻里原则的跨国属性,创造一个更美好的新世界。

　　虽然在 20 世纪 30 年代和 40 年代的规划人员鲜有就诸如城市重组邻里概念达成国际共识,但通过降低密度和去中心化的方式达成城市重组的目标,已在国际范围内得以普及。利用较小的城市单位和学校单位实现这一目标也确实成了一种跨国现象。问题在于:城市应当采取何种方式才能使国家、地方语境和政治观念相互分离? 立足邻里单位理论的一些主要圣地包括赫尔辛

基附近的塔皮奥拉、斯德哥尔摩附近的瓦灵比、哥本哈根的松德加德公园和居尼莫恩以及圣迭戈的林达维斯塔。[①] 罗伯特·弗里斯通(Robert Freestone)分析了澳大利亚社区模式的例子;阿卜杜拉·阿布德·埃拉·阿齐兹·阿提亚(Abdallah Abd El Aziz Attia)研究的是荷兰、瑞士、波兰与德国基于邻里原则建立的社区,并试图将这些原则转向巴格达和开罗;斯宾塞·E.桑德斯(Spencer E. Sanders)和亚瑟·J.拉布克(Arthur J. Rabuck)证明经过规划的重建所具备的优势;斯滕·艾勒·拉斯马森(Steen Eiler Rasmussen)和保罗·里特尔(Paul Ritter)对斯堪的纳维亚的例子进行讨论;而欧根·C.考夫曼(Eugen C. Kaufmann)和A. I.塔兰图尔(A. I. Tarantul)则展现出这一概念在苏联的重要性。[②]

本文将追溯邻里理念在德国、英国和美国的起源,正是这些地方率先实践了这一理念。在英、德两国,它是1945年之后最重要的规划范式。美国由于私人市场在第二次世界大战后占据上风,因此仅有部分私人开发邻里单位的例子;但在英国和德国,却有很多实现的例子。因此这里将分析伦敦和汉堡的战后重建中与这一规划理念相关的最重要案例。

---

① 这里无法对战后初年贯彻邻里概念的大量例子进行一一考察。可参见詹姆斯·达希尔(James Dahir),《邻里单位规划、传播与接受:阐释性评论选集》(*The Neighborhood Unit Plan, Its Spread and Acceptance:A Selective Bibliography with Interpretative Comments*),纽约:拉塞尔·塞奇基金会1947年版。

② 罗伯特·弗里斯通,《模范社区——澳大利亚的田园城市运动》(*Model Communities. The Garden City Movement in Australia*),澳大利亚墨尔本:尼尔森1947年版;阿卜杜拉·阿布德·阿齐兹·阿提亚,《新镇规划与城镇扩张中的基础单位——邻里》(*The Neighbourhood as a Basic Unit in Planning New Towns and Town Extensions*),迪尔斯多夫:阿卡赖茨·埃尔本1963年版;斯宾塞·E.桑德斯和亚瑟·J.拉巴克,《未来市政建设:城市重建、考察与技术》(*Städtebau der Zukunft. Städtewiederaufbau, seine Durchforschung und Technik*),维也纳:凤凰出版社1948年版;斯蒂恩·艾勒·拉斯马森,《邻里规划:国外案例》("Neighborhood Planning:Foreign Examples"),《城镇规划评论》(*Town Planning Review*)1956/57年1月,第197—218页;保罗·里特尔,《雷德朋规划:国外案例》("Radburn Planning:Foreigh Examples"),《建筑师杂志》(*The Architects'Journal*)1960年第10期,第680—684页,及1961年第2期,第176—182页;欧根·C.考夫曼,《邻里单位作为城镇规划的新元素》("Neighbourhood Units as New Elements of Town Planning"),《英国皇家建筑师学会期刊》(*Journal of the Royal Institute of British Architects*),1936年12月,第165—175页;A. I.塔兰图尔,《苏联的邻里》("A Neighbourhood in the USSR"),《城镇与乡土规划》(*Town and Country Planning*),1962年第10期,第264—267页。

愿景的缘起：去中心化与邻里

19 世纪晚期，许多工业国家都发展出相似的去中心化观念，因此首先要考虑的是这一共同参与的背景。社会学家察觉到了城市变得庞大、拥挤的过程，以及在这些城市中存在与此相关的"失根"的现象。德国社会学家斐迪南·滕尼斯（Ferdinand Tönnies，1855—1936）对"共同体"（*Gemeinschaft*）和"社会"（*Gesellschaft*）做出重要区分，特别是后者在后工业时代占据主导地位。滕尼斯将共同体的互动定义为对血缘、邻里和友善关系的依赖，而社会互动则基于对优/劣势的评估和对报答的期待。家庭、宗族、村庄和友善关系都是共同体的形式，而城市与国家则归于社会一类。"在大城市，即在资本和大都会中，家庭正在衰弱……因此，城市与社会环境代表了人的衰败与死亡。"滕尼斯这样写道，这也为某种敌视大城市的观点奠定了基础，其后果不堪设想。①

滕尼斯的观点很快就在国际范围内传播开来，在社会学家中影响深远。罗伯特·埃兹拉·帕克（Robert Erza Park）曾求学德国，后来成为城市社会学芝加哥学派的创始人。美国社会学家查尔斯·霍顿·库利（Charles Horton Cooley）在滕尼斯的基础上发展并建立起自己对"群体"（"初级"）和"社会"（"二级"）类别的区分。社会改革家罗伯特·A. 伍兹（Robert A. Woods）曾在伦敦东区的一处居民区住过一段日子，并开始在波士顿建造类似的居民区，在美国践行滕尼斯的观点。芝加哥学派的人类生态学家则关心人类共同体与其物质环境之间的有机联系。② 社会学家如帕克和 E. W. 伯吉斯（E. W. Burgess）就城市、社会组织、"社会调查"、"自然区域"、"社区单元"，以及如何建立和支持作为城市生活的重要组成部分的邻里，展开广泛调查研究。1891

① 斐迪南·滕尼斯（Ferdinand Tönnies），《共同体与社会：纯粹社会学的基础概念》（*Gemeinschaft und Gesellschaft — Grundbegriffe der reinen Soziologie*），1887 年初版，柏林：K. 库尔提乌斯 1922 年版，第 242，244，246 页。作者自译。

② 安德鲁·布洛尔斯（Andrew Blowers），《邻里：概念探究》（"The Neighbourhood: Exploration of a Concept"），《城市开发——作为社会系统的城市》（*Urban Development: The City as a Social System*），菲利普·萨尔（Philip Sarre）、赫蒂·布朗（Hedy Brown）、安德鲁·布洛尔斯、克里斯·哈姆尼特（Chris Hamnett）和大卫·M. 博斯维尔（David M. Boswell）编，英国白金汉郡弥尔顿·凯恩斯：开放大学出版社 1973 年版，第 58 页。

年,斯坦顿·科伊特(Stanton Coit)出版了他在伦敦和纽约的经历,旨在鼓励邻里协会理论。[①] 有关邻里协会、住宅区运动的观点及类似概念的提出,是为了将"一个小型地区所有人的社会生活"组织起来:"它因此将左邻右舍、家庭、不同的利益团体聚集在一起。"[②]

英国的"田园城市"已成为如何利用现代城市规划观点践行去中心化构想的研究案例。埃比尼泽·霍华德(Ebenezer Howard)希望发展的是以学校为中心的区域作为社区中心的田园城市,而非田园郊区,[③]虽然后来出现的邻里单位概念与之类似,但霍华德并未提出过"邻里"一词。在美国,直至 20 世纪 20 年代,几乎没有出现过旨在推动创建一整个住宅区项目的想法。[④] 美国田园城市协会早在英国莱奇沃思(Letchworth)[⑤]开放的 1906 年就宣告成立。从 1909 年起,美国的城市设计师与规划者们开始举办全国城市规划大会 (NCCP),1917 年成立美国城市规划研究所(ACPI),探讨有规划的城市扩张的必要性。但与英国不同的是,美国的城市规划并非美国田园城市、公共卫生或住房运动的直接产物。[⑥] 它主要建立在城市美化与城市科学运动及私人倡议基础之上。

美国规划者的大部分经验得自第一次世界大战,但当时的规划是在受战争刺激的公共住房计划的背景下发展起来的。[⑦] 1923 年,美国区域规划协会

---

① 斯坦顿·科伊特,《邻里协会:社会改革的工具》(*Neighborhood Guilds:An Instrument of Social Reform*),英国伦敦:斯旺·索南夏因公司 1891 年版。

② 威廉·D. P. 布利斯(William D. P. Bliss)等编,《新编社会改革百科全书》(*The New Encyclopedia of Social Reform*),纽约和英国伦敦:芬克和瓦格内尔斯 1909 年版,第 821 页。

③ "霍华德城镇规划的特点之一是将城镇划分为邻里,每座邻里以一所学校所要求的人口为基础,并且拥有社区次中心。"弗里德里克·詹姆斯·奥斯本(Frederic James Osborn),《绿带城市:英国的贡献》(*Green Belt Cities:The British Contribution*),伦敦:法本 & 法本 1946 年版,第 30 页。

④ 亨利·赖特写道:"依然期待在美国看到能放手大干一场、媲美莱奇沃斯或韦林的事情。"赖特,《重建美国城市住房》(*Rehousing Urban America*),纽约:哥伦比亚大学出版社 1935 年版,第 45 页。

⑤ 莱奇沃思是世界上首座利用田园城市理论规划的新市镇。——译者注

⑥ 参见斯坦利·布德尔(Stanley Buder),《空想家与规划师:田园城市运动与现代社区》 (*Visionaries and Planners:The Garden City Movement and the Modern Community*),纽约与英国牛津:牛津大学出版社 1990 年版,第 157 页。

⑦ 梅尔·斯科特(Mel Scott),《1890 年以来的美国城市规划:纪念美国规划师学会十五周年历程纪念》(*American City Planning Since 1890:A History Commemorating the Fiftieth Anniversary of the American Institute of Planners*),加州伯克利和洛杉矶、英国伦敦:加利福尼亚大学出版社 1969 年版,第 170 页。

（RPAA）在亨利·赖特（Henry Wright）的大力推动下成立，这个协会确切来说是一个由住房和城市规划专家（包括凯瑟琳·鲍尔·伍斯特［Catherine Bauer Wurster］、刘易斯·芒福德［Lewis Mumford］、本顿·麦凯［Benton MacKaye］、弗里德里克·L. 阿克曼［Frederick L. Ackerman］、斯图尔特·蔡斯［Stuart Chase］、罗伯特·科恩［Robert Kohn］、伊迪斯·埃尔默·伍德［Edith Elmer Wood］和克拉伦斯·S. 斯坦因）组成的非正式跨学科智库。[①] 他们探讨有关以州为界的区域规划、低收入者住房问题，特别是那些可能实现其目标的住宅区建设方案。位于纽约的美国区域规划协会预测，大都市的社会解体连同无计划的郊区化与城市扩张问题将日益加剧，因为他们打算采取有计划的去中心化、区域规划及建立社区来抵抗这些问题。[②]

美国区域规划协会成员克拉伦斯·A. 佩里在《纽约及其郊区的区域调查》(Regional Survey of New York and its Environs, 1929)中阐述了邻里单位实体设计的基本原则。而在《邻里单位：家庭生活社区的安排方案》中，佩里尝试通过邻里单位的规划概念将住宅区运动的积极经验和它已在部分现有居住区强化共同体意识的强大社会联系和网络，向建成区、新开发及城市扩张区转化。[③]

虽然吸取了多种来源，但佩里仍是举世公认的"邻里单位之父"。他的邻里观念由六个原则构成："规模、边界、开放空间、机构位置、本地商店、内部道 144

① 参见罗伊·卢博夫（Roy Lubove），《20 世纪 20 年代的社区规划：美国区域规划协会的贡献》(Community Planning in the 1920s：The Contribution of the Regional Planning Association of America)，宾夕法尼亚的匹兹堡：匹兹堡大学出版社 1963 年版；卡尔·萨斯曼（Carl Sussman），《规划第四代移民：被美国区域规划协会忽视的视角》(Planning the Fourth Migration：The Neglected Vision of the Regional Planning Association of America)，马萨诸塞州的剑桥：麻省理工学院出版社 1976 年版以及丹尼尔·谢弗（Daniel Schaffer），《美国田园城市：失落的理想》("The American Garden City：Lost Ideals")，《田园城市：过去·现在·未来》(The Garden City：Past, Present, and Future)，史蒂芬·维克托·瓦德（Stephen Victor Ward）编，纽约和英国伦敦：斯庞 1992 年版，第 127—145 页，第 128 页。

② 一部分美国区域规划协会的成员从德国的世界末日畅销书，即奥斯瓦尔德·斯宾格勒（Oswald Spengler）的《西方的没落》(The Decline of the West, 1918)中找到了证明西方世界正处于文化解体进程中的证据。参见萨斯曼，《规划第四代移民》，第 228 页。

③ "这一路径使他从邻里迈向邻里单位：从一次微不足道的联合迈向现代城市社区新形式与新机构的创建。"刘易斯·芒福德，《邻里与邻里单位》("The Neighborhood and the Neighborhood Unit")，《城镇规划评论》第 24 期（1953/54 年），第 256—270，260 页。亦可参见克里斯托弗·西尔弗（Christopher Silver），《历史视野下的邻里规划》("Neighborhood Planning in Historical Perspective")，《美国区域规划协会期刊》1985 年第 2 号第 51 期，第 161—174 页，第 162 页。

路系统。"①佩里的基本原则是包括设立一个容纳最多 5,000 人口,围绕一座小学的地区,沿着位于住宅区边缘地带,尤其是邻里街区节点上的街道提供日常服务。要求步行可以抵达中心设施;重新设计直达交通线路;区分不同的交通运输种类;利用死胡同;并在居住区周围设立绿化带以区隔其他居住区。佩里还预测,随着私家车保有量增加,将需要全新的城市规划方案。"蜂窝城市是汽车时代的必然产物……我们将生活在蜂巢中……这就要求有组织的邻里社区。"②佩里制定的城市发展规划蓝图,旨在避免大城市的负面影响,由于他居住在长岛(皇后区)的花园郊区"森林山",他从个人经历中汲取灵感制定方案。佩里认为,邻里单位人口的社会混合应当包含"广泛的收入阶层",但每个邻里社区需要的仍是在社会地位方面同质的人口。③ 佩里和其他一些人相信,强烈的邻里意识只有在民族、社会地位,尤其是种族构成类似的群体中才能实现。④

1928 年,城市住房公司⑤在新泽西州的费尔劳恩购置了一块地皮,将佩里的理论框架转化为"雷德朋"(Radburn)的建筑现实,该项目被寄予了成为国际典范的厚望。克拉伦斯·S. 斯坦因和亨利·赖特负责建筑设计和规划,托马斯·亚当斯(Thomas Adams)、雷蒙德·欧文、弗里德里克·阿克曼和罗伯特·D. 科恩则担任顾问。当时规划设计三座容纳约 25,000 名居民的邻里单位,每个单元围绕一座小学,三者共同拥有一所高中。这些邻里按照可以让孩子们步行上学进行设计。由于 1929 年时纽约城街道的汽车每天造成一名儿

① 克拉伦斯·A. 佩里,《邻里单位:一个安排家庭生活社区的体系》("The Neighborhood Unit: A Scheme of Arrangement for the Family-Life Community"),《纽约及其周边地区的调查(第七卷:邻里与社区规划)》(*Regional Survey of New York and its Environs*, *vol. 7*: *Neighborhood and Community Planning*),纽约 1929 年版,第 22—140 页,第 34 页。

② 佩里,《邻里单位》,第 31 页。

③ "但总的来说,森林山花园正如它展示的那样,是证明一种新型城市社区的优秀例子。它所产生的睦邻友好生活的优良品质显然源于它的地产规划……"佩里,《邻里单位》,第 100 页。另见西尔弗,《历史视野下的邻里规划》,第 166 页。

④ 有关邻里规划概念诱导出同质人口结构的假设后来被芝加哥的规划师雷金纳德·R. 艾萨克斯(Reginald R. Isaacs)在《邻里单位是一种隔离的手段》("The Neighborhood Unit'is an Instrument for Segregation")一文中明确阐述出来,《住房杂志》(*The Hournal of Housing*)1948 年第 8 号第 5 期,第 215—218 页,第 215 页。

⑤ 城市住房公司(City Housing Corporation)是一家私人的有限公司,于 1924 年由纽约的一位富裕地产商亚历山大·宾(Alexander Bing, 1878—1959 年)创立。它作为美国区域规划办公室的赞助商为"雷德朋"社区的建设提供了地皮。——译者注

童死亡，因此将行人和道路分开就成为这个邻里社区的理想设计元素。①

　　然而，雷德朋计划中并没有真正具有新意的元素。它是以一种旨在促进社区生活方式的城市（郊区）模式，满足诸如私人交通之类的现代需求。虽然规划者对新社区观寄予厚望，但其居民仍大多秉持传统而保守的价值观。城市规划的类型学相当现代，但建筑却是传统的。于是雷德朋成为规划人员的朝圣地，而雷德朋人的日常生活却与美国其他郊区居住区的生活别无二致。② 例如，刘易斯·芒福德赞扬这一计划是"自威尼斯以来城市规划的首个重大变化"。③ 1929 年 5 月，首批业主迁入雷德朋，然而当年 10 月华尔街崩盘，许多雷德朋的居民失去了自己的工作和收入，不得不搬家。雷德朋从未竣工，就成为全球经济衰退的受害者。这一跨国城市规划理想演变成一场金融灾难。

　　F. D. 罗斯福的新政为区域规划带来了如美国区域规划协会所期待的新机会，以霍华德的设想和雷德朋的案例为蓝本的独立居住区规划得已实施。1934 年《国家住房法》获得通过，同时成立主要为创造就业而设立的联邦住房管理局，④尽管后者在此后数十年间对模范住房政策的影响程度并不宜高估。当时主要通过建设以邻里为单位的大型郊区住宅区推进郊区化。按照联邦住房管理局的观点，邻里社区应当在社会地位和种族上保持同质化，以提高当地

145

---

① 参见拉里·劳埃德·拉霍恩（Larry Lloyd Lawhorn），《邻里单位：外观设计还是外观决定论？》（"The Neighborhood Unit：Physical Design or Physical Determinism?"），《规划史期刊》（*Journal of Planning History*）2009 年第 2 号第 8 期，第 111—132 页，第 122 页。

② "'雷德朋观念'依然是城市规划领域最强劲、最持久的智识风暴之一。"卡罗尔·A. 克里斯滕森（Carol A. Christensen），《美国的田园城市与新镇运动》（*The American Garden City and the New Towns Movement*），密歇根州的安阿伯：密歇根州大学研究出版社 1986 年版，第 55 页。另见尤金妮娅·拉德纳·伯奇（Eugenie Ladner Birch），《雷德朋与美国规划运动》（"Radburn and the American Planning Movement"），《美国规划史导论》（*Introduction to Planning History in the United States*），唐纳德·A. 克吕科贝格（Donald A. Krueckeberg）编，新泽西州新不伦瑞克：城市政策研究中心 1983 年版，第 122—151 页，第 122 页。

③ 刘易斯·芒福德，《历史中的城市：起源、演变与展望》（*The City in History：Its Origins, its Transformations, and its Prospects*），英国哈蒙兹沃思 1975 年版，第 51 页。

④ 两项建筑项目获得 1935 年的紧急救济拨款（Emergency Relief Appropriation，ERAA）援助："(1)农村再安置项目，试图通过建立经济上可行的农村社区封堵农村移民；(2)郊区再安置项目，此举旨在为城市贫民窟创造替代方案。"卡罗尔·科登（Carol Corden），《有规划的城市：英美新镇》（*Planned Cities：New Towns in Britain and America*），加利福尼亚的比佛利山庄和英国伦敦：塞奇出版 1977 年版，第 52 页。

居民的社区意识。①

1935 年,美国政府以雷德朋和田园城市模型为基础,采纳了一项绿带城镇构想,目的是创造就业岗位和廉价住房,同时展现全新的城市规划概念。雷克斯福德·塔格韦尔(Rexford Tugwell)是国家干预和有计划去中心化的支持者,他也是霍华德设想的追随者,后来成为移民安置管理局的协调员。② 最初规划的绿带城镇有 15 座,后来减少至 8 座,然而只有 3 座得已建成,其中以马里兰州的格林贝尔特最为知名。③ 绿带城镇无法与英国的田园城市相提并论,因为它的定居点规模较小,仅有不到 1,000 户,也没有工作场所。许多规划人员将重新开发和新建住宅区与清理贫民窟和拆除旧房联系在一起。"当然,在郊区开发模范家庭的邻里社区,可以协助打击(贫民区),重新规划与建设贫民窟区域本身是一样的。而直接打击贫民区则根本无法达成令人满意的效果。"④但由于住房政策的调控者,即建筑企业与开发商将重点放在了城市边缘地带,从而导致内城数十年来始终面临负面影响而被忽视。

在英国,私人开发商在第一次世界大战之后主导住房生产。虽然部分市政当局如伦敦郡在两战期间在城市边缘大兴土木建造了大量新住房,但去中心化及将人口分散到整个乡村地带仍被认为是最好的解决办法。以贝肯特里——世界上最大市政(公共住宅)小区——为例,共建成 25,000 套住房,可容纳 110,000 人。但许多人发现很难承受郊区生活的成本。许多工人阶级无力承担新的公共住房,而收入较高的群体则更愿意在私有市场上购置住房,因为后者的形象要比市政住房好得多。于是许多大型住宅区演变为"单一阶级住宅区",这是一场社会灾难,建筑沉闷、缺乏文化的糟糕规划,而且人们生活

---

① 参见埃文·麦肯齐(Evan McKenzie),《私有乌托邦:房主协会与居住地私人治理的崛起》(*Privatopia:Homeowner Associations and the Rise of Residential Private Government*),康涅狄格的纽黑文:耶鲁大学出版社 1994 年版,第 64 页。

② 梅尔·斯科特,《1890 年以来的美国城市规划:纪念美国规划师学会十五周年历程纪念》,第 336 页。

③ 这些涉及增殖的最初目标是导致右翼批评家视该项目为"社会主义管制伪装成合作计划"。麦肯齐,《私有乌托邦》,第 101 页。另见迪尔克·舒伯特,《"未来之城":模范城市马里兰的格林贝尔特》("'City of the Future':Modellstadt Greenbelt — Maryland"),《老城》(*Die alte Stadt*),2009 年第 2 号第 36 期,第 215—234 页,第 215 页。

④ 托马斯·亚当斯,《居住区设计:基本考量、原则和方法》(*The Design of Residential Areas:Basic Considerations,Principles,and Methods*),马萨诸塞的剑桥:哈佛大学出版社 1934 年版,第 265 页。

在令人恼火的单调乏味之中。很明显，贝肯特里不再是一座"社区"，它没有满足需要的地方行政机关和社会基础设施。批评者抱怨郊区的通勤贫民窟和广袤无边的郊区住宅"荒漠"，他们认为住房建设必须与经过规划并由邻里组成的社区相结合，这样人们可以彼此了解并建立多种联系。

在贝肯特里最初的方案中，确实有过一些通过邻里单位提供社交生活与娱乐的准备。[1] 但由于缺乏原材料和劳动力，许多诸如此类的想法不得不被放弃。然而失去了"公民精神"，与田园城市著名的去中心化理念的共通之处也就所剩无几。英国的批评者因此埋怨新建的公共住宅区缺乏社会融合："邻里价值的丧失对社会失序地区造成进一步影响。"[2]在这样的背景下，规划人员就需要找寻不同的去中心化途径，以克服伦敦人满为患的问题。1940 年，工业人口分布皇家委员会的《巴洛报告》(*Barlow Report*)建议对英国工业人口重新从空间上进行安置，并新建"混合邻里"的新城。[3] 降低内城人口密度的建议使重新安置行动成为必然。第二次世界大战和轰炸造成的破坏则为去中心化、低人口密度及邻里社区的争论提供更多的重要支撑，例如 1942 年现代建筑研究集团的"火星"(MARS，其实是该团体的名称缩写——译者注)计划提出："只能通过界限分明的单位，而这些单位又是能够组织社会生活的较大单位的一部分。"[4]因此拥有巨大贫民窟的伦敦东区将被改造为现代住宅和邻里社区。

于是，在 1943 年的伦敦郡规划（即伦敦的官方规划）中，邻里单位成为一项核心规划要素。这一规划规定采取广泛行动，甚至战时未遭破坏的地区也被包括在内。它预示着按照邻里单位理想重建被摧毁地区的新维度。"局部

146

---

[1] 安杰伊·奥莱霍夫齐（Andrzej Olechnowicz），《两战期间的英国工人阶级住房：贝肯特里住宅区》(*Working-Class Housing in England between the Wars：The Becontree Estate*)，英国牛津：克拉伦敦出版社 1997 年版，第 219 页。

[2] W. R. 泰勒（W. R. Tyler），《城镇规划邻里单位原则》("The Neighbourhood Unit Principle in Town Planning")，《城镇规划评论》(*Town Planning Review*)，1939 年 7 月第 18 期，第 174—186 页。

[3] J. H. 琼斯（J. H. Jones），《工业人口分布皇家委员会报告》("The Report of the Royal Commission on the Distribution of the Industrial Population")，《皇家统计协会杂志》(*Journal of the Royal Statistical Society*)1940 年第 3 号第 103 期，第 323—343 页。

[4] 亚瑟·科恩（Arthur Korn）和费利克斯·J. 萨缪利（Felix J. Samuely），《基于 MARS 集团城镇规划委员会研究的伦敦总体规划》("A Master Plan for London Based on Research Carried Out by the Town Planning Committee of the MARS Group")，《建筑评论》(*Architectural Review*)，1942 年 6 月第 91 期，第 143—150 页，第 143 页。

性的解决方案还不够，"约翰·亨利·福肖（John Henry Forshaw）和莱斯利·帕特里克·阿伯克龙比爵士（Sir Lesley Patrick Abercormbie）在规划方案的前言中这样写道，"必须强制采取大规模的重建和清除贫民窟行动。"这一规划以东区的肖尔迪奇和贝思纳尔格林的邻里单位及埃瑟姆社区为例，说明其规划目标。重建区域的规模大体与大规模再安置项目框架下的新城相当，拥有 60,000—100,000 名居民，每个邻里单位容纳 6,000—10,000 人。"我们筹备的综合方案将提供一定比例的高层公寓楼，楼间距足以栽种树木，带有阳台的房屋以规则而不单调的形式分散分布。整个方案分布着开放空间，并与较小的邻里中心有机相连，最后才是整个社区的中心。"①邻里单位被构想为拥有开放空间和一切必要社区设施。

二战爆发后不久，有关战后英国形象的讨论渐趋激烈。事实上，规划人员几乎一致同意大规模重新设计城市的必要性。由于曾为 1943 年伦敦郡规划做过前期工作，供职于区域与城镇规划部的阿伯克龙比被委托对大伦敦区域进行规划。鉴于 1943 年规划已聚焦于伦敦郡议会的行政管理区域，因此新规划计划覆盖距伦敦城 30 英里半径以内的区域。在 1943 年规划中得到进一步深化的要素是有机社区理念。阿伯克龙比这样写道：

> 应当明确定义邻里和城镇，并加以准确无误的区分；保持人口社会地位的稳定。这种稳定性在很大程度上可以通过社区提供多种住房以满足所有群体的需求……我们以社区为基本规划单位……每个社区都将拥有自己的生活与特性，但这一独特性要与作为整体的整个地区复杂形式、生活和特性相协调。②

尽管实际构成此次新规划基础的并非邻里概念，而是社区概念；但伦敦东区再次成为按照现代邻里规划原则设计的重建典型。阿伯克龙比甚至认为，东区贫民窟那些即便没有被德国炸弹摧毁的建筑物和住房，也无论如何应当

147

---

① 约翰·亨利·福肖和帕特里克·阿伯克龙比爵士，《伦敦郡规划——为伦敦郡议会所作的准备》（*County of London Plan. Prepared for the London County Council*），英国伦敦：麦克米兰公司 1944 年版，第 9 页。

② 帕特里克·阿伯克龙比，《1944 年大伦敦规划》（*Greater London Plan 1944*），英国伦敦：住房部办公厅 1945 年版，第 112—113 页。

被拆除；划定出再开发区域，制定规划，才能重新安置需要现代邻里单位的人口。

汉堡和德国规划中的去中心化策略

20世纪20年代，德国在美因河畔的法兰克福、柏林和汉堡等地兴建了大批大型现代住宅区。其关注的重点是住房改革，社区发展则次之。尽管学校被建造出来，并作为社区中心提供服务，但人们普遍认为，大量兴建现代、健康、通风良好的公寓以解决住房问题更为迫切。由于许多居住单元对于工薪阶层来说过于昂贵，这些房屋大多被租给了新兴的白领雇员阶层。在汉堡，许多改革思想都是通过调整一战前的规划后实施的，包括公园、休闲区域，以及采光和日照更好的公寓。这些住宅区通常建造于市政当局所有的土地上，而在同一片土地上兴建数量更多的公寓可以节约成本。在汉堡，它们被称为"（居住）带"，环绕着建筑密集、坐拥19世纪廉价公寓的内城。

在1933年之后的纳粹独裁统治时期，住房与规划政策成了政治和意识形态问题。纳粹党人主要关心的是工人（尤其是军备工业中的工人）的良好居住条件。他们谴责19世纪的住房是"投机"，但又觉得20世纪20年代以来的新建住房依旧是"丑陋不堪的廉价房"。因此许多规划都强调城市环境之恶劣及改善之必要。纳粹党人认为，城市规划、实体规划和所谓"没有空间的（雅利安）民族"（*Volk ohne Raum*）之间存在直接关联。城市设计理念则借鉴自19世纪针对大城市的反城市批评，并提出了"去密度"的要求。用纳粹党理论家戈特弗里德·费德尔（Gottfried Feder）的话来说，应当减少"作为犹太教所在地"和"马克思主义据点"的城市，并重塑其秩序："这个城市有机体将由一系列细胞组成，这些细胞将分成不同包含子核心的细胞团围绕城市中心。"[①]费德尔提议将国民学校（*Volksschule*，包括小学和初中）作为秩序建立的基础；城市的发展，意味着实现"公民身体的健康"。纳粹党人的纲领性声明还要求减少城市化，甚至还转向要求人们回迁至乡村土地。这些声明与农业社会的自给自足、血与土的观念、人口（减少与增长）政策和防空需求有关。但到30年代

---

① 戈特弗里德·费德尔，《新城：从人口社会结构出发建立全新城市规划艺术的尝试》（*Die neue Stadt. Versuch der Begründung einer neuen Stadtplanungskunst aus der sozialen Struktur der Bevölkerung*），柏林：J. 施普林格1939年版，第19页。

末,纳粹已将大城市视为无可避免的邪恶存在。

148 英美的邻里单位规划在国际会议上一经提出,就引发了德国规划学者的讨论。有关雷德朋的文章被刊登在德国的刊物上。[①] 1932 年,克拉伦斯·S. 斯坦因的合作者亨利·赖特在《新城市》(Die neue Stadt)杂志上向德国规划界介绍了他对邻里概念的看法。1934 年,布鲁诺·施万(Bruno Schwan)出版了雷德朋的地图和照片。对于纳粹分子而言,挑战在于如何应用英美的邻里社区观念让德国大城市变得井然有序,协助重新设计专门指定的元首城市(Führer-cities)[②],并在 1939 年之后开发新占领的欧洲"东部"——而不仅仅是模仿"颓废的"西方民主国家。随着敌视城市的意识形态主张,田园诗般的家园理想,高度工业化的军备生产现实,以及经济现代化理想之间的冲突日趋激烈,有人认为,为汽车拥有者新建的定居点会加速大城市的解体。[③] 将城市转变为容纳汽车的场所及新定居方案因此成为维系纳粹政治权力与空间规划之间一个组成部分。但希特勒不得不将大规模机动化作为次要政治目标,推迟到战后执行,首要目标是赢得战争。(相比之下,美国在两次大战期间已经使以汽车通勤为基础的郊区成为现实。)

纳粹对于新定居点的规划原则在假设大规模机动化的同时,也将政治制度框架移植入城镇规划。"以地方基层[④]为定居细胞"(Ortsgruppe als Siedlungszelle)理念就是一种产生自民族社会主义理论和规划实践,同时接纳邻里理论的模型,但它随后被用来暗示某些与纳粹喜好截然不同的事物。在这一基本背景下,重点就可以放在与包括亲缘、邻里和友情在内的社区相连的德意志民族起源上。1941 年,私人建筑师康斯坦蒂·古乔(Konstanty Gutschow)——而非城市规划部门——受命对汉堡城市进行规划。1937 年,汉堡的边界因其与普鲁士城市阿通纳、万德斯贝克、哈堡合并而扩大。但最重

---

① 科尼利厄斯·古利特(Cornelius Gurlitt),《纽约的新住宅区》("New Yorker neue Siedlungen"),《市政建设艺术》(Stadtbaukunst),1929 年第 2 期,第 27—31 页;罗伯特·勒德尔(Robert Lederer),《雷德朋城》("Die Stadt Radburn"),《市政建设》(Städtebau)1930 年第 25 期,第 529—530 页。

② 德文原词为"Führerstädte",是纳粹政权根据希特勒在 20 世纪 30 年代中后期的市政规划设想,计划重点发展的五座大城市:柏林、慕尼黑、纽伦堡、汉堡和林茨,其中林茨位于奥地利,是希特勒的故乡。——译者注

③ 参见卡门·哈斯-克劳(Carmen Hass-Klau),《行人与城市交通》(The Pedestrian and City Traffic),英国伦敦:贝尔哈文出版社 1990 年版,第 118 页。

④ "地方基层"(Ortsgruppe)是纳粹党在县以下级的基层地区组织。——译者注

要的是汉堡港的扩建。由于贸易的增加，德国重要性的不断提高，再加上德国添置新殖民地的打算，使这一港口的扩建远超伦敦港。古乔在编制规划时，战争破坏极小，因此他对城市现代化抱有宏大的构想，其中包括一座横跨易北河的新桥和德国唯——座得到希特勒许可的新摩天大楼。

古乔 1941 年的汉堡城市发展规划以邻里组织原则为基础，并遵循了纳粹党的政治架构。新的住宅区规划为了表现整个德国社会，复制了德意志民族社会主义工人党的行政单位，同时将不属于族民共同体的犹太人和"不受欢迎"群体排除在外。规划将自住的联排房屋和小型公寓楼，与用于出租的公寓式建筑物混合在一起。"以地方基层为定居细胞"计划为大约 6,000 至 8,000人提供学校、商店和基础设施。[①] 古乔宣布："某种无条理的形态导致了城市的匿名性。因此必须让城市再一次变得透明起来，对它进行调整和设计，以创造秩序。为使邻里社区得到发展，必须明确区分定居单位。"[②]

从 1940 年起不断升级的战争破坏给了规划者一个将其新想法付诸实施的独特机遇，但也带来彻底改变的可能。这些计划的主要目标是防空、减少单调、去中心化，并依靠邻里和居民区安排和组织城市。大后方变得至关重要，包括改善居住和生活条件在内的诸多承诺被提了出来。只不过纳粹的战后大型公共住房计划建立在对外国工人的剥削之上。而在遭受战时破坏之后，古乔紧接着于 1944 年为汉堡制定了第二份总体规划。他熟知邻里概念在英国战时重建中所扮演的核心角色。这份规划遵循了减少住房密度的原则，以地方基层作为邻里单位：

> 汉堡此前的每一份总体规划都希望避免沦为乌托邦的危险，并试图保持现状，这就必须或多或少将中心区域内现存的实际情况视为理所当然。一套完全行之有效的更新（即使是逐步实施）也会为遥远的未来做好准备，特别是要降低传统上居住着共产党"选民"的地区不可靠人口的密度。新的总体规划立足于遭到破坏的现状及其可能提供的全新机会……并且新总规

149

---

① 参见埃尔克·帕尔-韦伯和迪尔克·舒伯特，《民族社会主义城镇规划和建筑中的神话与现实：1933—1945 年汉堡住房和城市开发》（"Myth and Reality in National Socialist Town Planning and Architecture: Housing and Urban Development in Hamburg, 1933 - 1945"），《规划视野》（*Planning Perspectives*），1991 年第 6 期，第 161—188 页，第 184 页。

② 康斯坦蒂·古乔，汉堡市档案馆，AKG，A 125，1941。

> 将建设一座城市作为自己的任务,即使它规模庞大,也不会让任何民族一员
> (*Volksgenosse*)感到自己单纯只是数字,他们是邻里中的一分子。①

在针对遭破坏地区的规划中,这一概念为广泛重建汉堡的居住区奠定了基础。② 规划为分隔居民区和邻里,设计了更多的绿地和绿带。整个规划以"白板"(tabula-rasa)的状态创造新的居住单元。城市的肌理遭受轰炸和损毁的地区将再次根据纳粹党的组织结构划分为相应的邻里单位。

将地方基层作为结构要素,不仅被应用于汉堡和其他城市,还被用在被征服的东部地区。引人注目的是,党卫军帝国长官海因里希·希姆莱(Heinrich Himmler)计划采用同样的原则"在新东部地区保障德意志民族传统"。③ 虽然邻里单位规划是一项有着不同民族主义根源与进程的跨国产品,但纳粹德国规划者坚持认为这一理念提供了独到的德意志解决方案。尽管大多数方案未能实现,但依然发展出各色邻里单位的设计模型。其中包括建筑师汉斯·伯恩哈德·赖肖(Hans Bernhard Reichow)的有机模型,或是 1944 年由瓦尔特·欣施(Walter Hinsch)设计混合了住房与稠密度的几何模型,当然还有位于中轴线上的党部大楼。

如果我们将伦敦规划与 1944 年由古乔的同事赖肖主持的汉堡规划进行比较,就会发现,这两个计划看上去极其类似。但赖肖的有机"细胞"似乎又不等同于"火星"计划。赖肖总是利用自然环境中的例子作为其规划中的有机类型。他还给自己设立的单位变换了名称:直到 1945 年为止他使用的都是民族社会主义的术语"以地方基层为定居细胞",只不过后来又将其称之为"有机邻里"。如果更详细地了解这两块遭受轰炸的地区,我们就会发现伦敦的肖尔

---

① 康斯坦蒂·古乔,汉堡市档案馆,AKG, A 44 D34,1944。

② 参见帕尔-韦伯和舒伯特,《神话与现实》,第 183 页。

③ 希姆莱在谈及东欧新占领地区时宣布:"在设计住宅区时不得采取大规模的方案;相反,为城市设计考虑,应创建促进共同利益之家庭居住区……鉴于社区发展之需要,住宅区结构标准可以从指导族民共同体(*Volksgemeinschaft*,民族社会主义意义上的全体德意志人的共同体)的政治结构中获取相同的起源。因此住宅区的结构必须尽可能按照'细胞'、地方基层和地区组织起来的族民共同体的政治组织结构保持一致。从这个意义上来说,适合地方基层的城市形式将由'细胞'构成,且最终是由小规模的街道,以及清晰分布广场、住宅庭院和邻里团组所构成。"恩斯特·勒曼(Ernst Lehmann),《邻里中的族民共同体:德意志邻里社区的民族性》(*Volksgemeinschaft aus Nachbarschaften. Eine Volkskunde des deutschen Nachbarschaftswesens*),布拉格、柏林和莱比锡:内贝 1944 年版,第 13—14 页。

迪奇和汉堡的巴姆贝克有着极为相似之处。阿伯克龙比的想法是拆除东区的贫民窟，无论其是否遭到轰炸；汉堡的情况也类似，针对巴姆贝克地区的战后规划是将其假设为白板一块，以创造全新的居住单元和邻里。

150

变化的术语与战后德国的规划延续性

1945 年之后，由于被拿来类比纳粹的纪律与控制机制，"邻里"一词在德国声名狼藉。因此"以地方基层为定居细胞"这个名声败坏的概念被重新命名为"小区"，或"住宅区节点"，或"单元"。民族社会主义的城镇规划与建筑在战后很长时间内都是禁止研究的对象。虽然术语经过去纳粹化处理，但实际上1945 年之后制定的目标似乎仍与 1945 年之前的理念相差无几。而将 1945 年作为全新开端的"零点"神话也是一种误导，因为无论是牵涉其中的人员，还是规划范式，都保持了一定程度的延续性。虽然部分高级规划人员被解除职务或允许其辞职，但大多数（战前）规划人员（"古乔分子"）确实找到了新工作，并将他们在纳粹时代及之前所开创的模式、概念与实践带入战后年代。[①] 因此，德国城市规划在 1945 年之后就摆脱了"意识形态重负"，且民族社会主义者"以地方基层为定居细胞"的观念被转化为一种符合西方民主构想的邻里单位，例如在汉堡，它就被称为"住宅区节点"。虽然大部分宏伟的党部大楼和轴线未能付诸实现，但德国的战后重建仍继续执行纳粹时期的一部分目标，也包括了前几个时期的目标，只是其中种族政治的理论基础已经被其他说法所取代。

1946 年，古乔在给鲁道夫 • 沃尔特斯（Rudolf Wolters）——后者是阿尔伯特 • 施佩尔（Albert Speer）[②]部门前负责人——的信中写道："我很高兴，我发现我的兴趣，也就是居住单位的想法出现在阿伯克龙比的重建规划中。他把它称为邻里，是整个规划的核心思想……从现在起，这些结构，我要亲自用我这张损嘴，称为邻里社区单位。我希望他们不会将这些对我而言极为珍贵

---

① 参见杰弗里 • M. 迪芬多夫，《战争之后：第二次世界大战后的德国城市重建》（*In the Wake of War：The Reconstruction of German Cities after World War II*），纽约和英国牛津：牛津大学出版社 1993 年版，第 181 页。

② 阿尔伯特 • 施佩尔（1905—1981），德国建筑师，为纳粹德国设计了一系列重要建筑。1942 年起担任帝国装备部长，后作为战犯经纽伦堡审判获刑 20 年。——译者注

的城市设计思路当成是一种政党极权主义主张的渗透。"①1945 年以前在德国
宣传"以地方基层为定居细胞"的 H. B. 赖肖后来则开始运用生物学隐喻,并
尝试规划"有机邻里"。他在第三帝国时期曾一度受雇于古乔,随后不费吹灰
之力地将民族社会主义术语加以变形和政治化,运用到源于自然界例子的概
念当中。他使用"分支"一词来描述战后住宅区中的街道模式,同时借鉴来自
雷德朋的分离式交通的设想。他的项目因此被认为是战后西德最有影响力的
项目之一,其作品也成为畅销书:《有机城市规划》(*Organic City Planning*,
1949)、《汽车友好城市》(*The Car-Suitable City*,1959)。在这些作品中,他主
要普及的还是"雷德朋原则"。② 他批评阿伯克龙比的规划方案及伦敦的邻里单
位还不够充分有机。同样深具影响力的作品还有《结构化低密度城市》(*The
Structured,Low-Density City*,1957),尽管该书更多从技术专家角度进行推论,
且缺乏生物学上的类比,却也遵循着类似的思路。③ 不过,该书作者们并未掩饰
该观点酝酿于民族社会主义时期的事实,并且也不打算改变这一术语。作者
之一的罗兰·赖纳(Roland Rainer)早在 1948 年就提出邻里理论,并翻译发表了
有关克拉伦斯·佩里的雷德朋计划的文章。因此,立足邻里单位的规划模式存
在着延续性,在战时和战后的发展规划中存在许多的相似之处。

　　1947 年阿伯克龙比大伦敦规划的部分内容以德语出版。托马斯·夏普
(Thomas Sharp)出版于 1948 年、有关城镇规划的书籍也包含了邻里思想的
原则,为德国人提供了更多现代规划的(民主)例子。④ 英国军方的规划人员
也希望以类似英国城市的方式制定汉堡重建原则。当 1945 年英国占领军抵

---

① 古乔,引自维尔纳·杜尔特(Werner Durth),《德国建筑师:传记集(1900—1970 年)》(*Deutsche
Architekten. Biographische Verflechtungen 1900 -1970*),不伦瑞克:魏尔维克 1986 年版,第 257
页。

② 汉斯·伯恩哈德·赖肖,《有机城市建筑:从大城市到城市景观》(*Organische Stadtbaukunst.
Von der Großstadt zur Stadtlandschaft*),不伦瑞克:G. 魏斯特曼 1948 年版;及赖肖,《汽车友好
城市——摆脱交通混乱的一种途径》(*Die autogerechte Stadt — Ein Weg aus dem Verkehrs-
Chaos*),拉文斯堡:奥托·迈尔出版社 1959 年版。

③ 约翰内斯·戈德利茨(Johannes Göderitz)、罗兰·赖纳和胡伯特·霍夫曼(Hubert Hoffmann),
《结构化的松散城市》(*Die gegliederte und aufgelockerte Stadt*[即正文中提到的英译本《结构化
低密度城市》——译者注]),图宾根:恩斯特·瓦斯穆特出版社 1957 年。

④ 托马斯·夏普的《城镇规划》(*Town Planning*,纽约和英国米德尔塞克斯的哈蒙兹沃思:企鹅
1945 年版)由格哈德·约布斯特(Gerhard Jobst)译作《英国市政建设》(*Städtebau in England*)出
版,柏林:恩斯特父子 1948 年版。

达汉堡时，他们惊讶于规划思路的相似。事实上，相比伦敦方案，德国重建汉堡的构想更为克制。轰炸造成的破坏给失败者留下无法磨灭的印象，政治和经济上的不安全感也不允许做出大胆构思。尽管如此，1947 年的汉堡总体建设规划和 1950 年的重建规划均包含了邻里单位及缓解城市单调性的原则。规划包括了较低的人口密度，并以绿化带分隔居民邻里。

汉堡和伦敦的新住宅区

在英国，战争带来的现代化功能不仅表现在城市规划方面，还更广泛地体现在英国社会和政治方面。在战争期间可能发生的事情被认为也可能发生在和平时期。战争教会了英国人好邻居的价值，同时也为"实验和创新开辟出无与伦比的需求"①。相反，在两战期间奠定"新客观主义"（*Neue Sachlichkeit*）②基石的汉堡建筑大师弗里茨·舒马赫（Fritz Schumacher）则呼吁扩大规划人员的权力，以控制二战后的土地市场。③ 但即便是在规划人员中，围绕重建的基本目标和模式几乎不存在任何争议，财政困难和所有权问题仍阻碍内城"伟大愿景"的实现。规划者被迫专注于较低的人口密度以及新住宅区规划与建设，依据邻里原则在郊区边缘开展工作，并重建遭受轰炸的内城。

德国的住房短缺问题极为严重，汉堡尤其如此，那里有一半的存量住房遭到轰炸。因此政治形势和财政状况一一稳定下来后，住房建设项目也就随之展开。汉堡的首个重大项目是英占区的英军总部。在为该项目选定的区域内，战前曾有总计 185 栋建筑，约 730 套公寓。虽然这一时期的住房严重短缺，但该区内建筑物仍遭到拆除，以便为新项目腾出空间；多数场地经过与前业主协商后收购。

---

① 尼古拉斯·布洛克（Nicholas Bullock），《建设战后世界：英国现代建筑与重建》（*Building the Post-War World: Modern Architecture and Reconstruction in Britain*），纽约和英国伦敦：劳特利奇 2002 年版，第 xi 页。

② "新客观主义"源于 20 世纪 20 年代在德国出现的同名艺术运动，最早出现在美术领域，随后席卷艺术、文学、音乐和建筑等领域。"新客观主义"目的是反对表现主义的自我指涉和浪漫主义风格，要求艺术家转向现实，与世界接触。——译者注

③ 参见杰弗里·M. 迪芬多夫，《战后德国重建法规与建设法规》（"Reconstruction Law and Building Law in Post-War Germany"），《规划视野》1986 年第 1 期，第 107—129 页，第 110 页。

英国军方打算为格林德贝格项目举行一场建筑竞赛，赢得比赛的是一支来自汉堡的建筑师团队（B. 赫姆克斯［B. Hermkes］、R. 耶格尔［R. Jäger］、A. 罗德斯［A. Lodders］、A. 桑德尔［A. Sander］、F. 施特雷布［F. Streb］、F. 特劳特魏恩［F. Trautwein］和 H. 策斯［H. Zeß］）。这个方案包括 12 栋高层建筑，并计划为英国军官提供办公室和公寓。六栋建筑为 15 层楼高，另外六栋则为 10 层。这个住宅项目是这种规模的高层建筑中的首创和独创。虽然此前也有过一些建议，例如密斯·凡德罗就为柏林设计过摩天大楼，但采用现代主义钢架结构在德国依然是全新的方法。不过有关高层建筑、有关"汉堡曼哈顿"的争议依然不断升温。一部分建筑师认为这将是一个开启新局面的独特机会，但另一些人仍更偏爱低层建筑。对于汉堡人而言，围绕格林德贝格高层建筑的争议很快成为某种按照现代理念和标准重建的象征。在英国，《建筑师杂志》（Architects' Journal）将其诠释为对勒·柯布西耶项目的新发掘，却只字未提当地建筑师参与其中。

但在战争结束之初的汉堡，短缺的不仅是钢材，更是所有的建筑材料。因此，当英国政府决定将其军事总部迁往巴德恩豪森时，汉堡市政府拒绝接管这个当时仍处于建设中的项目。最终直到 1948 年，汉堡议会才同意将此项目以公共住房项目的形式完工。1949—1956 年该项目共建成约 2,000 套公寓，因为住房短缺，所以对这些公寓的需求很大。

格林德贝格的高层建筑项目不同于兼顾密度和房屋类型的基本邻里社区组合。这里采用标准化公寓，建筑物只有两种不同高度。但包含了所有设施：商店、洗衣房、自治镇事务中心和一座加油站。绿化片区内伫立着雕塑，儿童游乐场也远离交通设施。只是由于租金颇高，并没有多少工人阶级能够负担得起。由于小区建筑物很容易与周边区域区分，因此在租户中形成了一种对身居垂直邻里社区独特而积极的身份认同。

十年后，汉堡建筑、房屋与住宅区署出版了一本手册，对新型住宅小区的规划指导方针加以阐述。它以家庭为基础，由 6—10 个家庭构成的邻里社区形成一个初步的住宅区单位。三至五个这样的小单位组成住宅区团组；相应地，就要求能服务 5,000—7,000 人的学校单位。[①] 尽管使用了不同的术语，但

---

① 自由汉萨市汉堡建设局，《住宅区规划手册——汉堡地区市政建设规划基础》（Handbuch für Siedlungsplanung. Städtebauliche Planungsgrundlagen für den Hamburger Raum），建设、住房和住宅区建设局系列出版物，汉堡：和谐出版社 1966 年版，第 10 页。

构成城市的核心单位仍保持不变。

西德规模最大的住房建设项目之一于 1958 年起在汉堡的阿通纳区启动。战前，约 90,000 人生活在阿通纳老城区，但大多数建筑已毁于轰炸，其东部地区尤其如此——约 60% 左右的存量住房毁于一旦。1955 年，一支由汉堡城市规划部门组成的团队开始投入规划工作，其成员包括维尔纳·黑贝布兰德（Werner Hebebrand）、奥托·西尔（Otto Sill）和阿图尔·戴恩（Arthur Dähn），以及德国最大的住房建设公司"新家乡"。建筑师恩斯特·迈当时是"新家乡"规划团队的负责人，他拥有在美因河畔法兰克福、布雷斯劳、苏联和非洲的丰富规划经历。自战争开启的十年间，汉堡出现了许多未经规划许可的建筑物，它们有些是现代化建筑，还有些则是擅自占地建造的。因此新阿通纳规划包括拆除大量较为老旧的建筑物，规划新的道路，并使这一地区的绿地面积从 2% 提高至 15%。之所以要新建住房，是为了避免过去的住房与商业设施在同一地块上的混杂。这些规划观点遵循《雅典宪章》，将居住空间与工作空间进行明确分隔。人口密度将降至约每公顷 500 人，并将以邻里调整整个地区。虽然受制现存的街道和工业企业，不可能使邻里社区相互间完全分开，但一些个性化的解决方案仍被制定出来，以便为大都市居民创造一种他们的邻里的归属感，并在匿名的大城市中建立某种人性化的尺度。[1]

如果我们将汉堡的这些项目与伦敦皮姆利科的丘吉尔花园进行比较，就会发现两者似乎非常相似。后者由两位年轻设计师 P. 鲍威尔（P. Powell）和 H. 莫亚（H. Moya）担纲设计，——两人在 1946 年威斯敏斯特市议会主办的比赛中获胜，丘吉尔花园从一开始就作为邻里单位进行规划。它是一处包括 1,600 套住房的混合开发项目：包括十层楼的公寓、四层楼的复式住宅，以及一些面向大家庭的三层楼梯房（"格罗皮乌斯行列式住宅［Zeilenbau］的英国式样"）。社会设施、学校、商店和一座社区中心也被整合进项目之中。大多数租户可以看到泰晤士河。不同高度的建筑物混合，避免战前的混合，伦敦郡住宅区的单调，因此丘吉尔花园将是展示现代住宅建筑的重要例子。

1951 年的不列颠节前承 1851 年世界博览会传统，是一次对英国重建具有重大国际潜力的重大展示，但它主要在英国国内引发反响。泰晤士河南岸的选址对此次展会而言远谈不上理想。不过在东区还是出现了一个以"鲜活

153

---

① 参见自由汉萨市汉堡建设局，《住宅区规划手册》，第 48 页。

的建筑展"为题的现代住宅展示项目:1949年,"首张强制订单"是为斯泰潘尼的兰斯伯里地块定制的。作为拥有约10万居民的斯泰潘尼—波普勒综合开发地区的一部分,兰斯伯里是首个立足邻里社区的综合开发项目。这个区域的布局规划由伦敦郡建筑部门负责,但也有许多私人建筑师参与其中。这里每个邻里社区都规划有一定数量的社会设施,如日托所和学校,两座教堂、一个步行购物中心和公共开放空间。还有最大限度的房屋类型:六层和三层楼的公寓、四层的复式住宅、三层和两层的楼梯房,以及带顶楼公寓的独栋住房。兰斯伯里的展示区旨在展示邻里社区规划的新类型及为伦敦人提供的新型独栋住房、公寓和复式房。刘易斯·芒福德将这个住宅区视作"战后城市规划最杰出典范"①。

　　但在经历了很长一段时间后,兰斯伯里的成果却被观察家和租户批评为"重大灾难",他们发现自己难以克服对这些公寓房("穷人的模范住处")和居住密度相对较高的厌恶。② 东区人特有的社会(亚)文化传统迫使居住在兰斯伯的人们离开家园。他们中大多数人在附近的工厂或码头工作。此外,社会融合的浪漫主义观点在实践中也无用武之地。一部分兰斯伯里的中产阶级居民与贫困的东区人在社会地位平等和团结问题上存在障碍。

154　邻里规划观念:分歧与趋同

　　城市更新与(贫民窟)清理联系在一起,这或许可以出色例证战后出现的跨国共识。各方都强烈支持清除不健康住宅的观点,并希望以邻里社区为单位建造采光好、通风佳、电气化、还能享受阳光的现代住宅作为公共住宅。话虽如此,但个中的关键问题却无法解决。贫困家庭所能负担的住房与建筑师所能接受的最低限度居住条件之间仍存在着差距。而国家干预扩大了这一差距。事实上,一方面通过给予土地所有者补偿的方式拆除贫民窟,另一方面则

---

① 引自珀西·约翰逊-马歇尔(Percy Johnson-Marshall),《重建城市》(*Rebuilding Cities*),英国爱丁堡:爱丁堡大学出版社1966年版,第4页。

② J. N. 塔恩(J. N. Tarn),《19世纪英国工人阶级住房》(*Working-Class Housing in 19th-Century Britain*),英国伦敦:伦德·汉弗莱斯1971年版。另见约翰·韦斯特嘉德(John Westergaard),《兰斯伯里简介》("A Profile of Lansbury"),《城镇规划评论》(*The Town Planning Review*),1954年第1号第25期,第33—58页,第33页。

是利用补贴建造市政住房,设有学校和社会设施的邻里都是在公共补贴之下建成的。这样一来使得要完全补贴私人业主的成本过高,因此不得不利用一部分过去的地下基础设施。而对于在城市边远地区兴建新住宅区而言,贯彻邻里社区原则则相对容易。由此可以得出的结论是邻里社区的设想对内城及建成区的重建而言并不重要。因此,重建的重点在 20 世纪 50 年代,转向城市边远地区就变得不足为奇。社会福利住房被赋予了解决住房短缺难题的重任,其结果是采用预制件的大规模住宅区应运而生。

　　第二次世界大战推动了现代化,使政府干预经济、社会和规划成为必然。这种"现代化"的核心要素也扩大了城市更新背景下的住房建设项目的扩张。来自战胜国美国的规划理念在欧洲变得日益重要,甚至连现代主义运动的代表如瓦尔特·格罗皮乌斯也支持邻里理论及其传达的目标。他认为,有机邻里规划的目标是较低的人口密度及城市的不完全扩散。[1] 但人们很快就明显察觉到,建筑师和规划人员只能部分实现将人口从密集的内城区域分散到郊区的"宏大愿望"。所有有关土地所有权、建造成本,以及一切从零开始创建一个新社区的问题都让实现诸如此类的愿景最终化为乌有。[2]

　　20 世纪 60 年代席卷全球的规划热潮产生了技术专家模式,它最终将邻里社区理论简化为一种技术性组织规范。规划人员变得不再受追捧,而他们的工作也变得默默无闻;40 年代的灵感已消失殆尽。然而受到新变化的影响,国际规划运动也变得更为多样。[3] 战后第一代传奇人物连同他们的远见卓识,甚至是宣教般的观念离场。尽管处理规划事务的国际性组织规模仍较小(国际住房及规划联合会、国际地方政府联盟以及国际现代建筑协会),但已能够定期举办展览、巡回活动和竞赛了。美国开始主导未来城市变迁、贫民窟清理以及福利国家规划的未来趋势,但荷兰和斯堪的纳维亚国家也成为跨国

---

① 参见瓦尔特·格罗皮乌斯,《建筑学：视觉文化之路》(*Architektur. Wege zu einer optischen Kultur*),美因河畔法兰克福和汉堡：费舍尔书库 1956 年版,第 107 页。

② 当(德国出生的美国)规划师汉斯·布鲁门费尔德(Hans Blumenfeld)于 1949 年应邀前往德国,他报告称缺乏连贯且最新指导的远期规划。参见杰弗里·M. 迪芬多夫、阿克瑟尔·弗洛恩(Axel Frohn)和赫尔曼-约瑟夫·鲁皮佩(Hermann-Josef Rupieper)编,《美国政策与重建西德,1945—1955 年》(*American Policy and the Reconstruction of West Germany, 1945–1955*),纽约和英国剑桥：剑桥大学出版社 2004 年版,第 338 页。

③ 参见史蒂芬·V. 沃德(Stephen V. Ward),《20 世纪城市规划：高级资本家的世界》(*Planning the Twentieth-Century City：The Advanced Capitalist World*),英国奇切斯特：韦利 2002 年版,第 155 页。

典型。

155 在 20 世纪 60 年代,对于办公空间的庞大需求也使中央商务区的扩张成为必然,这包括改造城市中心周边区域,拆除或改造 19 世纪以来的房屋用作办公室。内城由此失去了它的人口基石,并再度引发有关清理城市贫民窟的讨论。为了给更有利可图的办公、商业及豪华住宅开发项目或交通设施创造空间而清理贫民窟,往往意味着当前的低收入人口流离失所。① 因此当城市再开发与士绅化进程成为一种新范式,它连同城市复苏与振兴一起构成了 70 年代的"内城争论"。

毫无疑问,邻里概念不仅已经成为"20 世纪以及之后塑造城市形态的主要标志之一"。② 像北美的"新城市主义"及"智能增长"一类的重要当代规划运动,也明确提及邻里理论,并试图实现更高人口密度的混合用途开发、公共交通,确定基于步行距离的最佳邻里规模。③ 但最终令邻里理论取得成功的主要原因仍然是这些区域的社会同质性,而不是人们所预想的异质性混合或实体布局。④ 邻里单位的规划理论虽然往往常常拥有技术工具论的一面,这体现在它有关交通分离、死胡同、房屋布局及基础设施的设计范式上。但它也包含了相当不透明的要素,如社会工程学、反城市主义的意识形态、政治学观点和社会学寓意。希望不断膨胀,梦想也在被培育中,这才使得这一观点如此成功——这一点类似田园城市理念。但事实证明,这也是理论失败的地方。邻里并不能表明它具有在各种不同的政治语境下抵制被工具化的能力,也无法坚决反对为了在大城市规划区域营造更井然的秩序、更透明而滥用社会控制和操纵。

---

① 参见迈克尔·S. 吉布森(Michael S. Gibson)和迈克尔·J. 兰斯塔夫(Michael J. Langstaff),《城市更新导论》(*An Introduction to Urban Renewal*),英国伦敦:哈奇森 1982 年版,第 12 页。

② 尼古拉斯·N. 帕特里西奥斯(Nicholas N. Patricios),《邻里概念:回顾外部设计与社会互动》("The Neighborhood Concept: A Retrospective of Physical Design and Social Interaction"),《建筑与规划研究杂志》(*Journal of Architecture and Planning Research*),2002 年第 1 号第 19 期,第 70—90 页,第 71 页。

③ 安德烈斯·杜安(Andres Duany)、伊丽莎白·普拉特-齐伯克(Elizabeth Plater-Zyberk)和杰夫·斯佩克(Jeff Speck),《郊区国家:蔓延的崛起与美国梦的衰落》(*Suburban Nation: The Rise of Sprawl and the Decline of the American Dream*),纽约:北角出版社 2000 年版,第 18 页。

④ 参见赫伯特·J. 甘斯(Herbert J. Gans),《人与规划:城市问题与解决方案论文集》(*People and Plans: Essays on Urban Problems and Solutions*),纽约:基础书籍 1968 年版,第 33 页。

第三部分

城市文化与德国的跨国想象

9. 王子和愚人,游行和村妇：塑造、展现与维护城市认同的科隆、巴塞尔狂欢节 ₁₆₁

杰弗里·M.迪芬多夫

在圣灰节①前的星期五上午 10 点左右,科隆市长在老市集的一处舞台上欢迎三名身着演出服的男子。其中一位装扮成王子,另一位是粗鄙的农民,第三位则是位闪闪发光的处女(*Jungfrau*),他们向主要由妇女组成的人群挥手致意。而在圣灰节过后的周一凌晨 4 点,由鼓手、风笛手,以及 200 个灯火通明的巨大灯饰组成的游行队伍照亮了巴塞尔的大街小巷。我们这里呈现的是某个特别活动的不同变体,虽然它们拥有相同的源头：科隆嘉年华(Carnival)与巴塞尔谢肉节(Fasnacht)②的正式开场。

狂欢庆典引出一系列有趣的问题：每座城市的文化独特性是什么？哪些东西跨越了城市、区域与国家边界而为人类所共有？基督教欧洲的四旬斋前狂欢可以从天主教习俗中找到共同的中世纪起源。因此,狂欢节早于民族国家的出现。尽管宗教改革对几乎所有的天主教仪式都提出挑战,但狂欢节仍在一些新教城市中幸存下来。当然,随着帝国主义的征服与天主教的传播,狂欢节也被带到了欧洲之外。很难想象,如果新奥尔良或里约热内卢没有狂欢

---

① 也称圣灰星期三,是复活节前 40 天的周三,也是大斋节(即四旬斋)的第一天。相传耶稣在这天被出卖,而后世牧师要在这一天在信徒额头抹灰以示忏悔,故名。——译者注

② 谢肉节(Fasnacht)为狂欢节的别称,其本意为"斋期(Fastenzeit)前夜",在德语中写作"Fasnacht"或"Fastnacht",最早出现于 1200 年,这一用法流传于德语国家的大部分地区。今天与其同义的"Karnival"(也译作"嘉年华",即英语中的"Carnival")的词源则并不十分明确。据称,"Karnival"最早出现于 17 世纪末,主要在科隆、波恩、亚琛和杜塞尔多夫得西部德国城市流传。鉴于本文以两座城市的狂欢节为具体考察对象,因此中译以"科隆嘉年华"和"巴塞尔谢肉节"予以区分。文中其他与狂欢节相关的泛指则仍以"狂欢节"译出。——译者注

节将会是怎样的情形。除此之外,今天的狂欢节庆祝者们熟知全世界的狂欢节,德国人前往巴西购置演出服装,而巴西人则在科隆的游行花车上翩翩起舞。毫无疑问,这是一种跨越国界与文化的现象。

正是因为狂欢节在城市文化中的突出地位,它已成为各类社会学研究的主要素材。在这方面,过去学者们的目标是识别与分析常见的行为方式,以此例证各类理论的正确性,通过对特殊性观察达成对普遍模式的追求,而狂欢节正是作为一类仪式化的行为吸引了大批民族学家、民俗学家与人类学家的关注。

162

1968 年,米哈伊尔·巴赫金(Mikhail Bakhtin)的《拉伯雷和他的世界》(*Rabelais and His World*)一书以英语出版后,狂欢节就此成为后现代文学理论中的重要主题。巴赫金在谈及中世纪及现代早期的狂欢节与民间幽默时提出,"相对于官方庆典,人们或许会说狂欢节庆祝的是暂时摆脱了既有现实与既定秩序;它标志着一切等级制度、特权、规范与禁令的暂停"①。巴赫金及其追随者声称,通过构建一个社会平等并享有知识与政治自由的临时空间,狂欢节代表了一类根本性的挑战,即以一种"戏谑的方式颠覆"统治的权力和它们的理想,这是一种建立在欢笑基础上的非暴力形式。② 然而在仪式化和商业化的现代社会,狂欢节可能不再具备强烈的挑衅性,取而代之的是成为一种支持而非破坏现有秩序的手段。③

凯瑟琳·贝尔(Catherine Bell)在她有关仪式理论的调查中指出,"我们所认为的'仪式'是一种复杂的社会文化媒介,它由不同的传统、紧迫性和自我表达构成;被认为可以发挥广泛作用,并传达大量过度明确的信息与态度"④。无论是模仿历史事件,还是展示和暂时转换社会角色与规范,仪式均有助于维持和转变

---

① 米哈伊尔·巴赫金,《拉伯雷和他的世界》,海伦·伊斯沃尔斯基(Helene Iswolsky)译,印第安纳的布卢明顿:印第安纳大学出版社 1984 年版,第 10 页。

② 郑和烈(HwaYol Jung),《巴赫金的对话身体政治》("Bakhtin's Dialogical Body Politics"),迈克尔·迈尔费德·贝尔(Michael Mayerfeld Bell)和迈克尔·加德纳(Michael Gardiner)编,《巴赫金与人文科学》(*Bakhtin and the Human Science*),加利福尼亚千橡市/英国伦敦/印度新德里:智者 1998 年版,第 105 页。

③ 彼得·斯塔利布拉斯(Peter Stallybrass)和阿隆·怀特(Allon White),引自《跨界的政治与诗学》("The Politics and Poeticsof Transgression"),《米哈伊尔·巴赫金批判文集》(*Critical Essays on Mikhail Bakhtin*),卡里尔·爱默生(Caryl Emerson)编,纽约:G. K. 霍尔公司 1999 年版,第 248 页。

④ 凯瑟琳·贝尔(Catherine Bell),《仪式:观点与维度》(*Ritual:Perspectives and Dimensions*),纽约和英国牛津:牛津大学出版社 1997 年版,第 xi 页。

现有的社会、政治与文化结构。诸如狂欢节之类的仪式，特点便是一系列规则和"普遍的仪式倒装"。①贝尔还指出，仪式与类仪式的活动通常包含各种表演形式，而有力的表演往往能够吸引我们全部的感官，有些还会使在场的人参与其中，而不仅仅是充当被动的观众。包括街头演出在内的公共表演可以塑造和呈现本地文化与地方身份。②如果仪式与特定城市空间紧密相连，就可以加强公共价值、行为举止与城市物质性之间的关联。我们不费吹灰之力就能找出狂欢节中的仪式性特征：使用特定的服装和面具，每年重演的典礼，逆转或颠倒性别或社会角色，对处于社会或政治秩序顶端的人士加以讽刺批评，等等。

其他的社会学分析可能侧重于公共生活的节日化，因为狂欢节只是众多重要公共节日中的一个。城市学家所研究的是像狂欢节之类的节日如何利用城市公共空间的方式。③ 经济学家则可以通过分析狂欢节作为城市自我宣传或树立城市品牌的机制来加强旅游方面的地位。和其他的主要节庆一样，狂欢节也是推动各类贸易和工业发展的强大经济发动机。社会学家利用实践理论（即仪式是随时间的推移适应并改变新的环境，而非僵硬地复制过去的模式）开启了历史分析的大门。④

将城市文化作为一种跨国现象进行研究，可以矫正对国家的过度关注；但对跨国性的强调也可能会忽视个体城市文化的独特性。⑤ 历史学家阿德海德·冯·萨尔登（Adelheid von Saldern）的一篇文章介绍了 1935 至 1975 年间德国城市庆祝重大纪念日的节庆活动，她指出，举办城市节日成为一种塑造地

---

① 凯瑟琳·贝尔（Catherine Bell），《仪式：观点与维度》（*Ritual：Perspectives and Dimensions*），纽约和英国牛津：牛津大学出版社 1997 年版，第 126 页。

② 同上，第 160 页。亦可参见约翰·J.麦克阿洛恩（John J. MacAloon）编，《仪式·戏剧·节日·景观：指向文化表现理论》（*Rite，Drama，Festival，Spectacle：Toward a Theory of Cultural Performance*），宾夕法尼亚费城：人类问题研究所 1984 年版。

③ 参见大卫·皮卡德（David Picard）和麦克·罗宾森（Mike Robinson）编，《节日、旅游和社会变革：重塑世界》（*Festival，Tourism，and Social Change：Remaking Worlds*），英国克里夫登/纽约州水牛城/多伦多：频道视角出版社 2006 年版中的论文。

④ 凯瑟琳·贝尔（Catherine Bell），《仪式》，第 76 页。也可参见威廉·H. 小休厄尔（William H. Sewell），《历史的逻辑：社会理论与社会转型》（*Logics of History：Social Theory and Social Transformation*），芝加哥和英国伦敦：芝加哥大学出版社 2005 年版。

⑤ 文化跨国主义的理论家彼得·希区柯克（Peter Hitchcock）提出："有没有一些主张认为跨国主义会导致个体文化的关键特性消失不见？这些特性既不要求也不需要披着全球化的外衣就能理解它们的机理与逻辑。"彼得·希区柯克，《虚构的国家：文化跨国主义研究》（*Imaginary States：Studies in Cultural Transnationalism*），伊利诺伊的厄巴纳和芝加哥：伊利诺伊大学出版社 2003 年版，第 4 页。

163 方认同及作为本地公民集体归属感的手段。当政治权威从城市转移至国家时，地方认同与本地公民身份可能会因此继续存在。① 政治史学者也注意到，公共节日，尤其是那些国家赞助的节日，在创设政治公共领域方面扮演了一定的角色，但当这些节日为当地公民所接管时，这些节日则有可能在节日期间构成对执政当局的挑战，而不仅仅是为了宣泄情绪。此外，在酒精与邻里竞争的推动下，街头的狂欢活动有时会演变为暴力相向，这对当局和富裕的中产阶级构成了困扰。出于这个原因，有时至少会暂停包括狂欢节在内的公共节日。②

不同城市历经数个世纪形成各自独特狂欢节的方式表明，我们对城市独特性的了解可能远多于对其普遍性的了解。科隆和巴塞尔就是两个例子。前者作为一处天主教堡垒，拥有德国最大、最著名的狂欢节活动。而巴塞尔，这座位于瑞士德语区的新教城市，所举行的节庆则更阴郁，被称为"谢肉节"。在这两座城市，这些节日不仅有助于保持常住居民对城市的独特认同，某种程度上也为初来乍到者成为巴塞尔人（Basler）或科隆人（Kölner）提供了媒介。本文将探讨这些城市狂欢节的一些鲜明特征。③

---

① 阿德海德·冯·萨尔登，《导言》（"Einleitung"），《精心策划的自豪感：三个德国社会中的城市代表》（*Inszenierter Stolz. Stadtrepräsentation in drei deutschen Gesellschaft*），萨尔登编，斯图加特：弗朗茨·施泰因出版社 2005 年版，第 11—13 页。

② 欧根·A. 迈尔（Eugen A. Meier），《巴塞尔节日快乐：映射过去与现实的巴塞尔民俗与传统》（*Festfreudiges Basel：Basel Volksbräuche und Traditionen im Spiegel von Vergangenheit und Gegenwart*），巴塞尔：巴塞尔报出版社 1992 年版，第 54 页及以下诸页。亦可参见乌特·施耐德（Ute Schneider），《19 世纪的政治节庆文化：从法国占领时期到第一次世界大战末的莱茵省（1806—1918 年）》[*Politische Festkultur im 19. Jahrhundert. Die Rheinprovinz von der französischen Zeit bis zum Ende des Ersten Weltkrieges* (1806‐1918)]，埃森：明文出版社 1995 年版；迪特·多丁（Dieter Düding），《导论：政治公共空间—政治节庆—政治文化》（"Einleitung：Politische Öffentlichkeit — politische Fest — politische Kutur"），《公共节庆文化：启蒙运动至第一次世界大战的德国政治节庆》（*Öffentliche Festkultur. Politische Feste in Deutschland von der Aufklärung bis zum Ersten Weltkrieg*），多丁、彼得·弗里德曼（Peter Friedemann）和保罗·明施（Pau Münsch）编，汉堡附近的莱茵贝克：罗威尔特出版社 1988 年版，第 10—24 页。亦可参见乔治·莫斯（George Mosse），《群众的民族主义化：从拿破仑战争到第三帝国的德国政治象征与群众运动》（*The Nationalization of the Masses：Political Symbolism and Mass Movements in Germany from the Napoleonic Wars through the Third Reich*），纽约：霍华德·费尔蒂希 1975 年版。

③ 有关科隆狂欢节历史与实践的广泛研究，参见约瑟夫·克莱施，《从起源至当下的科隆狂欢节》（*Die Kölnische Fastnacht von Ihren Anfängen bis zur Gegenwart*），科隆：J. P. 巴赫姆 1961 年版；彼得·福克斯（Peter Fuchs）和马克斯-列奥·什未林（Max-Leo Schwering），《科隆嘉年华：狂欢节的文化史》（*Kölner Karneval. Zur Kulturgeschiche der Fastnacht*），科隆：格雷文出版社 1972 年版；彼得·福克斯、马克斯-列奥·什未林和克劳斯·策尔纳（Klaus Zöller），《科隆（转下页）

圣灰节前的周四上午 9 点 40 分，科隆嘉年华正式拉开序幕，并于下周二的晚上结束。巴塞尔谢肉节则正式开始于圣灰节之后周一凌晨 4 点，72 小时后准时闭幕。在这两座城市，主要的公共活动都规模巨大；但在多数情况下，它们经过了众多组织历经数月精心策划和执行。科隆嘉年华的现代面貌出现于 1823年，当时的城市贵族建立了一个科隆嘉年华庆典委员会（Festkomitee）、两家狂欢节社团（Gesellschaft，协会或俱乐部），以便在经历了拿破仑时代的压迫之后重振这一节日，并使之正规化。这也是一种将城市及其文化与新任普鲁士新教统治者区隔开来的手段。狂欢节因此成为表达对普鲁士价值观与政策不满的主要工具。[1] 例如，其中有一个成立于 1823 年名叫"红色火花（Rote Funken）"的社团，他们身着城市民兵制服，同时也为负责主游行活动的指挥者提供既训练有素，又纪律涣散的仪仗队，以此嘲弄普鲁士军队，并声张城市的独立传统。庆典委员会官网显示，现存的正式社团共有 57 个，这些主要社团在节庆中扮演最重要的角色，选出包括王子、农夫和处女在内的三驾马车或三人组；此外还有 95 个其他的俱乐部。[2] 但巴塞尔谢肉节在 19 世纪的大部分时间里，都是一场不成体统，有时甚至是醉醺醺的下等人的活动。直到 20 世纪初，城市资产阶级精英逐步注意到工人运动及社会民主党的力量日益增强，决定坚决对此进行控制。[3] 成立于 1911 年的谢肉节委员因此成为调控机构，帮助协调业已发展成包括约

（接上页）狂欢节：它的风俗、活动和历史》（*Kölner Karneval. Seine Bräuche，seine Akteure，seine Geschichte*），科隆：格雷文出版社 1997 年版。有关巴塞尔谢肉祭参见欧根·A. 迈尔、卢卡斯·布克哈特（Lukas Burckhardt）等编，《巴塞尔谢肉祭：一项富于生气的传统历史与现状》（*Die Basler Fasnacht：Geschichte und Gegenwart einer lebendigen Tradition*），巴塞尔：谢肉祭委员会 1985 年版；多罗西娅·克里斯特·布拉西乌斯（Dorothea Christ Blasius），汉斯·U. 克里斯滕（Hanns U. Christen）等编，《我们巴塞尔的谢肉节》（*Unsere Fasnacht in Basel*），巴塞尔：彼得·赫曼 1971 年版；罗伯特·B. 克里斯特（Robert B. Christ）和欧根·A. 迈尔编，《巴塞尔的谢肉祭》（*Fasnacht in Basel*），巴塞尔文丛第 16 卷，巴塞尔：法罗斯出版社 1969 年版。

[1] 参见詹姆斯·M. 布罗费（James M. Brophy），《狂欢节和公民身份：普鲁士莱茵省的狂欢节文化政治，1823—1848 年》（"Carnival and Citizenship：The Politics of Carnival Culture in the Prussian Rhineland，1823-1848"），《社会史期刊》（*Journal of Social History*）1997 年第 30 卷，第 873—904 页，第 882 页；以及布罗费，《欢乐与颠覆：科隆的嘉年华》（"Mirth and Subversion：Carnival in Cologne"），《今日历史》1997 年 7 月第 47 卷第 7 期，第 42—48 页。

[2] http://www.koelnerkarneval.de/gesellschaften/（2012 年 12 月 4 日访问）。

[3] 汉斯·特林佩（Hans Trümpy），《巴塞尔谢肉节的历史》（"Zur Geschichte der Basler Fasnacht"），《我们巴塞尔的谢肉节》，布拉西乌斯和克里斯滕，第 20—21 页；以及鲁道夫·祖特尔（Rudolf Suter），《变迁中的巴塞尔谢肉节》（"Die Basler Fasnacht im Wandel"），《巴塞尔谢肉节》，迈尔编，第 389—401 页。

40 个骨干小团体（*Stammcliques*）和 120 个鼓管乐队在内的数百个俱乐部的活动。① 如今在这两座城市,协调委员会必不可少的任务是与城市警方合作规划游行路线,因为由参与者与观众构成的大量人流可能会使一切交通陷于停滞。

无论是在科隆还是巴塞尔,这些组织都从两座城市的主流家庭中吸纳成员,全年定期开会以筹措资金,选择嘉年华舞会、宴会和游行花灯花车的主题。② 他们坚持收集服装,排练音乐,练习行进,创作特别的诗歌、歌曲和短剧,等等。他们还创造机会鼓励孩子们掌握打鼓或吹奏管乐的传统技能,以储备新一代狂欢节庆祝者。这些组织是当地规则与实践的主要管理者。正是这些规则与实践让这些狂欢节活动成为各自城市特殊的存在,同时又能保持其生命力。本人是城市狂欢节领导者之一的约瑟夫·克莱施（Joseph Klersch）在其 1961 年出版的有关科隆狂欢节历史的作品中表达了这样的顾虑:自从第一次世界大战以来,人们发现越来越多的职业演艺人员在俱乐部"会议"中扮演相同的角色,他们的存在威胁到了由真正的城市本地人自发且业余的演说、歌曲创作和演出。于是,核心的狂欢节组织于 1950 年成立了一个文学委员会（Literarische Comité）以鼓励致力于维护本地幽默传统的新一代成长。③

大多数狂欢节与谢肉节俱乐部内部社交的变化动力在很大程度上并未得到充分研究。④ 但显然,对于那些并非在科隆或巴塞尔出生长大的人来说,必须与这些组织建立联系或加入这些组织,才能完完全全地参与其中,而不仅仅是充当观众,或是"野生"或自发的参与者。这些组织有章程,会收取会费,选举干部并策划活动。有些还拥有用来存放服装和建造花车的俱乐部大楼和仓库。男性在两座城市的此类组织中占据主导地位。一个典型的巴塞尔团体是

---

① http://www.fasnachts-comite.ch/en/（2012 年 12 月 4 日访问）。不同的资料来源给出的巴塞尔谢肉节社团数目不尽相同。因此,皮埃尔·法里纳（Pierre Farine）在《街头谢肉节》（"Die Strassenfasnacht",《巴塞尔德谢肉节》,迈尔编)中称,在 1985 年,有 457 个不同类型的社团参与。

② 例如参见亚历克斯·费舍尔（Alex Fischer）,《年度社团活动》（"Die Aktivitäten der Cliquen während des Jahres"）,《巴塞尔德谢肉节》,迈尔编,第 123—158 页。

③ 克莱施也称赞街区的庆祝活动是"科隆时兴幽默的青春源泉"。克莱施,《科隆狂欢节》,第 192—193,196 页。

④ 最近的研究包括伊丽莎白·米克（Elisabeth Mick）,《红色火花——从城市卫兵到狂欢节协会》(*Die Roten Funken — Vom Stadtsoldaten zum Karnevalsverein*),弗雷兴—科隆:里特巴赫出版社 2007 年版,以及米夏埃尔·欧伦—施密德（Michael Euler-Schmidt）和马尔库斯·莱费尔德（Markus Leifeld）,《科隆的亲王卫队——一段有关等级和名字的历史》(*Die Prinzen-Garde Köln. Eine Geschichte mit Rang und Namen*),科隆:巴赫姆 2006 年版。

成立于 1927 年的施巴勒小团体（Spale-Clique）。1941 年时它拥有 14 名成员，至 1957 年时则达到 167 人，其中约有 50 人定期参会。排练并表演鼓乐和管乐的成员被认为是积极分子；而未曾参与表演而又参与其他活动的成员则被认为是消极分子。[①] 20 世纪 20 年代中期，巴塞尔的一些俱乐部开始吸纳女性成员；1939 年至今已成立了五家完全由女性组成的社团。[②] 科隆的首个纯女性社团则成立于 1999 年，同时还有一些男子社团允许部分女性加入其中。[③] 不过，女性只能出席社团舞会并作为嘉宾出现在其他节庆重大聚会上。

社团的一些活动以及它们制作的大量短剧、诗歌、花车和花灯标语，都采用本地方言——科隆话（Kölsch）或巴塞尔德语（"Baseldytsch"或"Baseldüütsch"），这是外人需要面对的主要障碍。巴塞尔方言是唯一一种使用低地阿勒曼尼语的瑞士德语方言，其他地区均为高地阿勒曼尼语。当然，即使不会说科隆或巴塞尔方言，许多德国人或说德语的瑞士人，尤其是那些通晓其他低地德语方言的人，仍可以理解这些方言。（科隆的庆祝者们大喊的"Kölle allaf!"可以翻译成不同的意思："为科隆干杯""向科隆致敬""科隆高于一切"。）但对于那些无法真正流利使用德语或只懂高地德语[④]的人来说，这些方言不仅意思含混不清，还将他们拒之门外。巴塞尔还拥有数十位短诗说唱艺人（Schnitzelbänkler）和俱乐部，有时会自发聚会创作讽刺短诗和歌曲，进行演出。这是一项不可能习得的任务，因为它不仅需要掌握当地方言，还要具备特殊才能。[⑤] 长达一年的嘉年华筹备期其实在保持方言及当地文化活力方面发挥了广泛作用，但依然有人抱怨过度使用高地德语。[⑥]

---

① 巴塞尔国立档案馆/私人档案 823（Spale-Clique）/C1 大会备忘录 1941—1983 年。

② 汉斯·多斯特（Hans Dürst），《社团与巴塞尔谢肉节》（"Das Cliquenwesen und die Basler Fasnacht"），《我们的谢肉节》，布拉西乌斯和克里斯滕编，第 48 页。亚历克斯·费舍尔指出，1945 年之后女性参与程度有所增加。（人们可能会注意到，从 1958 年起妇女在瑞士的一些州获得投票权，但直到 1971 年才获得联邦层面的投票权。）

③ 佩特拉·普鲁特沃奇，《婆娘狂欢节：一个特别日子的历史》（*Weiherfastnacht. Die Geschichte einer ganz besonderes Tages*），科隆：基彭霍伊尔 & 维奇 2007 年版，第 48—52 页。

④ 高地德语指今天被广泛使用的标准德语。——译者注

⑤ 海因里希·库恩（Heinrich Kuhn），《从街头歌手到短诗说唱艺人》（"Vom Moritatensänger zum Schnitzelbänkler"），《巴塞尔德谢肉节》，迈尔编，第 307—319 页。据库恩估计有 30 名说唱艺人。汉斯·多斯特在《社团与巴塞尔谢肉节》[《瑞士民俗学档案》（Schweizerisches Aichiu fü Volkskunde）1969 年第 69 卷，第 6 页]中估计这些团体近 200 个。

⑥ 这是科隆摇滚乐队 BAP 领唱沃尔夫冈·尼德肯（Wolfgang Niedecken）的观点，这支乐队以其方言歌曲闻名。普鲁特沃奇，《婆娘狂欢节》，第 108 页。

165   换句话来说,这些俱乐部和社团有助于确保狂欢节仪式优先从内部开始
准备,并在某种程度上将外人排除在外。① 只有以邻里为基础的狂欢节俱乐
部才不怎么排外,因此新居民可以迅速融入。邻里社区举行的游行和庆祝活
动,连同学校组织的儿童活动,并不受中央委员会控制。这些活动确实有助于
招募新一代居民将他们的精力投入狂欢节,同时也促进了外来者的融入,帮助
他们在这些城市中获得家的感觉。②(许多在私人企业中举行的狂欢节活动
也邀请新居民加入,尽管这只是一些很小的例子。)不过,狂欢节的筹备原则依
然是来自常住居民,并为了常住居民,而不是为了数十万在巴塞尔观看谢肉节
的访客,也不是为了 150 万为了"玫瑰星期一"(Rosenmontag)大游行而涌入
科隆大街小巷的人群。

        现在让我们来谈谈两座城市狂欢节的主要特征。周一凌晨 4 点巴塞尔的
谢肉节以"周一闹剧"(Morgenstraich)正式拉开序幕,尽管在这之前的几天就
已出现了许多音乐和戏剧表演。在"周一闹剧"上,这些小团体中化了妆的成
员们和其他团体跟在巨大的照明花灯后面游行穿过城市,花灯上展示着社团
的象征物或是以当年主题为基础的或幽默或讽刺的图像或标语。服装和面具
(这在当地被称为"*Larven*")的范围从传统的小丑到巨大的怪物,不一而足。
来自莱茵河对岸城区小巴塞尔(Kleinbasel)的俱乐部,以他们扮演的三组著名
形象——狮子、怪兽和野人领先桥对岸。③ 一些社团在 140 个鼓管乐队中一部
分的伴奏下游行,而剩下的乐队则自行参加游行。鼓乐和长笛乐队的形式及
其音乐可以回溯到瑞士的军事遗产。一些花灯主题相当具有地方特色;其他
则与巴塞尔无关。例如,地方性主题还包括新艺术博物馆的揭幕(1936 年),
城市更新和黑市(1946 年)以及旧剧场的拆除(1976 年)。非巴塞尔主题则包
括路易斯·阿姆斯特朗(Louis Armstrong)④与空间旅行(1956 年)以及甲壳

---

① 巴塞尔旅游办公室的丹尼斯·L. 赖因(Dennis L. Rhein)和谢肉节委员会的费利克斯·鲁道
   夫·冯·罗尔(Felix Rudolf von Rohr)主张,"巴塞尔的谢肉节是一个家庭节日——不欢迎陌生
   人。对于每一个参与谢肉节的参与者,甚至只是中等狂热的积极参与者而言,这都是一种去表达
   他们的信条的荣誉",虽然"最伟大的三个日子也需要公民、观众——对,来宾"。贝阿特·特拉赫
   斯勒(Beat Trachsler)和珍妮·罗伯茨(Jane Roberts),《巴塞尔谢肉节:对内和对外》(*Basler
   Fasnacht: for insiders and outsiders*)序言,巴塞尔:GS 出版社 1992 年版,第 7 页。
② 祖特尔,《变迁中的巴塞尔谢肉节》,第 391 页。
③ 费舍尔在第 128 页指出,小巴塞尔的谢肉节在除夕夜后不久以非正式的方式召开,这是由狮
   子、狮鸳和野人开道,由鼓手伴奏的小型游行。
④ 路易斯·阿姆斯特朗(1901—1971 年),美国音乐家,被称为"爵士乐之父"。——译者注

虫乐队（1966 年）。① 在 2011 年的 100 个主题中，受欢迎的主题是 2010 年墨西哥湾石油泄漏事件、瑞士联邦议会的政治观点，以及城市大学 550 周年纪念。② 酒吧和餐馆会在"周一闹剧"期间营业，并为饥肠辘辘的人们提供用面粉勾芡的汤以及洋葱或奶酪煎饼。

周一和周三的下午是由花车、鼓乐和长笛乐队组成的游行，加入这支人声鼎沸队伍的还有超过 140 人的铜管与乐队发出的"嘈杂"音乐（*Guggenmusik*）。这些活动在这座城市中占据如此主要的地位，以至于这两个下午都成了公共假期。1961 年还举行了首次全部由女性参加的游行活动。③ 游行并非只有一场大游行，而是同时举行多场游行，各社团自行决定何时开始、结束。如果他们需要穿过小路，那么一支游行队伍会等待另一支通过。周二会举行音乐会和面向家庭及儿童的小型游行。"周一闹剧"游行使用的花灯将在大教堂门前进行展示，因此整夜灯火通明。

游行者和一部分观众盛装打扮（有大约 12,000 名参与者是一些认证社团的成员，还有约 6,000 名"野生"参与者，他们同样精心打扮，但非社团成员）。但无论是参与者，还是没有打扮的观众，都被寄于购买由谢肉节委员会或社团发行的奖章的厚望，而这正是谢肉节活动的主要经济来源。花车上的骑士向观众抛洒五彩的纸屑，有时还有糖果。乔装打扮的参与者们也会把这些纸屑抛在既没有身穿演出服，也没佩戴奖章的观众的衬衫上，尽管为了这么干而在街上捡拾这些堆积有一英尺高的纸屑很不得体。大量的酒精被消耗殆尽，不过还不至于让谢肉节变成一个酗酒周。

周四凌晨四点，谢肉节以一场组织有序但队形自由的游行正式结束。因此，巴塞尔的谢肉节正式持续整整 72 小时，但每个社团还有自己的仪式，周四将花灯和花车收拾妥当，周五和周六则还会举行派对和化妆舞会，一周的活动这才告一段落。城市环卫部门会在短短数小时内就将五彩纸屑和其他垃圾清理干净。游客离开后，各社团以及其他一些谢肉节团体，还包括市政府，就可

166

---

① 汉斯·彼得·勒夫（Hans Peter Löw），《我们谢肉节的年度反馈》（"Unsere Fasnacht im Spiegel der Jahre"），《巴塞尔谢肉节》，迈尔编，第 495 页及以下诸页。

② 在 2011 年，共有 482 个不同组织正式登记参与各类狂欢节并提交主题。《优秀的主题多样性，但缺乏顶级主题》（"Grosse Sujet-Vielfalt，aber keine Topthemen"），《巴塞尔报》（*Basler Zeitung*）2011 年 2 月 25 日。

③ 汉斯·多斯特，《社团与巴塞尔谢肉节》，《年度反馈中我们的谢肉节》，布拉西乌斯和克里斯滕编，第 48 页。

以开始考虑下一年的活动。在充分意识到谢肉节活动从游客中获取的收益之后,城市政府致力于推动庆典营销巴塞尔,吸引未来的访客。

现在让我们转向科隆,在那里,嘉年华也是大事一桩。当然相比人口只有约 16 万的巴塞尔,科隆这座城市规模大得多,拥有超过 100 万人口。此外,科隆也是莱茵—鲁尔大城市群的一部分。但和巴塞尔一样,各类社团也需要耗费数月准备花车,设计和缝制服装,编写短剧和诗歌,进行各种各样的准备,其间还会组织许多派对。节庆委员会与各主要狂欢节社团的成员一起,竭尽所能组织和调控主要活动。这些社团会委托制作特别的狂欢节奖章,其中的一些类似严肃的军功章,另一些则带有诙谐,甚至是下流的意味。但与面向所有人出售奖章的巴塞尔不同,科隆奖章大多只发放给社团成员,甚至只有社团干部才能获得,这就使得奖章成为珍贵的收藏品。[①] 圣灰节前的周四上午 9 点 40 分,嘉年华正式在旧集市开始,以市长与王子、农夫与处女开启的"婆娘狂欢节"(Weiber fastnacht)拉开序幕。

正是"婆娘狂欢节"的名声将科隆嘉年华与巴塞尔谢肉节区分开来。按照佩特拉·普鲁特沃奇(Petra Plutwatsch)的说法,至少早在 1810 年,旧集市上的妇女就在四旬斋前的周四高喊"Mötzenbestot"[②],从男人头上夺走他们的帽子,作为一种(男女)平等的象征。游行由来自集市和附近商店的妇女引路,这期间还包括大量饮酒。庆祝活动有时到晚上会演变为司空见惯的街头斗殴,这令当局错愕不已。人们有时还会在街上向其他人投掷垃圾。[③] 因此直到 1953 年,婆娘狂欢节才正式获得节庆委员会的认可。从那之后,周四早上 9 点 40 分,市长、狂欢节王子、处女和农民正式出现在老市集的狂欢节和婆娘狂欢节上,此时集市广场上聚集着约 10,000 名男人女人,附近的街道上大约还有 50,000 人。11 点 11 分,许多企业(当然酒吧和餐厅除外)都已歇业,原因是许多女工为了这场街头盛会离开了工作岗位。婆娘狂欢节会持续到夜晚,对酒吧和餐馆而言,这是一年中生意最好的日子。尽管玫瑰星期一的街道上

167

---

① 马克斯-列奥·什未林(*Max-Leo Schwering*),《科隆嘉年华勋章(1823—1914)》(*Kölner Karnevalsorden:"Noblesse op Plüsch"* 1823-1914),科隆:格雷文出版社 1989 年版;1823 年科隆狂欢节节庆委员会协会,《科隆嘉年华反映的 1987 年》(*Der Kölner Karneval im Spiegel des Jahres* 1987),科隆:格雷文 & 贝希特尔德 1988 年版,第 77—81 页。
② 意为"拿下来,今天做我想做的"。——译者注
③ 普鲁特沃奇,《婆娘狂欢节》,第 38—40 页。

人流更大，但多数是关注游行的外人。相形之下，许多科隆人在家里庆祝节日。[①] 相比精心组织的社区游行，狂欢节社团组织的"聚会"（"Sitzung"[②]）以及玫瑰星期一，婆娘狂欢节上的活动更无组织，也更自发。

这里没有固定的演出服装，无论男女或购置或自行缝制自己的衣服。"不守规矩的"女人可以自由接吻或亲吻男人，抢帽子行动已被另一种形式所取代：剪断她们路遇的男人所佩戴的领带。男人们则因为知道会发生这样的事，只穿戴最旧或最便宜的领带出门。这是一种极为古老的角色转换的残余，当时女性曾有过短暂的机会维护自己的统治。普鲁特沃奇指出，科隆的女性"大声、愉悦，还带着点无政府主义意味般地肆意庆祝，就像她们的祖先在旧集市的所作所为一样"[③]。更有甚者，婆娘狂欢节已演变为一个醉醺醺的漫长街头派对，其中的一些特殊意义已经被大肆消费的"Kölsch"（这里是指啤酒，而非方言）所冲淡了。但即便如此，它依然是德国同类节庆中规模最大、最生机勃勃的女性节日，因此科隆市民也呼吁将它作为这座城市独特身份的标志之一。

周五、周六和周日则可以在许多城市街区内看游行，参加化妆舞会，包含用科隆方言演出的讽刺短剧、演讲和歌咏在内的聚会，还有为儿童举办的特别活动，以及无数在企业和家庭内举行的小型派对。邻里社区里的游行和儿童游行经过精心设计，有花车、管乐和鼓乐队。在过去二十年中引起广泛关注的一场游行是所谓的"幽灵列车"（Geisterzug），或者说是在周六晚上举行的幽灵游行——如此命名可能是因为一些参与者身着幽灵服饰。这个活动可以追溯至19世纪。但直到1992年之前，"幽灵列车"还是一个自发组织、未经排练的游行，但在那年，为了支付封锁游行路线上途经道路的费用而成立了一个筹集捐款俱乐部，游行线路每年都会变化，随后再收拾干净。"幽灵列车"曾在2000—2006年间因缺乏资金而被取消，但随后仍举行过一些自发的游行。这或许就是为什么如今"幽灵列车"部分由市政府和"1823年科隆嘉年华庆典委员会"赞助并授予它官方地位的原因，尽管它的组织者并非主要的狂欢节社团，而且保留着自发的氛围。"幽灵列车"将自己表现为一种每个人都可

---

① 普鲁特沃奇，《婆娘狂欢节》，第146页。
② "Sitzung"意为"会议"，但也有"狂欢节活动"之意。——译者注
③ 普鲁特沃奇，《婆娘狂欢节》，第149页。

以被邀请加入的"另类"游行。大声公放的电子音乐并不受欢迎,取而代之的则是管乐队和独立音乐家,一些人则击打锅盖和平底锅以嘲讽有组织的乐队。有时则还会选择性地张贴一些政治主题海报,例如反对1991年的海湾战争或是反对削减社会安全网络。"幽灵列车"网站列出的参观人数从2000年的4,000人增加至2004年的60,000人,其间还会发现有超过100,000人的时候。①尽管只是非常粗略的估计,但这显然是整个嘉年华中相当受欢迎的一部分。

但截至目前,科隆最盛大的活动仍是周一的"玫瑰星期一"游行。与巴塞尔的多场游行不同,"玫瑰星期一"游行是一场大型单一游行,长度可能长达4.5英里,并由狂欢节社团精心组织和管理。它由100辆大型花车、游行方队、舞者方队和马队组成,游行队伍缓慢通过往往要花上数小时。除酒吧和餐馆之外,游行路线上大多数商家都会在当天歇业,因为和许多其他地方的雇员一样,他们也想参加或观看游行。花车以人还是以事取乐由狂欢节委员会决定。参与者和许多本城观众都盛装打扮,约150万名来自其他地方的观众涌入科隆一睹盛况。根据德累斯顿银行的经济学家估计,专门从事此类活动的私人和公司在2005—2006年间生产了300万件服装、90万件假发和50万个面具。(但也可能过于高估这一数字了,因为许多狂欢节社团会保存和重复利用服装。类似表演方队所穿的一部分服装,每年都不会有太大变化,私人也倾向于重复利用旧服装。)在巴塞尔谢肉节上抛洒的主要是五色纸片,而在科隆则大多是糖果。这些糖果不仅从花车的各个方向被丢出来,还出自人行道上的观众,以及从窗户探出脑袋和站在公寓和商铺的人们之手。据一位消息灵通人士估计,约有150吨的糖果(包括70万板巧克力排)被扔掉。尽管有时只是单颗的果仁糖,但我也曾目睹大盒大盒的糖果如同铁饼一般被掷了出来,对那些试图抓住它们的人造成轻微伤害。②

可以想见,如此数量庞大的人群大吃大喝,抛掷糖果,一部分食物饮料最终会被扔在地上,因此游行结束后留下的垃圾也蔚为壮观,即使是那些规模较小的游行情况也是如此。2011年据垃圾处理部门测算,覆盖市内四分之一区

---

① www.geisterzug.de(2012年12月4日访问)。2012年"幽灵列车"因为线路安保问题而被取消。
② 普鲁特沃奇,《婆娘狂欢节》,第145页。

域的婆娘狂欢节共产生出 140 立方米的垃圾，其中还包括酒精和尿液。① 科隆狂欢节最令人惊叹的景象之一便是街头清扫队的出现，他们动用扫帚、铁锹和重型设备来收拾烂摊子。区区 15—30 分钟内，一个城区的人行道和街道便焕然一新，足以迎接第二天开门营业，不过人们依然可以在灌木丛和建筑物外露的地方找到糖果排。

狂欢节取笑的对象往往是政治人物，从市长到联邦德国总理，再到国际领导人（例如乔治·W. 布什，许多德国人将伊拉克战争归咎于他）。2011 年，被精心挑选出来嘲弄的政治人物则是卡尔-特奥多尔·冯·古滕贝格（Karl-Theodor von Guttenberg），此人因博士论文被证实存在大段剽窃，被迫辞去国防部长之职。政治幽默的传统由来已久。游行中的表演方队曾将鲜花插进枪膛以嘲刺普鲁士骑兵。正是因为对政府的讽刺批评，让普鲁士人从 1829 年开始审查科隆的狂欢节报纸，直至 1848 年革命失败才告一段落。② 纳粹则根本信不过并非由自己一手组织的团体，它将民族主义置于地方性之前，并试图禁止一切形式的公共政治批评。因此他们对科隆的狂欢节传统深表怀疑，因为其中往往包含了政治讽刺，并且使用方言以标榜自己的与众不同，而非同质的"人民"（Volk）。③ 事实上，1935 至 1939 年间，前文中提及的那些狂欢节要素已出于战争原因而被叫停，游行队伍中的花车则包含了明显反犹主题和攻击英法领导人的内容。游行中还充斥着庆祝莱茵地区重新武装和军事化及歌颂大批犹太人逃离这个国家的歌曲。例如，有一辆花车的主题是"围着死了的犹太人"（"Rund um de dude Jüde"），这句科隆话引自犹太人公墓。④ 虽然狂

169

---

① 马蒂亚斯·佩施（Matthias Pesch），《从未有过那么多的狂欢后垃圾》（"So viel Jecken-Müll wie noch nie"），《科隆城市指南》（Kölner Stadt-Anzeiger）2011 年 3 月 4 日。

② 希尔德加德·博罗格（Hildegard Brog），《科隆狂欢节报》（Karnevals-Zeitung von Köln），《时代报》1995 年 3 月 3 日，第 24 页。亦可参见布罗费《狂欢节和公民身份》，以及伊莱恩·格罗夫卡·斯宾塞（Elaine Glovka Spencer），《适应节日实践：科隆和美因茨的狂欢节（1871—1914）》（"Adapting Festive Pracitves: Carnival in Cologne and Mainz, 1871 - 1914"），《城市史期刊》（Journal of Urban History）2003 年第 29 卷第 6 期，第 637—657 页。

③ 卡尔·迪尔特马（Cal Dietmar）和马尔库斯·莱费尔德，《"阿拉福"和"希特勒万岁"：第三帝国时期的狂欢节》（Alaaf und Heil Hitler. Karneval in Dritten Reich），慕尼黑：赫比希出版社 2010 年版。

④ 米夏埃尔·策普特（Michael Zepter），《天堂鸟和破衣烂衫舞会——1925—1939 年媒体报道中的两类艺术家节庆》（"Paradiesvogel und Lumpenball. Zwei Kölner Künstlerfeste zwischen 1925 und 1939 im Spiegel der Press"），《莱茵地区的现代性与民族社会主义》（Moderne und Nationalsozialismus im Rheinland），莱茵地区的现代性跨学科研究工作组编。迪特·（转下页）

欢节并未对政权构成政治意识形态上的威胁，但狂欢节领导者确实为维持其组织的独立性竭尽所能。他们成功顶住了 1935 年市政府试图控制狂欢节的压力和随后 1937 年罗伯特·莱伊（Robert Ley）①打算让狂欢节变成其"力量来自欢乐"组织（Kraft durch Freude）一部分的企图。② 但由于纳粹坚持认为真正信仰纳粹主义的男人坚决不会扮成女人，因此在 1938 和 1939 年，处女的角色被转交给女性扮演，暂时性地推翻了这一悠久的传统。③ 无论如何，战争和狂欢节活动的暂停，留下了纳粹是否会全盘接管狂欢节的疑问。

　　1945 年 9 月狂欢节社团开始重新集会，并于 1946 年 2 月举行首次大型庆祝活动。虽然 1946 至 1948 年间，小型社区节庆层出不穷，其中还包括一场由战争退伍军人组成的游行——他们在战争中失去的四肢已经为义肢所取代，但战后首场"玫瑰星期一"游行直到 1949 年才举行，当时由十二辆花车组成小型队伍蜿蜒穿过堆积如山的废墟，而观众们则将废墟当作观景台。因此科隆嘉年华重生的时代，一种清晰的德意志民族意识尚未形成，既不存在统一的德意志民族国家，也没有产生跨国联系。狂欢节非常本土化，它的领导者完全专注于恢复城市的独特身份。

　　1950 年，虽然当时的城市仍在努力从战争的破坏中恢复过来，但第一届官方"玫瑰星期一"的主题是建城 1900 年纪念——这再次证明狂欢节是城市身份认同中不可或缺的一部分。④ 这个仪式对这座城市是如此重要，以至于市长在 1952 年为市政府没有能力在周一举行这一与这个名字"匹配"的游行而致歉，为此他请求该市商界领袖踊跃捐款，并承诺他们有可能从税收中扣除这些捐款。⑤ 而随着西德经济在 20 世纪 50 年代蓬勃发展，科隆的大型游行及

（接上页）布罗伊尔（Dieter Breuer）和格特鲁德·采普尔-考夫曼（Gertrude Cepl-Kaufmann），帕德博恩：斐迪南德·舍宁 1997 年版，第 395—432,414—415 页；以及于尔根·迈尔（Jürgen Meyer），《纳粹时期的有组织狂欢与"癫狂反叛"：有关 1933—1935 年科隆嘉年华的假象与实在》（"Organisierter Karneval und Narrenrevolte im Nationalsozialismus：Anmerkungen zu Schein un Sein im Kölner Karneval 1933‑1935"），《科隆历史》（Geschichte in Köln）1997 年第 42 卷，第 74—76 页。

① 罗伯特·莱伊（1890—1945 年），纳粹德国政治家，1933—1945 年担任德国劳工阵线领导人，组建"力量来自欢乐"（Kraft durch Freude）组织。——译者注

② 迈尔，《有组织狂欢》，第 79—81 页。

③ 克莱施，《科隆狂欢节》，第 181—184 页。

④ 同上，第 186—187,195—196 页。

⑤ 恩斯特·什未林（Ernst Schwering）在科隆精品酒店的演讲（1952 年 1 月 21 日），科隆城市历史档案馆/Acc. 2：市长/828/7。

其他狂欢节迅速发展成远超过去的巨大规模。

　　大型游行后的第二天，即周二，科隆嘉年华伴随着一直持续到午夜的大量化妆舞会及随同狂欢节王子前往市政厅"治理"城市而正式结束，之后四旬斋便开始了。服装和其他的材料被存放起来以备来年之用，狂欢节社团的成员们也开始考虑明年的活动。这就让我回到本文开头提出的问题上。在这里，什么才是至关重要的？是狂欢节作为一种具有共同起源与许多相似特征和功能的跨国及跨文化现象，还是作为每座城市独特性的代表，以地方为界，构成地方认同概念的核心？这个问题的答案，对于这些城市以外的人而言或许是前者；但对于巴塞尔和科隆的市民来说，则是后者。两座城市都强调自己的狂欢节是独一无二的，不能与其他地方的狂欢节混为一谈。当地方言的使用，由中央委员会监督、专门的嘉年华或谢肉节社团发挥主导作用，都是为了维持各自城市庆典的独到之处。但无论如何，大众传播媒体不断扩大的作用以及大量游客观众的经济重要性进一步推动了狂欢节的商品化，并对这种独特性提出挑战，这足以让一部分巴塞尔和科隆常住居民得出结论，谢肉节和嘉年华不再是他们的节日。存在于这两座城市中的地方性和跨国性紧张势必将继续存在。

170

173

10. 地方、国家与跨国？——魏玛共和国汉堡一战纪念的空间维度

雅尼娜·富格

　　1924 年夏,《汉堡异乡人报》(*Hamburger Fremdenblatt*)描绘了一幅令人动容的场景:"期待掩盖了这座城市中的躁动。市政厅广场前的巨大旗帜降至一半。旗帜下聚集着大批正在默哀的群众。当时钟指向正午,教堂的钟声渐趋沉寂。电车停在轨道上,汽车不再鸣笛。骑车人下车,行人止步,神情凝重地脱帽伫立。在这座大都市的心脏呈现出庄严肃穆的氛围。一个国家正在悼念它的死难者,人群静默,如同正在祈祷一般。"①

　　这一幕发生在 1924 年 8 月 3 日——和其他许多德国城市一样,汉堡也将第一次世界大战爆发十周年作为集体哀悼日加以纪念。用内政部长卡尔·雅斯(Karl Jarres)的话来说,德国政府要求各州政府在这一天"纪念战争受害者",②甚至上述简短的空间描述本身也包含着对死者的哀悼。在汉堡这个例子中,被提及的地点(如市政厅)强调的是一种地方影响力;通过聚焦于"国家如何铭记其死难者"传达一种国家意识;而将汉堡定性为"大都市"则是寻求一种全球尺度。这个小小的片段可以和集体记忆中空间维度的广阔性构成关联。本文以汉堡为例,审视第一次世界大战后"跨国记忆"的前景与局限。

　　记忆研究对共同体、空间与记忆之间基本联系的洞察力,基于莫里斯·哈

---

①　参见《汉堡纪念典礼》("Hamburg Gedenkfeiern"),1924 年 8 月 4 日《汉堡异乡人报》,所引文本由作者从德语翻译成英语。

②　国家内政部报告(1923 年 7 月 9 日)。汉堡国立档案馆(Staatsarchiv Hamburg, StaHH),州立新闻档案 1—4,档案号 4370。

布瓦赫(Maurice Halbwachs)的创见。① 在德国,充满跨国性的空间记忆理论则几乎完全集中于它的民族社会主义"第二历史"。政治学家延斯·克罗(Jens Kroh)厘清了大屠杀记忆研究中如何出现一个"跨国政策领域"。大屠杀已成为一个"全球记忆空间",在这个空间中,立足国家的文化、工业、法律或科学体系的代表为不同的受众生产产品(电影、审判、专业出版物),但反过来,这些产品又不再受国界的限制。正因为如此,它们占据了跨国公共领域。② 在交流记忆与文化记忆的结构中,也可以发现对这一过程的解释。扬·阿斯曼(Jan Assmann)认为,交流记忆建筑于人与人之间的日常公共对话之上——它等同于时代见证。③ 随着在场的这一代人逝去,交流记忆便逐渐融入文化记忆,后者通过仪式和制度,间接表明过去具有一种共同的确定性。有趣的是,这种对记忆结构的分析经历了一种历时性的变化,从聚焦"国家"转向"边界"地带,即从次国家领域(地方、区域)转到跨国领域。④

那么"跨国文化记忆"如何产生,它又具备哪些特征?第一,必须发生具有跨国潜力的事件,即这一事件会被本共同体和国家或国家(共同记忆或"记忆的集合"[Erinnerungskollektiv])之外的下一代人所铭记,且因此被本共同体认为值得纪念。针对特定国家的诠释与判断或许会随着时间的推移而在这个国家边界之外交锋,这至少会产生一种超越边界的诠释,甚至达成共识的潜力。第二,至少应当存在跨文化或国际交流的可能性,例如跨国公共领域或集体仪式的形式。为使记忆能够实现跨国运作,它需要借助适当的机制,使记忆内容的不同部分得以跨越国界,并在适当的交流中汇集到一起——例如在相关协会召开会议或由不同参与者参加的纪念活动。第三,不同的集体必须接

① 莫里斯·哈布瓦赫,《论集体记忆》(La mémoirecollective),1939 年(巴黎:法兰西大学出版社 1950 年版)。本文引文出自莫里斯·哈布瓦赫,《论集体记忆》(Das kollektive Gedächtnis),美因河畔法兰克福:费舍尔 1985 年版,第 142,161 页。

② 扬·艾克尔(Jan Eckel)和克劳迪娅·莫伊泽尔(Claudia Moisel)编,《大屠杀的全球化? 国际视野下的记忆文化与历史政策》(Universalisierung des Holocaust? Erinnerungskultur und Geschichtspolitik in internationaler Perspektiv),哥廷根:瓦尔施坦因 2008 年版,第 51 页。

③ 参见扬·阿斯曼,《文化记忆:早期高等文化中的文字、回忆和政治身份》(Das kollektive Gedächtnis. Schrift, Erinnerung und politische Identität in frühen Hochkulturen),慕尼黑:C. H. 贝克 1997 年版,第 9—19 页。

④ 有关"次国家"的观点,参见雅尼娜·富格,赖纳尔·赫林(Rainer Hering)和哈拉尔德·施密德(Harald Schmid)编,《城市与地区记忆:北部德国的历史观》(Das Gedächtnis von Stadt und Region. Geschichtsbilder in Norddeutschland),慕尼黑和汉堡:多林根 & 加利茨 2010 年版。

受形成一种跨国认同的可能性。跨国记忆本身预设了折衷的立场,如此它才有可能成为实现国际理解的媒介。如果一个超越国界的纪念事件只是为了强化国家意识,而非重新诠释、形成新的观念并更新对事件的记忆,就不能称之为跨国记忆。第四,我们必须接受集体利己主义与历史诠释所伴随的复杂性与矛盾性,歧义与对立。跨国记忆的形成以冲突与争议为特征。必须承认,人们对过去的诠释存在着差异,而且在实践中,这种差异很难在不抹煞共性的情况下加以克服。如果不承认可能犯下的错误行径,放弃面对是否有罪的问题,那么就无从想象跨国记忆,因为它的主要目标依然是凭借对过去的诠释与回忆形成广泛共识,并达成一起探讨面向未来的共同愿景。

　　某些事件可能会导致这样的过程要比导致那样的过程更好地形成跨国记忆,而某些社会机制则可能阻挡跨国记忆的完整表达。本文还将讨论德国在第一次世界大战结束后出现的公众记忆与文化政策。汉堡的战争纪念仪式恰恰提供了一个有关地方、国家与跨国记忆之间复杂相互作用的研究案例。这些仪式围绕"阵亡的战士"展开。在每个饱受战争蹂躏的国家,成千上万乃至数百万阵亡战士显然令一战满足形成跨国记忆的第一标准:这是一个共同的原初事件。"在经历过1914—1918年的战争之后,纪念仪式成为全球关注的焦点,"杰伊·温特(Jay Winter)这样写道,"许多国家都采取具有象征意义的姿态,迎接逝者归来。1920年,无名烈士落葬伦敦威斯敏斯特大教堂和巴黎凯旋门。次年,在美国、意大利、比利时以及葡萄牙也举行了同样的仪式。其他许多国家也纷纷效仿,或是像加拿大、澳大利亚和新西兰的例子,愿意接受位于母国的墓地来代表他们的无名烈士。"[①]这样一种纪念阵亡战士的独特方式显然是一种国际现象——但它是否包含了除地方与国家之外的跨国要素,值得进一步分析。

阵亡战士:地方、国家与跨国影响

　　第一次世界大战造成约900万人牺牲,其中有超过200万德国人,占其总人口的3%,由此还形成了人数更为庞大的孤儿、寡妇等群体。汉堡的情况也

---

① 杰伊·温特,《记忆场所、悼念场所:欧洲文化史中的大战》(*Sites of Memory*,*Sites of Mourning*:*The Great War in European Cultural History*),纽约和英国剑桥:剑桥大学出版社1998年版,第27页。

是如此,这座城市共损失了 34,159 名战士,死亡人数几乎占其男性总人口的 7%。相比之下,科隆的损失"仅"不到 5%,而普鲁士则为 5.5%。① 这场战争导致的大规模死亡无处不在,充斥着欧洲每座城市。阵亡战士因此成为欧洲大国记忆的重要场所。对于德国来说,这一切的发生更包含了双重的强烈情绪:相比在 1870—1871 年普法战争带给德国梦寐以求的统一和民族崛起的自豪感,现在的德国不得不面对彻头彻尾的失败。德国在 1914—1918 年的死亡人数,再加上《凡尔赛条约》第 231 条中关于德国首先挑起战争,随后导致所有死亡、痛苦和悲伤的羞辱性文字,令幸存者很难重振旗鼓。此外,尽管没有像第二次世界大战后那样引发剧烈的国家崩溃,但后凡尔赛的赔偿与放弃领土仍深深加剧德国人的集体耻辱感。如今战争牺牲愈发变得仿佛一场空,尤其对于前线士兵及其家属而言,毫无意义。

然而,与上述情形直接相关但又似乎自相矛盾的是各种形式的军人纪念活动的泛滥。在战后初年,就出现了一系列"纪念"与"迎接"阵亡战士荣归故里的仪式,他们的名字与讣告也被纪念名册(Gedenkblätter)——记录在案。纪念名册大多由企业和协会编纂,但也出现在校史与军团史之中。这些纪念册往往由(教会)社区、学校、俱乐部和协会出版,这是一种较为实际记录所有阵亡者的方式,因为建造纪念碑的方案经常会因为资金或组织上的原因而流产。

纪念币与纪念章,甚至体育比赛都可以起到纪念阵亡战士的作用。这是对战争小说与电影中所呈现的记忆事件的补充。还有简略的"房屋标示",它 176 们被挂在屋外,向世人表明一名战士离家奔赴前线并战死沙场。② 正如有学者所指出的那样,第一次世界大战中大量死亡的士兵使欧洲兴起了一种被政治利用的死亡崇拜。③ 对阵亡战士的缅怀得以通过文学、绘画以及视觉艺术

---

① 参见乌苏拉·布特纳(Ursula Büttner),《政治合法性与社会精神:魏玛共和国时代的汉堡》(*Politische Gerechtigkeit und sozialer Geist. Hamburg zur Zeit der Weimarer Republik*),汉堡:克里斯蒂安斯 1985 年版,第 22 页。

② 格哈德·施耐德(Gerhard Schneider)在有关汉诺威地区的研究,《……并未白白牺牲?汉诺威的烈士纪念碑与战争死亡祭奠》(*… nicht umsonst gefallen? Kriegerdenkmäler und Kriegstotenkult in Hannover*,汉诺威:汉萨图书 1991 年版,第 153—180 页)中以这些纪念案例为例进行了简要说明。

③ 米夏埃尔·雅伊斯曼(Michael Jeismann)和罗尔夫·韦斯特海德(Rolf Westheider),《公民为谁而死?自法国大革命以来的德法民族死亡祭奠与公民》["Wofür stirbt der Bürger? Nationaler Totenkult und Staatsbürgertum in Deutschland und Frankreich seit der Französischen （转下页）

中有关苦难与死亡的强烈表达被侧面呈现出来,这在城市与乡村同步快速形成的纪念场所中表现得尤为突出。① 纪念场所采取强有力的集中行动,宣传"民族团结或社会统一"。正如赖因哈特·科泽勒克(Reinhart Koselleck)所言,绝大多数的德国战争纪念场所是"相对同质的",并被烙印上"一种被装扮成基督教式的愚蠢英雄主义,在这里,失败被偷换概念,甚至被重新诠释为胜利。描绘伤痛的纪念场所极为罕见,与之相对的是大量涌现的明目张胆宣传复仇('沙场永不败')的纪念场所。到头来,在德国的纪念场所中,既没有用纯粹和平主义的方式表达哀伤,也没有传递出对民主社会的政治信念"。② 在由历史学家克斯廷·克林格尔(Kerstin Klingel)编订的一本汉堡战争纪念纲要中,他通过所收集的各种图像资料也证明了这一倾向。③ 这种纪念死难战士的仪式是典型的德国风格,而如果我们将视线转向法国,法国的纪念文化则宽泛得多,它可以包容反军国主义及和平主义、天主教,甚至是共和民族主义纪

(接上页)Revolution"],赖因哈特·科泽勒克和米夏埃尔·雅伊斯曼编,《现代政治死亡崇拜与烈士纪念碑》(*Der politische Totenkult und Kriegerdenkmäler in der Moderne*),慕尼黑:威廉·芬克出版社 1999 年版,第 23—50 页,第 26 页及以下诸页。

① 有关阵亡战士纪念仪式,尤其是与其相关的战争记忆,可参考:迈因霍尔德·卢尔茨(Meinhold Lurtz),《德国烈士纪念碑》(*Kriegerdenkmäler in Deutschland*),六卷本,海德堡:埃斯普林特特出版社 1985—1987 年版;克劳斯·拉策尔(Klaus Latzel),《战死沙场:从七年战争到第二次世界大战的军人死亡观变迁》(*Vom Sterben im Krieg. Wandlung in der Einstellung zum Sodaltentod vom Siebenjährigen Krieg bis zum II. Weltkrieg*),瓦伦多夫:施内尔 1988 年版;乔治·L. 莫斯(Georg L. Moss)富于启发性的《阵亡战士:重塑世界大战的记忆》(*Fallen Soldiers:Reshaping the Memory of the World Wars*),纽约和英国剑桥:剑桥大学出版社 1990 年版;福尔克尔·阿克曼(Volker Ackermann),《从威廉一世到弗朗茨·约瑟夫·施特劳斯的德国国葬——一项政治符号学研究》(*Nationale Totenfeier in Deutschland. Von Wilhelm I. bis zum II. Weltkrieg. Eine Studie zur politischen Semiotik*),斯特加特:克雷特-科塔 1990 年版;赖纳尔·罗特(Rainer Rother)编,《人类末日——第一次世界大战图集》(*Die letzten Tage der Menschheit. Bilder des Ersten Weltkrieg*),柏林:阿尔斯·尼古拉 1994 年版,第 435—444 页;萨宾娜·贝恩贝克(Sabine Behrenbeck),《死难英雄崇拜:1923—1945 年民族社会主义的神话、仪式与象征》(*Der Kult um die toten Helden:Nationalsozialistische Mythen,Riten und Symbole* 1923 *bis* 1945),科隆:SH 出版社 1996 年版;杰伊·温特和伊曼纽尔·西文(Emmanuel Sivan)编,《20 世纪的战争与记忆》(*War and Remembrance in the Twentieth Century*),纽约和英国剑桥:剑桥大学出版社 1999 年版;斯特凡·格贝尔(Stefan Geobel),《纵横交错的记忆:20 世纪欧洲的战争与记忆》("Intersecting Momories:War and Remembrance in Twentieth Century Europe"),《历史杂志》(*The Historical Journal*)2001 年第 44 卷第 3 期,第 853—858 页。

② 赖因哈特·科泽勒克,《政治死亡祭奠》导言,科泽勒克和雅伊斯曼编,第 16,29 页。

③ 克斯廷·克林格尔(Kerstin Klingel),《橡叶花环与荆冠——汉堡的烈士纪念碑》(*Eichenkranzen und Dornekrone. Kriegerdenkmäler in Hamburg*),汉堡:州立政治教育中心 2006 年版。

念场所的存在。在许多例子中，纪念场所悼念的是为国捐躯的普通公民。

一战历史学家杰伊·温特则给出了不同的结论，直言不讳地反对间战期纪念文化存在一条德意志"特殊道路"（Sonderweg）。温特调查了不同类型的艺术载体——电影、油画、诗歌、纪念场所和纪念仪式，并将有关世界大战的文化史描绘成一种更强调共同参与的"共同历史"："这是一个远比大多数历史时期所发现的那些牵涉更广的故事。在经历了这场可怕的战争之后，将这些不同的文化融合在一起，远没有像对胜利与失败的事实那般重视。它们固然重要，但常常会让胜利的滋味化为灰烬。"①

从汉堡的情况来看，它揭示出的趋势可能介于上述两篇文章之间。② 另外，这些地方性趋势表明，在评估记忆所包含的潜在跨国内容时，需要采取针对特定参与者的方法。1924 年 7 月 5 日，《汉堡消息报》（Hamburger Nachrichten）报道了国家艺术顾问（Reichskunstwart）埃德文·雷德斯洛布（Edwin Redslob）的提议："要在柏林主干道菩提树下大街上安置一座纪念德国战争受害者的石棺——这可能是类似无名烈士墓那样的象征物。"在《消息报》撰文的作者将这个最终流产的计划与英法德无名烈士纪念碑进行了比较，后者是这两个国家"向第一次世界大战死难者表达敬意"③，进行悼念的空间形式。以这种看得见的方式呈现死难者的不幸，因此成为一种国际统一的体验，这是对跨国记忆的必然要求，也是最基本的要求。但这种共同体本身并不足以分担悲伤，甚至不具备一个跨国公共领域所要求的共同点。正如《汉堡通讯报》（Hamburger Correspondent）上的一则短文所明白无误表达的那样，无名烈士纪念碑似乎更凸显了国家间的界限： 177

　　这些曾经与我们为敌的国家之所以铭记"无名英雄"，是为了清醒保持对那些抵抗德国的牺牲者的记忆，也仅仅是为了维持对这场战斗的清醒认识。这种令人伤感的习俗成功触动了一个国家的神经，在无名英雄

---

① 温特，《记忆场所》，第 227 页。
② 参见雅尼娜·富格，《"没有死难就没有胜利"：汉堡魏玛共和国记忆文化中的一战阵亡战士》（"'Ohne Tod und Sterben kein Sieg'：Die gefallen Soldaten des ersten Weltkrieges in der Hamburger Erinnerungskultur der Weimarer Republik"），《历史社会研究》（Historical Social Rearch/Historische Sozialforschung）2009 年第 34 卷第 4 期，第 356—373 页。
③ 《英雄纪念碑方案流产？发自本报柏林编辑部的电报通讯》（"Den Plan eines Heldendenkmals fallen gelassen? Drahtmeldung unserer Berliner Schriftleitung"），《汉堡消息报》1924 年 7 月 5 日。

墓前制造出爱国主义的血脉延续,而这种愈发频繁的提示也确实符合法国人的态度。巴黎发明了"无名英雄",伦敦、布鲁塞尔、波恩,还有天晓得哪儿的地方也会追随这项发明。因此,无论在哪里,无名烈士墓或纪念场所都是培育和滋养对德新仇的温床。①

其他国家的军人纪念因此被视为一种侮辱;与此相反,这篇文章继续写道:"德国……正确避免引入这类冷冰冰的英雄崇拜,以纪念那些迟迟无法验明身份的死者。"妙就妙在和解的任务很明显掌握在协约国军队手中,因此也就没有必要对德国自身的战争死亡崇拜及其和解的能力进行批判性分析。

值得注意的是,随后的战争爆发十周年纪念并未被广泛用于向德国公众宣传和解思想,而是突出强调民族团结,或是像《汉堡通讯报》上的那篇文章那样饱含感情地写道:"但愿那些不祥德国杂音远离 8 月 3 日,远离这个为纪念十年前打响第一枪,倒下第一批牺牲者而设立的英雄纪念日;或许所有自称为德国人的民众最终会在这一天聚集起来,参与一场没有任何政党反对,充满英雄气概的特殊仪式,纪念这些战士在大敌当前的情境下,为保卫我们的人民、国家与家园献出自己的生命。"②纪念活动也成为融合民族与宗教情感的场所。但在组织这些令人心情郁闷的活动时,汉堡市政府仍高度重视避免与八天后即将举行的宪法日活动发生冲突。作为化解"过多的类似仪式"及可能损害"宪法日庆典效果"两难境地的解决办法,他们决定"主要以基督教形式"悼念战争。③

在圣卡特琳娜教堂举行正式仪式,聚集着应汉堡市政府和市议会之邀前来的宾客。此外,国家机关、经济企业、战争伤员、军方组织的战友俱乐部也参加了这一纪念活动。"数千人"自发进入圣卡特琳娜教堂,《汉堡通讯报》在第二天用戏剧化的口吻进行了描述:"无论上等人还是下等人,无论富人还是穷人",都为了"共同的记忆"聚集到一起。④ 循着这一思路,高级牧师卡尔·古

---

① 《英雄纪念日》("Der Helden-Gedenktag"),《汉堡通讯报》1924 年 7 月 4 日。波恩作为 1920 年被法国军队占领的莱茵兰地区的一部分也被提到。

② 同上。

③ 1924 年 7 月 11 日国家内政部报告。汉堡国立档案馆,州立各部门及所有其他部门,市长办公室新闻档案。

④ 《汉堡和它的死难者》("Hamburg und seine Toten"),《汉堡通讯报》1924 年 8 月 4 日。

斯塔夫·施塔格(Carl Gustav Stage)博士为这场富于政治积极意义的纪念活动做出了榜样。[①] 他以《罗马书》第 14 章第 8 节开启自己的布道："我们若生，是为主而生；若死，是为主而死。所以我们无论生死，总是主的人。"[②]施塔格将第一次世界大战归入无可避免的宿命；因此大量的人口消亡并不是政治决策的结果，而是上帝赐予德国人民的强烈情感——因此它注定发生，无可避免。施塔格并没有回避将战争的爆发与战争结束联系起来，他甚至给出了政治结论，例如拒绝凡尔赛条约，尤其是其中的战争罪责条款："和平是强加给我们，这种和平在世界历史长河中从未出现过的。我们必须签字画押，承认我们才是这场大火的唯一肇事者。……我们所签下的《凡尔赛条约》永远不能证明我们有罪；这是敲诈勒索。"这番说辞将宗教意义与国家认同结合在一起："在当下的困境中，有什么可以让我们变得更强大？我只知道一件事，是所有那些做出最艰难牺牲的人的思想，是那些蒙受损失的人以及为国家、为我们所有人献出自己生命的人的思想。"

诸如此类的信仰引发了令人几近心烦意乱的民族伤痛——末世中的希望被拿来与民族主义政治相提并论。基督教信仰在这里摇身一变为民族国家政治的代言人。"信仰即行动！"("Glaube ist Tat!")成为施塔格斗志昂扬的口号："我们要带着一颗勇敢的心，用坚强的双手将我们信仰且希冀的东西转化为实际。信仰他的子民，即爱你的子民，使他们高于自己的幸福与安康。德国，德国高于一切！只有这样，我们才有资格主持纪念阵亡战士的典礼。为什么人们要愉悦地纪念遇难者？这是因为他们信任活着的同胞，这是因为个体生命必须为集体做出牺牲。"[③]简言之，德国的基督新教并不存在跨国性的诠释空间，这在后面有关纪念的例子中也有所体现。

178

[①] 自 1923 年以来，卡尔·古斯塔夫·施塔格博士成为汉堡州新教路德宗任职教父的高级牧师（因此也是新教神职人员的领袖），他从 1902 年起就担任圣卡特琳娜教堂的高级牧师。1897 年，他对新约所作的当代新解读使其成为全国家喻户晓的人物，同时他还在汉堡大学开设神学讲座。参见赖纳尔·赫林，《卡尔·古斯塔夫·施塔格》("Carl Gustav Stage")，《传记条目教会辞典》(*Biographisch-Bibliographisches Kirchenlexikon*)，第 14 卷，诺登豪森：特劳戈特·鲍岑 1998 年版，第 1514—1519 页。

[②] 金·詹姆斯·拜布尔(King James Bible)，高级牧师卡尔·古斯塔夫·施塔格博士的布道，《前进报》(*Vorwärts*)1924 年 8 月 3 日。以下引文同上。

[③]《汉堡和它的死难者》。

政治与宗教：以汉堡为例的国殇日与亡灵纪念日

事实证明，在"国家认同承诺（'为了祖国''为了德国'）与宗教信仰就战争和牺牲所发出声明"之间，存在极为紧密的联系。[①]"政治宗教"的现象早在 19 世纪 70 年代就已被承认。历史学家托马斯·尼佩代（Thomas Nipperdy）给出了经典的论述："宗教借由民族主义而变得世俗化，世俗则被神圣化。"[②]教会对其宗教意象的输出不仅毫无异议；相反，在普遍世俗化的世界中，教会的代表非常欢迎这种提高社会重要性的做法。

融合政治与宗教因素纪念死难者，正式体现在两个与教会相关的纪念日中：国殇日（Volkstrauertag，也称纪念星期日）和亡灵纪念日（Totensonntag，即基督降临节前的最后一个星期日，以纪念死者）。亡灵纪念日是新教徒用于纪念前一年亡故者的日子。1816 年，普鲁士国王弗里德里希·威廉二世（Friedrich Wilhelm II）将亡灵纪念日定为"一般新教徒纪念死者的时刻"。国殇日则是魏玛共和国时期为纪念第一次世界大战中丧生者而特别设立的日子。它由 1919 年新成立的德国战争公墓人民关怀联盟（Volksbund Deutsche Kriegsgräberfürsorge）发起，1922 年举行了首个重要的纪念仪式。从 1926 年起，国殇日纪念被放在复活节前的第五个星期日举行，也就是基督教历中的"纪念星期日"。尽管纪念活动的内涵并不一致，但这两个日子都成为德国人的大型集体活动日（与宪法日之类的其他场合形成鲜明对比）。

那么，汉堡之于这两个纪念一战的重要活动的影响是地方性的、国家性的，甚或是跨国性的？我们可以发现，在建构阵亡战士记忆空间的两个特征之间存在着一个相互冲突的独特区域。一方面，阵亡将士之所以拥有获取跨国记忆地位的巨大潜力，仅仅是基于交战（尤其是欧洲）各国蒙受了巨大的人员伤亡这一事实。但另一方面，在战后的几年中，阵亡战士的主题又在地方层面享有特殊意义。因不同的机缘聚集到一起参加悼念，使得人们常常会介入其他人的生活，分享彼此的痛苦。因此，自抽象的国家层面以降，此类纪念活动

179

---

① 雅伊斯曼和韦斯特海德，《公民为谁而死？》，第 31 页。

② 托马斯·尼佩代，《德意志史（1800—1866 年）：市民社会与强邦》（*Deutsche Geschichte 1800 - 1866. Bürgerwelt und starker Staat*），第四版，慕尼黑：C. H. 贝克 1987 年版，第 300 页。亦可参见科泽勒克，《政治死亡崇拜》导言，科泽勒克和雅伊斯曼编，第 14 页。

对在共同体内部构建战后身份认同立刻产生了强大影响。就这一点而言，德国城市并不是单纯的活动布景板，也不是一个"容纳可能发生的历史的容器……它被社会事务所包围，并要将它们从行动的情境中剥离出来"①。相反，借用赫尔穆特·瓦尔泽·史密斯（Helmut Walser Smith）的术语，城市演变为一个"联络地带"（"contact zone"）。② 在有限的城市集体内部，有关过去的交流变得直观；重要的事情由人数可控的参与者进行协商。有限的地理框架充当起"欧洲参照点"，亲历者、旁观者，以及战后出生的一代人似乎完全满足于通过（重新）建构的过去并运用（从目击者报告到地方报道获取的）感官真实印象，形成为集体所用的叙事。③

两次大战之间的汉堡国殇日纪念正是这样一个例子，由它派生出大量的纪念活动，主要由诸如军事协会或退伍军人社团之类保守主义团体，牧师和社区组织。主要活动则在位于奥斯多夫的汉堡主公墓举行，由德国战争公墓关怀人民联盟在当地的分会组织。数以千计的民众加入本地这场定期举行悼念死者仪式中来。《汉堡通讯报》又一次报道了纪念活动的现场实况及它团结汉堡人民的作用："为了装点奥斯多夫战争公墓，超过 1,200 朵募集来的鲜花运抵这里，以便有可能使 3,300 座战争墓地装饰一新。奥斯多夫的墓地管理部门为这一目标慷慨提供支援。几乎汉堡所有的花店都为此做出贡献。"④显然，悼念死者的主要是当地人；大量的捐助以及城市花店的参与都象征着人们对阵亡者的承诺。许多努力参与铭记逝者活动的人在家庭和朋友圈子内部举行了无数的"追思会"。这种记忆的本土化可以被认为是一种记忆交流与日常生活（花店安排花卉，社团精心准备花卉捐赠）的相互作用。越是压抑整个国

---

① 参见乌尔丽克·尤赖特（Ulrike Jureit）评，贝恩德·贝林纳（Bernd Belina）和鲍里斯·米歇尔（Boris Michel）编，《空间生产：激进地理学论文集中期报告》（*Raumproduktionen. Beiträge der Radical Geography. Eine Zwischenbilanz*），明斯特：威斯特伐利亚蒸汽船 2007 年版，*H-Soz-u-Kult*（2012 年 12 月 28 日访问）。

② 赫尔穆特·瓦尔泽·施密特，《地方史——思考一种类型可行性与局限性》（"Lokalgeschichte. Überlegungen zu Möglichkeiten und Grenzen eines Genre"），詹姆斯·雷塔拉克（James Retallack）编，《德国萨克森》（*Sachsen in Deutschland*），居特斯洛：区域史出版社 2000 年版，第 239—253 页。

③ 参见马尔特·蒂森（Malte Thießen），《记忆的历史：记忆产生与流传新论》（"Gedächtnisgeschichte. Neue Forschungen zur Entstehung und Tradierung von Erinnerung"），《社会史文献》（*Archiv für Sozialgeschichte*）2008 年第 48 期，第 607—634 页。

④ 佚名，《追忆——汉堡怀念它的阵亡战士》（"Reminiscere. Hamburg gedenkt seiner gefallen Krieger"），《汉堡通讯报》1931 年 3 月 2 日。

家的痛苦,它就变得越发激烈。圣米迦勒主教堂可以容纳 2,500 人,是汉堡最著名的教堂,也是城市主要地标,它的晚间服务再次肯定了这一点。那天晚上,荣军妇女委员会(Frauenausschuss der Kriegerehrung)——这是一个纪念战争英雄的保守组织下属的妇女委员会——将一本死者名录("光荣册",*Ehrenbuch*)交给教堂并由其"保护"起来,它被放入一个神龛内保存。①

　　从 1924 年起,数以千计的"汉堡子弟"的名字连同由其遗属撰写的献词被不断增补进这本荣誉册。② 各式各样的本地团体都投身这一纪念活动,例如兄弟会、退伍军人社团、民族主义爱国团体(带着旗帜),以及来自公立文法学校插花班的女学生。③ 简言之,这里聚集了来自汉堡四面八方的老人与青年,退伍老兵与妻子,儿童与伙伴,兄弟姐妹,他们对于死者的悼念演变为一场政治性的地方集体活动,尤其对女性具有重要作用。对阵亡战士的悼念之所以出现体现在市政层面,这主要是因为汉堡人民触动了压倒性悲痛。因此,在一场人群摩肩接踵、团结一心的大型活动上共同致哀,为形成一个国家层面的结论提供了良好的机会。

　　大量文献一再重复这一观察结果,例如市长卡尔·彼得森(Carl Petersen)在战争十周年纪念上切中肯綮地指出,"当朋友面临痛苦与死亡仍忠贞不二,那么还有什么比真正的同志情谊更值得我们追求! 凭借精神可以架设起超越一切党派分歧的桥梁,并最终形成一种真正的民族共同体,这对我们的进步而言是必不可少的"④。此外,一再强调这种关联的不仅仅是保守主义报刊,还包括左翼刊物,例如社会民主党旗下《汉堡回声报》(*Hamburger Echo*)——虽然它对国殇日的说法基本持批评立场。即便如此,《回声报》也在一篇关于 1925 年国殇日的文章中指出:"如果你们,无论男女,无论长幼,既不强大,又对我们只在这一天才敲响警钟'前车之鉴'置若罔闻,那么战争的威胁就并未远去! ——铭记吧!"⑤但归根结底,国殇日在强行贯彻一种统一的记忆,并就对过去的解释达成总体一致仍存在缺陷。类似"民族团结"或"族民共

① 佚名,《汉堡光荣册归于神坛——圣米迦勒教堂的战士墓地》("Hamburgs Ehrenbuch bekommt seinen Schrein. Ein Kriegergrab in St. Michaelis"),《汉堡通讯报》1931 年 3 月 1 日。

② 佚名,《追忆》。

③ 佚名,《汉堡光荣册归于神坛》。

④ 市长卡尔·彼得森 1924 年 5 月 39 日在汉堡军人协会战友集会上的演讲。汉堡国立档案馆,州立新闻档案 1—4,档案号 4179(第一卷)。

⑤ 佚名,《国殇日》("Volkstrauertag"),《汉堡回声报》1931 年 3 月 16 日。

同体"之类的短语掩盖了一种民族主义的保守主张，即利用过去创造认同与合法性。有趣的是，作为国家艺术顾问，尽管雷德斯洛布名义上负责通过官方文化机构与政策塑造一种新的共和认同，但他的任务并非安排纪念仪式。恰恰是城市纪念战争死难者的仪式，带给魏玛时期的德国人不可磨灭的记忆，并锻造出最深刻的文化认同。

因此，国殇日成为一个饱受蹂躏、危机缠身国家的对立面，并通过传播另一种神话来纪念战争罹难者。即使是对公墓联盟目标和话语持批判态度的《回声报》，也致力于聚焦纪念战争死难者的场合以团结他们的读者。不过，在下述这种民族主义的表述中，德国战争公墓人民联盟可不仅仅是一个平等参与的伙伴："我们真心实意地希望成为一个人民的联盟，一个借助于德意志民族的力量和最深厚灵魂诞生的联盟；一个竭尽所能帮助所有人的人民联盟，一个将全民族团结起来，而非仅限于纪念死难者的人民联盟。"① 181

人民联盟还将自己的视线投向德国位于国外的墓地——例如在法国、比利时、意大利、波兰，甚至是在南非。这项工作因与性质类似的外国组织紧密合作而顺利展开。在人民联盟的社团章程中，有了如下条款："应基于相互关系推进政府间对战争墓地的关切。"②例如在 20 世纪 20 年代，人民联盟与法国进行了国际谈判，德国之所以能够维护他们的战争墓地，是法德达成共同协议的部分结果。③ 尽管人民联盟本质上是要复兴民族主义，但它至少对跨越国界的交流起到重要推动作用。

1931 年国殇日纪念发生的一个小插曲凸显出通向国际理解的进程和它的局限性。人民联盟的刊物《战争墓地关怀》（*Kriegsgräberfürsorge*）发表了一篇关于"国外的德国国殇日"的文章。④ 这篇文章清晰地表明，德国参与建于国外的战争墓地主要是为了形成民族统一意识，而不是基于任何与国家相

---

① 约瑟夫·克特（Joseph Koeth，前军官，德国战争公墓人民联盟首任主席），《在途中》（"Auf den Weg"），《战争墓地关怀——德国战争公墓关怀人民联盟通报与报道》（*Kriegsgräberfürsorge. Mittelungen und Berichte vom Volksbund Deutsche Kriegsgräberfürsorge*），1921 年第 1 卷第 1/2 期，第 2 页。

② 参见佚名，《1920 年年报》（"Jahresbricht 1920"），《战争墓地关怀》1921 年第 1 卷第 1/2 期，第 2 页。

③ 同上。

④ 恩斯特·格罗斯（Ernst Grosse，海外德国人联合会执行委员会执委），《德国国殇日在海外》（"Deutscher Volkstrauertag im Auslande"），《战争墓地关怀》1931 年第 10 卷第 6 期，第 82 页。

连的(跨国)悼亡纪念的态度。"我们必须心存感激，"文章写道，"世界上没有一个自德国人生活的国家存在不允许德国人进行哀悼的日常生活。首先，这对德意志民族的利益而言是至关重要的。……因此，任何必然发生的事情都应该让它发生，这样才有可能使旅居海外的德国人与他们的家乡构成最紧密的精神联系。"因此，它并非构成日益成为当务之急的欧洲战后跨国记忆的基础；相反，虽然存在分散分布的跨国现象，但它们是为了以国家为支点服务于集体记忆。

现在将视线转向亡灵纪念日的例子，我们发现它与国殇日的纪念活动形成了鲜明对比，特别是在 1931 年，这一年出现了二者在纪念权方面的直接竞争。1931 年 11 月 22 日亡灵纪念日那天，数以千计的汉堡市民出席了由汉堡市政府发起，雕塑家恩斯特·巴拉赫(Ernst Barlach)设计的战争纪念馆的揭幕仪式。与国殇日纪念的参与者包含不同社会阶层不同，亡灵纪念日活动的主要参与者是获得正式任命的行政官员和被选举出来的政治人物：政府成员、议员、行政机关与公共机构的代表；还有来自企业、科学界和艺术界的代表。与会者还包括了社会民主党和社会民主主义"黑红金帝国旗帜"(Reichsbanner Schwarz-Rot-Gold)①组织的代表，这个团体由劳工组织成员组成，反对政治极端主义，以更倾向于国际主义，而非国家认同。如果说国殇日版本的纪念日特点是兼具民族主义和宗教保守主义意图，那么亡灵纪念日则是服务共和主义的宗教活动，甚至是实现了对战后和平的跨国理解。市长鲁道夫·罗斯(Rudolf Ross)在讲话中指出："在有序跳动的城市生活中心矗立着这样一座朴素的纪念馆，醒目而发人深省。……它一次又一次地向我们诉说战争的灾难，为世界和平出力，每个国家都责无旁贷。"②从这个角度来看，和平主义者"永不重蹈覆辙"的口号最早伸出了跨国援助之手，并为战争各方达成最低限度的共识提供可能。但这样一种左倾的要求在国殇日的纪念中是不可想象的。亡灵纪念日的这种跨国特性也在奥斯多夫公墓举行的另一场纪念仪式中得到体现，出席这一场仪式的人士主要是汉堡市政府的成员，活动还包括向英军公墓敬献花圈，英军公墓是 1923 年在奥斯多夫开辟出的一块占地

182

---

① 该组织一般简称为"帝国旗帜"(Reichsbanner)，是魏玛共和国时期由社民党、德意志民族党和中央党发起保卫民主共和国的准军事组织，成立于 1924 年 2 月 22 日。——译者注

② 市长鲁道夫·罗斯在 1931 年亡灵纪念日活动现场的讲话。引文出自 1931 年 11 月 23 日的《汉堡指南》(Hamburger Anzeiger)和《汉堡异乡人报》。以下引文同上。

3,000平方米的纪念区域（也是德国四座英联邦一战公墓之一）。

　　亡灵纪念日还表明，构建跨国记忆的能力取决于牵涉其中的机构。在战争爆发十周年之际，社会民主主义的"帝国旗帜"在奥斯多夫举行了一场追思活动。这场活动采取了传统的宗教形式：合唱团、赞美诗和布道。[1] 圣约翰内斯—哈维斯特胡德教堂的牧师彼得·尼古拉森（Peter Nicolassen）在第一次世界大战期间曾担任随军牧师，他在谈及战争所造成的苦难时说道："没有人知道，可怕的身心伤害什么时候还会降临。"[2]但这一经历并未被尼古拉森引为证明德国英雄主义的新证据。相反，尽管秉承一种笃信德国打的是一场防御战的基本立场，但他仍坚决支持和平主义者"永不重蹈覆辙"的主张："当战士们用自己的血肉之躯保卫家园，直至战争在痛苦中终结，要下定决心建立一个新的德国，并保证这样的灾难不会再一次降临到人类头上。"[3]尼古拉森的希望至少并不受他本人的国籍或信仰的局限，正如《回声报》所报道的那样："演讲人用令人感伤的语言缅怀阵亡烈士，并且提到了广大伤残军人群体，他们的生存境遇往往比死者更糟糕。他还尤为诚恳地向战死沙场的犹太士兵及他们中的幸存者表达了哀悼。这部分人不仅蒙受了丧失亲友与伙伴的痛苦，还要忍受来自同胞的侮辱与猜疑。这种种族主义敌意的特征是仇恨非德意志人和非基督徒。两列各由一百人组成的队伍怀着沉重的心情步入用黑—红—黄缎带装饰的德国与英国死难者公墓，这里还包括了阵亡的德国犹太士兵墓地。"[4]

不合时宜：间战期德国的"跨国粒子"

　　因此，20世纪20年代在纪念战争死难者方面的所作所为，相比普遍更广为人知的民族主义热情氛围，充其量只是"跨国粒子"。本文详细叙述的汉堡亡灵纪念日和国殇日纪念的片段都表明，这是一种矛盾的混合。但无论是在地方、国家还是跨国层面，其中包含的一战阵亡军人的集体记忆而言，这一方

① 《汉堡的典礼》（"Die Feiern im Hamburg"），《汉堡指南》1924年8月4日。
② 参见赫尔瓦特·冯·沙德（Herwarth von Schade），《宗教改革以来的汉堡牧师名录》（*Hamburger Pastorinnen und Pastoren seit der Reformation. Ein Verzeichnis*），北德新教路德宗老汉堡教区堂区议长格哈德·帕施（Gerhard Paasch）主编，汉堡：特门出版2009年版，第187页。
③ 《汉堡的典礼》。
④ 《帝国旗帜向世界大战死难者致敬》（"Das Reichsbanner ehrt die Toten des Weltkrieges"），《汉堡回声报》1928年7月20日。

面显然仍具备一定的分量。汉堡的例子表明,一战结束后,一种合乎所有标准,具有广泛跨国特性的战争死难者记忆并未完全出现。我们可以将短暂的魏玛时代与二战后的长时段进行比较,后者是一个已经形成大屠杀记忆的时代,它有关遭纳粹政权迫害犹太人及其他受害群体的处理更为普遍,而且它的跨国性也在不断扩大。但即便在这一点上,我们发现德国人在处理记忆机制时仍存在多处空白和困境,例如如何处理他们自己战死的军人和空战中的德国平民受害者。

导致一战后德国跨国记忆塑造失败的一个原因在于,跨越国界的国际规则连同其参与者不仅少得可怜,且跨国性又往往表现为实施的效果,而非意图。魏玛共和国缺乏在跨国层面上建构战争记忆所必须的先决条件,也没有时间来实现更多的目标。"我们大部分的纪念活动显然是由社会驱动,受社会动机激励,面向社会交流。我们在社交背景下举行纪念仪式,为了回应询问,为了在他人眼中证明自我而冲动行事,正是这些社会动机的特征塑造了我们的记忆方式。"杰弗里·库比特(Geoffrey Cubitt)这样写道。[1] 由于在与其他国家的互动中存在着如此多"后凡尔赛"障碍,德国人没有机会去深化一系列增进相互了解的记忆、活动和仪式。但仍应指出的是,即便魏玛共和国的跨国记忆相对失败,我们仍可以明确"粒子"或"萌芽"的存在,它们指出了跨国潜质与可能的发展路线。简而言之,大屠杀记忆并非一开始就具备跨国性,而是经历超过数年乃至数十年的发展。就这一点来说,应该考虑从一种亲历者的记忆交流向子孙后代文化记忆过渡。两次大战期间的汉堡拥有形形色色、极为热情的"演员",他们所代表的立场十分宽泛,但都是为了迅速积极地重塑历史,因此这座城市被认为非常重要。如果将汉堡的例子与柏林"纪念碑阵地战"的情形进行比较,在柏林,不仅是每一个集会场所,甚至是每一处本地酒吧都遭到各路纪念一战的利益团体的质疑;而汉堡则可能是在政权更迭后探索多元主义较为正常的例子,并且也确实比其他地方更能寻找出战争记忆的跨国因素。[2] 但是,在坚决主张这些跨国"粒子"时仍必须注意到其中的明显差

---

[1] 杰弗里·库比特,《历史与记忆》(History and Memory),英国曼彻斯特:曼彻斯特大学 2007 年版,第 119 页。

[2] 克里斯蒂安·泽伦特(Christian Saehrendt),《纪念碑阵地战——两战之间的柏林烈士纪念碑(1919—1939 年)》(Der Stellungskrieg der Demkmäler. Kriegerdenkmäler in Berlin der Zwischenkriegszeit 1919－1939),波恩:迪茨 2004 年版,第 162 页。

异,如人民联盟那样无意识地进入跨国主义的进程,与 1931 年亡灵纪念日的例子所表现出的那些公开、勇敢帮助德国摆脱极端民族主义束缚的努力之间的差异。后者还表明,要迈向跨国取向的(战争)记忆,意味着首先要以解放与和解的姿态建立起穿越内外边界对话的尝试。汉堡因此为研究魏玛德国所面临的矛盾处境提供了有益的尝试,因为这座城市在两次大战期间纪念死者的仪式表现为具有强烈竞争性的另类记忆。

187

11. 从美国西部到西柏林：维姆·文德斯、穿越边界与跨国想象

尼科拉·胡贝尔、拉尔夫·施特恩

《写于西部》（*Written in West*）是德国电影导演维姆·文德斯（Wim Wenders）1986 年在巴黎蓬皮杜中心举办的摄影展图册名。这本图册包含他在加利福尼亚、亚利桑那、新墨西哥和得克萨斯多地拍摄的城市和风景照，令人印象深刻。它以一幅在得克萨斯大弯拍摄的"魔鬼坟场"作结束，这里也是文德斯 1984 年的杰出电影《得州巴黎》（*Paris，Texas*）开场镜头的所在地。在图册附录的与法国评论家阿兰·贝尔加拉（Alain Bergala）对谈中，文德斯滔滔不绝地谈论摄影、探索与旅行之间的意义关联："摄影让人能够立即理解一个地方……对我来说，熟悉或不熟悉的事物都被摄影排除在外：它是一种探索工具，本质就是去旅行，其实就像汽车或飞机一样，相机让抵达某个地点成为可能。"[①]通过探险家、摄影师和电影摄像师的镜头，摄影的历史与"发现"美国西部紧密相连。另一本名为《定制西部：蒂莫西·H.奥沙利文摄影作品》的图册与文德斯的《写于西部》有异曲同工之处，它将奥沙利文拍摄的 19 世纪美国西部图像作为"我们理解西部景观的基础"；照片构成了"对混乱景观的直观表达"[②]。这些图像作品描绘出遭遇灾难后的景致。重要的是，奥沙利文并

[①] 维姆·文德斯，《写于西部：美国西部摄影集》（*Written in the West. Photographien aus dem amerikanischen Westen*），慕尼黑：席尔默/默泽尔 1987 年版，重印版 1996 年，第 8 页。由原作者自行翻译。

[②] 托比·尤罗维奇斯（Toby Jurovics）和蒂莫西·H.奥沙利文，《定制西部：蒂莫西·H.奥沙利文的调查照片》（*Framing the West：The Survey Photographs of Timothy H. O'Sullivan*），华盛顿特区：国会图书馆/耶鲁大学出版社 2010 年版，第 19 页。

不着力表现早期西部叙述中并不罕见的宏伟壮观，而是"着迷于空虚，着迷于看似消极的景观，着迷于寸草不生、气候恶劣的地方……他最优秀的照片大多表现的是空旷"。同时，奥沙利文通过这种空虚与空白，领悟到"这一景观中最有力的因素是他的相机"。①

　　空虚、空白，还有一台相机——无论它拍摄的是静态还是动态，都构成了我们探索跨国主义与德国城市的起点。这些特性与行为为维姆·文德斯早期的德国电影及德美两国合拍的"公路电影"《爱丽丝城市漫游记》(*Alice in the Cities*，1974)和《公路之王》(*Kings of the Road*，1976)提供了结构与统一，并将之与其稍后的探索如《得州巴黎》和"垂直公路电影"《欲望之翼》(*Wings of Desire*，1987)以及相当后来的《别来敲门》(*Don't Come Knocking*，2005)串联起来。这些电影所强调的"灾难事件"不仅与空虚和混乱的风景相关，在《欲望之翼》中尤其如此；它还与纳粹、第二次世界大战的动荡破坏及由此产生的战后内城"废墟景观"(*Trümmerlandschaft*)的空虚感相连。在这些电影中，同样重要的连续主题还包括在经历这些震撼世界的历史事件之后，父子之间的代际破裂。在这个结构中，美国西部(与美国西部片)具备一个特定的主旨：它对战后的西德来说，既是对创伤性动乱的想象，又是一种乌托邦式的投射。这种影像化的投射不仅是一类社会文化主题，还是一种电影想象。文德斯这样评论道，他"对美国的第一印象是一片神话般的土地，在那里一切都好太多了"②。

　　在这片一切都好太多的土地上，经过好莱坞电影精心策划所呈现出的美国生活，不仅与德国，还与战后整个欧洲的普遍情况形成鲜明对比。如此留给欧洲导演的对话范围往往就变得复杂且对照鲜明，它由城市与乡村，真相与幻相的两极构成。例如，我们会回想起玛德莱娜(安娜·马尼亚尼[Anna Magnani])和她的丈夫斯帕尔塔科(加斯托内·伦泽利[Gastone Renzelli])在卢基诺·维斯康蒂(Luchino Visconti)颇具吸引力的战后电影《小美人》

---

① 援引自罗伯特·亚当斯(Robert Adams)，他是 20 世纪以擅长拍摄美国西部著称的摄影师。同上书，第 26 页和第 9 页。

② 出自米歇尔·西芒(Michel Ciment)，《维姆·文德斯访谈》("Entretien avec Wim Wender")，《积极》(*Positif*)1986 年第 236 期；引自米夏埃尔·托特贝格(Michael Töteberg)，《回归美国：维姆·文德斯新电影中的美国形象》("Back to the US of A. Das Bild Amerikas in den neuen Filmen von Wim Wenders")，《丰沛之人——维姆·文德斯》(*Man of Plenty — Wim Wenders*)，福尔克尔·贝恩斯(Volker Behrens)编，马堡：许伦 2005 年版，第 23—38 页。

(*Bellissima*, 1951)中的对话。丈夫和妻子坐在一个人满为患的公寓楼院子里,观看露天电影中正在播放的霍华德·霍克斯(Howard Hawks)《红河》(*Red River*, 1948)中牛群沿着奇泽姆牛车道经过的场景(真的是一幅混乱的景象),相互交谈:

> "你不明白,斯帕尔塔科。看看那些地方,看看我们住的地方。"(玛德莱娜)
>
> "这都是编出来的。"(斯帕尔塔科)
>
> "不对! 看,看哪! 他们带着整个车队穿了过去。哇!"(玛德莱娜)

这一席对话和地点将战后欧洲城市与得克萨斯大草原的开阔地带并列。当车辆与牛群通过位于得克萨斯州的红河,人们不禁喊出了"哇";而与此同时,年轻的蒙哥马利·克里夫特(Montgomery Clift)和他养父约翰·韦恩(John Wayne)之间的代际冲突逐渐展开。霍克斯(连同尼古拉斯·雷[Nicolas Ray]和约翰·福特[John Ford])的电影英雄"为德国青少年提供了一套非常理想的新神话,并为他的欧洲学徒如让-吕克·戈达尔(Jean-Luc Godard)、佛朗索瓦·特吕弗(François Truffaut)和文德斯提供了模式"①。文德斯在自己的电影里频繁引用其他影片,在《得州巴黎》中,他在父亲查韦斯(哈利·戴恩·斯坦通[Harry Dean Stanton])和他早年遗弃的幼子间的一次对话中提到了《红河》。而得克萨斯的巴黎镇,这部电影的名字与中心主题,就位于"距离红河不远的地方"。

对霍克斯而言,"得克萨斯"位于红河以南和里奥格兰德(Rio Grande)以北。随着货运列车一路向西驶向加利福尼亚,西部片在这个得克萨斯中逐步显露。正是在这同一个得克萨斯,我们第一次与查韦斯不期而遇,他戴着一顶红色的棒球帽,在一片"空旷"且无边无际的场景中游荡。拼命找寻水源的查韦斯闯入了特灵瓜(Terlingua)的小村子,在那里他碰到的第一个人既不是牛仔,也不是印第安人,而是由名导演伯恩哈德·维基(Bernhard Wicki)扮演的德国医生、移民。有时文德斯会起用美国导演扮演他电影中的角色,例如《美

---

① 罗杰·F. 库克(Roger F. Cook)和格尔德·格明德(Gerd Gemünden),《维姆·文德斯电影:图像、叙事和后现代条件》(*The Cinema of Wim Wenders: Image, Narrative, and the Postmodern Condition*),密歇根的底特律:韦恩州立大学出版社1997年版,第206页。

国朋友》(*The American Friend*，1977)中的尼古拉斯·雷和丹尼斯·霍珀 (Dennis Hopper)，通过在《得州巴黎》中的出镜，文德斯得以向伯恩哈德·维 基致以敬意，他是战后早期来被新德国电影拒绝的少数德国导演之一。[①]

有人认为《得州巴黎》中的"西方"不仅仅是地点，它还指代"欧洲/美国话 语权力体系"。[②] 其他战后的西德导演也曾谈及美国：如维尔纳·赫尔佐格 (Werner Herzog)就在《史楚锡流浪记》(*Stroszek*，1977)从一个荒诞怪异的柏 林场景转换到一个同样另类的威斯康星州农村，而珀西·阿德隆(Percy Adlon)则在《走出罗森海姆/巴格达咖啡馆》(*Out of Rosenheim/Bagdad Café*，1987)中将一个落魄的巴伐利亚灵魂置于莫哈韦沙漠(Mojave Desert)。 但文德斯是唯一一位在他的战后身份认同及相关神话与想象研究中，始终坚 持过去与现实、城市与乡村、德国与美国西部边界对话的德国导演(图11.1)。 与穿越墨西哥边境后一言不发走入镜头的查韦斯类似，文德斯属于真正出生于

图 11.1　维姆·文德斯《欲望之翼》(*Der Himmel über Berlin*，1987)电影剧照

来源：照片得到维姆·文德斯基金会授权

---

① 这个在特灵瓜的角色由伯恩哈德·维基饰演，他被命名为乌尔姆博士，可能是对摩拉维亚移民导 演埃德加·乌尔姆(Edgar Ulmer)的戏谑，乌尔姆以黑色公路电影《绕道》(*Detour*，1945)闻 名——这是一个随着主角穿越西南部沙漠来到好莱坞而让事情越变越糟的生动故事。

② 罗杰·布罗姆利，《从"爱丽丝"到"布埃纳维斯塔"：维姆·文德斯电影》(*From Alice to Buena Vista. The Films of Wim Wenders*)，英国伦敦：普拉格 2001 年版，第 49 页。

"混乱景观"的一代人,这是一片由第二次世界大战所造成的灾难性废墟;这片土地物资匮乏,充斥着空虚,没有传统、代际和信仰。文德斯曾艰难地写下对

190 战后德国的感受:"我认为,没有任何一个国家会像我们一样对自己的形象、故事和神话失去信心。"①

作为回应,文德斯力图"建立一个跨国空间,不稳定并充满对其他地方和其他人的渴望"②。而被注入这个空间的形象则是"作为孤独的移民与流浪者的现代男性英雄",他们在美国西部片,尤其是约翰·福特的《搜索者》(*The Searchers*,1956)中,即便并不担纲主角,也是重要角色。《搜索者》摄制于地标性的纪念碑谷,但表面上还是设定在得克萨斯。电影被描绘成一部因战争(美国内战)造成重大创伤人物的"心理史诗",并将家庭环境的安全稳定完全排除在外。《搜索者》主要叙述了一个男人因为受暴力和创伤影响而丧失理智,片头曲的歌词就确定了全片的框架:"是什么让一个男人去流浪/是什么让一个男人去漫游?"漫游,特别是男性的漫游,也是文德斯早期电影的主要内容。在他早期的《公路之王》(1976)中就在视觉上建立起对《搜索者》的引用。漫游将文德斯对定位美国西部的西部片和公路电影的兴趣与《欲望之翼》(1987)所描绘的垂直公路电影结合起来,在后一部影片中,两位天使面对的主要是美国占领之下西柏林的复杂地形。但它也与文德斯首度涉猎美国西部电影题材的《得州巴黎》联系在一起。由哈利·戴恩·斯坦通扮演的主角查韦斯,是文德斯首次启用美国人物——而非德国人物——担任漫游者这一核心角色,由此赋予叙述以一种特定的"美国"视角。

这一视角将《得州巴黎》与阿德隆的《走出罗森海姆》(1987)区分开来。阿德隆这部在美国以《巴格达咖啡馆》为名公映的电影,可谓深深扎根美国西部的德国跨国想象的另一例证。影片主角是一个德国女游客,正在找寻一处可以成为家园的地方——如电影所述,哪怕是莫哈韦沙漠的路边咖啡馆这样不靠谱的地点也可以。但相比呈现这种空旷且"最不友好的"地方,文德斯不像阿德隆致力于将场景固定于某个地点;相反,他将道路本身作为"家园"和稳定

---

① 维姆·文德斯,《情感画面:关于电影的思考》(*Emotion Pictures. Reflection on the Cinema*),英国伦敦:法伯和法伯 1989 年版,第 94 页。

② 维姆·文德斯,转引自罗伯特·科尔克和彼得·贝肯克,《维姆·文德斯电影:作为观点和欲望的电影》(*The Films of Wim Wenders: Cinema as Vision and Desire*),纽约和英国剑桥:剑桥大学出版社 1993 年版,第 36 页。

的场所。《得州巴黎》与约翰·福特的《搜索者》一样，主角与家庭隔绝，或是从家庭环境中逃离出来。而叙述轨迹将查韦斯从他出现的开放场景（即他从沙漠边境的"越野道"上出现）转变为"在路上的"封闭场景（他驾驶着从洛杉矶购得的汽车舒适地旅行）。当查韦斯明显行进在美墨边境一片"移民……在没有一滴水的沙漠只有死路一条"①的不毛之地，这一轨迹的舞台才随之展开。

　　文德斯在《图像的逻辑》(The Logic of Images)中提到，他本打算在大弯国家公园拍摄《得州巴黎》的开场片段，但最终还是选了"一块荒芜到甚至没有在我们的地图上标注出来的地方……但那里是一片庞大而抽象的梦幻景观，被称为'魔鬼坟场'"。② 不过，无论是在美墨边境的魔鬼坟场，还是《公路之王》中对东西德边界的探索，抑或是《欲望之翼》中循着天使的视线窥视柏林墙沿线的无人区，文德斯展示出对跨越边界及视觉想象非比寻常的敏感与洞察力，这就要归功于美国和德国的素材。

　　重要的是，文德斯"刻意且反复穿越德国边界"，选择从边缘地带，而非"中心"，着手讲故事。③ 国家边界与穿越边界是文德斯土地与城市景观的特点。从《得州巴黎》中查韦斯是否知道自己身处"边界的哪一边"的问题开始，到《欲望之翼》中天使卡西尔对"边界[是否]还存在吗"的疑问，如后一部影片所指出的，"[边界]比以往任何时候都要多。每一条街道都有自己的边界"。正是在这个意义上，文德斯认为"德国性"是某种只有在柏林才能体会的东西。④ **柏林**不仅是一座代表战后东西方分裂的城市，更是一个代表"**世界**"的"**地点**"，因为"柏林像我们的世界一样被割裂了"。《欲望之翼》的德语片名为《柏林苍穹下》(Der Himmel über Berlin)，它昭示的并不是一则"**团结的故事**"，而是"**一段关于分裂的故事**"。但相比克里斯塔·沃尔夫(Christa Wolf)于柏林墙修建

191

---

① 维姆·文德斯，《仿佛没有工具盲目前行，写在〈得州巴黎〉的转折点上》("Like Flying Blind without Instruments. On the Turning Point in *Paris, Texas*")，文德斯，《图像的逻辑：散文与对话》(*The Logic of Images: Essays and Conversations*)，米夏埃尔·霍夫曼(Michael Hofmann)译，英国伦敦：法伯1991年版，第66页。

② 同上。

③ 杰米·费希尔和布拉格·普拉格，《传统的崩塌：德国电影与21世纪之交的政治》(*The Collapse of the Conventional: German Film and Its Politics at the Turn of the Twenty-First Century*)导论，费希尔和普拉格编，密歇根的底特律：韦恩州立大学出版社2010年版，第13页。

④ 维姆·文德斯，《尝试描绘一件不可思议的事件——对〈欲望之翼〉的初处理》("An Attempted Description of an Indescribable. From the First Treatment for Wings of Desire")，文德斯，《图像的逻辑》，第73—83页，第74页。

后不久出版的《分裂的天空》(*Der geteilte Himmel*),文德斯仍有意识通过展现"过去的历史图景与痕迹以及即将有事发生的暗示"[1],肯定天空的统一。因此,文德斯所看到的,作为全球城市的德国城市,不仅是分裂的,它们在本质上又是跨国相连的。

作为"不毛之地",作为"荒原"和"空白"的边界地带,扮演着"作为可能的地点、空间"的关键角色。[2] 由第二次世界大战及其后果导致的大量诸如此类的空间成为战后柏林的标志。这些空间直到重新统一之初仍继续存在,并极大地推动了城市的文化活力与机遇。批评家强调"空白"在城市肌理中的重要性,许多在重新统一后的柏林城市生活中出现的矛盾,也大量围绕是努力发展抑或保护城市空白,违法行为和抹除空白产生。[3] 这些通常引人注目的城市"空白"正是文德斯在《欲望之翼》中制造大量活动的所在。但为了更好地理解文德斯对空虚与空旷的定义,我们需要转向他在美国西部的漫游。

维姆·文德斯的双重性,体现在他"对美国的迷恋"和他在新德国电影运动中所发挥的作用。后者是一场囊括了著名电影人如赖纳·维尔纳·法斯宾德(Rainer Werner Fassbinder)、维尔纳·赫尔佐格、沃尔克·施隆多夫(Volker Schlöndorff)、玛格丽特·冯·特罗塔(Margarethe von Trotta)等人在内,"进行美学实验和表达政治反对意见的民族电影运动"。[4] 就在《得州巴黎》公映并赢得极具声望的戛纳电影节金棕榈奖的 1984 年,文德斯已经在穿越西德、西柏林和美国西部边界方面拥有丰富经验。文德斯出生于 1945 年,

---

[1] 维姆·文德斯,《尝试描绘一件不可思议的事件——对〈欲望之翼〉的初处理》("An Attempted Description of an Indescribable. From the First Treatment for Wings of Desire"),文德斯,《图像的逻辑》,第 74 页和 76 页(原文中有强调)。关于这些电影之间的相互关系,参见福尔克尔·魏德金(Volker Wehdeking),《迈向统一的德国文学中的心态变化,1990—2000 年》(*Mentalitätswandel in der deutschen Literatur zur Einheit,1990 - 2000*),柏林:E. 施密特 2000 年版,第 229 页。

[2] 维姆·文德斯和丹尼尔·比克尔曼(Daniel Bickermann),《场所意识:文本与访谈》(*A Sense of Place:Texte und Interviews*),美因河畔法兰克福:作家出版社 2005 年版,第 39 页。

[3] 安德烈亚斯·许森(Andreas Huyssen),《柏林虚空》("The Void of Berlin"),《批判性研究》(*Critical Inquiry*),1991 年第 24 卷第 1 期,第 7—18 页,第 57—81 页。

[4] 斯特凡·辛德勒(Stephan Schindler)和卢茨·克普尼克(Lutz Koepnick),《导论:反对"墙"? 柏林电影中的全球想象》("Introduction. Against the Wall? The Global Imaginary of German Cinema"),《世界场景:1945 年至今的德国电影与全球想象》(*The Cosmopolitan Screen:German Cinema and the Global Imaginary,1945 to the Present*),斯特凡·辛德勒和卢茨·克普尼克编,密歇根的安阿伯:密歇根大学出版社 2007 年版,第 2 页。

距离二战终结不到四个月，他将自己对新德国电影所做出的贡献归功于他"与'祖国'德国保持距离"①。作为"缺乏自身传统""没有父亲的一代人"中的一员，文德斯大量借鉴非德国的传统，尤其是西部片和公路电影中的美国风格。② 在他非常早期的作品《城市夏天》(*Summer in the City*，1970)中，就已设计让主人公在慕尼黑和柏林之间移动。在这个故事中，一名刚刚刑满释放的男子为了摆脱昔日同伙的追踪，正开着一辆旧雪佛兰陷入逃亡。车窗外不断呈现的街道场景加上特定的飞机划过长空的画面，即将在《爱丽丝城市漫游记》(1974)中再次出现。美国文化作为 20 世纪 60 年代后期德国城市文化的一个组成部分，贯穿整部电影：美国电台的广播节目讨论着美元的价值和美国与西德的联合军演("从汉堡到班贝格的合作伙伴")，讨论着在约翰·福特默默无闻的影片《三圣父》(3 *God fathers*，1948)中因约翰·韦恩饰演的角色收养孤儿所引发的冲突；还有鲍勃·迪伦(Bob Dylan)的唱片《约翰·韦斯利·哈定》(*John Wesley Harding*，这是一首关于一名得克萨斯逃犯、枪手的歌曲)。尽管这部影片"题献给奇思怪想"，但"城市夏天"这一片名却取自美国乐队"满匙爱"(The Lovin's Spoonful)1960 年风靡一时的同名歌曲。当主人公(在深冬)沿柏林的预备役运河和代表魏玛时代新客观主义的标志性现代建筑"贝壳之家"快速奔跑时，清晰回响的便是这首歌曲。《城市夏天》随后向我们揭示出文德斯作品中的核心主题，在这个主题下，美国的经济和工业实力与好莱坞式的电影及德国大都会中的当代美国流行文化结合在一起。

　　文德斯接下去一系列主要电影——包括三部曲《爱丽丝城市漫游记》《错误之举》(*The Wrong Move*)和《公路之王》在内的作品——以公路电影为主。《爱丽丝城市漫游记》明确从美国转向西德，从纽约转向乌珀塔尔。《错误之举》(1975)延续了 19 世纪德国教育小说(*Bildungsroman*)的传统——这类小说通常描绘自个人通过漫游进行学习。《公路之王》则跟随两名为当地电影院修理放映机的男子游走于西德与民主德国接壤的边界地带，同时也追寻电影

192

---

① 福尔克尔·贝恩斯，《创造历史的巨大空间：与维姆·文德斯一席谈》("Der Geschichte einen gewaltigen Raum schaffen：EIn Interview mit Wim Wenders")，《丰沛之人——维姆·文德斯》，贝恩斯编，第 133—138 页，第 135 页。有关文德斯在新德国电影运动中所扮演的角色，参见托马斯·埃尔萨瑟(Thomas Elsaesser)，《新德国电影》(*New German Cinema*)，英国伦敦：英国电影研究所 1989 年版。
② 维姆·文德斯，引自科尔克和贝肯克，《维姆·文德斯电影》，第 37 页。

本身的历史。随后的电影《美国朋友》(1977)、《哈麦特》(*Hammett*，1982)和《事物的状态》(*The State of Things*，1982)则大量呈现跨越大西洋之间的移动，但更直接地涉及审美敏感性转化，融入好莱坞文化产业的经济结构之中。在《美国朋友》之后，从1978年至1984年，文德斯先后居住在旧金山、洛杉矶，最后到了纽约。关于这个时期，文德斯后来这样解释道：

> 那是一段诱人的生活。然后有一段时间我认为自己有能力制作一部美国电影，并成为美国导演。事实上，这是我的野心。但我又花了点时间才意识到它不可能在我身上实现。它是从《哈麦特》开始的，《事物的状态》与《哈麦特》是一种妥协，最后是《得州巴黎》。最终我认识到我只能是一个欧洲导演。①

正如引文所示，文德斯拍摄《哈麦特》及受美国电影公司制约的经历，促使他重新思考早年的梦想。因此，《得州巴黎》成为文德斯从德国向美国过渡而后又再次回归的重要影片；和随后的《欲望之翼》一样，在这部影片中，城市被塑造成融合了不同国家经验的场所。他运用不同的类型来构建一个人类经历的跨国空间，一个以不断找寻归属感，只为找到自己身上的其他特性为特点的空间。

地点与视角：从西柏林到得克萨斯西部再到回归

文德斯作为编剧（或联合编剧）和导演所拍摄的电影，在冷战期间成为讨论的对象，而柏林正是在这期间成就其政治分裂和对抗的全球形象。从第二次世界大战结束到1989年德国重新统一，东西德分别为建构国家认同提供了范式性的地点（和视角），这些清晰传达出东西方地缘政治对立的身份，得以通过相互竞争且对立的建筑诠释实现。建于战后早期柏林苏占区的斯大林大道，在1957年遭到了西部的国际建筑博览的反击，后者全面展示的是深受德国

---

① 维姆·文德斯，《恼火·震惊·准备战斗》("Stinksauer. Betroffen. Bereit zu Kampf")，与汉斯-格奥尔格·罗德克(Hanns-Georg Rodek)的访谈，《世界报(在线版)》2005年9月25日，http://www.welt.de/print-welt/article342654/Stinksauer-Betroffen-Bereit-zum-Kampf.html(2012年12月15日访问)。

战前被纳粹拒绝的包豪斯传统的影响，还被视为"西方的购物橱窗"。建筑领域的跨国竞争在接下来的几十年中持续进行，并再次通过西柏林国际建筑博览(IBA，1984—1987)开创"新"与"旧"的平行类别被正式确定下来。这种"建筑政治学"传统经历了各个阶段，从废墟之城到一座遭遇封锁，继而分裂，但最终重新统一的城市，可以说在重新统一的新柏林建设/展示(Baustelle/Schaustelle)项目中进入另一个阶段，新首都的崛起在欧盟不断扩张与全球化的世界经济背景下占据领先地位。[①]

在重新统一之初，东方与西方的复杂二分法就日益被"欧洲"和"美国"城市的新区分所取代。一方面，这种区分成为经济全球化中身份建构的手段，但它往往在将柏林可与其众多相互竞争的历史的某一种建立关联时备受争议。此外，历史学家已将城市建筑理解为一种"大师话语"，人们可以将"东方与西方，德国与欧洲，欧洲与美国的重叠"，"将城市地理作为德国历史与认同的特殊表现形式加以解读"。[②] 另一方面，在柏林后统一时期"批判性重建"建筑风格的鼎盛时期，它还使城市规划者有可能将城市及其建筑多样性作为一种"欧洲城市话语"加以利用。[③]

从瓦尔特·鲁特曼(Walther Ruttmann)执导的默片《柏林，大城市交响曲》(Berlin，Sinfonie der Großstadt，1927)到最近大受好评的弗洛里安·亨克尔·冯·唐纳斯马克(Florian Henckel von Donnersmarck)的《别人的生活》(The

---

① 参见哈特穆特·霍伊塞曼(Hartmut Häußermann)和克莱尔·科洛姆(Claire Colomb)，《新柏林：营销梦想之城》("The New Berlin：Marketing the City of Dreams")，莉莉·M. 霍夫曼(Lily M. Hoffman)、苏珊·S. 范斯坦(Susan S. Fainstein)和丹尼斯·R. 贾德(Dennis R. Judd)编，《城市与游客：人员、市场与城市空间的调控》(Cities and Visitors：Regulating People，Markets and City Space)，马萨诸塞的马尔登和英国牛津：布莱克威尔 2003 年版，第 200—218 页；珍妮特·沃德，《后"墙"时代的柏林：边界、空间与身份》(Post-Wall Berlin：Borders，Space and Identity)，帕尔格雷夫·麦克米伦 2011 年版；和克莱尔·科洛姆，《展示新柏林：地点的营销与 1989 年后的城市再造政治》(Staging the New Berlin：Place Marketing and the Politics of Urban Reinvention Post-1989)，纽约：劳特利奇 2012 年版。

② 菲利晋·布罗德本特(Philip Broadbent)和萨宾娜·黑克(Sabine Hake)，《柏林：分裂的城市(1945—1949 年)》(Berlin：Divided City，1945-1949)导论，布罗德本特和黑克编，纽约：贝格汉 2010 年版，第 3 页。

③ 汉斯·施蒂姆曼(Hans Stimmann)、米夏埃尔·戈伊(Michael Goj)和埃里克-扬·乌弗尔凯克(Erik-Jan Ouwerkerk)等人编，《巴比伦、柏林等：欧洲城市词汇》(Babylon，Berlin etc：Das Vokabular der europäischen Stadt)，巴塞尔、柏林和马萨诸塞的波士顿：比克霍伊泽 1995 年版。正如克莱尔·科洛姆最近所写的那样："城市决策者(以及其他参与者)寻求通过改造建筑环境和由各类媒体打造的特定文本和视觉表现来'塑造'城市形象。"科洛姆，《展示新柏林》，第 18 页。

Lives of Others，2006)①，电影这种表现形式始终在"塑造城市景象"方面发挥核心作用。因此，文德斯对柏林的影像演绎表现为一种由城市和电影组成的复杂互文关系。重要的是，《欲望之翼》标志着文德斯努力回归"德意志"(Das Deutsche)。② 然而在(跨)国主义的语境下，《欲望之翼》也被解读为《得州巴黎》的"天使翻版"，一位评论人将两部电影联系在一起，称其以"欧洲/美国互动"为题的"不可思议的双联画面"，同时处理归属感、认同与作者身份。③

这里所展现的双面影像，是关于一座分裂的大都会和一部以文德斯亲身经历为基础的电影——这段经历在他的短篇小说《汽车旅馆》(*Motels*)中也有描述：他在一张美国地图上随便找一个地方("irgendeinen Ort")。当然重要的是还有萨姆·谢泼德(Sam Shepard)的《汽车旅馆编年史》(*Motel Chronicles*，1983)。在一次关于《得州巴黎》的访谈中，文德斯提到他的灵感源于"看着美国地图，随时准备驱车前往任何一个在地图上找到的地方"。④ 但文德斯与普利策奖获得者谢泼德之间的关系却是复杂的，与谢泼德的长期合作就是他在德国与彼得·汉德克(Peter Handke)关系的美国写照。在《图像的逻辑》中，文德斯提到："事实上，我打算拍一部更复杂的电影，因为我原本是打算开车穿越整个美国……但我的编剧萨姆·谢泼德说服了我不要这样做。他说：'不用搞得如此迂回曲折。你可以在得克萨斯一个州内发现整个美国。'"⑤

文德斯不断追踪差异与联系，通过绘制"非同寻常的地名"("ungewöhnli-

194

---

① 该片更为人熟知的中文片名是《窃听风暴》。——译者注
② 文德斯和比克尔曼，《地点意识》，第 230 页。
③ 托尼·雷恩斯(Tony Raynes)，《柏林苍穹下〔欲望之翼〕》("Der Himmel über Berlin〔Wings of Desire〕")，《每月电影报道》(*Monthly Film Bulletin*)1988 年第 55 卷第 654 期，第 203—205 页，第 204 页。
④ 维姆·文德斯，《维姆·文德斯访谈》(未注明出版日期)，德国影视博物馆第 7 期书面文献，柏林。
⑤ 文德斯，《图像的逻辑》，第 67 页。多才多艺的谢泼德最终扮演《别来敲门》(2005)中的主角，一个逃离好莱坞电影工业的人，并且在制作一部西部片。由斯坦通所扮演的《得州巴黎》主角，是电影中的西部居民，一如布鲁诺·冈茨(Bruno Ganz)生活在柏林苍穹下一样。斯坦通还出演了其他一些晚期或修正主义西部片如《旋风骑士》(*Ride in the Whirlwind*，1966)和《比利小子》(*Pat Garrett & Billy the Kid*，1973)，公路电影如《双车道柏油路》(*Two-Lane Blacktop*，1971)，不落俗套的《克莉丝汀》(*Christine*，1983)，以及亚力克斯·考克斯(Alex Cox)的经典电影《追讨者》(*Repo Man*，1984)。一年后，罗伯特·奥特曼执导了根据萨姆·谢泼德的一部小说改编的电影《爱情傻子》(*Fool for Love*，1985)，这部在西部一家洗车旅馆中展开故事情节的电影由谢泼德主演，斯坦通则饰演一个配角。

che Ortsnamen")①地图来探讨美国西部，从而揭示出"德国历史的特殊表现"可以被看作是国家认同在空间中的混合。在《得州巴黎》中，文德斯寻找着不同寻常中的共同点，异国他乡里的熟悉感，从而为"不合时宜的事物"创造出"异乎寻常的静谧或静谧的疏离"场所。② 文德斯提到他着迷于描绘一个"正处于一场毫无目的的旅行之中，只有在研究地图并随意做决定时才会停下脚步"③的人。他对移动轨迹的追寻包含着不断地靠近与疏远。但如果说文德斯用《得州巴黎》让自己了解美国西部，那么这部电影也标志着他电影生涯中的"美国阶段"告一段落，回归德国。④ 虽然他也曾再次重返美国，并指导了《终结暴力》(*The End of Violence*，1997)和《百万美元酒店》(*The Million Dollar Hotel*，2000)。但随着"9·11"事件的爆发及美国日益军事化，推行全球孤立政策，文德斯以完成《丰饶之地》(*Land of Plenty*，2004)⑤和《别来敲门》(*Don't Come Knocking*，2005)"告别西部"。⑥ 就像分裂的柏林一样，通过穿行于靠近与疏远之间，文德斯并未将美国西部视为目的地，而是将其看作一个转折点，一个"支离破碎的场所"，一个"文明可以轻易穿越"的地点。⑦

通过结合地点与视角的意义，文德斯的"导航"对城市历史形象的作用提出了质疑。在 20 世纪 70 年代，他认为德国人是因民族社会主义者的倒行逆

---

① 维姆·文德斯，《我想展现看不见的东西》("Ich möchte das Unsichtbare zeigen")，与科西玛·施密特(Cosima Schmitt)的访谈，《时代报(在线版)》2011 年 6 月 21 日，http://www. zeit. de/2011/24/Interview-Wenders，2012 年 12 月 15 日访问。

② 援引自维姆·文德斯对在英国伦敦"鹿腰腿"(餐馆)举行的展览"场地、奇怪和静谧"(2011 年 4 月 14 日至 4 月 15 日)的评论，http://haunchofvenison. com/exhibitions/past/2011/wim _ wenders/，2012 年 12 月 15 日访问。亦可参见维姆·文德斯，《场地、奇怪和静谧》(*Places，Strange and Quiet*)，奥斯特菲尔登：哈特耶·坎茨 2011 年版。

③ 维姆·文德斯，《访谈维姆·文德斯》，第 7 页。

④ 维姆·文德斯，引自大卫·泰肯(David Tacon)《维姆·文德斯》("Wim Wenders")，《电影意识》(*Senses of Cinema*) 2013 年第 26 期，www. sensesofcinema. com/2003/great-directors/wenders/，2012 年 12 月 15 日。

⑤ 该片也译作《迷失天使城》。——译者注

⑥ 史蒂文·皮尔(Steven Pill)，《恩典国度：维姆·文德斯访谈》("State of Grace：A Interview with Wim Wenders")，《英国摄影杂志》(*British Journal of Photography*)2011 年 5 月 17 日，http://www. bjp-online. com/british-journal-of-photography/interview/2036692/grace-interview-wim-wenders，2012 年 12 月 15 日。

⑦ 维姆·文德斯，《写于西部》，第 11 页。

施而具备了"不断怀疑形象"的特征①；相应地，他把美国看作"可以自由展望的国度"。② 愿景不仅在政治上得到推动，还得到了媒体技术的促进，主要集中在摄影和电影摄制方面，因此前者不仅被认为是探索手段，还可以"保存在你的眼睛和记忆中"。③ 而后者，即电影，则意味着叙述，带来了某个人的历史和寻找可以讲述的地方，即"人们将某些东西注入景观"。④

对文德斯而言，地点与视野之间的关联包含了要在摄影师和电影导演角色之间的不断切换。作为摄影师，他阐述了自己如何致力于加强与景观的"共鸣感"，以便"接纳"（*auf*［*zu*］*nehmen*）过去未知的事物，通过感知（*wahrnehmen*）行为使之变得可见，真心实意地认可某些事物是真实的，从而给予它们足够的关注。作为电影导演，他坦言，目的是"破译、披露和传递可以诉述历史的地点⑤。这两个角色都需要明确的态度：作为摄影师，要求保持"旅行者"的身份，而作为电影导演，需要的不仅是"旅行者"，还得是"梦想家"。⑥ 这些态度转化为电影，则每一次旅行都是一个"道德问题"，"每一次要求……都是一次道德抉择，因为每个形象同时也是一种观点的表达，一种展示世界并加以重现（即"重新在场"）的方式"⑦。用文德斯的话来说，"你所拍摄的是一种'观点'（*Einstellung*），也就是一组镜头；而当你拥有明确的**'观点'**，

195

① 维姆·文德斯，引自安东·克斯，《从希特勒到家乡：历史作为电影的回归》（*From Hitler to Heimat：The Return of History as Film*），马萨诸塞的剑桥：哈佛大学出版社 1989 年版，第 8 页。

② 维姆·文德斯，《美国梦》（"The American Dream"）（1984 年），文德斯，《维姆·文德斯——电影：散文与对话》（*Wim Wenders：On Film：Essays and Conversations*），肖恩·怀特赛德（Sean Whiteside）和米夏埃尔·霍夫曼（Michael Hofmann）译，英国伦敦：法伯 & 法伯 2001 年版，第 126—127 页。

③ 同上，第 10 页。

④ 文德斯，《我想展现看不见的东西》。

⑤ 文德斯，《写于西部》，第 8 页；文德斯，《我想展现看不见的东西》；以及文德斯，《在消费时代，眼见恰恰源于时尚——一场有关地点的演讲，如果我们能够理解倾听的话，它能够讲述出丰富的历史——当然还有各种土地的图片》（"Imkonsumzeitalter ist ausgerechnet das SEHEN aus der Mode gekommen. Eine Rede über Orte, die uns jede Menge Geschichte erzählen könnten, wenn wir nur zuzu-hören verstünden — und allerlei andere Bilder von der Oberfläche der Erde"），《法兰克福汇报》2002 年 10 月 24 日，第 39 页。

⑥ 文德斯，《我想展现看不见的东西》；以及维姆·文德斯，引自贡纳尔·吕措（Gunnar Luetzow），《我有一个梦想》（"Ich habe einen Traum"），《时代报（在线版）》2008 年 11 月 19 日，http://www.zeit.de/2003/41/Traum_2fWenders，2012 年 12 月 15 日访问。

⑦ 维姆·文德斯，《旅行》（"Traveling"），《旅行电影：审美与历史》（*Reisefilm：Ästhetik und Geschichte*），安妮特·德肯（Annette Deeken）编，雷姆沙伊德："戈的茨！"出版社 2004 年版，第 11 页。

就是一种掌控镜头的态度或方法时——二者缺一不可"①。正是这种旅行者和梦想家的观点使文德斯将摄影与电影看作是事实与虚构的混合物。因此，一张照片所讲述的是兼具历史和虚构意义的故事（Geschichte）。② 拍摄纪录片则是一类发明创作（"ein Erfinden"），任何的虚构都是一场发现（"ein Finden"）。文德斯的许多电影所依据的都不是"剧本"，而是"旅程"。③

穿越边界

现在，我们将探究文德斯穿梭于西柏林和美国西部之旅是如何为理解城市环境做出重要贡献的。城市环境既与国家边界和跨国网络相连，又是移民地缘政治意象和想象中的地点。长期以来，德国和奥地利的导演均大胆涉足美国西部自然风光，他们频繁地通过并置城市环境和自然景观构成强烈冲突。在这方面很早就取得引人注目突破的是 F. W. 茂瑙（F. W. Murnau）精心剪辑的影片《都市女郎》（City Girl，1930）：一场视觉上颇具冲突的订婚，被安排在由芝加哥熙熙攘攘的大都市环境和北达科他与世隔绝的农村构成的对立环境之中。摄于俄勒冈东部草原，田野上起伏的麦浪这一优美影像在穿越数十年的影史后引发共鸣，在泰伦斯·马力克（Terrence Malick）庄严而富于诗意的影片《天堂之日》（Days of Heaven，1978）中得以重现。而在茂瑙之后没几年，出生于奥地利的路易斯·特伦克尔（Luis Trenker）在《加利福尼亚皇帝》（Der Kaiser von Kalifornien，1936）中深入美国西部沙漠冒险。接受过建筑师训练的特伦克尔同样善于捕捉自然或城市景观的图景，且《加利福尼亚皇帝》直接延续他在《无望之子》（Der Verlorene Sohn，1934）中对大萧条困境中的纽约城市动态影像的捕捉。由此，这两部电影构成了城市困境与自然风光的鲜明对比。同样生于奥地利的弗里茨·朗（Fritz Lang），因以《大都会》（Metropolis，1927）和《M》（1931）等影片所呈现的反乌托邦城市观点而闻名于世，他在逃离民族社会主义统治后也通过诸如《弗兰克·詹姆斯归来》（The

---

① 维姆·文德斯，引自库克和格明德，《维姆·文德斯电影》，第 54 页。

② 文德斯，《在消费时代……》，第 39 页。

③ 维姆·文德斯，引自马利·费尔德福斯（Marlie Feldvoß），《"因此要抓住机遇"——与维姆·文德斯对话》（"'Damit der Zufall eingreifen kann'. Ein Gespräch mit Wim Wenders"），《法兰克福评论》（Franfurter Rundschau），1994 年 7 月 23 日，ZB2。

Return of Frank James，1940)、《西部联盟》(Western Union，1940)和《恶人牧场》(Rancho Notorious，1952)的类型片与美国西部建立起紧密关系。25年后，维尔纳·赫尔佐格在他的《史楚锡流浪记》中为观众呈上了冷战时期的柏林克罗伊茨贝格社区与未兑现的威斯康星农村新生活承诺之间的直观对比。

大量根据卡尔·梅(Karl May)的西部小说创作的"温尼托"(Winnetou)电影[1]，则是对这些痴迷美国西部连同那里从农舍到双层拖车屋定居点的补充。这些电影都是东西两个德国的产物，且大多摄制于南斯拉夫(在今天克罗地亚境内)，它们有助于形成一种跨国的"西部想象"，从而激发出 20 世纪 60 和 70 年代风靡一时的意大利西部片浪潮。反过来，意大利西部片也从美国导演如约翰·福特等人执导的经典西部片中吸收了大量意象(偶尔还包括电影片段)。在这方面，无论是虚构的，还是真实的美国西部，都与德国电影史构成紧密联系，其中城市和自然风光往往并存或相互交织在一起。

196　　综上所述，在这片错综复杂的地带中，维姆·文德斯占据着决定性地位。文德斯在他的文章《从梦想到噩梦》(From Dream to Nightdmare)中写道：

> 克拉考尔称电影为"物质现实的救赎"，意思是电影可以呈现出现实生活温存的一面。西部片往往以一种梦幻般美丽静谧的方式带出这种温情。它尊重自己的角色、情节、景色、规则、自由和欲望。在这些影像中，它铺陈出一个只有你才可见的表面。[2]

而文章标题中的"噩梦"指的是塞尔焦·莱昂内(Sergio Leone)的《西部往事》(Once Upon a Time in the West，1968)。不同于大多数意大利西部片，莱昂内有充足的预算在纪念碑谷进行拍摄，这里也是许多福特西部片的拍摄地。但文德斯认为，莱昂内电影中对纪念碑谷的处理使人感觉他"仿佛是一名游

---

[1] 温尼托是卡尔·梅(1842—1912)创作的同名系列小说《温尼托》(Winnetou)中的主人公，是一位印第安阿帕奇部落的英雄。从 20 世纪 60 年代起，"温尼托"系列在德国被拍成系列电影，风靡一时。——译者注

[2] 维姆·文德斯，《从梦想到噩梦：可怕的西部片〈西部往事〉》("From Dream to Nightmare. The Terrifying Western Once Upon a Time in the West")，《情感画面》，文德斯编，第 24—25 页，第 24 页。

客，一名'西部片游客'"。虽然莱昂内电影的影响力加上由恩尼奥·莫里科内（Ennio Morricone）为其西部片所做的卓越配乐，后来还引发了利·库德（Ry Cooder）在《得州巴黎》中极度风格化的音乐共鸣，但文德斯仍在他的文章中宣称："我不想看到另一种西部片"——话虽如此，但随着结束与西部的再次接触，他表示："我很高兴在另一部电影中看到纪念碑谷，我很荣幸在《逍遥骑士》（*Easy Rider*）中再次见到它。"①

　　文德斯电影生涯的开启，始于他对西部片类型基本元素的重新组织。以公路电影来说，就是通过个人遭遇和令人难以忍受的大自然考验与磨难来获得启示。因此公路电影可以被理解为 20 世纪 60 年代电影观众量身打造的新西部片。《逍遥骑士》便例证了这一趋势，它将包括洛杉矶和福特的纪念碑谷在内的城市与自然景观相提并论。《得州巴黎》则可以被当成致敬西部片与当代公路电影的混合体，如上所述，《欲望之翼》被认为是最好的垂直公路电影。因此，在这部毫无异议的"柏林"电影中，我们仍可以明确找到对混合战后欧洲城市想象与美国西部片想象的特殊地点的诠释；一对天使徘徊在业已消失的波茨坦广场、空旷的无人之地和柏林墙的死亡禁区前。以这种方式再现了早在一个世纪前就吸引过世界另一边的蒂莫西·H. 奥沙利文的空虚景观与灾难事件。从得克萨斯西部到西柏林，文德斯不仅涉足南与北、东与西的边界，他还凭借拍摄美国西部片的经验成功跨越战后柏林的自然风光与城市的边界。

超越家乡（*Heimat*）：跨国想象

　　国家边界在当前有关德国移民政治的讨论中扮演着至关重要的角色，这场讨论提出了"德意志主导文化"（"deutsche Leitkultur"）的概念，并宣布对"这里所说的语言"的掌握，是成功融入的先决条件。② 然而作为回应，有人批评这种主张是一种主导性的德意志文化及其在德语语言中的表现，是"日益

---

① 维姆·文德斯，《从梦想到噩梦：可怕的西部片〈西部往事〉》（"From Dream to Nightmare. The Terrifying Western *Once Upon a Time in the West*"），《情感画面》，文德斯，编，第 24 页和第 25 页。原文有强调符。
② 《泽霍夫和默克尔鼓励主导文化争论》（"Seehofer und Merkel befeuern Leitkultura-Debatte"），《明镜周刊（在线版）》2010 年 10 月 5 日，http://www.spiegel.de/politik/deutschland/0,1518,723466,00.html，2012 年 12 月 5 日访问。

197　增长的排外情绪",并威胁到"为共同塑造一个充满挑战的未来留有余地"的信念。① 上述主张也在研究"*Deukisch*"和"*Kiezdeutsch*"②(在多种族社区中发展起来的混合语言)的语言学家中引发争议。③

在评估语言之于民族国家历史叙事的作用时,口语和视觉语言在叙事结构中应予以一视同仁。因此,文德斯始终致力于开发一种吸引跨国想象的电影语言,他很早就对跨国城市主义和多元国际城市主义抱有期待。④ 作为德国"作者电影"(*Autorenfilm*)的代表,他的作品成就相比同时代的法斯宾德并不瞩目,也不及年轻导演托马斯·阿斯兰(Thomas Arslan)和费斯·阿金(Fatih Akin)最近的作品——后者着重处理柏林和汉堡土裔德国人社区中的跨国主义问题。但文德斯特别关注乡村与城市景观以及个体在适应地点变换时找寻"家园"的能力。他专注处于多元物质边缘地带的个体,这促成了他的电影以一种奥德修斯般的方式游走于柏林/德国和美国的"西部"。这种以"延续古代神话"为特点的电影有《得州巴黎》和福特的《搜索者》。⑤ 重要的是,将美国西部加以神话,往往以个体与内心深处的自我不期而遇为特点;广袤的自然风光与具有不易辨识的新特征的视觉和文化秩序下的"他者"的交战,促成了这种不期而遇的产生。《搜索者》就不断显现种族与文化、法律与无法无天、领地与语言之间的交涉。

迈克尔·夏皮罗(Michael Shapiro)已就民族国家、民族语言和电影之间错综复杂的关系进行了杰出的探索,他认为"电影国家"分析的不仅是"民族建

---

① 于尔根·哈贝马斯(Jürgen Habermas),《领导力与主导文化》("Leadership and Leitkultur"),《纽约时报》(*The New York Times*)2010 年 10 月 28 日,http://www.nytimes.com/2010/10/29/opinion/29Habermas.html? pagewanted=all, 2012 年 12 月 15 日访问。

② "Deukisch"意为"土耳其德语",它指的是在移民德国的土耳其青少年中发展起来的一种结合土耳其语和德语的混合德语;"Kiezdeutsch"可译为"街头德语",它指的是在德国城市移民聚居的街区(即"Kiez")中,不同国籍和语言背景的人使用的口语,同样也是一种青少年德语。——译者注

③ 参见弗里德里克·克恩(Friederike Kern)和玛格丽特·塞尔丁(Margret Selting),《欧洲大都市区语言中的民族风格》(*Ethnic Styles of Speaking in European Metropolitan Areas*),阿姆斯特丹:约翰·本雅明 2011 年版;以及海克·维泽(Heike Wiese),《街头德语:一种新方言的产生》(*Kiezdeutsch: Ein Neuer Dialekt Entsteht*),慕尼黑:贝克 2012 年版。

④ 赖因霍尔德·马丁(Reinhold Martin)和卡达马巴利·巴克西(Kadambari Baxi),《多民族城市:建筑旅行指南》(*Multi-National City: Architectural Itineraries*),巴塞罗那:Actar-D 2007 年版。

⑤ 霍斯特·弗莱格(Horst Fleig),《维姆·文德斯:封闭的电影语言与古典神话的再书写》(*Wim Wenders: Hermetische Filmsprache und Fortschreiben antiker Mythologie*),比勒费尔德:特兰希克里普特 2005 年版,第 43—47 页。

构的文化表达"，还能支撑国家形象的呈现和针对它的反对意见与争议，同时挑战"给予拥有民族认同的人群以领土及生物政治的承诺"。① 他从政治学角度出发分析了艺术体裁的"思想世界"，从而"将美国的政治思想视为类型多样且种族多元的思想领域"②。正如他所援引的雅克·朗西埃（Jacques Rancière）所述，电影通过"视觉带给叙事意义的矛盾"③，但事件真实性变得不稳定，从而发挥出重要作用。电影的特点是"碎片化或近距离的聚焦模式，它所强加于原初事物的影响，损害了故事的合理顺序"，这就为观众提供了多种视角，而不再只有一个焦点。④ 夏皮罗追随朗西埃利用电影体裁挑战欧美政治学中普遍采用的"真实性"和客观性概念，取而代之以"介于认识论和美学分析与评价模式间相互渗透的边界"⑤。这一观点使我们能够质疑和预告学科方法论及其产物，将历史学视为一种历史性与故事性的融合。⑥ 更为重要的是，它必须重点关注地点与视角的关系，以揭示德国城市被非德国的、跨国的、跨大洲的，尤其是跨城市的联系所渗透的历史。

评论家已经认识到，文德斯融会和混杂类型的影片在争夺民族文化霸权方面扮演着重要角色。罗伯特·科尔克（Robert Kolker）和彼得·贝肯克（Peter Beicken）将文德斯的公路电影理解为一种与乡土电影（*Heimatfilm*）的对抗。⑦ 文德斯的公路电影与新德国电影运动有关。正如安东·克斯（Anton Kaes）所言，这场电影运动倡导从民族罪责转向个人记忆，并渴望形成民族认同。⑧ 埃里

198

---

① 迈克尔·夏皮罗，《方法与国家：文化治理与本土主题》（*Methods and Nations：Cultural Governance and the Indigenous Subject*），纽约：劳特利奇 2004 年版，第 43—47 页。

② 迈克尔·夏皮罗，《变形的美国政治思想：种族、事实与类型》（*Deforming American Political Though：Ethnicity，Facticity，and Genre*），肯塔基的列克星敦：肯塔基州立大学出版社 2006 年版，第 xi 页。

③ 同上，第 xii 页。夏皮罗引自雅克·朗西埃，《电影寓言》（*La fable cinématographique*），巴黎："三重"2001 年版，第 22 页。

④ 同上，夏皮罗引自雅克·朗西埃，《美学政治》（*The Politics of Aesthetics*），加布里埃尔·洛克希尔（Gabriel Rockhill）译，纽约：连续区 2004 年版，第 24 页。

⑤ 同上，第 x 页。

⑥ 芭芭拉·J. 埃克斯坦（Barbara J. Eckstein）和詹姆斯·A. 思罗格莫顿（James A. Throgmorton），《故事与可持续性：美国城市的规划、实践与可能性》（*Story and Sustainability：Planning，Practice，and Possibility for American Cities*），马萨诸塞的剑桥：麻省理工学院出版社 2003 年版。

⑦ 科尔克和贝肯克，《维姆·文德斯电影》，第 164 页。

⑧ 安东·克斯，《从希特勒到家乡：作为一部电影的历史回归》，马萨诸塞的剑桥：哈佛大学出版社 1989 年版，1992 年第二版。同年还出版了文德斯的《观看的行动：文本与对话》（*The Act of Seeing：Texte und Gespräche*），美因河畔的法兰克福：作家出版社。

克・伦奇勒(Eric Rentschler)则将新德国电影运动归功于将"乡土批判"这一类型发展成为一类"真正的民族电影"①,而阿隆・孔菲诺(Alon Confino)则认为它创立了一类批判社会、政治和生态问题的"反乡土电影"("anti-*Heimat film*")。②

　　按照科尔克和贝肯克的说法,文德斯依然是"一位'本乡本土'的陌生人";他所扮演的角色是一名"漂泊的电影制作人,寄住在战后无根的怪异德国之中。他使无家可归成为一种美德,一种美学;他的家庭氛围并不是田园居宅式的,而是'自我的家园化'"。③ 这是一种"不在家意味着处处为家(⋯⋯)而身份意味着不再强求一处家园"的状态。④ 对于罗杰・布罗姆利(Roger Bromley)而言,文德斯将家园和家庭"视为一种精神/文化结构,它的归属感甚至是可以重生的,具有深刻的地域性,但又可以相互转换的共同点"⑤。夏皮罗在完善了这一无处为家处处是家的发展轨迹后认为,战后德国政治文化是借由"输入美国思想界的影像版本"重建起来的。⑥ 正如文德斯本人所强调的那样,"进入未知领域的假设是⋯⋯在它的终点回归家园⋯⋯你在其他地方找寻的东西,终将在你自己身上找到"⑦。从这个意义出发,文德斯在他抵达纽约时便经历了回家,在那里"当我从早到晚漫步在街上,这就是家。这是我能够描述当天感受的唯一方式"⑧。

　　杰米・费希尔(Jaimey Fisher)和布拉德・普拉格(Brad Prager)将文德斯的轨迹拓展至当代电影,视新德国电影运动为"对乡土电影的反动",因为这些

① 埃里克・伦奇勒,《时代进程中的西德电影:对奥伯豪森以来二十年间的反思》(*West German Film in the Course of Time: Reflections on the Twenty Years since Oberhausen*),纽约州的贝德福德希尔斯:雷德格雷夫 1984 年版,第 112 页。

② 阿隆・孔菲诺,《作为一种记忆文化的德国:历史书写的承诺与限制》(*Germany as a Culture of Remembrance: Promises and Limits of Writing History*),北卡罗来纳的教堂山:北卡罗来纳大学出版社 2006 年版,第 77 页。

③ 科尔克和贝肯克,《维姆・文德斯电影》,第 161 页和 164 页。亦可参见英加・沙夫(Inga Scharf),《新德国电影运动中的国家与身份认同:家不成家》(*Nation and Identity in the New German Cinema: Homeless at Home*),纽约:劳特利奇 2008 年版。

④ 扬・道森(Jan Dawson)和维姆・文德斯,《维姆・文德斯》(*Wim Wenders*),纽约:西洋镜 1976 年版,第 17 页。

⑤ 布罗姆利,《从"爱丽丝"到"布埃纳维斯塔":维姆・文德斯电影》,第 70 页。原文有强调符。

⑥ 夏皮罗,《方法与国家》,第 147 页。

⑦ 维姆・文德斯,《影像的真相》("The Truth of Images"),文德斯,《看见的行动:文本与对话》(*The Act of Seeing: Essays an Conversations*),米夏埃尔・霍夫曼译,英国伦敦:法伯 1997 年版,第 44—68 页,第 45—46 页。

⑧ 维姆・文德斯,《美国梦》,第 126—127 页。原文有强调符。

电影制作人"刻意且反复穿越德国边界"。他们把文德斯理解为对"全球电影影像的扩张和迁移"的探索。两位作者勾勒出一条从"作者电影"导演到电影制造者如阿金、汤姆·提克威（Tom Tykwer）、奥斯卡·罗勒（Oskar Roehler）的线索，以此指出"同质且可还原的国民性的终结"，并强调当下电影具有"混合，甚至是辩证统一的国家政治及跨国政治特性"①。作为"双重身份导演"②的阿金则坚持认为，"作为社会化场所的德国与土耳其"代表着全球化。而那些了解"两种体系的人……便能够领会整个世界的联系。这正是我正在从事，迈向世界电影的工作"③。这样的电影所讲述的"我们的故事不再源于社会边缘，而是来自社会的中心"④。

尽管"作者电影"导演的跨界有助于提升新德国电影运动的国际声誉，但他们转向美国式的类型片也构成了对民族电影的挑战。⑤ 他们在处理话语和图像之间的关系时，发展出了一套"全新的电影语言"，它能够清晰表达意义，但又避免"被语言表达束缚"。这种结合了语言、听觉和视觉形式的组合比任何一个单独形式都更复杂。它们经过蒙太奇手法的整合形成了"歧义、复调和变化"，由此创出"间离效果"（"Verfremdungseffekt"），用以对抗城市日常生活中的"异化"（"Entfremdung"）。电影处在可能成为知识机制潜力和商业电影制作制度化的"十字路口"；而事实证明，美国西部片因为"承载着政治、社会和心理分析的信息"⑥，被证明尤其适合前者。

但尤为讽刺的是美国西部片动摇德国民族认同的方式，毫无疑问曾为建

199

---

① 费希尔和普拉格，《传统的崩塌》，第 13，16 页。

② 达尼埃拉·贝格汉恩（Daniela Berghahn），《"以不同眼光打量一切"：费斯·阿金的移民视角》（'Seeing Everything with Different Eyes'：The Diasporic Optic of FatihAkin's Head-On），《德国电影新方向》（New Directions in German Cinema），保罗·库克（Paul Cooke）和克里斯·霍姆伍德（Chris Homewood）编，英国伦敦：I. B. 陶里斯 2011 年版，第 235—252 页，第 240 页。

③ 汉斯-格奥尔格·罗德克访谈费斯·阿金，《我甚至对自己的天赋产生过怀疑》（"Ich hatte sogar Zweifel an meinem Talent"），《世界报（在线版）》2007 年 9 月 20 日，http://www. welt. de/kultur/article1196653/Ich_hatte_sogar_Zweifel_an_meinem_Talent. html，2012 年 12 月 15 日访问。

④ 拉斯-奥拉夫·拜尔（Las-Olav Beier）和马蒂亚斯·图图塞克（Matthias Matussek）访谈费斯·阿金，《历史因为两位女性才变得性感》（"Erst mit zwei Frauen wurde Geschichte sexy"），《明镜周刊（在线版）》2010 年 10 月 5 日，http://www. spiegel. de/kultur/kino/0,1518,507996,00. html，2012 年 12 月 15 日访问。

⑤ 参见费希尔和普拉格，《传统的崩塌》，第 16 页。

⑥ 埃德加·赖茨（Edgar Reitz）、亚历山大·克鲁格（Alexander Kluge）和温弗里德·赖因克（Wilfried Reinke），《话语与电影》（"Word and Film"），《十月》（October）1965 年第 46 期，第 83—95 页，第 83,86,95 页。

构美国认同做出过贡献。历史学家理查德·斯洛特金(Richard Slotkin)详细介绍了西部片在建构"[美国]边疆神话"方面扮演的基本角色,这个神话显然被赋予了"在西部"的空间意义。斯洛特金在弗雷德里克·杰克逊·特纳(Frederic Jackson Turner)的论题基础上提出,封闭的西部边疆作为一个地理位置,可以用"**建构**历史解释的符号"加以补充和置换。它作为"**神话空间**"的重要性远远超过它作为"真实地点"的存在。因此,西部片的基础是"**神话空间**",因为它深深扎根于"美国文化的过去",亦即由"狂野西部秀"、廉价小说和虚构故事构成的前电影时代意象。①

在战后和冷战时期,这一类型片中"较黑暗的"类别既有利于宣传,也有助于批判不同的边疆神话。这些类别起源于先行一步混合战斗与西部片类型的"**黑色电影**"("*film noir*"),特别是福特的电影,对创造和挑战边疆神话起到了至关重要的作用。在《搜索者》中,福特利用与印第安人战争有关的边界神话与事实,以及印第安人绑架囚禁白人妇女儿童的叙事,与抉择"变赤还是赴死"的冷战意识形态相结合。② 一般而言,西部片,尤其是福特的电影,将西部描述成"被英雄般的欧罗巴美国人征服的领地,是组建家庭的地点,也是普遍意义上欧洲美国人进行领地和经济兼并的形象标志"③。但在《搜索者》中,国家建构的叙事被影像片段所压制。这里的故事情节提供了一个将毁灭叙事转换为拯救的解决办法;同时,影像语言用家庭生活领域对比"看似无法驯服自然景观",后者"太过庞大,以至于无法轻易将其纳入任何一个群体文化习俗"。④

文德斯在《得州巴黎》中积极引用《搜索者》,他利用书面文字和地名意象丰富叙事。⑤ 影片开场展示了主角查韦斯抵达边境小镇"特灵瓜",这是西班牙语"三种语言"("treslinguas")的误写,指的是西班牙语、英语和科曼奇语三种语言,或是阿帕切语、肖尼语和科曼奇语⑥。⑦ 影片中通往特灵瓜的入口也

---

① 理查德·斯洛特金,《枪手国度:20 世纪美国的边疆神话》(*Gunfighter Nation:The Myth of the Frontier in Twentieth-Century America*),纽约:雅典神庙 1992 年版,第 4 页和第 61 页。

② 同上,第 334 页。

③ 夏皮罗,《方法与国家》,第 155 页。

④ 夏皮罗,《变形的美国政治思想》,第 75,80 页。

⑤ 科尔克和贝肯克,《维姆·文德斯电影》,第 114 页及以下诸页;亦可参见文德斯和比克尔曼,《地点意识》,第 18 页。

⑥ 均为北美印第安人使用的语言。——译者注

⑦ 另一个意思是当地一条小河的支流。参见弗莱格,《维姆·文德斯》,第 21 页。

是电影中语言开始的地方，或是如亚历山大·格拉夫（Alexander Graf）所言，是离开"仅限于天空本身：几乎没有地表，也没有语言"的沙漠的起点。① 查韦斯在视觉和叙事达到临界时突然昏倒，消息传到他的兄弟沃尔特那里，他是洛杉矶一家广告牌公司的老板（因此与传播"白人的语言"有关）。沃尔特为了查韦斯动身前往得克萨斯，他认定那里"什么都没有"，并将查韦斯带回洛杉矶，向着西方的文明世界前进。

和《搜索者》一样，失忆的查韦斯很快发现自己漫游的动机是想了解一些事情；他对目的地的渴望原来是为了调查自己的出身。在《得州巴黎》中关于他过去历史的唯一关键是一张照片，显示在得克萨斯巴黎一块标有"待售"标记的土地，而他还记得买下了这处地产，尽管自己从未到过那里。他忘记收购理由意味着国家建构的历史消失；而他牢记缘由则与投射着他欧洲美国人身份的自白相关。通过回忆起父亲自述在得克萨斯巴黎的故事和他母亲的名字（"玛丽·塞坎"或"策辛"），他的欧美/拉美裔的渊源及由此而来潜在的一分为二的道德感呼之欲出。他对父母关系以及他本人夫妻关系的回忆则又揭示出他的暴力倾向，自己因此扮演着受害者和施予者的形象。

对心理—地理二分法及地理学边界的揭示与模糊，不仅可以通过融合家庭片和西部片类型，还可以通过融合欧洲和印第安神话的意象与想象来解决。正如弗莱格所说，《得州巴黎》融合了谢泼德对印第安文化的兴趣（这里是霍皮人的鹰月传说）与文德斯对《奥德赛》的迷恋（"荷马"出现在《欲望之翼》中，由科特·博伊斯[Curt Bois]饰演），以点明综合了个人罪责、痛苦和宽恕的主题。② 尽管文德斯曾打算通过让查韦斯与他父亲（导演约翰·休斯敦[John Husten]扮演）不期而遇来解决冲突，但他还是把这次相遇改在了查韦斯和他妻子珍妮的一次讨论中。通过这种方式，"约翰"（John）变成了"珍妮"（Jane），而"休斯顿"变成了"休斯敦"——这是他们最终再次重逢的城市。③

最终，和查韦斯一样，文德斯通过放弃父亲形象和祖国概念，重新使用母

200

---

① 亚历山大·格拉夫（Alexander Graf），《维姆·文德斯的电影：电影胶片公路》（*The Cinema of Wim Wenders：The Celluloid Highway*），英国伦敦：桂竹香出版社2002年版，第94页。

② 弗莱格，《维姆·文德斯》，第25页。

③ 保罗·科茨（Paul Coates），《蛇发女妖的凝视：德国电影、表现主义和恐怖形象》（*The Gorgon's Gaze：German Cinema，Expressionism，and the Image of Horror*），英国伦敦：桂竹香出版社2002年版，第94页。

语,回归德国社会,从而寻找到获得社会认同的途径。文德斯对于"无论是德国,还是美国的民族神话"的敌意,是对斯洛特金将西部作为地理位置加以"封闭"的抵制,他将西部重新界定为一个"需要重新审视其历史的场所,因为它是一组需要批判性解释的符号"①。

结论

　　维姆·文德斯的早期作品表现出对边界和跨国主义的双重迷恋,它们经常以公路电影的形式表现出来,并大量借鉴美国西部片这一电影类型。文德斯的电影始终游走于东西德国的边界,分裂的柏林的边界,欧洲和新大陆的"边界",以及在《得州巴黎》中墨西哥和美国的边界。更具象征意义的是他在《欲望之翼》中描绘的天地之间的边界,打破这一边界就与"垂直"公路电影相连。

　　从早期公路电影如《爱丽丝城市漫游记》和《公路之王》,到《欲望之翼》,文德斯将德国城市(主要是柏林)描绘成一座"荒原",空虚在这个充满可能的空间中扮演着关键角色。② 而在他对美国西部旷野与空虚的描述中,他将自己早年对于美国神话般的观念视为一个转折的地点,但这个空间的特点是不断寻找归属感,只为找到自己的另一面。文德斯利用公路电影和西部片来建构一个人类经历的跨国空间。在这个空间里,无论是德国的,还是美国的民族神话,都反对将其封闭为地理位置,而是要重新建构西部,从美国西部到西柏林,都被作为历史不断被重新审视和检验的场所。

---

① 夏皮罗,《变形的美国政治思想》,第 101 页。
② 文德斯和比克尔曼,《地点意识》,第 39 页。

第四部分

跨国时代的德国城市遗产

12. 德国话语与实践视角下的后战后时代"重建"被摧毁的家乡

207

格里莎·F.贝尔特拉姆、弗里德黑尔姆·费舍尔

似乎是在 20 世纪 90 年代的某个时间点上,出现了一种新的现象,它引发了德国建筑、保护和城市发展领域对此的广泛辩论。在战时及战后不久遭摧毁的建筑物和空间长期以来被认定为永远失落了,却在这个时间点上以惊人的速度被重建。不过这些重建活动所掀起的新热潮,与过去的战后重建有着显著区别,尤其与 60 年代和 70 年代破坏性现代化浪潮截然不同。

1989 年之后,在第二次世界大战中被摧毁的历史性地标和标志性建筑以这样或那样的方式被加速重建出来,它们往往是原样复制,或者至少是重建外立面或部分外立面。其中最著名的例子,例如德累斯顿圣母教堂(Frauenkirche)的竣工和柏林城市宫的重建规划,已为国际熟知并引发讨论。为了应对大量此类项目,德国联邦运输、建筑和城市发展部于 2008 年委托开展了一项有关该主题的研究。项目由卡塞尔大学城市更新系承担,旨在研究这一以重建再造城市景观的趋势到底将何去何从?① 德国是否正在目击一场

---

① 乌韦·阿尔特罗克(Uwe Altrock)、格里莎·贝尔特拉姆和亨利埃特·霍尼(Henriette Horni)编,《失落建筑与空间重建状况:联邦运输、建筑和城市发展部研究项目"实验性的住房与市政建设"——由联邦建设、城市和区域研究所负责》[*Positionen zum Wiederaufbau verlorener Bauten und Räume. Ein Projekt des Forschungsprogramms "Experimenteller Wohnungs-und Städtebau" des Bundesministeriums für Verkehr, Bau und Stadtentwicklung (BMVBS), betreut vom Bundesinstitut für Bau-, Stadt-und Raumforschung (BBSR)*],第 143 卷,柏林:联邦建筑与区域规划办公室 2010 年版。

合法重塑"**家乡**"（*Heimat*）新运动——"家在何方"？[①]

约有 100 个这样的项目或已完工，或正处于规划各阶段（图 12.1）。这一在西欧各地随处可见的现象在德国表现尤为突出。而从背景、参与者，以及生产动机、流程和策略来看，这股浪潮又非常复杂。[②] 在探讨这些涉及德国政治、

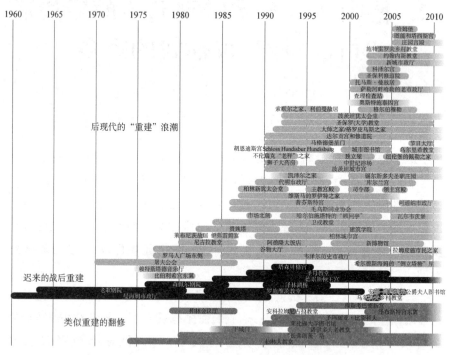

图 12.1 1960—2010 年德国的重建项目

来源：图表由格里莎·贝尔特拉姆提供

---

① 列昂·克利尔（Léon Krier），《建筑爱国拆除或摧毁德国建筑遗产》（"Architectura Patriae or the Destruction of Germany's Architectural Heritage"），《建筑设计》（*Architectural Design*）1984 年 7—8 月第 54 期，第 101—102 页，第 101 页。

② 参见弗里德黑尔姆·费舍尔，《柏林——神话与模式：论德国规划意识形态生产》（"Berlin — Myth and Model: On the Production of German Planning Ideology in Berlin"），《规划观点》（*Planning Perspectives*）1990 年第 5 期，第 85—93 页；以及费舍尔，《德国怎样？论折衷主义》（"How German Is It? An Essay in Epistemological Eclecticism"），《规划文化与欧洲：解读城市与区域规划中的文化现象》（*Planning Cultures and Europe: Decoding Cultural Phenomena in Urban and Regional Planning*），约尔格·克尼林（Jörg Knieling）和弗兰克·奥滕格拉芬（Frank Othengrafen）编，佛蒙特州布鲁克菲尔德和英国法纳姆：阿什盖特 2009 年版，第 65—94 页。

建筑和规划发现和长时段观点前,我们首先需要明确一下术语:这里所使用的"**重建**"(re-construction)①一词,指的是有意识地参照过去的样式,在被摧毁的建筑地点创造新事物的项目。这项工作可以通过多种形式来完成,涵盖从单个建筑物到整个街区,从以"门面主义"(façadism)②的方式精心复刻,到进行当代阐述。

208

　　而在公众认知与媒体讨论方面,这一切似乎始于 80 年代中期(即 1989 年德国统一之前)的两个项目:"重建"希尔德斯海姆(Hildesheim)③屠夫公会(Knochenhauseramthaus)和位于美因河畔法兰克福的历史悠久的集市广场(即罗马人山广场)东侧的一排建筑物,但二者的接受度大相径庭。

　　希尔德斯海姆屠夫公会完美复制了 16 世纪传统露明木架房屋的丰富装饰,在整个建造过程中采用历史上的建造技术,从而赢得了广泛赞誉。战后城市广场设计连同其平庸的现代主义酒店使得这座广场的单调更胜往昔,以至于许多引经据典的建筑批评家和保守主义者甚至也对这个项目倍感欣慰。此外,这个区域内商铺和办公楼宇状况也不容乐观,急需重新开发。这也可以被视为传达出同期建设的建筑物结构陷入老化危机的信号,因此同样需要进行重建或更新。

209

　　相比之下,"重建"法兰克福罗马人山广场上的商会门面则遭到广泛质疑。④ 尽管每一处建筑立面都切实做到对历史建筑的精心复制,但每栋建筑外观可回溯的时间却又不尽相同。此外,由于新建筑位于因修建地下车库而凸起的水泥上,导致它们比原来的实际位置要高出一米左右。不过,虽然被批评为迪斯尼乐园式的"门面主义",这些建筑物还是成为吸引游客在他们的慕尼黑十月啤酒节之旅中领略"地道德国氛围"的绝佳去处。但话又说回来,当地人也发现新的仿古装饰非常贴合他们以集会和呈现城市奇景为目的的市中

---

① 原文在"re-construction"术语后有如下说明:"**使用带连字符的拼写将其与经历二战空袭后一般的城市重建(reconstruction)现象区分开来。**"因这一做法不合中文表达,故译文仍写作"重建",但为保留原文上述重要内涵,以双引号形式加以区分。特此说明。——译者注

② "门面主义"是指在新建筑物的正面保留具有历史意义的原建筑物的门面。——译者注

③ 希尔德斯海姆为德国下萨克森州南部的一座城市。——译者注

④ 参见米夏埃尔·S. 法尔泽(Michael S. Falser),《认同与真实之间:论德国纪念地保护的政治史》(Zwischen Identität und Authentizität. Zur politischen Geschichte der Denkmalpflege in Deutschland),德累斯顿:特拉姆大学出版社 2008 年版;以及乌苏拉·文泽尔(Ursula Wenzel)编,《营建法兰克福的罗马人山》(Zur Bebauung des Frankfurter Römerbergs),美因河畔法兰克福:黑森德国工场联盟 2007 年版。

心设计。他们提出，"忘了那些建筑师、规划师、保守主义者和他们有关真实性的牵强讨论吧"，并坚持认为自己的"城市起居室"与迪斯尼乐园和牛仔竞技表演截然不同。①

如果我们称这种为"门面主义"，又或者如果我们想了解门面主义是不是一种真实性危机的表现，那么 2007 年不伦德斯维克宫（即不伦瑞克王宫[Braunschweiger Residenzschloß]）就是特别典型的案例，它被"重建"为一座以购物中心为主体，附带博物馆和城市档案馆的建筑。② 巨大的购物中心（阿卡德宫，Schloß-Arkaden）取代了中心花园，笨拙地伫立于城市肌理之中。在这个项目中，由德国最大的零售企业、欧洲经济委员会以及不伦瑞克保守的市长结成的同盟正是利用"重建"方案的受欢迎程度，将这一趋势作为推动变革的手段，以此抵抗公园捍卫者反对这一变革的行动。

第二次世界大战后的重建：争论与策略

回溯西德战后围绕重建历史建筑的争论与策略，我们或许能理解战后最初的几年是如何带给人震惊之感，人们震惊的不仅仅是物质损失，还有纳粹时代暴行肆虐的程度。建筑师奥托·巴特宁（Otto Bartning）在 1946 年概括了许多人的感受，当时他断言："重建？技术上、经济上都不可能实现！我所说的这一切——从精神上（seelisch）来说是不可能的！"甚至构成重建（Wiederaufbau）一词的"wieder"（意为"重新、再次"——译者注）在巴特宁看来都很可疑，因为它倡导"重演"（Wiederholung），一种"重新再现"。"想想德累斯顿的茨温格宫（Zwinger），"巴特宁强调，"它可能——或许它会以一个状似博物馆形态（museal）的谎言复活——成为一座巨大的死亡面具？……想象一下整个城市广场和街道都充斥着如此这般的舞台场景和诸如此类的谎

---

① 赫尔穆特·诺德迈尔（Helmut Nordmeyer）和托比亚斯·皮卡德（Tobias Picard），《大教堂与罗马人山之间：法兰克福老城的昨天、今天和明天》（Zwischen Dom und Römerberg：die Frankfurter Altstadt gestern，heute und morgen），美因河畔法兰克福：城市史研究所 2006 年版。作者自译。
② 格奥尔格·瓦格纳-基约拉（Georg Wagner-Kyora），《没有历史的宫殿：不伦瑞克重建之争（1950—2007 年）》（Schloß ohne Geschichte. Der Braunschweiger Wiederaufbau-Konflikt 1950-2007），柏林：前进图书 2009 年版。

言!"①这种以逐一恢复建筑物的方式全面重建大部被毁的城市,被应用于华沙历史中心的重建——为了消灭波兰人的民族认同,华沙城曾遭遇毁灭。但这种办法在很多情况下似乎仍不为人所接受。许多规划人员并不打算将德国城市恢复到它战前的模样——仿佛什么都没发生过。他们质疑这是一种对历史的潜在否定,证明德国缺乏吸取教训的能力,拒绝承认对发动战争负有责任,又或是一种心理压抑的行为。因此"重建"德国受损建筑,使其恢复到原初状态的想法引发很大争议。战争结束之后,确实有人提出复原重修重要建筑物,但围绕这些建议出现了激烈的辩论。法兰克福的歌德故居就是其中的典型。青年歌德与其母亲居住的房屋成为争论过错与后果、真相与责任的焦点。争论的结果是这栋房屋被重建,而许多其他的房屋则面临进一步的破坏。②

此类内省的自我调查有着特定的讨论范围和时间段。杰出的作品陆续在1947年首届全国工程师和建筑师大会以及40年代下半叶的刊物如《法兰克福杂志》(*Frankfurter Hefte*)上发表。③ 但在那之后,直到这十年行将过去之际,这样的言论逐渐消失。接踵而来的相对沉默年代或可以用德国人"无力悼念",冷战需要以及长期隐瞒德国人的耻辱来解释。④ 已故学者、作家 W. G. 泽巴尔德(W. G. Sebald)坦言,当时存在着一种被压抑的共识,即"拒绝描述这个国家自己已经意识到的物质毁灭与道德败坏的真实状态……这是一种类似羞耻的家庭秘密那样的禁忌"⑤。正因为如此,尽管德国实际上存在着空战文

---

① 奥托·巴特宁,《废墟边的异端言论》("Ketzerische Gespräche am Rande der Trümmerhaufen"),《法兰克福杂志》1946年第1期,第63—73页,第46,71页。

② 扬·弗里德里希·汉泽曼(Jan Friedrich Hanselmann),《纪念地保护中的重建:历史与当代文本》(*Rekonstruktion in der Denkmalpflege. Texte aus Geschichte und Gegenwart*),斯图加特:弗劳恩霍夫 IRB 出版社2005年版。

③ 恩斯特·诺伊费特(Ernst Neufert)编,《面临突破的建筑师:达姆施塔特工程教育国际大会建筑学分会场的报告、报道和讨论》(*Der Architekt im Zerreisspunkt. Vorträge, Berichte und Diskussionsbeiträge der Sektion Architektur auf dem Internationalen Kongress für Ingenieurausbildung (IKIA) in Darmstadt*),达姆施塔特:勒特尔1948年。

④ 参见亚历山大·米切利希、玛格塔·米切利希(Margarte Mitscherlich),《无法悼念:集体行为的基础》(*Die Unfähigkeit zu trauern. Grundlagen kollecktiven Verhaltens*),慕尼黑:皮珀出版社1967年版。亦可参见 W. G. 泽巴尔德,《空战与文学:兼论阿尔弗雷德·安德施》(*Luftkrieg und Literatur. Mit einem Essay zu Alfred Andersch*),慕尼黑:C. 汉泽尔1999年;安西娅·贝尔译本题为《破坏的博物志:含阿尔弗雷德·安德施、让·阿默里和彼得·魏斯的论文》(*On the Natural History of Destruction: With Essays on Alfred Andersch, Jean Amery, and Peter Weiss*),纽约:兰登书屋2003年版。

⑤ 泽巴尔德,《破坏的博物志》,第10页。

学,却没有读者群。①

在战后的西德,各种各样的沉默反复出现。长期以来,人们普遍认为,德国的重建原则是一种全新开端的产物——它出现在德国被从民族社会主义者手中解放出来的"零点"神话之后。但直到 80 年代,一批有关规划延续与断裂的研究才表明,规划领域的人事变动远比设想的要小。诸如《玫瑰献给检察官》(*Rosen für den Staatsanwalt*,1959 年由沃尔夫冈·施陶特[Wolfgang Staudte]执导)之类的电影,凸显出这样的灾难性事实,即从纳粹时期直到 20 世纪 50 年代的战后时期一直保持着人事连续性。而今事实也证明,在规划领域,有太多纳粹时代的专家再次肩负起战后的重建工作。他们的专业技能在新的形势下非常有用,尤其是在战争结束前,空袭将纳粹重新设计城市的愿景从聚焦众所周知的狂妄建筑物向与国际惯例接轨的现代城市规划转变。②

20 世纪 90 年代以来,打破"零点"神话背后的持续沉默让规划史学者变得忙碌起来。③ 今天如果回顾德国城市的重建成果,我们就可以看到涉猎极为广泛的方法,既有以彻底现代主义的方式重建的城市如汉诺威、卡塞尔、基尔;也有截然不同的解决方案,以保留地形、建筑和街区类型及其整体风貌,修复其中的单个建筑——虽然大多采取的是现代"简化"方式。

可以这样说,即便并不是每一处空旷地带都投入建设,但战后重建至 60 年代末已告一段落。这一说法尤其适用于民主德国,尽管它的规划政策备受

211

---

① "没人想要聆听痛苦、毁灭和死亡。创伤固然能让一些作者为之动容,但它太多太多了,即使不用言辞,对于读者已经如此。"斯科特·德纳姆(Scott Denham)评论苏珊娜·韦尔-古尼(Susanne Vees-Gulani),《创伤与罪责:德国战时空袭文学》(*Trauma and Guilt*:*Literature of Wartime Bombing in Germany*),柏林和纽约:瓦尔特·德格鲁伊特 2003 年版,H-German, H-Net 评论(2005 年 1 月):http://www. h-net. org/reviews/showrev. php? id=10111(2012 年 12 月 1 日访问)。亦可参见:福尔克尔·哈格(Volker Hage),《见证毁灭:文人与空战——散文和讨论》(*Zeugen der Zerstörung. Die Literaten und der Luftkrieg. Essays und Gespräche*),美因河畔法兰克福:费舍尔 2003 年版。

② 参见杰弗里·M. 迪芬多夫,《战争之后:第二次世界大战后的德国城市重建》,纽约和英国牛津:牛津大学出版社 1993 年版;弗里德黑尔姆·费舍尔,《作为一项国际活动的德国重建》,《重建欧洲遭空袭的城市》,杰弗里·M. 迪芬多夫编,英国贝辛斯托克和伦敦:帕尔格雷夫·麦克米伦 1990 年版;以及莱昂·格里布勒(Leo Grebler),《欧洲城市的重生》(*Europa's Reborn Cities*),华盛顿特区:城市土地研究所 1956 年版。

③ 例如可以参考迪芬多夫,《战争之后》,克劳斯·冯·拜默(Klaus von Beyme)、维尔纳·杜尔特(Werner Durth)、尼尔斯·古乔(Niels Gutschow)和温弗里德·内丁格(Winfried Nerdinger)编,《废墟上的新城:战后德国城市建设》(*Neue Städte aus Ruinen*:*Deutscher Städtebau der Nachkriegszeit*),慕尼黑:普雷斯特 1992 年版。

争议。只有极少数历史建筑——位于柏林和德累斯顿市中心最著名的那些，在50年代得到极其接近原貌的修复。与此相反，其他的历史建筑则出于政治原因被拆除，因为它们被诠释为不仅代表着不民主的帝国主义过去，还直接导致战争的象征。大多数的内城区域——尤其是那些被批判为资产阶级遗产的工业化时代城市扩张区和它们的房屋——则因为在（城市）外围兴建住宅区而被忽视。因此，虽然它们免于遭到现代化摧毁的命运——这是它们的许多西德同类所经历的，但由于维护失当，这些建筑正在迅速衰败。

到欧洲建筑遗产年的1975年，西德自1945年起为实现现代化而摧毁的建筑物数量已经超过了战争破坏。这个时任联邦总统古斯塔夫·海涅曼（Gustav Heinemann）提出的估算结果是使这一年成为城市规划与建筑转折点的起因之一，现代主义思维和城市全面更新的时代终结。[①] 不过，造成这一观念变化的原因并不是人们察觉到建筑遗产遭破坏的程度。自1961年活动家简·雅各布斯（Jane Jacobs）出版了具开创性的《美国大城市的生与死》（*Life and Death of Great American Cities*）一书，整个西方世界开始兴起针对现代主义建筑和规划的批判。在德国，在这方面最有影响力的作品是由政治和社会学家如亚历山大·米切利希（Alexander Mitscherlich）和汉斯·保罗·巴尔特和出版人沃尔夫·约布斯特·西德勒（Wolf Jobst Siedler）在几年后出版的书籍。[②]

1975年以来德国战后"重建"浪潮

也正是在1975年前后，一场新的"重建"浪潮开启，且至今仍未结束。不过由于70和80年代项目很少，一开始的进展缓慢，其中的一些项目甚至无法与战后重建的前一个时期加以清晰区分。最早可以确定属于后现代"重建"项

---

① 保罗·西格尔（Paul Sigel）和布鲁诺·克莱因（Bruno Klein）编，《建构城市认同：当代建筑与市政建设文摘与重构》（*Konstruktionen urbaner Identität：Zitat und Rekonstruktion in Architektur und Städtebau der Gegenwart*），柏林：卢卡斯出版社2006年版，第20页。

② 亚历山大·米切利希，《不友好的城市：煽动不满》（*Die Unwirtlichkeit der Städte：Anstiftung zum Unfrieden*），美因河畔法兰克苏尔坎普1966年版；汉斯·保罗·巴尔特，《现代大城市：有关市政建设的社会学考量》，汉堡：魏格纳1969年版；以及沃尔夫·约布斯特·西德勒，《被谋杀的城市：小天使雕塑和街道、广场和树林的终曲》（*Die gemordete Stadt. Abgesang auf Putte und Straße，Platz und Baum*），柏林：赫比希1964年版。

目的是上面提到的两个例子,即希尔德斯海姆屠夫公会和法兰克福罗马人山广场东部;还有汉诺威的莱布尼茨之家,后者不仅进行了重建,还被搬迁至新址。德国重新统一以后,诸如此类的"重建"活动数量明显增加。德累斯顿圣母教堂也在这一时期加以重建(1993—2005 年)。在战后重建的第一阶段,这座教堂废墟被明确作为 1945 年 2 月空袭破坏和损失的纪念性标志而被保留下来。虽然民主德国试图将其解释为对西方(资本主义)军国主义的警告,但这座教堂更大的意义在于作为 35,000 名德累斯顿空袭丧生者的临时墓地。今天复原这座教堂则被视为一种和解,一群英国公民参加了标志着教堂竣工的仪式。

212 　　这一修复历史场景中丢失钥匙的经验为其他许多项目提供了重要支撑,其中就包括位于柏林市中心的王宫。① 这座建筑物的最初形态可以追溯到 15 世纪,在 18 世纪初和 19 世纪中叶进行过重大扩建。在民主德国时期,这座宫殿被当成帝国主义的象征而拆除,取而代之的是共和国宫。它名义上是民主德国议会所在地,其实是一处城市休闲娱乐场所。

　　由精英主义的活动家充当核心构成的公民组织凭借着雄厚的资金背景,跨越千禧年募集起大量用于游说柏林宫"重建"项目的资金。在这个过程中,一个引人注目的举措是 1993 年在脚手架上悬挂出帆布制的建筑立面,这让人们对"重建"后宫殿可能的外观产生出美好联想。但还有一些人质疑这些方案是一种遵循"你毁了我的象征物,我就毁了你的"逻辑的复仇式做法。最终,重新统一后的德国联邦议会决定支持重建。之后共和国宫就被逐步拆除,以便为"重建"旧宫铺平道路。因此,它依然是立足议会决议并由政府充当建筑师兼建设机构的案例。

　　问题在于单纯重建宫殿最初的平面规划完全没有意义。更糟糕的是,建筑物的许多历史细节一如这座建筑物消失的大部分实体,早已湮灭不可考。事实也证明,很难就这座建筑物的各项功能达成一致。在这座城堡的石制模型中容纳一个包含多个机构、以科学和人文为导向的"洪堡广场"("Humboldt

---

① 例如可参见加比·多尔夫-博嫩肯佩尔(Gabi Dolff-Bonekämper)和希尔特鲁德·基尔(Hiltrud Kier)编,《20 世纪的市政建设与国家建设》(*Städtebau und Staatsbau im 20. Jahrhundert*),慕尼黑:德国艺术出版社 1996 年版;和乌韦·阿尔特罗克,《无止尽的历史——大型项目研究视野下的柏林城市宫建设》("Die unendliche Geschichte vom Bau des Berliner Stadtschlosses im Licht der Großprojektforschung"),《大型项目与城市发展》(*Megaprojekte und Stadtentwicklung*),阿尔特罗克、西蒙·君特纳(Simon Güntner)、桑德拉·胡宁(Sandra Huning)和戴克·彼得斯(Deike Peters)编,柏林:阿尔特罗克 2003 年版。

Forum")①的最终决议并不能让所有人心悦诚服。至 2008 年前后,仅能完成三处外立面的重建工作。

来自维琴察的意大利建筑师佛朗哥·斯泰拉(Franco Stella)赢得了 2009 年的建筑竞赛,但这一结果颇具争议。支持重建的人士对依照历史重建穹顶印象尤其深刻,而反对者则主要批评第四外立面的设计使人联想起意大利的理性主义,并称之为"一座冷宫"("eine Residenz der Kälte")。② 但即便是面对针对该项目的广泛批评,政府仍决定迅速推进过程。在经历了全球金融危机和与之相连的预算削减之后,这一委托于 2011 年启动。随着声势逐渐壮大,借由柏林宫开创的象征意义令当前的"重建"浪潮变得越发复杂,如今已包含了各种截然不同的建筑物和策略。

"重建"的类型学和社会成因

我们可以确定的是这一现象的类型以及各种社会成因。自 1975 年以来,全德范围内共提出约 100 项"重建"项目。已经实现的有 60 项,剩下的目前仍处于辩论或等待资金当中,只有极少部分项目遭到拒绝。③ 我们在地图上标记出了这 100 项项目,并将它们分为两个不同的类型(图 12.2)。建筑类型的分类很简单,复杂的是应用于"重建"中的策略。在拟议的"重建"项目中,约有 30 项是曾经的宫殿及类似建筑,这一类别中最为人熟知的项目便是柏林宫。"重建"后的宫殿平均分布于德国西部和东部,而约 20 座左右的民用建筑则主要位于老联邦德国境内。它们往往是公民为自己城市(失落)的美好感到骄傲的象征。例如,阿沙芬堡④的居民就选择重建一座药房,即便这座建筑既不

213

---

① 这里的"Forum"虽然译作"广场",但它的内涵与普通以"广场"命名的开放空间不同。"Forum"最早起源古罗马帝国,指的是构成城市政治、司法经济和宗教中心的议事广场。——译者注
② 哈诺·劳特贝格(Hanno Rauterberg),《一座冷宫》("Eine Residenz der Kälte"),《时代》第 50 期(2018 年 4 月 12 日)。
③ 参见乌韦·阿尔特罗克和格里莎·贝尔特拉姆,编,《重建建构认同? 失落的建筑与空间重建状况——在柏林旧市政厅熊厅召开的公共建筑文化研讨会,2008 年 10 月 16 日》(*Identität durch Rekonstruktion? Positionen zum Wiederaufbau verlorener Bauten und Räume. Öffentliche Baukulturwerkstatt im Bärensaal des Alten Stadthauses, Berlin. 16. Oktober,* 2008),柏林:联邦运输、建筑和城市发展部 2009 年版;以及阿尔特罗克、贝尔特拉姆和霍尼,编,《失落建筑与空间重建状况》。
④ 阿沙芬堡是巴伐利亚州的一座城市。——译者注

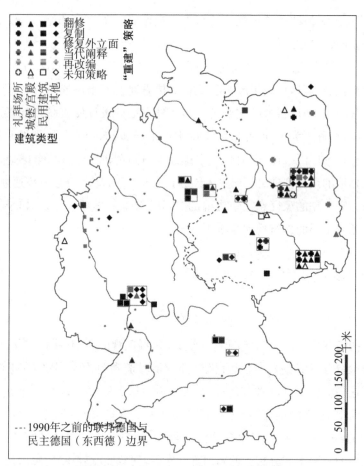

图 12.2 1975 年以来的德国"重建"项目

来源：图表由格里莎·贝尔特拉姆提供

具备历史意义，也没有任何特殊的文化价值。还有 15 座礼拜场所也被提上"重建"议程——其中很大一部分已完工。它们主要集中在前东德地区，因为那里的社会主义政府相比西部的地方政府更不愿意重建被战争破坏的教堂，更有甚者，实际未受战争影响的教堂也遭到拆除。例如莱比锡大学的圣保罗教堂(Paulinerkirche)——马丁·路德曾在这里就圣职——于 1968 年被拆除，这导致了相当多的抗议活动。而经过长时间的辩论，如今这座教堂将以一种相当现代的时髦方式被重建起来。

这就将我们带入到第二种类型。为了捕捉这一浪潮的多样性，最有效的办法就是考察不同项目中所用到的"重建"策略。虽然很难将千差万别的策略加以归类,但我们所提出的类型学或许有助于描绘现象。并不是所有 100 个项目都是原样复制,复制品仅占已建成或在建建筑物的一半左右,它们的目的是尽可能地进行原样再现。但可以想象,如何定义一座建筑是否真实再现它被摧毁的原建筑还存有争议。是只需要"看起来像"过去的建筑? 是必须使用相同的材料,甚或是采用相同的建筑技术? 那么又应该重现前辈建筑"生命"中的哪个时段? 应该保留使用痕迹吗? 当然,在学者、环保主义者和建筑师的争论中依旧占据主流地位的观点是,任何原样复制,无论它多么精致复杂,都只是一件复制品,决不可能"真正"代表原来的建筑。因此"重建"经常被指控是在伪造历史,但话虽如此,原样复制不仅是德国重建运动中最常见的,还是最突出的类型。

在"重建"过程中进行原样复制非常昂贵,并且要始终忠于原来的历史建筑物,往往意味着新建筑的用途受到限制,因此单纯重制外立面并多少结合现代风格,就变得十分普遍。在所有的外立面"重建"工作中,最引人注目但又多少有些滑稽的是不伦瑞克前王宫——正如前文所述,它只是披着一层"皮"的普通购物中心。但如果原样复制不是出于建筑态度方面的理由,又或是缺乏数据,那么"重建"往往会演变为对前建筑物的当代诠释。战后最常见的重构手段是简化,如今后现代主义的处理已大为不同,这方面的例子便是莱比锡大学的圣保罗教堂。在保留原教堂氛围的同时,所使用的新形式和材料无法得到那些为"重建"而奋斗人士的认同;反倒是最初反对"重建"的大学校方乐见其成,似乎对这一新的标志性建筑非常满意。

除了这些当代诠释之外,部分旨在原样重现的"重建"项目后来出于务实性的考虑而呈现出相当明显的变化;尽管如此,它们仍试图模仿历史风格。举例来说,美因河畔法兰克福的图能和塔西斯宫(Palais Thurn und Taxis)曾是一组建筑中的一部分,但现在以独立形式重建,在此过程中还重新创造了两处新的外立面。我们可以将这些例子称为对某一历史场景的"重新编排"。最后重要的是,大规模修复废墟产生出另一种截然不同的类型:一旦诸如墙体之类被摧毁建筑的主体部分准备就绪,那么就可以被投入"重建"。虽然这类"重建"并不符合《威尼斯宪章》(Charta of Venice)中的保护原则,但对此的批评声音却较少,而且最接近保护主义者的干预。

215

在"重建"浪潮中还可以发现各种各样的社会趋势。直到 2006 年,重新统一后的德国见证了"重建"项目的持续增长,许多批评家认为该趋势将会继续保持。这一"重建"浪潮无疑是重新统一的产物,因此将作为特色一直存在。

在我们的研究项目中，我们检视了造成这一后现代重建浪潮的潜在社会趋势。似乎可以将德国社会的几项趋势以及它的基本特征组合起来解释这一现象，或者至少可以证明它的根深蒂固。

首先，德国人对于媚俗和怀旧的特别偏好是贯彻"重建"的基本条件。媚俗源于中产阶级实践，但更多的是源于消费主义的实践，它们提供了一种安全感和摆脱瞬息万变的现实世界的可能。① 与其他的艺术形式相比，它不需要对自我或整个社会做出批判性的反映。而在建筑话语中，怀旧是一种历史媚俗的特殊形式，它赋予观众"休息"或呼吸的机会。虽然在其他许多国家大行其道的新城市主义类型的怀旧建筑在德国只占据很小一部分，但至少一部分德国"重建"案例仍可以被理解为怀旧的媚俗对象。18 世纪和 19 世纪的浪漫主义运动在德国表现得尤为明显，它在后来的回响往往与"重建"浪潮下的怀旧元素联系在一起。一方面，浪漫主义对个体的强调似乎与现在那些批评建筑"重建"的团体更紧密结合在一起；另一方面，在渴望"重建"与浪漫主义思想肆意向民族主义发展之间存在某些相似之处。②

"重建"的第二个特征是它在现代世俗社会中发挥着与宗教纪念物、圣物遗存以及其他类似物竞争的作用。16 至 17 世纪的宗教战争从未结束，它只是因为宗教改革之后开启世俗化进程而陷入停滞。③即便如此，我们发现"圣地"或者"特殊地点"依然十分重要，它的真实性被讨论，大受欢迎的新宗教填补了被精英文化改革所引发的空白——尤其是在德国重新统一之后。我们惊讶地发

---

① 汉斯-迪特尔·格尔费特（Hans-Dieter Gelfert），《什么是媚俗？》（*Was ist Kitsch?*），哥廷根：范登霍克 & 鲁布莱希特 2000 年版。亦可参见瓦尔特·本雅明，《技术复制时代的艺术品》（*Das Kunstwerk im Zeitalter seiner technischen Reproduzierbarkeit*），德特勒弗·舍特克（Detlev Schöttker）编，1939 年初版，美因河畔法兰克福：苏尔坎普 2007 年版；霍斯特·奥帕肖斯基（Horst Opaschowski），《21 世纪的大教堂：活动文化时代的体验世界》（*Kathedralen des 21. Jahrhunderts. Erlebniswelten im Zeitalter der Eventkultur*），汉堡：B. A. T. 业余时间研究所有限公司 2000 年版；以及诺贝特·埃利亚斯（Norbert Elias），《媚俗风格与媚俗时代》（*Kitschstil und Kitschzeitalter*），柏林：利特出版社 2003 年版。

② 参见吕迪格·沙弗兰斯基（Rüdiger Safranski），《浪漫主义：一桩德国事件》（*Romantik. Eine deutsche Affäre*），慕尼黑：C. 汉泽尔 2007 年版；以及格哈德·舒尔茨，《浪漫主义：历史与概念》（*Romantik. Geschichte und Begriff*），第三版修订，慕尼黑：C. H. 贝克 2008 年版。

③ 参见埃米尔·涂尔干（Emile Durkheim），《自杀论》（*Der Selbstmord*），诺伊维德和柏林：卢希特汉德 1973 年版；阿诺德·安格能特（Arnold Agnendt），《基督教早期至今的圣徒与圣物崇拜史》（*Heilige und Reliquien. Die Geschichte ihres Kultes vom frühen Christentum bis zur Gegenwart*），慕尼黑：C. H. 贝克 1994 年版。

现,在德国一些天主教徒占多数的地区,只有少数此类"重建"项目得以启动。

第二次世界大战后德国记忆文化为"重建主义"浪潮提供强有力的第三种因素。时至今日,已经可以在讨论德国受害者和苦难的同时,又不否认德国对大屠杀所应承担的责任。历史建筑与场所只要没有遭到破坏,就可以成为将历史与当下联结起来的记忆传送器与媒介。而值得注意的是,由于记忆与负罪感相连,这种建筑蒙受的损失在今天给人的印象要比战后初年的直接记忆更为深刻。

以上三种趋势(或许还有许多其他的趋势)本身无法解释"重建"繁荣的出现。要形成浪潮就必须有所行动或存在推动力量,就像物体掉落水中或潮汐运动一样。这些社会变化尽管对后柏林墙时代的德国构成了特殊影响,但并不只针对"德国人",而是可以被看作在后现代时代被最常提及的趋势之一,亦即全球化的趋势。正如迈克尔·彼得·史密斯(Michael Peter Smith)曾经强调的那样,社群主义者"地方本体论"并不是预设的:"跨国主义网络⋯⋯扎根于地方性。"

此外,"存在竞争性的代议制政治不仅适用于任何地方的历史过去,还适应这些地方当下的形态,并形塑其另类未来"。史密斯提醒我们,这种城市保护争论中将"分散的领域集中起来,是跨国城市主义的一个核心方面"①。亲近地方的行动主义并不脱离跨国影响与交流网络;活动家们通过寻求保护或重建地方场所和结构,或许就能在跨国网络中发挥作用,同时拒绝城市设计中全球性的单一文化主义。

这些跨界变化似乎在各个社会中引发截然不同的反应,这一点并不足为奇。②

216

---

① 米夏埃尔·彼得·斯密斯(Michael Peter Smith),《跨国城市主义:城市研究中的"地方"再想象》("Transnational Urbanism:Re-Imagining the 'Local' in Urban Studies"),《跨国主义:问题与视角》(*Transnationalism:Issues and Perspectives*),雷蒙德·罗科(Raymond Rocco)和费尔南多·J. 加西亚·塞尔加斯(Fernando J. García Selgas),马德里:Editorial Complutense 2006 年版,第104—128 页,第 124,125,119,120 页。

② 参见安德烈亚斯·波特(Andreas Pott),《从文化转型角度看身份与空间》("Identität und Raum. Perspektiven nach dem Cultural Turn"),《文化地理学:从文化转型角度处理空间与地点》(*Kulturelle Geographien. Zur Beschäftigung mit Raum und Ort nach dem Cultural Turn*),克里斯蒂安·贝恩特(Christian Berndt)和罗伯特·匹茨(Robert Pütz),比勒费尔德:特兰希克里普特 2007 年版,第 27—52 页;格尔特·诺尔曼(Gerd Nollmann)和赫尔曼·施特拉瑟(Hermann Strasser),《作为现代社会纲领和问题的个人化》("Individualisierung als Programm und Problem der modernen Gesellschaft"),《现代社会中个人化的"自我"》(*Das individualisierte Ich in der modernen Gesellschaft*),诺尔曼和施特拉瑟编,美因河畔法兰克福:校园出版社 2004 年版,第9—28 页;海因茨·阿伯斯(Heinz Abels),《身份——论人不单是实现个人诉求的个体思想的产生及完全个人主义时代的身份认同事实》[*Identität. Über die Entstehung des Gedankens, daß der Mensch ein Individuum ist, den nicht leicht zu verwirklichenden Anspruch auf* (转下页)

在这个瞬息万变的跨国时代,我们发现,区别彼此和自我风格化的重要工具,不仅是建筑、设计和风格,还有地方传统以及它们的建筑等价物。它们还有助于在日益差异化的社会中建立起立足社交和场所的交流。由于城市之间相互竞争,它们会使用类似的技术来建构自己的形象。在一个流动日益加剧的社会,全球化会导致地方特色的迷失;因此简单来说,人们还在找寻"家园"的所在。但这种家园感仍存有争议。围绕历史保护与"重建"的政治和权力斗争并非一成不变;相反,它们完全依赖于环境,但也并不一定局限于地方。虽然在德国,"家乡"长期与(极端)民族主义密切相连,但围绕这个术语的新联系也处于发展之中,其中还包括适应、关怀和改变人们所处的环境。这可能意味着悼念建成环境中特定部分的缺失,尤其是现代建筑经常被批评缺乏能够被理解的符号,而这种符号恰恰与公众和历史密切相连。① 另外,格哈德·舒尔茨(Gerhard Schulz)将德国描述为一个典型的**经历社会**(*Erlebnisgesellschaft*),亦即一个包含事件和经历的社会,在这个社会中,人们的基本动力是被分别视为"美好"和"令人兴奋"的生活。② 因此,体验成为主要的准入条件:所有对象和场所的设计和分配价值都源于它们刺激用户的功能。居民能够越来越多地体验娱乐、艺术和博物馆,而他们所在的城市也可以为旅游者所体会。这样一来,建筑"重建"不仅能够传递一种令人兴奋(即便并不完整)的环境,而且人们认为这种环境令人愉悦并值得体验。③

　　这些"重建"活动经常会在德国公共和政治领域中引发辩论,因此我们还要考虑它们对整个民主制度与文化变化的影响力。公民的公众参与变得日益

（接上页）Individualität und die Tatsache, daß Identität in Zeiten der Individualisierung von der Hand in den Mund lebt],威斯巴登:社会科学出版社/GWV 专业出版社 2006 年版。

① 例如参见延斯·考夫坎普(Jens Korfkamp),《"家乡"的发明:社会建构的历史、现状和政治隐喻》(*Die Erfindung der Heimat. Zu Geschichte, Gegenwart und politischen Implikaten einer gesellschaftlichen Konstruktion*),柏林:罗格斯出版社 2006 年版;以及赫尔曼·鲍辛格尔(Hermann Bausinger),《开放社会中的家乡——作为问题历史的概念史》("Heimat in einer offenen Gesellschaft. Begriffsgeschichte als Problemgeschichte"),洛塔尔·波斯勒(Lothar Bossle),《有权存在的家乡》("Heimat als Daseinsmacht"),均载于《家乡:分析、论题、观点》(*Heimat. Analysen, Themen, Perspektiven*),联邦政治教育中心编,波恩:联邦政治教育中心 1990 年版,第 76—90 页,122—133 页。

② 格哈德·舒尔茨,《经历社会——当代文化社会学》(*Die Erlebnisgesellschaft. Kultursoziologie der Gegenwart*),美因河畔法兰克福:校园出版社 1992 年版。

③ 参见于尔根·特林博恩(Jürgen Trimborn),《不快过去的终结》(*Der Schlußstrich unter eine unbequeme Vergangenheit*),《老城》2001 年第 2 期,第 92—110 页。

灵活,且直面项目。相比长期参与政党、工会或其他类似组织的活动,为类似"重建"这样拥有具体和可实现目标活动摇旗呐喊更受欢迎。因此专业性(即历史学家、保护专家和建筑师的观点)面临压力,但外行人在地方民主中的重要性却不断提高,民粹主义的论点也在"重建"争论中浮出水面。① 最终,大众媒体的重要性日益提高导致那些旧的、被毁坏的和重建的建筑的图像和象征,成为赢得公共舆论和后现代城市发展中的关键要素。②

但如果只是看这些社会趋势,那么也可能会得出错误的结论,即"重建"是普遍存在于整个德国的主流现象。委托项目分布图显示,虽然"重建"确实可以被描述成全国性现象,但地区之间存在很大差异。"重建"在德国东部相当普遍,而在西部,有三个州——石勒苏益格-荷尔施泰因、萨尔和不来梅市③——截止目前尚未有过一次针对"重建"的讨论。两相比较,可以辨识出几处热点:柏林、德累斯顿、美因河畔的法兰克福以及下萨克森的城市如汉诺威、不伦瑞克和希尔德斯海姆。但是大多数的城市,其中包括一些遭受最严重破坏的城市均未受"重建"浪潮的影响。

---

① 参见宗教知识媒介与信息处(Religionswissenschaftlicher Medien-und Informationsdienst, REMID),《德国宗教与世界观共同体:成员人数》("Religionen & Weltanschauungsgemeinschaften in Deutschland: Mitgliederzahlen"), http://www. remid. de/remid_info_zahlen. htm (2015 年 12 月 15 日访问);贝恩德·法伦巴赫(Bernd Faulenbach)《更多社会民主观点下的民主之"车"》("Mehr Demokratie 'wagen' aus sozialdemokratischer Sicht"),《通向公民社会之路:60 和 70 年代东西方的神话与现实》(*Auf dem Weg zur Zivilgesellschaft. Mythos und Realität der 60er und 70er Jahre in Ost und West*),法伦巴赫和赖纳尔·埃科特(Rainer Eckert)编,埃森:明文出版社 2003 年版,第 53—61 页;利克雷夫·拉姆博(Riklef Rambow),《建筑师之眼——2000 年 9 月 23 日第八届科隆建筑奖颁奖礼上的演讲》("Das Auge des Architekten. Festvortrag anlässlich der Verleihung des 8. Kölner Architekturpreises am 23. 09. 2000"),《建筑师》(*Architekt*)2000 年第 12 期,第 1—4 页;卡琳·普利斯特(Karin Priester),《民粹主义——历史的和当下的表现形式》(*Populismus. Historische und aktuelle Erscheinungsformen*),美因河畔法兰克福:校园出版社 2007 年版;以及阿尔特罗克和贝尔特拉姆,《重建构认同?》第 39,43 页。

② 参见格奥尔格·瓦格纳-基约拉,《重建政策及其意义(项目报告)》["Wiederaufbau-Politik und ihre Sinndeutungen (Projektbericht)"],《现代城市史信息》(*Information zur moderne Stadtgeschichte*, IMS)2004 年第 1 期,第 89—92 页;大卫·哈维(David Harvey),《从管理主义到企业家主义:资本主义后期城市治理转型》("From Managerialism to Entrepreneurialism: The Transformation in Urban Governance in Late Capitalism"),《城市文化读者》(*The City Cultures Reader*),马尔科姆·米尔斯(Malcolm Miles)、蒂姆·霍尔(Tim Hall)和伊恩·博登(Iain Borden),纽约:劳特利奇 2000 年版,第 50—59 页;珍妮特·沃德,《后"墙"时代的柏林:边界、空间与身份》,纽约和英国贝辛斯托克:帕尔格雷夫·麦克米伦 2011 年版,第 276—346 页。

③ 不来梅为德国三座自由市之一,行政级别相当于联邦州。——译者注

结论:"重建"家乡的最佳时机

事实上,这些潜在的社会趋势需要特殊条件才能成为现实计划或项目。因此,将一个非特定的愿望或隐秘的渴望转化为需求,需要一个最佳的时机。尽管一些公民团体已经为此进行了数十年的活动,但如果没有一个关键的时刻,它们也无法成功将"对失落之城的梦想"转变为对未来的展望,也无法吸引其他同样抱着可能成功的信念的人加入进来。① 这些话语同盟体将不同的论点和利益相关者聚集起来,形成一场能够说服公众和政治决策者的运动。而在一座城市中,可以被视为最佳时机至少包含两类不同的变化:空间的和政治的。如果一座城市的空间布局发生变化或者因为城市总体发展项目或出于城市更新的特定需求而考虑做出改变,那么在这个地方"重建"被毁建筑的概率就会上升。政权的激进更迭,尤其是像民主德国社会主义政权垮台那样的变化,显然也起到催化"重建"的作用。曾经有过一些机遇常伴左右的城市——要么是一座空城,要么拥有有意愿的决策者,但项目要真正启动,只有当整个社会出现变化,或者这些城市开始观察或效仿其他的"重建"例子——这一点不光出现在重新统一的德国,整个后社会主义的欧洲都是如此。

而当机会之门打开,"重建"项目通常就要面临公开辩论。此时,围绕大众和决策者是否能就失落建筑的意义达成共识的问题,历史的、象征性的或建筑学上的重要性就变得至关重要。那些赞成"重建"的人将不得不拿出论据抵制反对意见,其实,反对意见在多数情况下是由建筑环境领域的专家(如职业保护专家、建筑师、规划师,还有许多试图采取做出批判或防御性回应的政治家)所提出的。但这些人的主张要么太过抽象(例如建筑图纸,它无法与公众依旧鲜活的记忆相抗衡),要么还停留在程序层面(设计竞赛、规划过程等)。因此在大多数情况下,最终的决定性因素是"重建"支持者掌控辩论的能力,他们对资金的控制,以及主要由建筑师和保护主义者构成的反对派的声势。

218

———————————

① 勒内·赛法特(René Seyfarth),《论建筑中的霸权主义空间利用表达》("Die Formulierung hegemonialer Raumnutzungsansprüche durch Architektur"),在班贝格建筑社会学工作共同体〔Arbeitsgemeinschaft(AG)Architektursoziologie〕"重建·摧毁·建构——当代市政建设中的社会学分析"("Rekonstruktion, Dekonstruktion, Konstruktion. Soziologische Analysen des aktuellen Städtebaus")工作坊上发表的论文(2009 年 5 月 8 日—9 日)。

在地方辩论中,支持"重建"者倾向于认为,"重生的"建筑或空间将会重现家乡,"治愈"因空袭和战后城市规划之类造成的创伤,美好或"历史"还给城市,展示其(曾经的)辉煌,并(作为母题)强化这一场所的身份以及地区居民对它的认同。这些承诺是没有历史(或"灵魂")的新建筑所无法实现的,类似的还有那些已经永久失落的老建筑。虽然这是一个虚幻的过程,但时至今日,大多数的辩论最终都导向了赞成"重建"的决策。

在像这类"重建"家乡的跨国现象中,新的要素是什么? 这是德国今天仍在进行的文化讨论的一部分。[①] 在第二次世界大战后的数十年间,建筑形式与相关政治内容之间的联系始终存在,这是一种在工业革命后德国特有的现象。至 20 世纪 80 年代前后,它似乎已经失去了大部分的意义,但在统一之后又重新回归,并在有关"家乡"、传统和现代性的全新讨论,以及最近有关"重建"项目浪潮的冲突中不断回荡。德国人曾经不愿谈论战争,如今似乎已经转变为德国城市的迫切渴望,通过创造新的视角和新的机遇保存地方性,开展"重建"工作,以此探究战争、历史和国家认同主题。

---

① 有关德语中的"家乡"概念,参见希丽亚·阿普尔盖特(Celia Applegate),《一个乡民国度:德国的"家乡"思想》(A Nation of Provincials: The German Idea of Heimat),加利福尼亚洛杉矶和伯克利:加利福尼亚大学出版社 1990 年版;以及费舍尔,《德国怎样?》,第 85—90 页。

13. 柏林博物馆岛：在全球化时代营销德意志民族的过去

特蕾西·格雷夫斯

按照获奖策展人、旧金山艺术学院展览系主任侯瀚如（Hou Hanru）的说法，当前博物馆研究中艺术与文化争论的核心议题是地方性与全球性如何互动、牵连的问题。但与瀚如①所认为的地方性和全球性应被视为"一枚硬币的两面"相反，许多博物馆目前正身陷地方性和全球性相互对立、无法共存的争论而无法自拔。② 正如马克·雷克塔努斯（Mark Rectanus）所指出的那样，许多博物馆学者、馆长和策展人对博物馆内艺术品及其展陈方式的全球化背景与地方性意义抱持不同意见。有些人相信，艺术品能从地方或国家语境迈向跨国乃至全球语境，"可译性"至关重要；还有人则坚决维护艺术品的地方性，即它的地方和民族背景，防止其成为全球范围内"文化政治的象征"。③ 当前，世界各地的博物馆都在经历建筑、管理和策展方面的转型，这将使它们更容易接触到全球公众。此类转型允许建立交流与合作的网络，但也"挑战并重新映射文化、身份和国家之间的关系"。④

---

① 原作者可能混淆了这位华人学者的姓与名。——译者注

② 侯瀚如，《倡议·选择：写在一个临时的和原初的国家的笔记》（"Initiatives, Alternatives: Notes in a Temporary and Raw State"），《自由的形式：全球化时代的艺术》（*How Latititude Become Forms: Art in Global Age*），瓦谢夫·科图（Vasif Kortun）和侯瀚如编，明尼苏达州明尼阿波利斯，瓦尔克艺术中心 2003 年版，第 36—39 页，第 36 页。引自马克·雷克塔努斯，《全球化：博物馆的融合》（"Globalization: Incorporatingthe Museum"），《博物馆学指南》（*A Companion to Museum Studies*），沙伦·麦克唐纳（Sharon MacDonald）编，英国牛津：布莱克威尔 2006 年版，第 381—397 页，第 381 页。

③ 雷克塔努斯，《全球化》，第 388—389 页。

④ 雷克塔努斯，《全球化》，第 382 页。

柏林的博物馆岛可能是这一趋势的主要例证之一。它一直是介于真实的与想象的过去，当前的政治与经济制约，以及对未来的想象与期许之间的对话场所。接下来，我将分析博物馆岛上目前在建的项目，以此评估如何在柏林公共空间与建筑物中呈现过往的历史，当前的文化与历史政治，以及未来的可能性。由于博物馆的未来可能性不仅关乎乌托邦式的艺术愿景，也涉及经济状况，因此，本章第一部分专门讨论柏林的国家博物馆在历史上采用过的营销手段。随后我将探讨柏林的国家博物馆通过将目前在建项目升级策略的各种方式，该策略强调尖端科技和普及性，以确保未来的经济收益及可持续性。我将对《2015 年博物馆岛总体规划》(*Masterplan Museumsinsel* 2015)中三个重点建设项目展开研究：拟议的"考古长廊"、已规划的博物馆岛入口建筑，以及帕加蒙博物馆新添的第四座翼楼。通过细究用于描绘这些项目的话语，分析对岛上建筑与空间布局的再阐述，目的是指出一种有关过去和未来的建筑学话语在当下的不同生产方式。我还将考察该规划中的玻璃使用问题，因为它声称是代表新柏林透明度的建筑语言。我想证明的是，《总体规划》对玻璃和水泥的依赖，揭示出柏林的国家博物馆的全球化议程与其政治遗产之间存在意义重大的张力。

224

一座包罗所有时代的博物馆：柏林博物馆岛的营销策略

目前，柏林的博物馆岛正在经历一场重大翻新工程，自 19 世纪以来，这里就存在着大大小小的建设项目。这些项目有助于向全国和全世界公众"营销"柏林和它的博物馆，并在它的不同化身中彰显德国的政治实力。[①] 在威廉二世时代，博物馆岛被设想为这座城市的帝国权力象征。纳粹政府则将其转变为展现法西斯美学及贯彻德国政治意识的中心。两德分裂时期，它遵循推

---

① 正如雷克塔努斯所解释的那样，目前存在着一种旨在推广建设项目将新技术引入博物馆空间的趋势，将此类营销策略与其他手段（投资轰动一时的展览以及传统的零售业务等）并用，以提高从门票销售中获得的收入。无论出于何种理由，诸如出售国家博物馆藏品的微缩模型之类的主流零售策略，在博物馆的营销活动中扮演着微不足道的角色。有关博物馆当前零售策略讨论参见专栏文章：比吉特·瓦尔特(Birgit Walter)，《被掩藏的美人》("Die Schöne unter der Decke")，《柏林报》(*Berliner Zeitung*)2010 年 5 月 20 日，以及耶尼·罗特(Jenni Roth)，《博物馆岛的混合商店：已有 10 万人观赏巴比伦秀》("Gemischtwarenladen auf der Museumsinsel: Schon 100.000 Besucher in Berlins Babylon-Schau")，《世界报》(*Die Welt*)2008 年 7 月 18 日。

动东德现实政治(*Realpolitik*)与社会主义现实主义美学道路进行重建。由此,博物馆岛成为一处体验并触碰历史真实的场所。如今,迈入 21 世纪已整整十年,起重机及其他施工设备云集的场面再次重现柏林。如位于柏林的联邦建筑与区域规划办公室网站所示,《博物馆岛总体规划》将使国家博物馆"再度携手……带来柏林享誉世界的知名藏品……并以 21 世纪的标准加以呈现"①。因此,为了在柏林日益兴盛的旅游业中推广自己,柏林国家博物馆强调要将博物馆岛改造成一个最先进的博物馆系统,满足全球观众需求。

　　博物馆岛建设的起点是 1824 年根据建筑师兼城市规划师卡尔·弗里德里希·申克尔(Karl Friedrich Schinkel)的命令开始建造的老博物馆(Altes Museum)。正因为博物馆岛这一后来被称为"施普雷河上的雅典"的选址,人们常常认为申克尔在很大程度上承担了建构普鲁士转型的文化叙事任务,即普鲁士从一个追逐胜利的"军事斯巴达"转变为"文化与教育之国"(*Kultur- und Bildungsstaat*)。② 而新博物馆(Neues Museum)和老国家美术馆(Alte Nationalgelerie)则分别建于 1859 年和 1876 年。整个建设一直延续到德意志帝国建国时期,弗里德里希皇帝博物馆,也就是今天的博德博物馆(Bode Museum),于 1904 年完工。最后一个执行的项目是 1901—1930 年间的帕加蒙博物馆(Pergamon Museum),于 1907 年破土动工。

225　　　该岛在纳粹统治时期及二战后经历过重大翻新,在两德分裂时期也启动过小范围的翻新和重建工程。例如在民族社会主义时期,在施普雷河上修建起一座桥梁。这座桥刚好位于帕加蒙博物馆东西两翼的中间,并穿过一条通往气势恢宏的博物馆"光荣前庭"(*Ehrenhof*)中央的道路。直到数十年后,当时的东柏林政府试图增加收入,并使博物馆岛更贴近东西两个德国的现实政治文化,这座桥才被拆除,并重新建造了一座。新桥略微偏离一侧,更靠近东翼而非西翼。博物馆的新入口也建于这一时期,这是一座位于北翼中心位置的巨大玻璃门厅。这个计划部分于 20 世纪 80 年代早期得到实现,其中还包

---

① 参见 http://www.museumsinsel-berlin.de/home/(2013 年 1 月 10 日访问)。

② 参见《博物馆岛总体规划:从"艺术与科学的避难所"到博物馆岛总体规划》("Masterplan Museumsinsel. Von 'Freistätte der Kunst un Wissenschaft' zum Masterplan Museumsinsel"), http://www. staedtebaufoerderung. info/nn_21468/DE/BautenStiftungPreussischerKulturbesitz/MuseumsinselBerlin/Masterplan-Projektuebersicht/Masterplan. html(2013 年 1 月 10 日访问)。

括在前庭增加了一棵树。① 改建帕加蒙博物馆的入口是东德博物馆管理部门有意识的尝试，以期显著改善纳粹时期庄严肃穆的建筑范式，并通过塑造亲切友好的博物馆环境增加博物馆收益，游客可以在排队等候、就座、阅读时享有公园般的氛围，甚至还可以坐下来野餐。

1964—1989 年间，东德报章连篇累牍地歌颂博物馆岛的声名远播及国际公众对它的崇拜。有关博物馆参观人数信息的文章定期刊登，有时甚至每年要报道三次，②尤其浓墨重彩介绍的是外国政要、国家元首与政府首脑、东方阵营的名流和来自铁幕另一端的参观者。除这些定期报道之外，东德博物馆管理部门还试图向东德民众推介博物馆，包括计划 1968 年 2 月在帕加蒙大厅举办时装秀，有关将强制参观博物馆纳入课程标准改革的报告，以及发布博物馆首度启用语音导览系统的消息。③

文章与财务报表在后"转型"（post-Wende）时期④的发布频率大体与两德分裂时期类似，仍至少每半年出版一次。⑤ 这些文章清晰地表明，博物馆岛作为普鲁士文化财团和冷战及重新统一时期柏林政府收入来源之一的重要性。普鲁士文化财团负责监督柏林的博物馆、图书馆和档案馆的财务状况。作为柏林市、柏林-勃兰登堡州主要支出源头，并且对于德国纳税人而言，柏林博物馆的市场营销工作成为过去一个世纪引人关注的重要话题。

考古长廊："制造联系"

《2015 年博物馆岛总体规划》的一项主要翻新工程是"考古长廊"（图13.1）。这条通道从地下由新博物馆经新博物馆和帕加蒙博物馆一直延伸至博德博物馆。通往通道的主入口位于詹姆斯·西蒙画廊内——它是整个博物馆群的新入口建筑。但为了确保每座博物馆及其藏品的独立性，仍将在各博物馆内设立入口点。这条通道沿着博物馆底层逶迤前行，通往此前就已存在

226

---

① 参见中心档案馆（Zentralarchiv, ZA）1.1.6-7083，柏林国家博物馆，普鲁士文化财团。
② 参见 ZA 3.1.6：帕加蒙博物馆：1927—1988 年剪报，1964—1988 年部分。
③ 参见 ZA 3.1.6：帕加蒙博物馆：1927—1988 年剪报，1964—1988 年部分。
④ "转型"时期指的是东德在 1989—1990 年实现社会政治变革，使德国统一成为可能的时期。——译者注
⑤ 参见 ZA 3.1.6：帕加蒙博物馆：1927—1828 年剪报，1988—2000 年部分。

的地下通道（历史上它曾是存放档案材料和艺术藏品的库房）以及将各博物馆
与其相邻机构连通的新建通道。

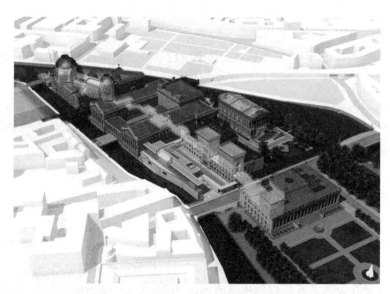

图 13.1　　未来柏林博物馆岛三维模型展示了"考古长廊"的走向；南视图（2012 年）
图片得到普鲁士文化财团艺术、文化和历史图片处/ART＋COM 工作室/纽约艺术资料公司授取（Art Rource, NY）

　　通道沿线将布置新的展品，利用互动技术，以一种跨学科的方式突出呈现
藏品包罗万象的主题。一部分步道主题因此可以"制造联系"（"Verbindungen
herstellen"），例如"肖像与人类"（"Porträt und Menschenbild"），"上帝与神
祇"（"Gott und Götter"）以及"记忆的艺术"（"Kunst des Erinnerns"）。[①] 虽然
这些展览允许博物馆标记它们的来源国或文明（因为通常是以殖民掠夺的方
式获得的），说明这些艺术品历史与文化特殊性，但这尚未完全实现"国家文化
修辞的全球化"——它原本是服务在全球范围内兴起的、公众访问博物馆的最
佳方式。[②] 对于博物馆观众而言，了解艺术品发源地的习俗与文化是极有价
值的信息，我也决不建议掩盖此类信息。然而，博物馆岛重建规划官网
（www. museumsinsel. de）并未提及博物馆实际空间或艺术品本身（尤其是它
们的出处）的历史，原因在于它们与德意志民族（当然还有前纳粹德国的）叙事

227

———————

① 参见 http://www. museumsinsel-berlin. de/promenade/uebersicht-promenade/（2013 年 1 月 15
　日访问）。
② 雷克塔努斯，《全球化》，第 381 页。

相连。考虑到这些选题的普遍性（例如"记忆的艺术"），在展览品中加入与德国背景相关的艺术品出处信息并非难事。但项目策划方既没有这样做，也没有提及或讨论这一点，这既说明全球背景在博物馆永久收藏品的展示中仍占据主导优势，也表明博物馆方面的策展导向并不乐于承认这些艺术品及其所处的博物馆空间的历史。

这条引导参观者从地面进入博物馆曾经的地下室与地下空间的通道，至少可以认为是存在问题的。诸如此类的体验或许会被诠释为在岛上模拟考古挖掘活动，由此揭示博物馆岛（和柏林）历史的各个地质层。而当参观者进入连接博物馆与其前地下室之间的地下通道时，他们或许还会觉得自己正在见证揭秘这座岛屿（及柏林）历史的过程。但如上所述，这个通道及其展品完全不打算利用或讨论这段历史。

最初的推广方案同样存在问题，它倡导的是如何将"考古长廊"与"超过60万年的人类历史"联系起来。① 正如歌德学院所宣称的那样，这条通道可以让博物馆参观者自行选择，是在从查理检查站赶往勃兰登堡门的途中花上40分钟快速通过博物馆，还是在最先进的互动展品与语音导览的陪伴下在博物馆度过漫长的一天。② 毫无疑问，这条通道可以让访客决定博物馆在他们的一天中扮演怎样的角色，这对柏林忙碌的市民和游客来说肯定是一个具有吸引力的选项。但这样一来，它就会演化为典型的历史主义思考和学习模式，这是博物馆岛自创始之初就始终发挥着的作用。也有观点认为，参观者可以通过漫步长廊"领略"，甚至是真实"体会"60万年漫长历史，完全是一种对历史复杂性的简化，令人不安。普鲁士文化财团主席赫尔曼·帕尔岑根（Hermann Parzinger）最近指出，要明确将跨国策展目标应用于柏林主要的艺术博物

---

① 参见博物馆岛介绍视频 http://www.youtube.com/watch? v＝NkbxK3xhOYk（2012年8月上传）；以及罗纳德·贝格（Ronald Berg）在《最后只剩废墟》（"Am Ende bleiben Ruinen"），《日报》（*taz*）2012年7月24日。

② 法尔克·耶格（Falk Jäger），《一则引人注目的成功故事：柏林的博物馆岛》（"A Remarkable Success Story — The Museum Island in Berlin"），马萨利·图尔纳（Marsalie Turner）译，参见 http://www.goethe.de/kue/arc/pan/en5611226.htm（2013年1月15日访问）："这条环路的目的是让从查理检查站乘坐巴士赶往勃兰登堡门的游客仅需40分钟就能简单领略博物馆岛的精华：帕加蒙祭坛、伊什塔尔门和纳芙蒂蒂[胸像]。"

馆。[①] 但在重新统一后的首都，在德国国家遗产建筑中展示此类后帝国主义、
又有说是后民族主义的工艺品，是否只是一种图方便的简单叠加，它是否会掩
盖而非展现博物馆岛自身历史？

名称包含了什么？ 奇普菲尔德的詹姆斯·西蒙画廊

　　博物馆岛的新入口，由大卫·奇普菲尔德(David Chipperfield)[②]设计的詹
姆斯·西蒙画廊(James Simon Gallery)计划于 2017 年对外开放。奠基仪式
于 2013 年 10 月举行。该项目的预期成本已从 7,900 万欧元提高至 9,880 万
欧元；但事实上，由于需要在水下打桩，预算可能还会超过修正过的标准。[③]
新建的入口画廊将设有一个大厅，一个带售票处和问讯台的接待区，商店，一
家咖啡馆，一处访客休息区，一处媒体中心，一个礼堂以及临时展览空间。虽
然规模比最初的方案要大，但相比奇普菲尔德之前的第三稿方案，它还是被认
为过于狭小。海因里希·魏芬恩(Heinrich Wefing)甚至把它比喻成一个"小
茅房"("Toilettenhäuschen")，和岛上许多其他新翻修的建筑一样，它将无法
负荷分配给它的任务，并且永远不足以容纳会带来可观利润的零售空间。[④]
此外，这栋建筑物还因为前立面的台基过高而被称为"建筑师奇普菲尔德的
墙"("die Mauer des Architekten Chipperfield")，这个绰号是将这栋楼比作一

228

---

① 克里斯蒂娜·派茨(Christiane Peitz)和吕迪格·沙普(Rüdiger Schaper)采访赫尔曼·帕尔岑根，
《只有改变才能成功》("Nur Veränderung bringt Erfolg")，《每日镜报》(*Tagesspiegel*)2013 年 5
月 12 日。

② 大卫·奇普菲尔德(1953—)，英国建筑师，他在柏林最著名的建筑项目是新博物馆(1997—2009
年)重建项目。2007 奇普菲尔德接受委托设计詹姆斯·西蒙画廊，这一博物馆岛新入口建筑
已于 2019 年 7 月 12 日正式开幕。——译者注

③ 参见尼克拉·库恩(Nicola Kuhn)，《詹姆斯·西蒙画廊奠基》("Grundstein für die James-Simon-
Galerie gelegt")，《每日镜报》2013 年 10 月 18 日；《博物馆岛改造工程更贵了》("Museumsinsel-
Saniserung wird teurer")，《科隆城市指南》(*Köln Stadt-Anzeiger*)2013 年 1 月 23 日及伊莎贝
拉·于尔根斯(Isabell Jürgens)，《博物馆岛上一切都在运动中》("Auf der Museumsinsel ist alles
in Bewegung")，《柏林晨报》(*Berliner Morgenpost*)2010 年 6 月 5 日。

④ 海因里希·魏芬恩，《柏林博物馆岛：不要这样，奇普菲尔德先生》("Musuemsinsel Berlin：So
nicht，Mr. Chipperfield")，《法兰克福汇报》(*Franfkurt Allgemeine Zeitung*)2010 年 10 月 24
日。

堵新的柏林墙。①

　　入口画廊以柏林博物馆有史以来最大赞助人之一、德国犹太棉花大亨詹姆斯·西蒙(James Simon)命名，这让事态进一步复杂化。西蒙从 19 世纪后期起，将其收藏的文艺复兴时期的绘画及中世纪的基督教雕塑带到柏林。到他 1932 年逝世时，已将 20,000 件物品捐赠给博物馆，其中包括今天收藏于新博物馆的著名半身像纳芙蒂蒂(Nefertiti)。为纪念詹姆斯·西蒙而用他的名字命名博物馆岛新的入口建筑，是柏林的博物馆在重新统一后审查其藏品来源的直接结果——此举意在查明到底有多少艺术品是掠夺自逃亡或沦为纳粹大屠杀受害者的犹太收藏者之手。继广为人知的贝格格吕恩藏品(Berggruen collection)捐赠②，1999 年犹太博物馆开放参观，以及 2005 年欧洲被害犹太人纪念碑落成之后，新入口建筑的命名及随后对詹姆斯·西蒙(迄今为止鲜为人知)赞助活动的宣传，使柏林博物馆得以强化并补充人们对二战前柏林艺术世界的认识。③

　　无论我们是将此视作承认柏林艺术世界一部分失落历史的善意尝试，还是博物馆方面意图修正这段历史，都可以认为此举充分利用了柏林的德国犹太人历史在当前博物馆市场中的重要性和知名度。虽然新入口画廊建筑或许不足以满足博物馆岛在 21 世纪的需求，但詹姆斯·西蒙画廊这一命名代表了博物馆方面的某种尝试，无论多么错综复杂，都需要承认自己的历史，以此服务德国历史上的一个重大主题，吸引 21 世纪来自世界各个角落的参观者。

---

① 赖纳尔·豪布里希(Rainer Haubrich)，《建筑师奇普菲尔德的新"墙"》("Die Neue Mauer des Architekten Chipperfield")，《世界报》2007 年 6 月 27 日。

② "贝格格吕恩藏品"以其拥有者海因茨·贝格格吕恩(Heinz Berggruen，1914—2007)命名，贝格格吕恩是 20 世纪最有影响力的德国犹太裔，艺术品收藏家。1996 年，他带着 113 件藏品重返故乡柏林，其中包括塞尚和凡·高的作品，并为此设立了一个私人陈列馆，2000 年底贝格格吕恩以低于所藏艺术品价值的价格将这些藏品出售给普鲁士文化财团，该陈列馆今天被称为"贝格格吕恩博物馆"(Museum Berggruen)。——译者注

③ 2012 年 12 月，德国电视二台播放了一部有关詹姆斯·西蒙的纪录片(由卡罗拉·韦德尔[Carola Wedel]执导)，与之相关的是在柏林新博物馆揭幕的一场有关纳芙蒂蒂的大展。除为数不多的学者外，西蒙以及他的赞助活动也极少为档案文献所提及。在贝恩德·舒尔茨(Bernd Schulz)最近出版的《詹姆斯·西蒙：慈善家与艺术赞助人》(James Simon. Philanthrop und Kunstmäzen，戴娜·萨多[Dayna Sadow]译，慕尼黑：普雷斯特 2006 年版)的封套上有这样一句形容他的话："注定被遗忘的人。"

帕加蒙博物馆的第四座翼楼

因为构造与詹姆斯·西蒙画廊相似，帕加蒙博物馆的第四座翼楼也在媒体上引发广泛争议。这座新翼楼将用于收藏包括著名的纳芙蒂蒂半身像在内的埃及艺术品，由奥斯瓦尔德·马蒂亚斯·翁格尔斯（Oswald Matthias Ungers）设计——这位建筑师在 2007 年辞世前还完成了对博物馆其他三座翼楼的大型改造方案。这栋建筑计划将于 2025 年完工。虽然 2014 年联邦建筑与区域规划办公室计划调整预算，但整个翻新项目及新建翼楼仍将让城市耗资超过 3.85 亿欧元。①

229   值得注意的是，未来的帕加蒙博物馆与阿尔弗雷德·梅塞尔（Alfred Messel）②1903 年构思的博物馆初稿有着惊人的相似之处，后者包含了一个位于库普夫格拉本（Kupfergraben）河上③，通向博物馆的石柱廊入口。④ 根据建设施工期间的文献记载，最初计划建造的柱厅，因为 20 世纪 20 年代财政困难与经济危机而未能付诸建设。⑤ 普鲁士邦议会（Landestag）会议纪要显示，"柱厅"（Säulenhalle）或"石柱廊入口"（Kolonnadeneingang）早在 1922 年就成为政治争论的焦点。其间，议员、各方代表，还有特别调查委员会召开了各种会议与听证会，披露帕加蒙博物馆停工的原因。这些听证会在一定程度上试图解答有关建筑承包商与博物馆官员收入及监管链的问题，但这是一项艰巨的任务，因为建设工期跨越了两个截然不同的政府执政时期，即君主立宪制和社会民主政府。这些调查还为人们提供了发表政治言论的论坛，例如艺术承担了"治愈"一战后德国人民的任务，博物馆建筑的纪念性，建筑是否被当成一门艺

---

① 参见《博物馆岛改造工程更贵了》；以及于尔根斯，《博物馆岛上一切都在运动中》。

② 阿尔弗雷德·梅塞尔（1853—1909），德国建筑师，帕加蒙博物馆主设计师之一，但在博物馆破土动工前就与世长辞。——译者注

③ 库普夫格拉本意为"铜墓"，它是博物馆岛将施普雷运河切断后分流出的南面河段。——译者注

④ 参见 ZA 1.1.6－6060 中有关路德维希·霍夫曼在梅塞尔最初方案上所作的草图。有关改造项目的评论文字以及讨论过新翼楼与梅塞尔方案的相似之处。参见赖尔夫·舍恩巴尔（Ralf Schönball），《帕加蒙博物馆——博物馆岛改建的危害》（"Pergamonmuseum. Wie der Umbau der Museumsinsel schaden könnte"），《每日镜报》2011 年 1 月 25 日。

⑤ 参见 ZA I/AS 015。

术，或是建筑师是否应具备艺术气质①。这些材料显示，帕加蒙博物馆的石柱廊入口——这是继任的建筑师路德维希·霍夫曼（Ludwig Hoffmann）最钟爱的设计——被认为是一项多余的奢侈品，而要将它付诸实施，要么得等到筹集更多资金，要么永远放弃建造。②

在魏玛时代，有关这些听证会以及博物馆建设进展或不足的消息经常见诸报端。但记者大部分的注意力仍集中于博物馆的成本，以及因封存帕加蒙祭坛残片而致使德国公众近 45 年无法参观的问题上。③ 只有发表于 1927—1930 年间的报纸文章集中讨论了柱廊入口的争论。其中最引人注目的是1927 年由特奥多尔·维甘德（可能是柏林国家博物馆古典时期藏品部主管特奥多尔·维甘德[Theodor Wiegand]）在报纸上撰写的文章，他对不带柱廊的博物馆外观赞誉有加。作者进一步指出："人们希望原封不动地保持这种印象，因此希望放弃建造柱廊入口，而按照梅塞尔的方案，它将有助于贯通两座翼楼，但也会把恢宏壮丽的前庭包围起来。"④这位作者（和许多政治家一样），将"宏大的建筑"形容为"真正的威严"，将开放的前庭视为"恢宏壮丽"，他们因此认为，规划建造的入口柱廊是一项多余的结构。但作者对此的看法，至少表面上并不涉及经济方面的考量，而是将在气势恢宏的前庭增添柱廊的计划描

---

① 参见普鲁士文化财团枢密档案馆的普鲁士众议院讨论集，档案号：GStA PK. I. HA 169D Landtag XL B Nr. 4, Bd. 1：1922 年 2 月 23 日普鲁士州议会 105 次会议，7480—7848 档。亦可参见：主委员会下属小组委员就博物馆事务进行初步磋商的讨论结果，档号：Nr. 0370, Preußischer Landtag, I. Wahlperiod, I. Tagung 1921/1931，第 8,39,43 页。

② 参见 ZA I/AS 015：1927—1931 年间帕加蒙博物馆的新建工程，U IV 2192.1. 有关 1927 年 7 月 1 日博物馆建设委员会会议有关国家博物馆新建工程的备忘录。由于这一时期的通货膨胀危机，柱廊入口成本估算因此相差极大。有一篇文章概括了威廉·韦措尔德（Wihelm Wätzoldt）1930 年有关博物馆建设费用的演讲，称将达到 400 万马克。参见刊登于 1930 年 3 月 29 日《日记》（Das Tagebuch）第 48 期的《艺术日记》（"Tagebuch der Kunst. Museuminsel"），ZA3.1.6.：帕加蒙博物馆：1927—1987 年剪报。

③ 帕加蒙祭坛（Pergamon Altar）又称"宙斯祭坛"，建于公元前 1180—前 1160 年。1878 年德国考古学家在现土耳其境内发掘出这座祭坛的大部分浮雕。出土的浮雕被运往柏林，帕加蒙博物馆之名也由此而来。事实上，柏林历史上存在过两个帕加蒙博物馆，第一座建于 1897—1899 年，1901 年落成。但随后因为要放置埃及、两河等地的文物（包括上述的帕加蒙祭坛在内），建筑师梅塞尔从 1907 年起接受委托设计新的帕加蒙博物馆，老馆于 1908 年拆除。但梅塞尔于 1909 年去世，建设工作由德维希·霍夫曼继续主持。最终新帕加盟于 1930 年才正式开幕，并基本奠定今天的博物馆格局。——译者注

④ T. W.，《海伦在哪里?》（"Wo ist Helena?"），《柏林日报》（Berliner Tagesblatt）1927 年 3 月 13 日晨刊，ZA3.1.6.：帕加蒙博物馆：1927—1987 年剪报。由作者本人翻译。

述为降低整个建筑宏伟结构的审美错误。

但这种观点很快就出问题了，因为我们注意到，不带柱廊厅的博物馆现有结构，与纳粹政权的建筑项目，尤其是 1938 年由阿尔伯特·施佩尔为阿道夫·希特勒建造的新帝国总理府前庭高度类似。不过通过比较梅塞尔的原始草图与今天的帕加蒙博物馆及施佩尔的帝国总理府大楼，我们看到的是一种建筑学范式的转变，它清晰地表明 20 世纪早期的民族主义建筑与后来纳粹时期建筑，现代主义建筑与法西斯式的宏大纪念建筑之间的区别。① 如今了解博物馆及柏林政府建筑历史的游客可能会想到，对"宏伟"前庭方案的抵制，目的是试图淡化建筑物的宏大纪念特性，并以此否认博物馆建筑是德国民族主义与纳粹主义历史的一部分。

结合这一比较，《2015 年博物馆岛总体规划》的官网预言一旦帕加蒙三面"光荣前庭"（cour d'honneur）被围合起来，这一庭院将成为"一处带有参与性的广场（ein Forum mit Verteilerfunktion）"。② 这不仅引发了对庭院功能思路转变的关注，还包括了对人们将以何种方式身处其中并四处走动的思考。这里"广场"一词更为友善，使人联想起古代西方世界的广场，人们可以聚在一起交流想法与观点。此外，除了间接提到的"参与性"（"Verteilerfukntion"），网站还明确指出，新的广场还将引导参观者访问博物馆不同翼楼及前往考古长廊。

按照帕尔岑根的说法，第四座翼楼将为帕加蒙博物馆的建设"画上句号"（"vollenden"）。③ 联邦建筑与区域规划办公室则称增加第四座翼楼为

---

① 有关现代主义与法西斯主义建筑存在巨大差异这个存疑假设的讨论，参见凯瑟琳·詹姆斯-查克拉博蒂（Kathleen James-Chakraborty），《创造埃森的工业文化》（"Inventing Industrial Culture in Essen"，第 116—139 页，特别是尾注 17），以及扬·奥塔卡尔·费舍尔（Jan Otakar Fischer），《纪念机器：处理沃尔夫斯堡的过去》（"Menento Machinae: Engineering the Past in Wolfsburg"，第 89—115 页），《超越柏林——12 座直面纳粹过去的德国城市》（Beyond Berlin: Twelve German Cities Confront the Nazi Past），加夫里尔·D. 罗森菲尔德（Gavriel D. Rosenfeld）和保罗·B. 加斯科托（Paul B. Jaskot），密歇根的安阿伯：密歇根大学出版社 2008 年版。

② 参见 http://www.museumsinsel-berlin.de/gebaeude/pergamonmuseum/（2013 年 1 月 15 日访问）。

③ 参见舍恩巴尔，《帕加蒙博物馆》；以及赫尔曼·帕尔岑根和尼古拉斯·贝尔瑙（Nikolaus Bernau），《终于结束了？》（"Endlich Vollenden?"），《art——艺术杂志》（art. Das Kunstmagazin）2011 年 3 月号，第 130 页。

"Ergänzung"，这个词不仅可以翻译成"增添"或"补充"，还可以译作"完成"。[①]
虽然总体规划网站并未使用上述词语，但它提供了一个应用程序，可以让访问
者直观地体验博物馆外观变迁的历史。[②] 网站访问者看到的是一个规划中的
帕加蒙博物馆三维模型图，上面覆盖着一张 1925 年建设中的博物馆的黑白立
面照。网站的访问者可能最想看到的是伴随着不同时期的外立面照片不断出
现、退出，利用"时间线"从 1925 年穿越到现在和未来。但恰恰相反，他们所体
验到的是 1925 年的黑白照片逐渐隐去和未来博物馆数字化图像所创造出的
外观。这种外立面历史的呈现，完全省略了例如纳粹时期架设横跨施普雷河
的桥梁施工、重修和维护工作，更没有提及 20 世纪 80 年代及最近在 21 世纪
初实施的(临时性的)前庭改造工程。它刻意淡化博物馆从 1930 年至今的真
正历史，更倾向于呈现如渐进光谱般的外立面——而不是历史上的建筑，以及
面向未来的完善工作。

　　上述讨论的修辞与陈述助长了柏林博物馆所倡导的叙事，即"它本来就应
该是这样"。这句话重新建构了柏林的博物馆与艺术世界的历史。因为要在
博物馆前建造第四座翼楼，项目设计师可能会被指责为掩盖前庭宏大纪念性
特征。但这一举动也可能被认为是削弱民族主义与纳粹历史使博物馆更容易
为具有前瞻性的国际公众所接受的尝试之举。

重建国家博物馆的透明度与全球化重建

　　帕加蒙博物馆第四座翼楼与詹姆斯·西蒙画廊都将采用玻璃和水泥建
造，某种程度上令上述观点变得更为复杂。自 20 世纪初以来，玻璃就在德国
的建筑想象中扮演重要角色。此外，在此类建筑中使用玻璃也使它们被归入
当前透明化"新柏林"(New Berlin)的趋势之中。但文化评论家就后柏林墙时
代德国的透明化状态与玻璃建筑看法不一。埃里克·雅罗辛斯基(Eric
Jarosinski)以西格弗里德·克拉考尔(Siegfried Kracauer)发表于两战之间的

---

① 有关"Grundinstandsetzung und Ergänzung"("基础维修与增补")的表述见联邦建筑与区域规划
部官网：http://www. bbr. bund. de/nn _ 25610/DE/BautenStiftungPreussischerKulturbesitz/
MuseumsinselBerlin/Pergamonmuseum/Pergamonmuseum. html (2013 年 1 月 13 日访问)。

② 参见 http://www. museumsinsel-berlin. de/gebaeude/pergamonmuseum/(2013 年 1 月 11 日访
问)。

作品解读国会大厦与柏林的玻璃建筑趋势,并暗示玻璃建筑的运用是现代主义参与宏大纪念建筑范式的明证,而此类建筑曾声称回避玻璃的使用。① 玻璃建筑因此可以成为一种魅影般的载体,这个比喻意味着它对我们解读柏林历史,德国人对那段历史的独特责任感,以及进步的概念有着深远影响。② 当我们从"幽灵"的角度思考历史,那么无论是祛魅抑或包容都易如反掌。"如果在更批判、更哲学的层面上加以审视,"雅罗辛斯基指出,"那么试图彻底摆脱过去的努力都是徒劳,但它却揭示出当下权力与欲望的运作机制。"③

与诺曼·福斯特(Norman Foster)设计的国会大厦穹顶用透明建筑象征政府透明度的简单做法不同,建筑的透明化其实是一个复杂的过程。雅罗辛斯基的解读将这一趋势的起源追溯至保罗·舍尔巴特(Paul Scheerbart)和布鲁诺·陶特(Bruno Taut)在一战前和魏玛时期的建筑理论,他们希望鼓励建筑透明化打破阶级隔阂,通过透明景观的生产实现社会变革。根据雅罗辛斯基对舍尔巴特和陶特的理解,玻璃是未来的材料,它打破了由砖混结构构筑的建筑界限,引导进步,并承诺"复兴,建立一种透明新社会的全新生活"。④ 克拉考尔则对这种乌托邦式的玻璃动员进行了反驳,他批判玻璃建筑是放弃历史的失败尝试,并强调它可能会出现碎渣、裂痕、破裂,外观会变得模糊,而且会折射"释放出寻求包容的幽灵[玻璃建筑]"的光线。⑤ 在令人动容的小品文《被打碎的窗玻璃》("*Zertrümmerte Fensterscheiben*")中——文章撰写于纳粹采取行动打砸掠夺犹太人商店(即 1938 年 11 月 9 日—10 日的"水晶之夜"[*Kristallnacht*],或称"砸玻璃之夜")后不久,克拉考尔徘徊在柏林的莱比锡

---

① 参见埃里克·雅罗辛斯基,《建筑象征主义与有关透明度的修辞》("Architectural Symbolism and the Rhetoric of Transparency"),《城市史期刊》(*Journal of Urban History*)2002 年 11 月第 29 卷第 1 期,第 62—77 页;以及德博拉·阿舍·巴恩斯通,《透明国家:战后德国的建筑与政治》(*The Transparent State:Architecture and Politics in Postwar Germany*),纽约和英国伦敦:劳特利奇 2005 年版。

② 有关幽灵、记忆和柏林之间的关联,参见布赖恩·拉德(Brian Ladd),《柏林的鬼魂:直面城市景观中的德国历史》(*The Ghosts of Berlin:Confronting German History in the Urban Landscape*),芝加哥:芝加哥大学出版社 1997 年版;以及珍妮特·瓦德(Janet Ward),《后"墙"时代的柏林:边界、空间与身份》(*Post-Wall Berlin:Borders, Space and Identity*),纽约和贝辛斯托克:帕尔格雷夫·麦克米伦 2011 年版。

③ 雅罗辛斯基,《建筑象征主义》,第 63 页。

④ 雅罗辛斯基,《建筑象征主义》,第 69 页。

⑤ 参见克拉考尔的散文:《新柏林》("Das neue Berlin")、《告别菩提树走廊》("Abschied von der Lindenpassage")和《被打碎的窗玻璃》。雅罗辛斯基,《建筑象征主义》,第 70 页。

大街上，以便将有关前一晚事件的信息拼凑起来。地上破碎的玻璃很快被清理干净，这代表了透明的欺骗。一时间，玻璃意味着即时性和同时性被打破，同时它所象征的完美的非历史性也遭到了破坏。而在这一刻，按照雅罗辛斯基对克拉考尔的解读，救赎与批判性反思潜力也就产生了。

卢茨·克普尼克(Lutz Koepnick)对诺曼·福斯特爵士的国会大厦穹顶的分析，则背离了严格的玻璃谱系，他勾勒出这处纪念性"窗户"出现在新柏林的问题属性。[1] 按照克普尼克总结，穹顶被理解为经历纳粹时代以及两德分裂时期后德国政治多元化与清明的象征。他认为，作为一种营销工具，它为访客提供颇具吸引力的机会一览柏林日新月异的城市景观，并使他们充当起城市全景与其丰富城市历史的视觉消费者。这种对穹顶的理解有赖于 19 世纪全景图式的话语，旨在将观众置于过去的真实环境中，并赋予他们一种"视觉上无所不能的虚拟感"[2]。

但克普尼克并没有对准将穹顶作为象征物和取景框可能形成的潜在局限后果，而是探讨新柏林的建筑是如何在努力面向未来的同时回忆国家过往历史的方式。他坚决捍卫穹顶在"具启发性的张力""故意为之的矛盾"和"讽刺性的反转"方面表现出的"多样性"与"多焦点性"，这表明它所呈现的国家认同概念不再以民族遗产与传统加以界定。[3] 按照克普尼克的观点，穹顶所设计的观景模式和消费柏林建筑历史的方式，"同时也是对⋯⋯历史遗产的⋯⋯消解与重建，从而定义了一种实现全球化愿景与国家认同互为补充的新政治美学"。这一对穹顶分析意识到了硬币的两面，它既使得建筑兼具纪念性与反纪念性的特征，又证明了跨国时代多重视角、意义与记忆的重要性，这个时代"要求我们将自己的身体和思想置于平行的时空秩序中"[4]。

那么雅罗辛斯基和克普尼克的分析是否同样可以用于诠释帕加蒙博物馆与詹姆斯·西蒙画廊的建筑？是否有可能将帕加蒙博物馆第四座翼楼大块玻璃的运用理解为进行世俗拼凑的作品？利用梅塞尔、舍尔巴特和陶特的现代主义，以及克拉考尔文化批评？是否有可能将它视为某种博物馆行业的象征，

232

---

① 卢茨·克普尼克，《框取注意力：现代德国文化之窗》(*Framing Attention：Windows on Modern German Culture*)，马里兰的巴尔的摩：约翰·霍普金斯大学出版社 2007 年版，第 240—262 页。

② 克普尼克，《框取注意力》，第 253 页。

③ 克普尼克，《框取注意力》，第 260—261 页。

④ 克普尼克，《框取注意力》，第 262 页。

即对全球化未来抱有期待的同时仍坚持自己的民族主义历史？而受克普尼克解读国会大厦穹顶的启发，我们又是否可以将帕加蒙博物馆新翼理解成让访客有机会从多个视角体验博物馆历史？

　　一方面，未来帕加蒙博物馆新翼与詹姆斯·西蒙画廊玻璃窗与水泥柱廊肯定会让人联想起梅塞尔的现代主义，并促成类似的模仿建筑。① 在博物馆岛的正面加上一层玻璃，仍可以让参观者们看清最初的帕加蒙博物馆外观与最近才修复完成的新博物馆外立面。如果以这种方式解读玻璃，那么新建筑可以被看作是在放眼未来的同时承认博物馆的历史。而鉴于帕加蒙博物馆新翼的台基相比前庭有所提高，它也可以被理解成为参观者提供一种不同的观察视角，不仅是针对前庭，还是针对整个博物馆的历史。从被抬高的翼楼望出去，参观者将不再能体会帕加蒙博物馆纪念性前庭的庄严肃穆；但他们可以自上而下俯瞰前庭，这个位置可以让他们理解它的宏大纪念性，却无须体验特定的实体建筑：暮气沉沉的建筑结构，巨大的翼楼因阳光的不同而投射下压倒性的阴影；也就是在面对庞然大物时体会自身渺小的那种感受。这个位置还允许以这样的方式看待博物馆建筑历史，即身处当前一个安全时代，但并不试图否认博物馆曾经参与到威廉二世时代与第三帝国时期宏大纪念建筑潮流之中。

233　　但另一方面，如果我们采纳雅罗辛斯基对克拉考尔的分析，它则可能暗示未来博物馆光滑的玻璃外观会激发出一种"完美的反历史"框架，放弃历史，取而代之以未来的进步。这种分析将此类建筑看作博物馆规划委员会方面试图掩盖建筑物背后的建筑学体系，粉饰博物馆在民族主义与纳粹主义时代的历史，以便让21世纪的参观者能够接受。在这个分析中，建筑的玻璃窗与水泥柱廊构成时空鸿沟的标志；它们利用外观和视角优势试图保持过去的状态。然而，它们带给人的印象，却仿佛牢笼或监狱的栅栏，囚禁着昨日的博物馆岛。而一旦被解读为栅栏，那么我们就可以将其视为一种象征，即博物馆历史被囚禁于一场被想象为民族过去与全球未来，历史与新起点之间的战斗中。

　　但帕加蒙博物馆与詹姆斯·西蒙画廊代表的博物馆岛新立面是否凸显了

---

① 与之形成对比的是完全与公众视野隔绝的前纳粹帝国银行正立面，它如今隐藏于取而代之、表现得更为民主的联邦外交部入口建筑的外立面之后。参见珍妮特·瓦德，《再造首都柏林》("Re-Capitalizing Berlin")，《德国之墙，波及欧洲》(*The German Wall：Fallou in Euorpa*)，马克·西尔伯曼(Marc Silberman)编，纽约和贝辛斯托克：帕尔格雷夫·麦克米伦2011年版，第79—98页。

柏林博物馆建筑物的民族主义历史，抑或它们是否会掩盖这段历史，尚不能言之凿凿。尽管克普尼克洞察到玻璃为解读福斯特穹顶设计与柏林城市景观历史提供多种可能性的作用，但博物馆岛上的建筑并不一定会提供类似福斯特的窗户那般开放式的建筑体验，也无法确定《总体规划》的新体系是否会允许如此开放的博物馆体验。这些分析表明，虽然采取了一切（无论是有意为之还是其他原因）重构、改写或隐瞒柏林博物馆岛历史的尝试，但它都表现为一种几乎令人匪夷所思的回归趋势。

"从现在到那时的某个点?"为了未来承认过去

沿着博物馆岛前的库普夫格拉本河前往亚历山大广场，到访柏林的游客会穿行在一座由包裹起来的人行道和用来隔离建筑工地的保护性屏障组成的迷宫中。2010 年的一个夏日早晨，我碰巧沿着这条路前往中央档案馆，一个交通路障上的一幅涂鸦吸引了我的注意："从现在到那时的某个点。"这句话不仅是对博物馆状态的适时表达，还是对柏林市在当前跨国主义导向的时代承认其历史能力的及时表述。毫无疑问，柏林代表的是德意志民族的战场。这座城市在许多方面都背离过去；但在许多方面，它又试图找寻过去，并以新的方式使之清晰可见。

在詹姆斯·西蒙画廊那里，一块亮粉色的板将我和这栋建筑物分了开来，它位于被包裹起来的人行通道上，四周是贴满各种新展览广告的涂鸦墙。除了一段对墙后建筑所在地的简短书面历史陈述，这块板上还有三个窥视孔，每一个孔都展示了一幅不同时期有关该地点的图像。最左边的窥视孔呈现的是这一地点在 1920 年博物馆岛全盛时期的场景；最右边的窥视孔则是一幅未来完工后的建筑物画面；中间的孔则只是一块透明的玻璃，后面没有任何图片。显然这个广告的创意是通过窥视孔让路人驻足观察这个地方的过去与未来，并且当视线从过去的窥视孔转向未来，并通过中间的窥视孔时，他们将看到的是一幅承前启后的图景：屏障的后面是正在进行中的建设场面。但在那年夏天的大多数日子里，一个简易棚无意中挡住了中间的这个孔。这个推广上的失误对于柏林的博物馆以及它们在当下历史时刻自我营销和转型而言都具有象征意义。就像那些逐一观察过每个窥视孔的人们，他们见证了辉煌的未来，几乎无法辨识的过去，却看不到当下。柏林的博物馆似乎依然未能在它们的民族主义过去与全球化未来之间建立起联系。

　　通过即将重新调整的博物馆岛，柏林的博物馆向世人展示了自己正处于迈向全球化道路的艰难十字路口。它们配备了最先进的技术以迎合 21 世纪全球参观者的需求。它们业已证明自己有能力展示艺术品的历史以及与其来源地相连的多元文化，并在展览中为参观者提供机会建立与不同文化和时代的联系。在某些情况下，它们似乎也能够并愿意强调德国历史的方方面面，尤其是当德国历史允许他们参与和利用当前营销城市文化与历史的趋势。尽管如此，博物馆的设计师和官员们仍主要投身掩盖博物馆建筑与艺术品的民族主义过去的修辞和建筑学策略之中。虽然这些策略或许更有利于为全球公众提供博物馆服务，但它们却无法揭示出获取和接收艺术品背后的社会、政治和物质条件，以及处于德国民族主义与更广泛的跨国主义叙事中的博物馆空间。① 换言之，柏林的博物馆应在博物馆建筑利用与艺术品展示，以及向公众自我营销方面，力争达到一种自我反思的境界。当它们欣然拥抱全世界对其藏品和展示空间的审视与注意的同时，就应当不加掩饰地披露与那些展示空间和艺术品相连的国家政治关系。只有全面承认过去，柏林的国家博物馆才能真正预见未来，即艺术作品只有在全球语境下才可能被更坦诚地对待。

---

① 参见道格拉斯·克里普(Douglas Crimp)对后现代主义艺术家如路易斯·劳勒(Louise Lawler)、丹尼尔·布伦(Daniel Buren)、辛迪·谢曼(Cindy Sherman)和汉斯·哈克(Hans Haacke)的评价，他们转向采用与传统博物馆空间尤其不兼容的生产方式，以揭示博物馆中的政治并放弃其中的社会实践。克里普，《在博物馆的遗址上》(On the Museum's Ruins)，路易斯·劳勒摄影，马萨诸塞的剑桥：麻省理工学院出版社 2003 年版，第 287 页。

14. 历史保护的谬误?——柏林与德累斯顿的跨国文化、城市认同与纪念建筑 [238]

约翰·V.马丘基卡

历史保护与文化遗产休戚相关。然而,在一个历史意识日益高涨、意义争夺不断激化的时代,文化遗产本身已被理解为一种需要修正、变更和重新诠释的叙事对象。对通常汇集着文化记忆并以物质形式唤醒这一记忆的建筑古迹来说,保护意味着一种"在场"的有形政治,亦即人们通过协商决定什么将被拯救,什么将被拆除,什么将被保存、改变,又或是真正的重建——如果建筑物在某个较早时期被摧毁了。因此,重建也会提出一个有关地点在过去、当下和未来意义的复杂问题;什么是需要被重建或保存的,这往往是民族国家叙事的核心,也是选民的地方认同以及与这一认同构成张力的个人身份要素中的核心。①

在德国,东德的依法"加入"(Beitritt,指"加入",颇为奇特的是它的传统含义,意为"伴奏",如舞蹈中的伴奏),令资本主义的民主西德增添上前共产主义的领土,这也导致人们对这个"重新统一"的国家看法不一,它取决于不同的政治取向、地理位置,以及人口和世代分布状况。本文将通过分析德累斯顿的圣母教堂(Frauenkirche)以及柏林的霍亨索伦宫(城市宫[Stadtschloss]),呈现被摧毁建筑的历史重建在德国背景下所具有尤为复杂而多样的意义。

本文还将从建成环境的视角出发,诠释历史在文化语境中的力量,以此考察地方选民如何利用建筑重建"编辑"他们的城市景观,并构建新的文化记忆基础。现有的研究常常宣称自己"支持"或"反对"任何时间、地点和文化上的

---

① 作者感谢参与2012—2013年纽约市立大学研究生中心围绕"全球化与时间"的梅隆研讨会的同仁,尤其是凯伦·米勒(Karen Miller)为完成本章提出的建议。

240 　重建,但本文将超越这种难以驾驭的研究体系,代之以将重建视为为谋求促进特定的团体价值或身份认同观念的选民所采取的一种政治和文化权力表达,这些价值或观念可以是地方的、区域的、国家的、宗教的,抑或是王朝的。① 文章还将探讨影响柏林、德累斯顿及其他德国城市的另一个问题,即地方重建在不断增长的世界遗产旅游经济中所扮演的日益重要的角色,这种旅游经济将曾具有地域和文化特殊性的历史名胜转变为经联合国批准、商品化的"世界遗产"。② 在很多地方,这种将"历史"商品化的做法及模仿建筑日益增多,正在促使城市历史核心区逐渐转变为博物馆化的观景场所。本地的遗产"产业"(与旅游相关的行业,通常得到商会、当地及州政府,甚至是国家旅游部门支持)越来越多地利用历史"氛围"营销城市中心,在这种氛围下,建筑部分被保留,部分被重建,还有部分则被制造出来。

领域拓展的历史重建

最权威的有关保护与重建的现代文件是 1964 年经联合国批准的《威尼斯宪章》,联合国教科文组织和国际古迹遗址理事会对其持续予以支持。但正如 2000 年联合国通过的《关于文化遗产真实性与历史重建的里加宪章》(*The Riga Charter on Authenticity and Historical Reconstruction in Relation to Cultural Heritage*)所述,这些组织也开始批准"复兴某地文化意义"的重建工作。③ 某些重建问题率先出现在拉脱维亚的里加及其波罗的海邻国的立陶宛

---

① 当前,在重建争论中针锋相对的两极分别是:温弗里德·内丁格编,《重建的历史/历史的建构》,慕尼黑工业大学建筑博物馆于 2010 年 7 月 22 日至 10 月 31 日在现代美术馆所举办展览的出版物,慕尼黑:普雷斯特 2010 年版;亚德里安·冯·布特拉、约翰内斯·哈比希(Johannes Habich)、戈比·多尔夫-博内坎普夫(Gabi Dolff-Bonekämpfer)、米夏埃尔·S. 法尔泽、阿希姆·胡贝尔(Achim Hubel)和格奥尔格·默施(Georg Mörsch)编,《古迹保护取代仿古崇拜:反古迹重建文集》(*Denkmalpflege statt Attrappenkult. Gegen die Rekonstruktion von Baudenkmälern — eine Anthologie*),巴塞尔和柏林:比尔克豪伊泽 2011 年版。

② 弗朗索瓦·肖艾,《历史古迹的发明》,劳伦·M. 奥康奈尔(Lauran M. O'Connell)译,纽约和英国剑桥:剑桥大学出版社 2001 年版。亦可参见丹尼尔·J. 瓦尔克维茨(Daniel J. Walkowitz)和丽莎·迈雅·克瑙尔(Lisa Maya Knauer)等编,《记忆与公共空间政治转型影响》(*Memory and the Impact of Political Transformation in Public Space*),北卡罗来纳的达勒姆:杜克大学出版社 2004 年版。

③ 关于《文化遗产真实性与历史重建的里加宪章》的引文,可参见:http://www.altes-rathaus-halle.de/doku mente_17. asp (2012 年 11 月 10 日访问)。

和爱沙尼亚，苏联解体后这三个国家重新恢复了二战前的民族独立地位。如今，这三个国家的选民均对"编辑"他们的建成区环境兴趣盎然，特别是涉及被视为民族国家叙事核心的纪念碑和建筑物的重建。俄罗斯人同样重建了具有纪念意义的救世主大教堂（Cathedral of Christ the Savior），它是长期遭到压制的东正教教会总坛，并由此组织起截然不同的有关遭苏共迫害的受害者叙事。①

尽管在上世纪中期具有重大历史意义的《威尼斯宪章》对后社会主义欧洲国家正在推进的重建项目已影响力有限。但须知，历史重建完全不是一类新兴或纯粹欧洲的现象。在西方，历史保护在 19 世纪以古物研究团体（主要在英国）和正式国家机构（主要在法国和奥地利）的各色组织形式出现。19 世纪的建筑修复通常被归入以将古迹"恢复"到能让人察觉出（因为它们往往在历史上无足轻重）的昔日光辉为目标的重建工作。事实上，正如历史学家弗朗索瓦·肖艾（Françoise Choay）和阿希姆·胡贝尔（Achim Hubel）分别指出的那样，"修复"（restoration）和"重建"（reconstruction）这两个术语在 19 世纪几乎没有区别。② 英国艺术评论家约翰·罗斯金（John Ruskin）则坚决反对错误的"改进"方案，他认为这导致了真正的历史建筑持续"退化"的现象。在他 1849年的经典著作《建筑的七盏明灯》（*The Seven Lamps of Architecutre*）中对重建实践加以谴责。1877 年，深受罗斯金影响的工艺美术大师威廉·莫里斯（William Morris）创立了古建筑保护协会（Society fort he Protection of Ancient Buildings）。协会座右铭"从修复者手中拯救古迹"折射出莫里斯的观

241

---

① 关于莫斯科重建的两种观点，参见伊莎贝拉·德克格尔（Isabelle de Keghel），《莫斯科救世主大教堂的重建：思考俄罗斯民族认同建构与表现形式》（"Der Wiederaufbau der Moskauer Erlöserkathedrale. Überlegungen zur Konstruktion und Repräsentation nationaler Identität in Russland"），贝阿特·宾德（Beate Binder）、沃尔夫冈·卡舒巴（Wolfgang Kaschuba）和彼得·尼德穆勒（Peter Niedermüller）等编，《策划民族——20 世纪末身份认同的历史、文化与政治》（*Inszenierung der Nationalen. Geschichte，Kultur und die Politik der Identitäten am Ende des 20. Jahrhunderts*），科隆：伯劳出版社 2001 年版，第 211—232 页；以及玛丽娜·德米特里耶娃（Marina Dmitrieva），《基督救世主大教堂与苏维埃宫：莫斯科当代建筑的象征意义》（"Christus-Erlöser-Kathedrale versus Palast der Sowjets：Zur Semantik zeitgenossischer Architektur in Moskau"），《文化与危机：俄国（1987—1997 年）》（*Kultur und Krise. Russland 1987 - 1997*），伊丽莎白·绍埃（Elisabeth Cheauré）编，柏林：阿诺·施皮茨出版社 1997 年版，第 121—135 页。

② 肖艾，《历史古迹的发明》，第 91—94 页；阿希姆·胡贝尔，《介于修复与重建之间的古迹保护：历史回顾》（"Denkmalpflege zwischen Restaurieren und Rekonstruieren. Ein Blick zurück in ihre Geschichte"），《古迹保护》，冯·布特拉编，第 42—62 页，第 42 页。

点,即所谓的修复者对历史建筑的想象破坏了真实的建筑遗存。[1]

　　将目光转向亚洲,那里的一些例子对完整重建建筑物法则的解释则截然不同,并且具有更积极的价值。以日本为例,历史悠久的神道教传统包括了每20年完整重建一次伊势神宫。这项工作始自公元785年并持续进行中(期间有过数次中断,大多是出于战争原因)。最近的一次重建是在1995年,计划于2015年夏完成的下一次重建已是有文字记载的历史上第63次重建了。新旧神宫将比肩并立两周,仿佛在举行献祭和文物交接仪式。然后,从宗教建筑中拆除下来的柏木将会重新分配到神社周围,用于翻新大门门柱和周边的一些规模较小的附属神社。此类操作虽然并不十分普及,但在亚洲也并非全然闻所未闻(例如尼泊尔的博德纳大佛塔[the Stupa Bodhnath]也定期重建)。而它们确实表明,不同地域在建造与重建工作方面存在文化特殊性。[2]

　　回到欧洲背景,历史重建最近则以反对现代历史保护准则的面目重新登场。它处在与保护有着千丝万缕联系的广泛干预措施的最末端,这些措施至少从1900年左右起,就倾向于强调真实建筑遗存的保护、稳定和保存,并以物质上的非真实存在为名将重建排除在外(这要归功于英国的罗斯金和莫里斯,德国的格奥尔格·德伊奥[Georg Dehio]以及奥地利的阿洛伊斯·里格尔[Alois Riegl])。诸如"修复""恢复"以及"适应性再利用"之类的术语,部分定义了保护主义者在不同时间和地点下采取的干预措施,而保护性法规则通常要求明确界定和区别新建筑材料与较老旧的历史建材。[3]

　　自1980年以来,一股前所未有热情追求"科学"重建建筑(它强调混合使用或至少是尊重遗存历史建筑材料)的新潮流遍及整个中欧和东欧。无论是在重新统一的德国,还是在新近独立并渴望复兴的国家,它们的选民都在复兴消失在历史中的纪念性象征。然而,国家和地方有关历史重建的经验千差万

---

① 胡贝尔,《介于修复与重建之间的古迹保护》,第43—45页。

② 尼尔斯·古乔(Niels Gutschow),《亚洲的重建、新建与再造——尼泊尔、印度和日本的目标与仪式的连续性》("Wiederaufbau, Neubau und Rekosntruktion in Asien. Zur Kontinuität von Objekt und Ritual in Nepal, Indien und Japan"),内丁格,《重建的历史》,第36—47页;相关内容亦可参见第192—195页。

③ 亚历山大·内格尔(Alexander Nagel)和克里斯托弗·S.伍德,《年代错乱的文艺复兴》(Anachronic Renaissance),纽约:佐恩图书2010年版;以及约翰·H.斯塔布斯(John H. Stubbs)和埃米利·G.马卡斯(Emily G. Makaš),《欧洲与美洲的建筑保护:国家经验与实践》(Architectural Conservation in Europe and the Americas: National Experiences and Practice),新泽西的霍博肯:约翰·韦利父子公司2011年版。

别，它取决于特定时间和地点上的历史与意识形态观念。例如，波兰率先在二战后结合苏联城市现代化方案，对颇具传奇色彩的华沙历史老城和集市广场进行历史重建。① 20 世纪 40 和 50 年代的西德人所强调的现代化重建，或称"Wiederaufbau"（即德语的"重建"——译者注），则往往是在重建过程中将历史悠久的建筑抹除殆尽。② 直到最近几十年，无数重新统一后的德国城镇才明确放弃上述"重建"方法，转向"重建"或"Rekonstuktion"③不复存在的历史建筑。

但国际专家对于历史建筑重建的适用性与合法性仍有激烈争论。截至目前，在德国学术舞台上长期争执不下的领军人物是坚决捍卫重建工作的慕尼黑人温弗里德·内丁格（Winfried Nerdinger）和保护意识强烈的柏林建筑史学家亚德里安·冯·布特拉（Adrian von Buttlar）。④ 在布特拉及其合著者最近出版的新书《古迹保护取代仿古崇拜：反古迹重建文集》（Denkmalpflege statt Attrappenkult. Gegen die Rekonstruktion von Denkmälern — eine Anthologie）中，重建被认为是对数十年来已建立和积累的保护实践的歪曲。最典型的例子是在重建外立面时完全不考虑外墙后的历史内部装饰。这种出现在以行人为导向的商业街区的"门面主义"，往往被批评为房地产开发商和市政官员利用历史怀旧服务经济发展目的的肤浅做法。

2010 年，慕尼黑工业大学著名建筑史学家温弗里德·内丁格在慕尼黑组织的一场著名展览，极大推动了此类项目的发展。内丁格的展览主题名为"重建的历史——建构历史"（Geschicht der Rekonstruktion — Konstruktion der

242

① 博莱斯瓦夫·贝鲁特（Bolesław Bierut），《华沙重建六年计划：1949 年 7 月 3 日波兰统一工人党华沙会议报告》（The Six-Year Plan for the Reconstruction of Warsaw: Report at the Warsaw Conference of the Polish United Workers Party on the 3$_{rd}$ of July 1949），华沙：克西齐卡·I. 维德察 1949 年版；安娜·约瑟法茨卡（Anna Jozefacka），《重建华沙：首都城市的矛盾景象（1916—1956）》（Rebuilding Warsaw: Conflicting Visions of a Capital City, 1916‐1956），2011 年纽约大学博士论文。

② 迪特·宾格（Dieter Bingen）和汉斯-马丁·欣茨（Hans-Martin Hinz）编，《拆除：德国与波兰历史建筑的破坏与重建》（Die Schleifung: Zerstörung und Wiederaufbau historischer Bauten in Deutschland und Polen），威斯巴登：哈拉索维茨出版社 2005 年版。

③ 同为德语的"重建"。另外，此处有关"重建"在战后德国不同历史时期的内涵可参考本书中贝尔特拉姆和费舍尔的《德国话语与实践视角下的后战后时代"重建"被摧毁的家乡》一文中的相关论述。——译者注

④ 有关这一长期论争所具备的高度公共属性，详见 http://www.bauwelt.de/cms/buch.html? id ＝2369541♯.UQFFjPInh8F（2013 年 1 月 18 日访问），此处讨论的依据参见第 278 页注释①。

Geschichte），其强烈主张将历史重建作为一种实践。实际上正是内丁格的展览促成亚德里安·冯·布特拉 2011 年出版文集反对重建运动的，后者书中专门有一章炮轰内丁格的慕尼黑展览。这场展览及其随附的长达 511 页目录册立足己方立场，对长期以来形成的专业观点（一言以蔽之，"保护是好的，重建是糟的"）发起正面攻击。

内丁格 2010 年的展览在慕尼黑现代美术馆举行，它详细展示了约 200 个建筑重建案例，它们分布在慕尼黑、德累斯顿、希尔德斯海姆、华沙、维尔纽斯，以及地理位置相对遥远的地方，诸如京都、伊势、孟买、耶路撒冷和杰内。展览似乎要以主题的多元和地理位置的多样征服观众，呈现出众多不同文化背景及时间段的历史重建案例。展览目录介绍了过去、现在出自内丁格等人之手，涉及所展出的重建项目的研究论文、丰富文献与论战文章。而对于那些对慕尼黑在 1945 年以后的命运颇为敏感的人来说，这场展览或许也可以看作对这座城市反抗战后重建态度的回顾，当时地方政府不顾驻德美国占领军司令卢修斯·克莱将军（Lucius Clay）及其顾问、哈佛大学建筑学系的瓦尔特·格罗皮乌斯反对，沿着松散的历史线路重建慕尼黑老城区。格罗皮乌斯要求彻底用现代主义结构，用水泥、钢筋和玻璃取代被摧毁的历史建筑，当时其他许多西德城市就是这样做的。①

内丁格展览最引人入胜的地方或许是坚持要在历史保护、建筑学、建筑史及文化记忆的学科背景下转换对历史重建的理解范式。内丁格的导论开门见山地阐明了展览的争议性目标："复制并非背叛；描摹并非歪曲；铸模并非犯罪；重建并非谎言。"②在内丁格看来，在经历了第二次世界大战的停顿之后，历史样式与现代主义建筑的价值被错误地一分为二，相互对立。这种二分法将带有装饰的历史主义建筑等同于"谎言"，因为二十世纪中叶重要的建筑史

---

① 衷心感谢格雷格·卡斯蒂略与我就这一点进行的数次启发性对话。亦可参见格雷格·卡斯蒂略，《建构冷战：1946—1956 年德国建筑与文化的分裂》（Constructing the Cold War：Architecture and the Cultural Division of Germany，1946-1956），2000 年加州大学伯克利分校博士论文；以及卡斯蒂略，《家园阵线中的冷战：世纪中期设计的软实力》（Cold War on the Home Front：The Soft Power of Midcentury Design），明尼苏达的明尼阿波里斯：明尼苏达大学出版社 2010 年版。

② 作者自译，原文如下："Eine Kopie ist kein Betrug, ein Fäksimile keine Fälschung, ein Abguss kein Verbrechen und eine Rekonstruktion keine Lüge."温弗里德·内丁格，《导论——历史延续性的建构与重建》（"Zur Einführung — Konstruktion und Rekonstruktion historischer Kontinuität"），内丁格编，《重建的历史》，第 10 页。

学家如尼古拉斯·佩夫斯内（Nikolaus Pevsner）、西格弗里德·吉迪翁（Sigfried Giedion），以及亨利·拉塞尔·希区柯克（Herny Russell Hitchcock）认为，19 世纪和 20 世纪早期的历史主义建筑将过去不同时代和风格的装饰元素重新组合本身是"虚假"且不真诚的。相对地，佩夫斯内、吉迪翁、希区柯克及他们所支持的建筑师（如格罗皮乌斯、勒·柯布西耶和路德维希·密斯·凡德罗）则将技术驱动的现代主义建筑等同于"诚实"，因为后者渴望使用全新现代工业材质（水泥、钢铁和玻璃）以及它的现代结构意义（高层钢结构框架、干净的表面与体量、电梯和防火设施）构成一种"真实"且"真诚"的现代建筑表达。[①]

内丁格指出，甚至到历史样式借 20 世纪 80 年代的后现代主义建筑回归，这种妖魔化的两极分化依然持续有效。对于一场有关历史重建的学术展览而言意义重大的是，内丁格的展览和目录册完全舍弃了未加验证的后现代理论对线性历史叙事造成的不稳定性及后现代主义可能造成现代建筑和重建历史建筑成熟共存的局面。顺便一提，持同样观点的还有一场题为《"后现代主义：风格与颠覆（1970—1990 年）"》（Postmo-dernism：Style and Subversion，1970 - 1990)雄心勃勃的"重磅"回顾展及其目录册，这场展览从 2011 年 9 月至 2012 年 1 月在伦敦维多利亚和阿尔伯特博物馆举行。尽管近几十年来所有知识分子都专注于后现代主义主题及其意义，但至少在这两场重要展览中，主流的艺术史和建筑史学家显然仍将后现代主义归类为一类不受外界影响的时代风格或设计"瞬间"，并没有就后现代主义"之后"的建筑师将如何以新方式处理建成环境中的历史、传统、现代性及重建问题给出严格定义。[②]

内丁格的展览和目录还提醒参观者，自冷战结束以来，一股名副其实的历

① 尼古拉斯·佩夫斯内，《从威廉·莫里斯到瓦尔特·格罗皮乌斯的现代运动先驱》（Pioneers of the Modern Movement from William Morris to Walter Gropius)，英国伦敦：费伯 & 费伯 1936 年版；西格弗里德·吉迪翁，《空间、时间与建筑：一套新传统的成长》（Space，Time，and Architecture：The Growth of a New Tradition)，马萨诸塞的剑桥：哈佛大学出版社 1941 年版；以及亨利·拉塞尔·希区柯克，《19 和 20 世纪的建筑学》（Architecture：Nineteenth and Twentieth Centuries)，马里兰的巴尔的摩：企鹅 1958 年版。
② 格伦·亚当森（Glenn Adamson）和珍妮·帕维特（Jane Pavitt）编，《后现代主义：风格与颠覆（1970—1990)》（Posmodernism：Style and Subversion，1970 - 1990)，英国伦敦：V & A 出版 2011 年版。就对过去的模拟和评价而言，对柏林的深刻见解参见拉尔夫·J. 格贝尔（Ralf J. Goebel），《柏林建筑评论：重建、模拟和历史真实性问题》（"Berlin's Architectural Citations：Reconstruction，Simulation，and the Problem of Historical Authenticity")，《美国现代语言协会期刊》（Publication of the Modern Language Association of America)第 118 卷第 5 期，2003 年 10 月，第 1268—1289 页。

史重建狂热席卷现代城镇。对内丁格而言,诸如功能主义及其在 20 世纪 50 年代的延续(原始主义、野性主义和新理性主义)之类的现代主义风格,由于建筑风格无法满足要求而接二连三地被城市否定,同时它又不符合居住社区与商业区的需求,几乎无法成为令许多社区心怀骄傲的所在,从长时段来看也无法成为它们的遗产。内丁格和其他重建主义者所要传达的信息是,20 世纪现代主义如弥赛亚承诺般拯救不断进步的城市生活的新风格,简单来说根本经受不起时间的考验,因此没有理由继续坚持这种 20 世纪中叶的教条说法。

内丁格和他的同道认为,过去的历史并非无可挽回。它之所以始终难以触及,是因为设计师们在战后数十年中主张垄断进步,并通常以深奥的先锋派建筑表达线性的未来,据称这才是进步的未来。展览组织者因此反其道(毕竟后现代时代,无论怎样都存在问题)而行之,他们认为历史可以作为一部研究目录,它是"重新建造"核心古迹的潜在源泉,而再现这些建筑样式将为未来的子孙后代保留下长时段的文化记忆。内丁格最大限度地利用了那些反映地方为再造名胜古迹付出努力的重建案例,它们在地方层面扮演了促进公民意识、爱国主义以及积极参与文化事务的关键性角色。他坚持认为,重建主义者不会追求重建法西斯主义的纪念建筑,或如实"勘察"一座城市各时期历史的建筑物。恰恰相反,内丁格希望让读者们明白,他们致力于重建的有助于使儿童、成年人和参观者理解他们所处城镇和城市特殊或独到之处的建筑,是当地人最希望恢复和向后代传承下去的建筑。[①]

内丁格批评了自己老家的建筑史学科;他认为,长期以来建筑史学家总是强调叙事是应优先对待的"下一件大事",也就是说——历史总是强调当代建筑师超越时代的成就,而放弃了伴随着"进步的"建筑文化而来的修复与重建的传奇。内丁格还主张,建筑的历史确切来说是一门关于在任何时空下重建、复制、模仿和改进前例的历史,他的展览也因此着眼于记录这一全面变化。历史重建不能被忽视,尽管它们往往被西方建筑师和保护主义者认为是"迪斯尼化"的例子或纯粹生产媚俗的建筑。但对于内丁格来说,相比事先承认重建和追随"前车之鉴"的建筑案例之间存在明确的界限,复制、改写和重新创造建筑

---

① 阿莱达·阿斯曼(Aleida Assmann),《重建——第二次机会,或:档案中的建筑》("Rekonstruktion — Die zweite Chance, oder: Architektur aus dem Archiv"),内丁格编,《重建的历史》,第 16—23 页。

物之间的界限则更为清晰。

    一个有助于内丁格阐明这一观点的建筑案例是位于拉脱维亚里加的"黑头宫"（Schwartzhäupterhaus，图 14.1）①。这座经精心装饰的汉萨商会总部，是一栋建于 14 世纪的砖石建筑。"黑头宫"毁于第二次世界大战，随后于 2000 年重建完成，作为民族国家象征及时赶上了 2001 年里加建城 800 周年纪念。其建筑入口处的铭文为内丁格提供了证据，证明大厦的重建并非总是如后辈建筑师和《威尼斯宪章》起草者口中的禁忌，它用德语写着："*Sollte ich einmal fallen nieder. So erbaut mich doch wieder!*"人们可以将其大致翻译为如下诗意的句子："如我一朝大厦倾覆，请将我原样重建起。"②对于里加的重建主义者来说，重建家乡城市的重要象征是重复过去的历史建筑样式，这或许会让今天的人们感到震惊，或是听上去有那么点矫揉造作。然而，随着时间的推移，重建一座有数百年历史的建筑意味着对日益强大的历史延续性做出回应，

图 14.1   明信片上的"黑头宫"，里加，拉脱维亚，1910 年；始建于 14 世纪，毁于 1941 年， 245
           重建于 1993—2000 年

来源：约翰·V.马丘基卡收藏

---

① "黑人宫"得名于"黑头商会"，是起源于 13 世纪的圣乔治兄弟会的商人行会，主要由居住在里加，但不享有该市公民权的年轻德意志未婚商人组成。1447 年里加市议会将一栋名为"游行大厅"（Paradesaal）的建筑出租给黑头商会，但"黑头宫"名称直到 1678 年才出现。——译者注
② 作者自译，引自阿斯曼，《重建——第二次机会》，第 16 页；亦可参见该书第 324—326 页。

以弥合跨越几代人、影响力超越当代的时间跨度。但当代历史保护领域本身又似乎在面对这样的例子时立场摇摆不定：要么将重建视为一种彻头彻尾的建筑不诚实和乱花冤枉钱的表现（按照布特拉的说法）；要么视之为一种社群主义者的忠诚信仰（内丁格）；要么将其看作悲剧性的资源分配不当；要么是合法复兴一座传承着一段历史被沙皇俄国和后来苏联的扩张所激烈打断的纪念建筑。

有意思的是，在这个案例中，拉脱维亚政府决定资助重建的是一座明确具有异域外观与文化——德国式——的建筑。但正是这座波罗的海德意志纪念建筑，通过揭示出许多拉脱维亚人对德国及西欧的历史认同，支撑起拉脱维亚的民族遗产。这种认同长期以来构成了拉脱维亚所努力维系的一种波罗的海文化身份，并试图划清与俄罗斯民族非自愿联系的界线，因为拉脱维亚的领土曾经遭到吞并，并沦为沙皇俄国的行省或苏联加盟共和国之一。国家重建项目因此与国家与民族自我主张联系在一起，这种自我主张不仅在很长一段历史时期中遭到压迫，且直到 1991 年苏联解体前，无论是在政治还是文化上，拉脱维亚都不可能表达要求政治独立的主张和重建一座汉萨商会建筑的决定。因此，建筑物的重建在强调一种特定的拉脱维亚身份认同方面发挥着作用。此外，在拉脱维亚民族国家框架内，具有跨国属性的建筑过程已在发挥作用，尽管并非所有拉脱维亚人都认可这个方案的细节。

历时性的"膨胀"与历史保护的社会转向

历史建筑重建再度流行是否有可能与人们对时间、历史的态度转变有关？在历史保护领域，什么才称得上"过去"？这是弗朗索瓦·肖艾在 2001 年出版的《历史古迹的发明》（*The Invention of the Historic Monument*）一书中提出的观点，该书最初于 1992 年在法国出版，题为《历史古迹的寓意》（*Allègorie du Patrimoine*）。肖艾指出，自历史保护成为现代学科以来的大致两个世纪里，经历了三倍于过去的重大扩容。就时间性而言，肖艾坚持认为，"一种历时性扩张"通过逐步缩小当代与值得保护的古迹年代之间的历史时间差，大大增加了被认为具有正当历史意义的古迹数量。在大约 200 年前，当历史保护领域首次与西方现代性和英法两国的现代化进程联袂出现时（虽然它的渊源更为久远），保护建筑的年代与当代的时间差通常是1,000年或更久。[1] 至1900年前后，新的法规将时间差缩短至200年，从而增加了潜在的纪念建筑数量。1903年，可能是奥地利艺术史学家和法学家阿洛伊斯·里格尔在一篇如今已被奉为经典的文章中提到了"现代的古迹崇拜"（"*Der moderne Denkmalkultus*"），以区分为纪念人或事件而创建的"国际纪念建筑"与因其"年代价值"甚至"废墟价值"而产生的建筑古迹；在后一种情况下，历史赋予的色泽与氛围制造出一种与遗产和先辈相连的直观联系。[2] 工业化和城市化进程的加速，有助于催生出保护工业化时代工艺品这一兴趣，从而进一步缩小了当代与值得保护的建筑古迹的时间差。而在《威尼斯宪章》通过的1964年，法国文化部长安德烈·马尔罗（André Malraux）首次在法国"古建筑"保护名录中加入了一座现代主义建筑——勒·柯布西耶设计于1929年的萨伏伊别墅。[3] 1996年，瑞士政府投票通过将建筑师彼得·楚姆托尔（Peter Zumthor）设计的温泉浴场作为历史古迹保护起来，而这栋建筑物于一年前刚刚完工。

伴随着"字面"意义上和"地理"意义上的扩张，历史保护领域的三重扩张得以完成。从字面和语义角度来看，历史古迹的认定从最初的古典纪念建筑逐渐扩展至包括宗教建筑、城堡和宏伟房舍在内的建筑。二战之后，受保护的古迹清单扩充到百货公司、集中营、工厂和整个文化景观。同时，签署保护协议的国家数量不断增长，从而产生出肖艾所谓的"地理上的扩容"：相比1931年只有欧洲国家聚集在雅典接受第一份国际保护协议，至1979年，已有来自五大洲的25个国家签署了《世界遗产公约》（*World Heritage Convention*）。因此，从国际化或世界遗产的角度思考本地建筑古迹的公民数量也呈指数级增长。人们沿着名副其实的遗产朝圣之路展开旅行，并围绕历史古迹参与跨国文化消费的基础已经奠定。从商业和地方层面来看，文化产业可以更轻松

---

[1] 肖艾，《历史古迹的发明》，第138—143页；亦可参见马文·特拉赫滕贝格（Marvin Trachtenberg），《应景建筑：从乔托到阿尔贝蒂及其本代的被遗忘》（*Building-in-Time：From Giotto to Alberti and Modern Oblivion*），康涅狄格的纽黑文：耶鲁大学出版社2010年版。

[2] 阿洛伊斯·里格尔，《现代古迹崇拜：特点与来源》（"The Modern Cult of Monuments：Its Character and ist Origin"），库尔特·福斯特（Kurt Forster）和戴安娜·吉拉尔多（Diana Ghirardo）译，《对立》（*Oppositions*）1982年第25期，第25—52页。

[3] 这一过程详见凯文·D.墨菲（Kevin D. Murphy），《萨伏伊别墅与现代主义历史纪念建筑》（"The Villa Savoya and the Modernist Historic Monument"），《建筑史学家协会期刊》（*Journal of the Society of Architectural Historians*）第61卷第1期，2002年3月，第68—89页。

地在以历史主题展开步行购物区的再开发项目中推广历史。借用荷兰当代激进建筑师及思想家雷姆·科尔哈斯(Rem Koolhaas)在一篇题为《保护正在压垮我们》("Preservation is Overtaking Us")的文章中的话:"我们正生活在一个令人极度兴奋而又多少有些荒诞的当下,即(历史)保护正在压垮我们。或许我们将成为第一批真正体验保护不再成为追溯历史,而是面向未来的行动的人。"①

但这个问题远远超出了以历史为主题的步行街购物商场的范畴。历史学家米夏埃尔·法尔泽(Michael Falser)指出,历史保护领域存在着一种伴随当代城市社会而来的重要发展趋势。他认为在20世纪70年代古迹保护的全盛时期,随着建筑物和地区取得保护地位所需的时间差大幅缩短,实际上不仅为古迹成为历史对象铺平了道路,也为社交互动与地方生活提供了空间。② 换言之,当一处历史古迹不再需要成为罗马的万神殿或乔治·华盛顿位于弗农山庄的家,受保护的古迹空间与社交空间之间的界线就有可能变得模糊不清。它可以仅仅是镇上最早以流畅的线条装饰细节为特色的餐馆,甚至可以是人口稠密、欣欣向荣的城市住宅区,例如20世纪20年代由建筑师斯坦因和赖特设计的(纽约)皇后区阳光花园就在2008年被指定为保护性历史住宅区。

那么,历史与日常生活场景之间的相互渗透是否会在某种程度上让历史保护走向民主化?尽管许多官方保护实践仍避免将重建作为一种不真实的仿造,但这种相互渗透是否会让现实中历史建筑重建的大规模激增变得不那么难以操作?它为我们指出了历史保护与文化遗产试图保留的内容包含了被历史学家阿隆·孔菲诺有力论证为高度紧张的文化记忆政治。③ 孔菲诺的著作《作为一种记忆文化的德国》(Germany as a Culture of Remembrance)提醒历史学家,在将文化记忆作为一种历史现象进行分析时,具体区分"民族"或"国

---

① 雷姆·科尔哈斯,《保护正在压垮我们》,《未来的前景》(Future Anterior)第1卷第2期,2004年夏,第1—3页,第2页。科尔哈斯在一本特别作品的最终章中详细论述了历史保护领域所面临的困境:雷姆·科尔哈斯/大都市建筑事务所,《内容:再现的胜利》(Content: Triumph of Realization),科隆和英国伦敦:塔申2004年版。
② 米夏埃尔·S.法尔泽,《"扩大斗争范围":对古迹保护的新要求(1960—1980年)》("'Ausweitung der Kampfzone': Neue Ansprüche an die Denkmalpflege, 1960–1980"),《古迹保护》,冯·布特拉编,第89—134页,第93—94页。
③ 阿隆·孔菲诺,《作为一种记忆文化的德国:历史书写的承诺与限制》,北卡罗来纳的教堂山:北卡罗来纳大学出版社2006年版。孔菲诺并未专门撰写建筑及记忆的具体化;我只是将建筑环境与他对文化记忆在社会中扮演角色的挑战性讨论结合起来。

家"之类的范畴存在的陷阱。简言之，民族、国家以及代表国家的纪念物并不等同于人们的记忆。人是通过不同的种族、性别、宗教、阶级和代际将自己与他人区别开来。对孔菲诺而言，"就人们构建世界和自己的行为而言，记忆在社会中的运作是通过各种各样的社会时代、社会经历与表现形式进行的，在某种程度上它们是矛盾且模棱两可的"。这一点在德国背景下表现得尤为突出，这个国家在 20 世纪经历了激烈的政权更迭、地缘政治上的分裂与再统一。在孔菲诺看来，敏感地察觉诸如此类的情况及其复杂性，意味着历史学家应当强调"德国记忆的历史书写是叙述一种在各个政体的时代背景下的自我敏感性于集体表现的不同步"①。

巴洛克的舞台与巴洛克式的重建：德累斯顿的圣母教堂

孔菲诺的评论提示出一种如何理解当前围绕德国历史古迹保护、拆除与重建争论不断的不稳定状态的方法。这些争论有望开启对圣母教堂重建的研究，这个重建故事的轨迹又恰恰成为验证孔菲诺集体记忆思想实践的测试性案例。在 1990 年之后的一段时期内，天翻地覆的政治形势变革首次令重建圣母教堂成为可能，当时明确表达的意图是进行"考古性重建"：尽可能多利用教堂原有的石块，并结合从采石场运来的新石材。新石材取自易北河上游历史悠久的采石场，这里有着为德累斯顿提供著名的"萨克森砂岩"（*sächsischer Sandstein*）的传统。对一些人来说，这一考古性重建代表着实现二战结束时所提出的想法，当时许多德雷斯顿人都希望能重建这座具有 200 年历史的城市象征。（图 14.2）

248

虽然圣母教堂在整个德意志民主共和国时期都未得到重建，但当时仍出现一系列与保护相关的重要事件。艺术史学家克里斯蒂安娜·赫特尔（Christiane

---

① 孔菲诺，《作为一种记忆文化的德国》，第 206 页。孔菲诺的讨论建立在莫里斯·哈布瓦赫的作品基础上，《论集体记忆》（*On Collective Memory*），刘易斯·A. 科泽（Lewis A. Coser），伊利诺伊的芝加哥：芝加哥大学出版社 1992 年版；亦可参见鲁迪·科萨，《从古迹到遗迹：人造的德国记忆（1870—1990 年）》（*From Monuments to Traces：Artifacts of German Memory，1870 - 1990*）。从个人层面来说，一句在 20 世纪 90 年代和 2000 年初柏林德国人中普遍流行的格言可以用来证明孔菲诺所描述的现象。"1989 年我们推倒了这堵墙，"无论是来自前东德还是西德的德国人在那些年里都这样说，"但问题是墙依然存在于我们心中。"

图 14.2　格奥尔格・贝尔，圣母教堂，德累斯顿，1910 年；始建于 1726—1743 年

奥托・里希特(Otto Richter)编：《德累斯顿的昨天与今天》(*Dreden sonst und jetzt*, 1905)

Hertel)指出，1967 年 5 月，萨克森的考古学家和文保官员通过将教堂神圣化
为遭盟军轰炸的平民受害者纪念碑和纪念 1945 年死难者及毁于一旦的教堂
本身的场所，使教堂废墟得以稳定保存下来。这在某种程度上赋予了圣母教
堂废墟作为历史古迹的新状态，但这并不是凭借它本身的结构，而是以戏剧性
的但又稳定的废墟形式出现。至少在一些非正式的传闻中，据称在东德的一
些圈子里，这一废墟的神圣化被理解为使这一场所保持暂时性稳定的理想做
法：或许有一天，当局将有能力真正重建这座教堂。在这个问题的意见分裂
则毫不令人意外，至少在冷战时期的两个前德国意见是一分为二的。赫特尔
写道："特别是在西德，纪念废墟相当受欢迎，并且似乎被假设为不可改变，而
(东德)对希望重建圣母教堂的兴趣从未彻底消失。因此，承诺(进行考古性重
建)……在柏林墙倒塌之后被立即提出来不足为奇。"①

　　赫特尔的研究为圣母教堂重建过程中淡化意识形态与意义的再探讨提供了
相当个人化但富于高度洞见的解释。她的诠释是一则关于城市开启如鲁迪・科

① 克里斯蒂安娜・赫特尔，《超越(不)真实：德累斯顿的圣母教堂》("Beyond In/Authenticity：
Dresden's Fraenkirche")，《建筑旅游：真实、逃离、异国情调和壮丽景观》(*Architourism：
Authentic*，*Escapist*，*Exotic and Spectacular*)，琼・奥克曼(Joan Ockman)和萨洛蒙・弗劳斯托
(Salomon Frausto)，慕尼黑：普雷斯塔尔 2005 年，第 42—49 页，第 44 页。

萨（Rudy Koshar）颇具见地地称为"记忆景观"的故事。在老城区，包括了重建和修复一系列戈特弗里德·森佩尔（Gottfried Semper）和格奥尔格·贝尔（George Bähr）①设计的巴洛克建筑和采取当地式样建造的商会建筑，它们分布在建于萨克森选侯"强人"奥古斯特（Augustus the Strong）②时代的德累斯顿新集市广场上；"强人"奥古斯特直到 1733 年逝世之前都是一位著名的建筑和艺术赞助人。③ 然而，虽然环绕在圣母教堂周围，但以市场为导向的新集市广场的重建却使得重新建造的建筑物不再精准还原曾经伫立在此的巴洛克建筑的原貌。建筑评论家安德烈亚斯·鲁比（Andreas Ruby）批评德累斯顿这个再开发方针是一种拙劣的模仿，取而代之的是"易北河上的拉斯维加斯"，并谴责这些以"商业巴洛克"风格建造的新建筑不真实。他指出，实际上一些在民主德国时期幸存下来的建筑物地下室仍保留着最初 18 世纪的巴洛克式拱券，但在两德统一之后，由于开发商选择在这里建造服务历史城市中心的新地下停车场，这些建筑结构被摧毁殆尽。④ 鲁比批评德累斯顿人似乎痴迷于业已消失甚至是想象出来的 18 世纪的巴洛克时代，仿佛从文艺复兴到 19 世纪，甚或民主德国时代所做出的建筑贡献从未存在过一样。他认为，以这种静止的巴洛克时代德累斯顿的表现作为某种捕捉城市"真实本质"（*eigentliches Wesen*）的方式，所引发的戏剧性城市主义压倒了经过深思熟虑的改变，然而只有后一种改变才会受到创见不亚于"强人"奥古斯特的建筑思想家的激赏。

尽管存在批评，但至少因为巴洛克式的圣母教堂的强大象征意义，德累斯顿巴洛克风格依然大受欢迎。1990 年以后，采用高科技手段打造的新石块与来自最初的圣母教堂，被重新利用的石块，证明地方政府尽可能采取科学、真实手段复原最初建筑的兴趣。当局拒绝了所有建议将任何一部分重建建筑以前卫的样式包裹，或是将任何部分置于玻璃之后的方案，因为诸如此类的添加

---

① 贝尔（1666—1738 年），巴洛克时期的德国建筑大师，德累斯顿圣母教堂的设计者。森佩尔（1803—1879），活跃于 19 世纪中叶的著名德国建筑师和艺术史学者，他被视为新文艺复兴风格的代表人物，他为德累斯顿留下诸多建筑作品，如茨温格宫（扩建工程）、两座宫廷剧场（后一座也被称为森佩尔剧场）等。——译者注

② 指萨克森公爵弗里德里希·奥古斯特一世（Fridrich August I，1670—1733），1697 年起兼任波兰国王。——译者注

③ 科萨，《从古迹到遗迹》。

④ 安德烈亚斯·鲁比，《易北河畔的拉斯维加斯——一座陷入"布景板狂热"的城市：德累斯顿会如何圆它的历史？》（"Las Vegas an der Elbe — Eine Stadt im Kullsenwahn：Wie sich Dresden die eigene Vergangenheit zurechtlügen möchte?"），《时代报》第 46 期，2000 年 9 月 11 日。

只会令参观者强烈地感受到原始建筑与重建物之间的区别。换言之,任何诸如此类在教堂外立面上采取博物馆化的当代玻璃陈设,或其视觉上的前卫建筑展示的方式,都会产生出一种贝托尔特·布莱希特(Bertold Brecht)所谓的"离间效果",即更强调重建物是一种奇观,而不是复原一个历史的神圣空间。

250 第一要务是使重建后的教堂融入城市生活与景观,只有新旧石材可以记录教堂所使用的是原初的或新增的建筑材料。建筑工人将诸如钢锚环和加长钢条之类的结构加固件埋入建筑主要檐口和穹顶的砂岩结构中,以保护教堂的历史风貌,并模仿贝尔最初设计的铁质加固环。随着时间的推移,风化作用会使易北河砂岩变黑,并在其背后形成一层坚硬的氧化铁保护层,这将使得新切割砂岩块与原来的旧石块几乎没有区别。① 在内部,只在教堂地下墓室的一处增加了一个由艺术家安尼施·卡普尔(Anish Kapoor)设计的现代祭坛雕塑,——卡普尔因为芝加哥世纪公园设计的"云门"雕塑而闻名遐迩。

1994 年,圣母教堂的科学重建工作因为圣母教堂基金会面临财政困境而中断,这也促成更多的国内外力量在融资与项目指导方面发挥决定性作用。新的参与者包括德累斯顿银行、德累斯顿美国之友协会以及赫尔穆特·科尔(Helmut Kohl)执政的基民盟政府。随着世界文化遗产在国际领域和大众旅游层面的影响力渐趋增长,各种新的大众呼吁也使建筑预算的缺口开始缩小,例如基金会出售带有圣母教堂最初石料碎片的腕表,而德累斯顿银行位于全德的各分行都陈列着圣母教堂形状的信息面板和硬币收集箱。不过明显还需要采取更激进的成本节约措施,只不过这些措施将违背只使用圣母教堂本来

① W. 耶格尔(W. Jäger)和 T. 布克尔特(T. Burkert),《德累斯顿圣母教堂的重建》("The Reconstruction of the Frauenkirche in Dresden"),第三届国际研讨会"历史建构:数字与实验技术可能性"(*Historical Construction:Possibilites of Numerical and Experimental Techniques*),保罗·B. 洛伦索(Paulo B. Lourenço)和佩雷·洛卡(Pere Roca)编,葡萄牙的吉马朗伊斯:米尼奥大学出版社 2001 年版,第 167—185 页。一部拉尔夫·耶瑟(Ralf Jesse)与歌德学院合作的影片,《重建德累斯顿圣母教堂》(*The Reconstruction of Dresden's Frauenkirche*,2004)可在 http://www. goethe. de/kue/flm/prj/kub/std/en3982506. htm 观赏,电影文本:http://www. goethe. de/wis/pro/kub/pdf/63_dresden_en. pdf(均于 2012 年 11 月 12 日访问)。在齐格弗里德·多尔纳赫(Siegfried Dornacher)和恩斯特·舍费尔(Ernst Schäffer)的《德累斯顿圣母教堂的紧固技术》("Spanntechnik beim Wiederaufbau der Frauenkirche Dresden"),杜尔蒙廷根:保罗机械制造有限公司(1997 年?),http://www. paul. eu/fileadmin/paul_template/dateien/b147. 11_1. pdf(2012 年 11 月 12 日访问)。

的石块及新采集的同类石材重建教堂的初衷。赫尔特利用文献证明,在工程师和建筑考古学家通力合作下,大批石块被从 1996 年拆除的托尔高桥上抢救下来;这座历史桥梁正是当年美苏军队首次会师的地点。60 位为圣母教堂工作的泥瓦工和砖匠并没有将新采的石材用于教堂,而是将托尔高桥上的砂岩砖块嵌入教堂地下室的拱形天花板。当然,务实地再利用节约了开采新石材的成本,但这种解决办法使得整个方案偏离了原本规划好的理想:完整利用原有的旧建材与特别开采的新萨克森砂岩的考古性重建。[①]

　　同时,施工现场新矗立的广告牌也反映出项目新参与者的角色定位及其态度。有一幅广告宣称,完工后的教堂将使圣母教堂重返"文化世界"。根据赫尔特的研究,这一模棱两可的措辞暗示着这座建筑作为共产主义时代废墟宿命的终结:一方面是缺乏重建教堂的远见、能力和意愿;而另一方面又代表着教堂在更为"开明的"西方文化与政治框架下获得重生。[②] 当然广告牌的语言省略了各种社会与地方公共活动参与者高度个人化的记忆,取而代之以一种支配一切的官方叙事。但它反过来也令许多居民和参观者觉得这个项目变得不可思议,他们见证了教堂的各个不同阶段,即作为"纪念性废墟"的前身(1967—1990 年),被吹捧的"考古性重建"(1990—1994 年),以及最终成为一个受西方影响的务实重建项目(1994—2004 年)。科尔政府及其继任者则似乎将圣母教堂视为新德国在后共产主义时代团结一致的融合象征。但在当地,除非经历数个世纪,而不是区区几十年,这些逐步风化的新旧石头才会与人口现实相融合,使经过专业重建的教堂变得更自然。[③] 在这一点上,它对新一代人提出的挑战是如何去维护有关教堂与其重建的叙事,又或是如何建构迎合那些位于德累斯顿新集市广场上,围绕圣母教堂"新做旧的"巴洛克商业建筑特点的新叙事。

251

---

① 赫特尔,《超越(不)真实》,第 46—48 页。

② 同上,第 46 页。

③ 珍妮特·沃德(Janet Ward),《神圣空间与城市战争纪念》("Sacralized Spaces and the Urban Remembrance of War"),《记忆文化与当代城市:建筑的地点》(*Memory Culture and the Contemporary City: Building Sites*),尤塔·施塔格(Uta Staiger)、亨利埃塔·施特恩(Henriette Steiner)和安德鲁·韦伯(Andrew Webber),纽约和英国的贝辛斯托克:帕尔格雷夫·麦克米伦 2009 年版,第 145—160 页。

"宫廷政变"：柏林城市宫的拆除与重建

孔菲诺有关德国历史学家应如何探究"个体与集体，公共与私人，典礼与日常，以及官方与地下记忆"的"重叠"或"不一致"的深刻见解，无疑也适用于柏林中心城区。[①] 首都最具争议的历史古迹建筑与重建地点之一是历史上曾经伫立过的柏林城市宫（1451—1951）、东德共和国宫（1977—2009）且环布历史建筑的区域。[②] 柏林的这一宫殿建筑群始建于 1443 年，起初是一处中世纪的宫堡要塞，是勃兰登堡-普鲁士的霍亨索伦家族（1415—1918）的驻地，并伴随着这座都城历经霍亨索伦边疆伯爵、选侯、国王以及后来的皇帝统治而变得日益庞大。

1945 年的空袭摧毁了这座前普鲁士统治所在地 75％ 的建筑；尽管大多数的屋顶都已坍塌，但这座庞大四层宫殿的所有外墙却完好无损。20％ 幸免于难的房间与厅堂战后被用作博物馆和展示场所之用。然而到了 1950 年，东德共产党领导人瓦尔特·乌布利希在一次出访莫斯科归来后下令将这一拥有 500 年历史的建筑群彻底夷为平地，据报道称是为即将被命名为"马克思-恩格斯广场"的广场及游行场所创造必要的开放空间。但柏林宫只是东柏林旨在将东区（Ostzone）改造为现代化的"民主德国首都"（Hauptstadt der DDR）而清理的成千上万战争毁损建筑物中最大的一处。至 20 世纪 50 年代后期，东德首都已经充斥着数公里长的社会主义现实主义风格大道与现代化的住宅塔楼，意在象征社会主义对以"出租兵营"和大院式住宅开发为特征的战前资

[①] 孔菲诺，《作为一种记忆文化的德国》，第 206 页。

[②] 每栋建筑存在的时间跨度包括了它开始投入使用的年份及建筑（或其部分建筑）仍存在的年份。举例来说，柏林宫拆除于 1950 年 9 月至 1951 年 1 月间，因此记录的日期为 1451—1951 年。这部分内容出自早前两次对柏林皇宫重建争议的调研：约翰·V. 马丘基卡，《谁的宫殿广场？柏林历史核心区内的建筑与德国认同的"物质化"（1945—2009 年）》（"Whose Schlossplatz? Architecture and the 'Materialization' of German Identities in Berlin's Historic Center, 1945-2009"），《德国历史研究所期刊》（*Bulltein of the German Historical Institute*），第 7 次增刊《东德物质文化与记忆的力量》（"East German Material Cultur and the Power of Memory"），2011 年，第 15—28 页；以及扩充为波兰语及英语版本的《这座宫殿不在柏林——这座宫殿就是柏林》（"Zamekdla Berlinacyz Berlin dlazamku?"），马尔塔·杜达-格里茨（Marta Duda-Gryc）译，《Herito：遗产、文化与当代》（*Herito: Heritage, Culture and the Present*）2011 年第 3 期，第 4—21 页。

本主义柏林的胜利。因此，民主德国的国徽并非苏联式的锤子和镰刀，而是建筑师的指南针和锤子，绝非偶然。这个标志与一套官方口号相结合，在诸如位于纪念性的新古典主义风格的斯大林大道的建筑工地上飘扬着大肆渲染"社会主义建设"（*Aufbau des Sozialismus*）的条幅。而正当苏联当局乐观地宣布一种新"苏维埃人"（*Homo Sovieticus*）出现时，东德城市与社会经济组织则声称正在创造"新社会主义男女"。①

到了 20 世纪 70 年代，在瓦尔特·乌布利希的继任者埃里希·昂纳克（Erich Honecker）的监督下，在这座前霍亨索伦宫殿遗址历史最悠久的地方建成了一座由大理石和玻璃组成的现代化展示性大楼。这座"人民的宫殿"被命名为"共和国宫"，于 1977 年由海因茨·格拉封德建筑集体（Heinz Graffunder-Architectural Collective）设计完工。它不仅是东德议会的所在地，还包括了一座公共电影院、宴会厅、保龄球馆、一座音乐厅以及十几家餐厅与咖啡馆（图 14.3）。然而，在这座社会主义地标建筑上投射的多重跨国主义意义与记忆，取决于欧洲的东西方阵营如何来看待它。例如，俄罗斯出生的哈佛大学比较文学教授斯韦特兰娜·博伊姆（Svetlana Boym）在她的作品《怀旧的未来》（*The Future of Nostalgia*）中，回忆了自己和母亲 1976 年离开家乡列宁格勒/

252

图 14.3　海因茨·格拉封德建筑集团，共和国宫外观，东柏林，1973—1976 年；此图摄于 1980 年左右

来源：照片由文德博物馆和洛杉矶冷战档案馆提供

---

① 卡斯蒂略，《建构冷战》。

圣彼得堡前往东德的旅程,"我们第一次'去西方'旅行,也是第一次穿越苏联国界"。她生动地回忆道:

> 我们跟别人访问博物馆似的参观了时装店,并和一群苏联军人妻子们一起目瞪口呆地看着卖给德国人的夹克和靴子。我们受到冷冰冰的对待,仿佛我们是举止粗俗的卑劣野蛮人。⋯⋯整个旅行最令人印象深刻的是前往刚刚建成共和国宫的亚历山大广场和马克思-恩格斯广场。我们从未见过如此辉煌、对我来说代表西方的现代建筑。它的彩色玻璃窗显示出异国情调,充满了可能。它向公众开放,并且比俄国的政府大楼看上去更民主。正是在这座宫殿里,我们第一次尝到了西方饮料:冰镇橙汁,买一送一,这是我们买得起的。①

博伊姆的个人文化记忆在 1990 年德国重新统一之后转变为辛酸的故事,一个基层组织现身支持重建霍亨索伦宫,而另一个则坚决维护共和国宫原样不变。另有一些公民则主张将这个过度强调的柏林地标改造成不包含任何政府大楼的公共公园。另有一些人则提出要建立一个包容性的"混合"结构,它可以将共和国宫与霍亨索伦宫的重建部分相互连接,以便明白无误地承认普鲁士与德国历史存在不同的阶段。

当时柏林墙倒下不久,将来会发生什么没人知道。1992 年,以汉堡商人威廉·冯·博迪恩(Wilhelm von Boddien)为首的几位热心人士成立了引发争议但影响力举足轻重的柏林城市宫支持协会(Förderverein Berliner Stadtschlosse. V.)。该协会举办了一场有关柏林宫历史和命运的展览,题为《宫殿?柏林中心展》;展览目录册还附有银行汇款单,供潜在的捐款人和参观者汇款至协会账户。② 为了引发媒体关注及财政支持,同时激发出参观者与城市居民的整体想象力,1993 至 1994 年间,组织者还在共和国宫的对面竖起一座巨大的脚手架,用以张挂一幅复制原宫殿外立面的等比例图,与共和国构成镜像对立,并覆盖了霍亨索伦宫原址最初的位置。这令认可民主德国共和

---

① 斯韦特兰娜·博伊姆,《怀旧的未来》,纽约:基础图书 2001 年版,第 186—187 页。
② 柏林城市宫支持协会编:《宫殿?柏林中心展》(*Das Schloss? Eine Ausstellungüber die Mitte Berlins*),柏林:恩斯特父子出版社 1993 年版。非常感谢雅尼斯·赖夫(Janice Reiff)提供这份目录的副本,并附上了原始汇款清单。

国宫历史价值的保护主义者感到震惊，因为建于 20 世纪 70 年代东德现代主义建筑或将面临霍亨索伦宫重建运动的威胁。[①] 博伊姆在《怀旧的未来》中评论此情此景时引用了政治哲学家苏珊·布克-莫尔斯（Susan Buck-Morss）的话，巨大的乙烯制外立面复制图海报是"一个运用后现代原则的杰出典范——政治上无法解决的问题在美学上迎刃而解：一座假的宫殿，它为一个冒牌国家提供了一段虚假的历史。它将国家认同降低为吸引游客注意力，并使德意志民族国家成为一座主题公园"[②]。布克-莫尔斯丝毫不客气的观察将所有对重建抱有怀疑的态度推到了前台，尤其是针对哪怕最细微的真实建筑遗迹都荡然无存的情况。然而，柏林通过重建霍亨索伦宫外立面"演出"自己的过去，在当下实际重建建筑物的条件下，是否具有不同的意义？

可以肯定的是，意大利建筑师佛朗哥·斯泰拉的获奖项目，从 2008 年起开始重建柏林宫三个历史外立面，构成一个全新的"洪堡广场"，它将是首都历史上被移除的博物馆、图书馆及研究机构的家园。而这也是一段戏剧性的持续经历，争议直到 2013 年 6 月 12 日在宫殿原址举行官方奠基仪式（尤其令人玩味的是，出席仪式的是联邦总统约阿希姆·高克[Joachim Gauck]，而非联邦总理安吉拉·默克尔[Angela Merkel]）才告一段落。尽管如此，这一高达 6 亿欧元的项目仍获得了长期支持者的重要资金支持。其中包括来自支持柏林宫的私人协会以及地方、州，尤其是联邦的资金支持。还有一股国际资金也发挥着作用，它是曾为德累斯顿的圣母教堂筹款的德累斯顿美国之友协会的延伸版本，如今则为柏林宫"洪堡广场"基金会举办募捐活动。

斯泰拉的宫殿设计正利用现有的资金进行施工，但随着政治争议与媒体中热议，这个问题尚未得到圆满解决。新洪堡广场在重建后的宫殿外立面内部采用现代设计，容纳一系列的教育、文化和科学设施。这里将包含一座未来展示非欧洲艺术的博物馆，藏品包括了过去转移到柏林郊区达勒姆的民族学收藏；一座科学博物馆，其藏品来自历史上一度存在然而同样流离失所的莱布尼茨协会与科学院；一座藏书选自城市和国家图书馆的艺术及科学图书馆。

254

---

① 将共和国宫置于现代建筑，特别是二战后苏联阵营的"文化宫"传统的出色历史作品是安克·库尔曼（Anke Kuhrmann），《共和国宫：东柏林议会及文化宫的历史与意义》(Der Palast der Republik. Geschichte und Bedeutung des Ost-Berliner Parlaments-und Kulturhauses)，彼得斯贝格：米夏埃尔·伊姆霍夫出版社 2006 年版。
② 引自博伊姆，《怀旧的未来》，第 192 页。

最后，文化类的活动集市则安排在重建后的（封闭）大庭院（Grosser Schlosshof，或称"埃厄桑德尔庭院"[Eosanderhof]），这座庭院位于宫殿最西端，是规模最大的一座庭院。但仍不清楚是否会筹集资金重建最初由弗里德里希·奥古斯特·施蒂勒(Friedrich August Stüler)①设计的19世纪大穹顶。

与此同时，五层楼高的"洪堡盒子"(Humboldt Box)与观景台于2011年6月对外开放，旨在从宫殿最北端的显著位置激发人们对该项目的热情并获取支持。柏林素来有利用此类问询中心的传统，这在20世纪90年代中期波茨坦广场和索尼中心的大型建设项目中表现得尤为引人注目。但不同于免费入内，有着鲜红标志的问询中心——它会告知参观者有关波茨坦广场上的高楼大厦和购物街信息，参观者若想进入洪堡广场的问询中心（即"洪堡盒子"）需支付4欧元。许多人认为这种非常规的收费标志着重建当局面临融资困难的窘境。截至2013年7月，宫殿还处于主要由全新的现代建筑和基础设施建设组成的早期重建阶段。这座现代化建筑将被置于用重新雕琢和切割的石块重建的巴洛克建筑包围之中，或许会带有少量考古学标志——从一座几近被遗忘的库房中发掘出奇怪的圆柱或石头，铺上玻璃地面，如此可以让参观者观看部分裸露在外、残余的历史宫殿地下室。

众所周知，重建城市宫的决议至少牺牲了两座著名的民主德国建筑。其中之一是民主德国外交部，它由约瑟夫·凯泽尔(Josef Kaiser)领衔的建筑师团队于1969年设计完工。由于起重机进场开始拆除作业推迟到1995年10月到12月，因此拆除外交部几乎没有引发公开反对。而另一座建筑便是标志性的共和国宫。但从20世纪90年代畏首畏尾的保护方案到后来激进得多的宫殿拆除工作(Rückbau)，则经历了一个漫长的过程，直到在2009年2月才尘埃落定。当时最后一批回收的钢梁被当成废品卖掉，据报道它们被混入了世界最高建筑——有半英里高的迪拜哈里发塔的钢结构之中。

实际上，重建柏林城市宫决策背后的张力包含了四个方面的诉求，具体而言可分为历史、地理、象征与城市意义。拥护重建的支持者们最大限度地强调历史性，他们指出了一个简单的事实，即霍亨索伦家族在15世纪取得神圣罗马帝国选侯地位，之后从法兰克尼亚搬迁到这座位于施普雷河畔相对较小的

---

① 弗里德里希·奥古斯特·施蒂勒(1800—1865年)，德国建筑师、普鲁士高级建设官员。他最杰出的作品是柏林的新博物馆（后在二战中遭到严重损毁）。——译者注

城镇，并在后来的数个世纪中修建宫殿，这座城市也随之快速发展。在冷战结束后有关重建宫殿的辩论中，最常见的论调便是："不是这座宫殿位于柏林——柏林就是这座宫。"（Das Schloss lag nicht in Berlin — Berlin war das Schloss.）这句话出自 1992 年柏林历史学家沃尔夫·约布斯特·西德勒（Wolf Jobst Siedler）一篇反复被重印的文章的标题。[①] 通过将宫殿誉为几乎从一开始就是这座城市跳动的历史心脏，重建主义者还强调这座建筑物的中心地位以及它的皇家住户在城市超过 500 年的发展进程中所扮演的角色。引人不快的共和国宫作为"社会主义政党独裁统治"——这是如今联邦德国对 1950 年炸毁宫殿的东德的评价——的展示橱窗存在的 14 年，并不构成用保护社会主义宫殿取代死而复生的柏林宫的充分理由（图 14.4）。

图 14.4 "幽灵广场"，柏林。俯视图，从可能是霍亨索伦广场原址的西北方出发，这里显示的区域覆盖东德的共和国广场和马克思-恩格斯广场
来源：照片由约翰·V. 马丘基卡提供

　　这个论点还被注入其他方面的诉求之中。地理学和历史学意义上的本质论证明复制品重建的合理性。但这座复制品随后被自相矛盾地表述为真实表达柏林历史，以及居于领导地位的选民方面对诸如君主制一类制度的忠诚；数

---

① 沃尔夫·约布斯特·西德勒，《不是这座宫殿位于柏林——柏林就是这座宫》，《宫殿》，柏林城市宫支持协会编，第 12—22 页。

世纪以来,君主制对塑造柏林、勃兰登堡、普鲁士和德国形象产生了不可磨灭的影响。同时,从地方城市主义的角度出发,重建宫殿也被认为是必要的,因为可以肯定的是,宫殿周围大部分城市建筑的布局都在某种程度上呼应宫殿。这有助于强调"按原样"重建宫殿的正当性,哪怕仅仅是考虑城市历史外观。街道如菩提树下大道,连同普鲁士军械库、司令部、大教堂、宫廷马厩和老博物馆一类的建筑物,无疑从选址到设计方面都在很大程度上呼应着柏林宫。实际上,所有这五座建筑物所承担的功能,起初是设在宫殿内部,但随着弗里德里希·威廉二世、弗里德里希一世国王、弗里德里希大王[①]等统治者在几个世纪中不断扩大宫殿,最终,它们作为独立的纪念建筑物分离出去。

2005 年拆除民主德国外交部之后,原来坐落于菩提树下大街的军方总部被显露出来,2005 年它成为贝塔斯曼基金会的总部所在地。同时,外交部的拆除也令让卡尔·弗里德里希·申克尔的前建筑研究院(Bauakademie)原址重见天日(它在 1945 年时遭到严重破坏,并于 1961 年被拆除);在它后面,则是为纪念普鲁士最伟大的建筑师而建的申克尔广场(Schinkelplatz)。建筑研究院及广场在戴姆勒公司等企业以及一家独立的非营利性组织——建筑研究院支持协会的支持下,目前正在进行重建。[②] 最终,带着对新洪堡广场的期待,共和国宫最后一部分被拆除,这为提上日程安排的重建宫殿肃清了道路。

在 1950—1951 年的拆除中,这座霍亨索伦宫殿因为只有一处具有悠久历史的大门而幸免于难:四号门因与共产主义英雄卡尔·李卜克内西(Karl Liebknecht)及其流产的十一月革命[③]相连而具备了政治功能。民主德国当局在实施拆除之前就将这座大门从宫殿遗址上移走了。1961 年,他们把它像麋鹿头或类似狩猎奖杯的建筑构件那样进行保存,并被安在由罗兰·科恩(Roland Korn)设计、面貌一新的民主德国国务院的外立面,用巴洛克式的着重符强调 20 世纪中叶朴素的功能主义和现代主义建筑。在这里,对历史悠久

① 弗里德里希一世国王(Friedrich I, 1657—1713),勃兰登堡选侯,也是第一位普鲁士国王;弗里德里希大王(Friedrich der Große, 1712—1786)和弗里德里希·威廉二世(Friedrich Wilhelm II, 1744—1797)则是后来的普鲁士君主。——译者注

② 建筑研究院促进协会,http://www.schinkelsche-bauakademie.de/ziele.html(2013 年 7 月 26 日访问)。

③ 1918 年 11 月 9 日,卡尔·李卜克内西在柏林宫的这座大门前宣布成立"自由的德国社会主义共和国",但就在当天早些时间,社会民主党人菲利普·谢德曼(Philipp Scheidemann, 1865—1939)已经宣布德国皇帝退位并成立德意志共和国。——译者注

的柏林宫的一部分进行准外科手术式的切割与保存，摧毁这座建筑剩余的其他绝大部分，直接服务于民主德国共产主义城市建筑的英雄叙事。不过，一旦柏林宫重建能如期完工，到 2019 年或 2020 年，柏林人和游客将面对的是一个独特的建筑奇观：来自霍亨索伦宫原址、经过重新安装的四层高大门将与自己的复制品隔着街道和史称"宫殿广场"的广场"四目相对"。可以肯定的是，仿制的四号大门立面位置，并不面对异地安置的四号门原件，但重建的宫殿比例和巴洛克装饰都将与建筑师安德烈亚斯·施吕特（Andreas Schlüter）及他的继任者埃厄桑德尔·冯·格特（Eosander von Göthe）最初的设计完全一致。尽管一模一样的外立面因此将面临面对面的比较，但这也会使叙事变得更为丰富。或许"重建迷"会建构一套有关"一座如此美好的宫殿，他们建造了两次"的美丽叙事。而怀疑和反对重建的人则可能会对面对新宫殿的旧立面冷嘲热讽，也许还会把它视为在德国在 150 年之后对凡尔赛镜厅的回应——1871 年普鲁士战胜了法国。

在这里调查的每个案例中，戏剧性的政治与文化新条件通过决定拆迁或重建与否为塑造城市和身份认同的新可能开辟了道路。但令人吃惊的是，支持重建的公众运动与当代建筑和历史保护实践中的主流标准相去甚远。或许是在经历了 20 世纪一切坚决向前看的现代性占据主流之后，加倍复归悠久历史中的元素、身份和建筑物，才成为 21 世纪更复杂的后现代性的重要组成部分。诸如此类的历史建筑复兴与再输入，无疑会对现行真实性概念发起挑战。然而，真实性的概念通常为保留下来的古迹预设了一个未经改动或"原始"状态，实际上，这些古迹已经过前几代人的重建，不过是以现代人无法亲眼见证的方式加以处理。可以肯定的是，历史学家在 21 世纪初尚未能对历史重建加以充分理论化，但无论是否形成理论，历史重建的出现势不可当。

257

作者简介

德博拉·阿舍·巴恩斯通(Deborah Ascher Barnstone),澳大利亚悉尼技术大学建筑学院教授。她是注册建筑师和历史学家,同时也是《透明国家:战后德国的建筑与政治》(*The Transparent State*: *Architecture and Politics in Postwar Germany*,劳特利奇 2005 年版)一书的作者。她最近与他人合编了《德国视觉文化:德国身份的表征》(*German Visual Culture*: *Representations of German Identity*,彼得·朗 2013 年版)。当前的研究是检视如何从当代影响较大的文化争论出发定义 20 世纪早期德国现代主义,以魏玛时代布雷斯劳极其丰富活跃的生产活动为案例。她有关布雷斯劳研究的学术论文已在《建筑学年鉴》(*Architecture Annual*)、《建筑教育期刊》(*Journal Architectural Education*)、《艺术读本》(*The Art Book*)、《新德国批判》(*New German Critique*)上发表。

格里沙·F. 贝尔特拉姆(Grischa F. Bertram),卡塞尔大学城市更新学系研究人员。他已发表的研究针对城市可持续性与战后重建以及城市形态与交通的互动关系。其他研究兴趣还包括零售计划与"计划中的抗议"。他的出版物包括与他人合著的《失落建筑与空间的重建状况》(*Positionen zum Wiederaufbau verlorener Bauten und Räume*,柏林:联邦交通、建议与城市发展部 2010 年版)。

格雷格·卡斯蒂略(Greg Castillo),加州大学伯克利分校环境设计学院助理教授,同时兼任澳大利亚悉尼大学美国研究中心的研究人员。他有关冷战时期设计政策与实践的出版物包括专著《家园阵线中的冷战:世纪中期设计的软实力》(*Cold War on the Home Front*: *The Soft Power of Midcentury Design*,明尼苏达大学出版社 2010 年版)及论文集《冷战时期的现代性:一个分裂世界中的艺术与设计(1945—1975 年)》(*Cold War Modern: Art and Design in a Divide World*,1945 - 1975,维多利亚与阿尔伯特博物馆 2008 年版)和《冷战时期的厨房政治》(*The Politics of the Kitchen in the Cold War*,麻省理工学院出版社 2008 年版)。

杰弗里·M. 迪芬多夫(Jeffry M. Diefendorf),新罕布什尔大学历史学教授、欧洲与大屠杀研究帕梅拉—舒尔曼教授。他是《战争之后:第二次世界大战后的德国城市重建》(*In the Wake of War: The Reconstruction of German Cities after World War II*,牛津大学出版社 1990 年版)的作者,《重建欧洲遭空袭的城市》(*Rebuilding Europe's Bombed Cities*,圣马丁出版社 2003 年)的编者及《1945 年之后的日本城市重建》(*Rebuilding Urban Japan after 1945*,帕尔格雷夫·麦克米伦 2003 年版)与《城市、国家、帝国:环境史中的景观》(*City, Country, Empire: Landscapes in Environmental History*,匹兹堡大学出版社 2005 年版)的合编者。最近发表的文章包括:《战后科隆竞争性场景的和解》(Reconciling Competing Pasts in Postwar Cologne),载《超越柏林》(Beyond Berlin,密歇根大学出版社 2007 年版),保罗·加斯科特(Paul Jaskot)和加夫里埃尔·罗森菲尔德(Gavriel Rosenfeld)编,以及《重建被毁灭的城市:二战后的欧洲与"卡特里娜"过后的新奥尔良》(Reconstructing Devastated Cities: Europe after World War II and New Orleans after Katrina),载《城市设计期刊》(*The Journal of Urban Design*)2009 年 8 月刊。有关纳粹时期的华沙及布拉格规划的论文则发表在《大屠杀与种族灭绝研究》(*Holocaust and Genocide Studies*)和《规划视野》(*Planning Perspectives*)上。作为正在进行的 20 世纪中叶科隆、巴塞尔和波士顿研究的一部分,他致力于考察包括市政厅和警察局在内的公民建筑的设计。

伊丽莎白·A. 德拉蒙德(Elizabeth A. Drummond),洛杉矶洛约拉马利蒙特大学现代中欧史助理教授。她目前正在撰写的专著题为"'人人为自己':1886—1914 年波兹南德波边界地区的民族认同与民族主义动员"("Each To His Own": National Identity and Nationalist Mobilization in the German-Polish Borderland of Poznania,1886 - 1914)。已发表的文章涉及德波民族冲突的不同方面,包括:妇女在民族主义动员的作用与民族主义中的两性,德波民族冲突中的犹太人地位、人口统计、东部省内外的人口迁移,还有一战前后民族认同建构过程中对图像和符号的运用。

　　弗里德黑尔姆·费舍尔(Friedhelm Fischer),悉尼新南威尔士大学城市发展与规划学教授,该专业硕士课程代主任。他的研究聚焦于国际比较规划(德国、澳大利亚、英国、美国和法国)。他撰写了有关堪培拉、卡塞尔、特拉沃明德和马格德堡的书籍以及涉及诸如考文垂、堪培拉、悉尼、卡塞尔、柏林和伦敦规划史的大量论文,尤其强调国际视野下的战后重建。他目前从事的研究项目是现代及后现代发展策略比较,及德国遭毁坏的历史古迹与空间重建。他是《规划中的进步》(*Progress in Planning*,埃尔泽费尔)编委会成员之一,在迁居悉尼之前,他还是欧洲规划学派协会(AESOP)中代表德国的全国代表。

　　雅尼娜·富格(Janina Fuge),正在汉堡大学完成她有关德国第一个民主政体——魏玛共和国——期间一战集体记忆的博士论文,也是题为《城市与区域记忆:北部德国的历史观》(*Das Gedächtnis von Stadt und Region. Geschichtsbilder in Norddeutschland*,V & R 出版社 2010 年版)的论文集合编者。她曾在汉斯-布雷多研究所从事媒体研究工作,目前是一家职业咨询公司的项目经理,同时还是一名自由职业记者,已发表若干有关记忆与媒体文化的论文。

　　特蕾西·格雷夫斯(Tracy Graves),圣路易斯华盛顿大学比较文学与德国研究博士生,奥斯丁得克萨斯大学德语专业访问讲师。在她的博士论文中,她对帕加蒙博物馆的文学和视觉表现进行了分析,以此考察从民族国家形成时期至今德国文化中的美学和政治关系。她还曾担任密歇根州立大学德语专业访问讲师,并出版了卡姆登书屋德格鲁伊特叙事学丛书中的 G. E. 莱辛作品,以及尤雷克·贝克尔晚年的一卷杂文《我的父亲,德国人与我》(*My Father, the Germans and I*,西雅图图书 2010 年版)。

　　尼科拉·胡贝尔(Nicole Huber),华盛顿大学建筑学助理教授。她有关德国和美国城市化进程比较的研究成果已发表在《建筑协会档案》(*AA Files*)、《建筑世界》(*Bauwelt*)、《现代城市史情报》(*Informationen zur Modernen Stadtgeschichte*)、《城市史期刊》(*Journal of Urban History*)、《地点》(*Places*)及《主题》(*Topos*)等期刊上。她与拉尔夫·施特恩合著了《莫哈韦沙漠的城市化:拉斯维加斯》(*Urbanizing the Mojave Desert: Las Vegas*,尤维斯出版社 2008 年版)一书,并正在合编一本题为《有远见的城市主义:战后美国西部的表现》(Visionary Urbanism: Representations of the Postwar American West)的论文集,目前还在创作一本有关德国国家认同、建筑学教育与自然环境概念的作品。

斯特凡·兰茨(**Stephan Lanz**),奥德河畔法兰克福欧洲大学社会与经济地理系研究人员。他活跃于柏林与全球各类城市与文化网络之中,是"大都市区"(metrozones)丛书的合编者。他最近将研究延伸到巴西和阿根廷的跨国城市现象上。他的著作包括《柏林重新融合:西方——多元文化——世界主义——一座移民城市的政治结构》(*Berlin aufgemischt: abendländisch-multikulturell-kosmopolitisch? Die politische Konstruktion einer Einwander-ungsstadt*,特兰希克里普特 2007 年版)及《合作之城:里约热内卢和布宜诺斯艾利斯的可替代经济与城市运动》(*City of COOP. Ersatzökonomien und städtische Bewegungen in Rio de Janeiro und Buenos Aires*,B-Books 2004 年版);他参与合著的作品还包括《自助服务之城:伊斯坦布尔》(*Self Service City: Instanbul*,B-Books 2005 年版)、《大都市》(*Metropolen*,红书出版社 2001 年版)和《作为掠夺者的城市》(*Die Stadt als Beute*,迪茨 1999 年版)。

约翰·V. 马丘基卡(**John V. Maciuika**),纽约市立大学巴鲁克学院艺术与建筑史、纽约市立大学研究生中心艺术史博士生项目助理教授。他的研究聚焦中东欧现代建筑与文化认同,他是《包豪斯之前:建筑、政治和德意志国家(1890—1920 年)》(*Bevor the Bauhaus: Architecture, Politics, and the German State, 1890—1920*,剑桥大学出版社 2005 年版)一书的作者。他目前正在撰写的专著题为《记忆的基础:中东欧历史重建与文化遗产》(*Infrastructures of Memory: Historical Reconstruction and Cultural Heritage in Central and Eastern Europe*)。

丹尼尔·珀迪(**Daniel Purdy**),宾州大学德语教授。他出版了《巴别塔废墟之上:德国思想中的建筑学隐喻》(*On the Ruins of Babel: Architectural-Metaphor in German Thought*,康奈尔大学出版社 2011 年版)、《时尚的崛起》(*The Rise of Fashion*,明尼苏达大学出版社 2004 年版)、《优雅的暴政:歌德时代的消费世界主义》(*The Tyranny of Elegance: Consumer Cosmololitanism in Era of Geothe*,约翰·霍普金斯大学出版社 1998 年版)。他的研究持续关注从 18 世纪至今德国的消费文化历史与建筑理论。在过去的五年中他曾担任《北美歌德年鉴》(*North American Geothe Yearbook*)的编辑。

　　迪尔克·舒伯特(Dirk Schubert),汉堡港城市大学城市规划教授,专业为城市更新、规划史,以及港口振兴。他著述颇丰,包括《港区与岸区的变迁》(*Hafen-und Uferzonen im Wandel*,赖默尔 2002 年版)与《伦敦与汉堡的城市更新》(*Stadterneuerung in Lodon und Hamburg*,菲韦格＋托伊布纳 1997 年版),并编辑了文集《珍妮·雅各布斯与城市规划与城市再发展的范式转换》(*Jane Jacobs and Paradigm Shifts in Urban Planning and Urban Redevelopment*,伊斯特盖特 2013 年版)。他的作品还有《城市滨江的转型:固定与流动》(*Transforming Urban Waterfronts:Fixity and Flow*,劳特利奇 2010 年版)和《成长城市:榜样——乌托邦——幻象?》(*Wachsende Stadt:Leitbild — Utopie — Vision?*,VS 出版社 2004 年版)。他目前是《规划视野》(*Plannging Perspektives*)、《波尔都斯加》(*Portusplus*)和《城市》(*Urban*)的编委会成员。

　　拉尔夫·施特恩(Ralph Stern),他已在一系列期刊如《建筑协会档案》(*AA Files*)、《建筑学》(*Architecture*)、《建筑世界》(*Bauwelt*)、《电影期刊》(*Cinema Journal*)、《代达罗斯》(*Daidalos*)及《批判性报道》(*KritischeBerichte*)上广泛发表文章。他是《外交事务:柏林的新大使馆建筑与德国外交部》(*Foreign Affairs:New Embassy Building and the German Foreign Office in Berlin*,比尔克豪尔泽出版社 1997 年版)一书的合著者,并与尼科拉·胡贝尔合编了《莫哈韦沙漠的城市化:拉斯维加斯》。他目前正与尼科拉·胡贝尔合编《有远见的城市主义:战后美国西部的表现》,同时还在撰写一本有关景观观念、美学范畴及建筑学的认知过程的专著。 264

　　贝蒂娜·施特策(Bettina Stoetzer),人类学家,研究重点为生态、民族主义与城市生活的交叉。她目前为芝加哥大学研究人员学会的初级成员、社会学系学院助理教授。她目前的著作项目暂定名为"杂草城市——一部与城市相连的民族志",是其博士论题的延伸,并对分析框架进行拓展,所要处理的是欧洲民族主义和资本主义废墟上的城市环境异质性。她已出版了一部有关德国女性主义与反种族主义的著作《不同》(*In Differenzen*,争论 2004 年版),同时也是《震惊与敬畏——话语中的战争》(*Shock and Awe. War on Words*,新太平洋出版社 2004 年版)及一部通过话语中的政治生活探究当前全球形势的论文集的合编者。

　　罗斯玛丽·韦克曼(Rosemary Wakeman),福德姆大学历史学教授、城市研究项目主任。她是《英雄城市——巴黎（1945—1985 年）》（*The Heroic City：Paris 1945 - 1985*，芝加哥大学出版社 2009 年版）和《外省城市的现代化：图卢兹（1945—1975 年）》（*Modernizing the Provincial City：Toulouse 1945 - 1975*，哈佛大学出版社 1998 年版）的作者，也是《现代欧洲历史的主题：1945 年至今》（*Themes in Modern European History，1945 to the Present*，劳特利奇 2003 年）的编者。她还发表了大量有关城市及城市史的文章，并刚刚完成了一项关于新城运动的跨国研究。不久前她荣获了荷兰人文与社会高级研究院的 EURIAS 高级奖学金。

珍妮特・沃德（Janet Ward），俄克拉荷马大学历史学教授，同时也是涉足城市研究、视觉文化及欧洲文化史的跨学科学者。她撰写了《后"墙"时代的柏林：边界、空间与身份》（*Post-Wall Berlin：Borders，Space and Identity*，帕尔格雷夫・麦克米伦出版社 2011 年版），并且是《墙、边界与界限：欧洲的空间与文化实践》（*Walls，Borders，Boundaries：Spatial and Cultural Practices in Europe*，贝格汉 2012 年版）的创编者之一。她早年出版的作品包括《魏玛表面：20 世纪 20 年代的德国城市视觉文化》（*Weimar Surfaces：Urban Visual Culture in 1920s Germany*，加利福尼亚大学出版社 2001 年版），并编辑了论文集《后大屠杀时代的德国研究：记忆、身份和种族政策》（*German Studies in the Post-Holocaust Age：The Politics of Memory，Identity，and Ethnicity*，科罗拉多大学出版社 2000 年版）及《竞争：创意大赛的竞技场》（*Agonistics：Arenas of Creative Contest*，SUNY 出版社 1997 年版），还有 20 余篇文章刊登于《历史与技术》（*History and Technology*）、《视觉文化期刊》（*Journal of Visual Culture*）等期刊上。她目前是德国研究协会执委会成员。她将要完成的作品是《大屠杀记忆的地点》（*Sites of Holocaust Memory*），并且还在准备有关城市建设与重建的研究项目。

265

索　引

266

274

译后记

　　2017 年，陈恒老师将《跨国主义与德国城市》(*Transnationalism and the German City*)一书交到我手上，只是初看其中选题，我便抑制不住内心的激动，欣然应允翻译。作为一部跨学科的论文集，《跨国主义与德国城市》从人类学、建筑学、规划学、历史学和文化研究的多重视角出发，观察自 19 世纪晚期至今的现代德国城市空间、景观、文化与社会，对我这样尚站在德国城市史门口的后学晚辈而言，无疑是一次对自身研究视野与思维的双重冲击。

　　《跨国主义与德国城市》的研究对象不可不谓包罗万象，从"欧洲城市"概念演变到过去和当下德国城市空间中的民族、种族和阶级问题（如"波森还是波兹南?"，又或是土耳其移民的烧烤日常），从冷战期间两个德国的建筑与规划竞争到欧美"邻里"概念在德国住宅区建设中的实践与比较，从两战间的汉堡战争死难者纪念日到当代科隆、巴塞尔的狂欢节，从战后德国城市历史遗产保护理论变化到两德重新统一后历史纪念建筑的重建实践与公众争议；还有对影像作品中的战后德国认同的分析。然而，本书所聚焦的诸种现象看似纷繁芜杂，但绝非零散而无关联；相反，所有的研究都经过作者、编者的精挑细选，着力发掘它们背后的"跨国"属性——这种城市空间中的跨国性甚至可以追溯至民族主义兴盛的 19 世纪末 20 世纪初，以此重新审视在民族国家研究范式向跨国比较乃至全球视野的转型得已日益强化的当下，当代"城市空间"的地方、区域与国家属性与更具有普遍意义的现代性与全球化之间无可避免的互动与紧张。

　　无论是城市形态、空间利用，还是社会问题应对，现代城市往往被认为存在一定的共性，这或可视为信息、商品、资本和人员日益加速全球流动与交往的结果之一，但不可否认，这种共性认识本身是由当代城市研究主要着眼城市区域增长、扩展及城市生活性质与质量的研究取向所决定。而跨国研究与比较路径似乎又进一步模糊了塑造城市历史过程中的地方、区域、国家要素的重要性。因此,本书所收录的论文首先试图打破这一思维惯性,呈现经历现代性洗礼的城市空间所依然具备且努力彰显的地方性特征。其次,这些学者并不回避城市跨国研究中的国家特征,当然这也是由德国城市空间的跨国性始终与 20 世纪德国历史发展的复杂曲折交织在一起的客观事实所决定的,最明显的例子是两个德国围绕现代建筑和规划理论与实践上的激烈竞争,其实质是两大阵营之间的意识形态斗争。而生于 1945 年的文德斯穿梭于欧洲与北美之间,最终回归德国导演身份的创作经历,与重新统一后普通大众对诸如柏林或德累斯顿历史建筑重建的巨大热情,都是创造和再生产"家乡"(Heimat)的具体表现,这一"家乡"观念又成为建构战后德国认同的主要组成部分。

虽然本书的主旨之一是坚持跨国主义的城市观更有助于描绘城市空间的本土性,但诚如 J. M. 迪芬多夫和 J. 沃德在导论中所明确提到的那样,跨国主义与德国城市的"契合"并非如表面看上去那般"亲密无间";相反,其中充满矛盾甚至是"反作用力"。这种紧张一方面源于因城市与跨国流动而加剧的族群、阶级矛盾与认知差异,例如德国人与土耳其移民对周末烧烤活动的不同感受;另一方面,它更根源于德国的民族主义过去及其对德国以外地区构成的深刻影响,例如在有关新世纪柏林博物馆岛改扩建方案的分析,作为读者的我们甚至能读出作者受此影响所持的立场与其分析对象之间的互动关系。

此外,这是一本以英语写成的德国研究文集(当然其中不乏德国学者的研究),在翻译过程中也激发出我对"当我们研究西方城市,我们想要做什么"这个看似烂俗设问的思考。因德语是第一外语,我往往优先接触德国城市研究成果,这也意味着我自动选择了来自德国学者的本土视角,而非德国以外学者的外来视角。本土视角对史料和文化传统内核的把握固然更为精准,但这本身意味着一种"在场"和"参与"。因为无论德国学者承认与否,研究首先是基于自身的认同——一如文德斯在兜兜转转之后说出的那句"我认识到自己只能是一个欧洲导演"。因此,即使采用跨国研究的框架,所呈现的依然是德国内部视角下的问题意识与人文关怀。相比之下,"外来观察者"视角则对同为城市文化研究者的中国学人试图探究不同文化下的城市更具借鉴意义。诚然,全球化视野已为我们提供了一个考察区域间不同要素差异与流动的宏观研究空间,城市则是一种联结和呈现这些差异与流动的微观空间,而对中国以外城市个体的考察,既有助于梳理城市的普遍发展轨迹与规律,也有利于立足本土意识建立中外城市的联系与比较。而本书针对德国城市这一微观空间的外来观察视角,显然颇具借鉴意义。

最后,不得不承认的是,虽然个人读书体会颇多,但要将十五篇外国学者的精彩论述以远称不上精雕细琢,但求力图准确、完整传达的方式呈现给专业和非专业的读者,并非易事。我在翻译和校对过程中仍不时为专业知识欠缺、词汇量不够而痛苦,因此文中难免出现错漏之处,恳请批评指正。

王琼颖
2020 年 4 月于上海

图书在版编目(CIP)数据

跨国主义与德国城市/(美)杰弗里·M.迪芬多夫,(美)珍妮
特·沃德主编;王琼颖译.—上海:上海三联书店,2022.9
(城市史译丛)
ISBN 978 - 7 - 5426 - 7412 - 8

Ⅰ.①跨⋯　Ⅱ.①杰⋯②珍⋯③王⋯　Ⅲ.①城市史-研究-
德国　Ⅳ.①K516.9

中国版本图书馆 CIP 数据核字(2021)第 086791 号

版权登记号:09 - 2021 - 260

跨国主义与德国城市

主　　编 / [美]杰弗里·M.迪芬多夫　[美]珍妮特·沃德
译　　者 / 王琼颖

责任编辑 / 郑秀艳
装帧设计 / One→One Studio
监　　制 / 姚　军
责任校对 / 张大伟　王凌霄

出版发行 / 上海三联书店
　　　　　(200030)中国上海市漕溪北路 331 号 A 座 6 楼
邮　　箱 / sdxsanlian@sina.com
邮购电话 / 021 - 22895540
印　　刷 / 上海展强印刷有限公司

版　　次 / 2022 年 9 月第 1 版
印　　次 / 2022 年 9 月第 1 次印刷
开　　本 / 710 mm × 1000 mm　1/16
字　　数 / 310 千字
印　　张 / 21.25
书　　号 / ISBN 978 - 7 - 5426 - 7412 - 8/K·641
定　　价 / 88.00 元

敬启读者,如发现本书有印装质量问题,请与印刷厂联系 021 - 66366565